张海英 ◎ 著

走向大众的「计然之术」
——明清时期的商书研究

中华书局
ZHONGHUA BOOK COMPANY

图书在版编目(CIP)数据

　　走向大众的"计然之术":明清时期的商书研究/张海英著. —
北京:中华书局,2019.7
　　ISBN 978-7-101-13226-7

　　Ⅰ.走…　Ⅱ.张…　Ⅲ.商业管理-图书-研究-中国-明清时
代　Ⅳ.F729.4

　　中国版本图书馆 CIP 数据核字(2018)第 093898 号

书　　　名	走向大众的"计然之术":明清时期的商书研究
著　　　者	张海英
责任编辑	贾雪飞
出版发行	中华书局
	(北京市丰台区太平桥西里 38 号　100073)
	http://www.zhbc.com.cn
	E-mail:zhbc@zhbc.com.cn
印　　刷	北京瑞古冠中印刷厂
版　　次	2019 年 7 月北京第 1 版
	2019 年 7 月北京第 1 次印刷
规　　格	开本/880×1230 毫米　1/32
	印张 15⅛　插页 2　字数 340 千字
印　　数	1-4000 册
国际书号	ISBN 978-7-101-13226-7
定　　价	48.00 元

目　录

市场经济中商业文化的万花筒

樊树志

　　法国年鉴派历史学家布罗代尔的巨著《十五至十八世纪的物质文明、经济和资本主义》，把这四百年的经济活动分为三个层次：第一个层次涉及人们基本的物质生活，即衣食住行；第二个层次是市场经济，即生产与交换的机制，与农村劳动、摊贩、店铺、作坊、交易所、银行、市场相联系；第三个层次是资本主义——少数商人组成的垄断经济。为了对比西欧与中国，说明市场经济不一定导致资本主义，他还用大量篇幅描述中国的大米生产、城市生活和商业活动。他把中国资本主义不发达的原因，归咎于国家的干涉与阻挠，并以中国商人在国外（例如南洋群岛）蓬勃地发展资本主义作为反证。

　　布罗代尔的观点得到不少学者的认同。美国学者彭慕兰在《大分流：欧洲、中国及现代世界经济的发展》中文版序言中说，他很赞同法国历史学家布罗代尔对市场经济与资本主义之间做出的区别：18世纪的清代中国肯定已经出现了"市场经济"，相对而言，当时的中国几乎没有出现"资本主义"。

　　黄仁宇在《黄河青山——黄仁宇回忆录》中，总结他对于资本主义的研究时说："在我们的时代，对这主题最有贡献的学者无疑是弗南德·布罗代尔（Fernand Braudel）。我特别欣赏他提出许多一针见血的总论，其中之一是'资本主义只有和国家合而为一时才能成功，这时资本主义就等于国家'。这句话就像锋利的刀刃，一举切开大部头的历史。"他在《万历十五年》自序中说："我们也很难同意这样一种看法，即认为在明代万历年间，中国的封建经济已向资本主义经济发展。资本主义是一种组织，一种系统。即马克思在《资本论》第二卷中论述资本主义的流通方式，其公式亦为 C－M－C，即商品（Commodity）交换为货币（Money），货币又再交换为商品，川流不息。但是货币是一种公众的制度，它把原来属于公众的权力授予私人。私人资本积累愈多，他操纵公众生活的权力也愈大。同时，商业资本又是工业资本的先驱，商业有了充分的发展，工业的发展才能同样地增进。这是欧美资本主义发展的特征。中国的传统政治既无此组织能力，也决不愿私人财富扩充至不易控制的地步，为王朝的安全之累。"

我很赞成上述三位前辈的见解。明清时代没有出现资本主义萌芽，现在似乎已经成为学术界的普遍共识，至于有没有市场经济，恐怕还有不同意见吧！我认为，至少在晚明的江南已经有了相当规模的市场经济。李伯重在《江南的早期工业化（1550—1850 年）》中说："农村工业的发展更是引人注目，以至伊懋可（Mark Elvin）怀疑明清中国的农村是否已经'过度工业化'和'过度商业化'了。这些都使人相信明清中国（特别是在东部地区），也出现了早期工业化。"与这种早期工业化相适应的就是市场经济。

品牌与商标意识是市场经济的一个重要标志。松江府及其周边地区棉纺织业蓬勃发展，产品远销海内外，声誉鹊起，逐渐形成若干优质品牌与商标。一些无良商人非法经营假冒品牌与商标，牟取暴利,这在明末清初已经成为引人注目的社会现象。毫无疑问,这便是市场经济迅猛发展的产物。顺治十六年(1659)四月,松江知府在衙门口刻石立碑——《苏松两府为禁布牙假冒布号告示碑》,就牙行奸商(即所谓"奸牙")沈青臣等假冒松江金三阳字号品牌一事做出裁决,在衙门口公示,"商贾贸易布匹,惟凭字号识认,以昭信义","金三阳字号历年已久,乃沈青臣勾同别商,射利假冒",因此,宣布禁止这种"奸徒伎俩","自禁之后,各照本记号印刷贸易,不许仍前构通混冒"。由于松江优质棉布销路十分兴旺,奸商假冒活动禁而不止,康熙四十二年(1703)、乾隆元年(1736)重申禁令,说明假冒品牌商标之风愈演愈烈。显然,这是市场经济特有的现象。

张海英教授的新著《走向大众的"计然之术"——明清时期的商书研究》,从商书的角度向人们展示市场经济不为人知的另一面,让人们看到市场经济中商业文化的万花筒,令人眼花缭乱,颠覆了先前对于商人与商业的固有偏见。

兴起于晚明,盛行于清代的商书,作为一种特殊的文献资料,对于研究明清时代的经济、社会、文化,具有独一无二的价值。商书的种类繁多,一类是为初入商海者提供的了解市场与贸易的入门须知,如《生意世事初阶》《贸易须知》《生意经络》等,主要面向坐贾。另一类主要面向行商,为携带巨资往返于产地与市场的商人群体(亦即商帮),提示路程导引以及注意事项,如《天下水陆路程》《天下路程图引》《客商一览醒迷》《士商类要·路程图引》《示我周行》等。难能可贵的是,作者把商书研究的视角扩大到与商业有关的其他文献。一类是日用类书(亦即所谓"万宝全书")中有关商业的部分,如《新刻天下四民便览三台万用正宗》一书中的"商旅门""民用门"等,《新刻全补天下四民利用便观五车拔锦》中的"算法门""体式门"等。另一类是有关商业的手抄本。足迹遍天下的徽商,经营典当、钱庄、布业、木业、盐业等各行各业,既有商业实践,又有文化修养,编撰了数量可观的商书。这些商书大多没有刊刻出版,仅作为手抄本流传于世。书中记录了水陆路程、市场信息、买卖规则、行业规范、风土人情、经营技巧、商业道德等,其研究价值或许为正式出版物所不及。这一点已经由王振忠教授的系列研究所证实。

张海英教授在前人研究成果的基础上,向深度和广度拓展,对所能搜集到的六十多种商书作整体性的研究,涉及商书出现与流布的社会背景,商书与商业政策、商业文化的关系,商书所反映的商业伦理与商人意识,商书所反映的市场经济与经商实践等。对我而言,阅读这本书稿所获得的收获,也是多方面的。

商人群体的独立精神与主体意识,随着市场经济的发展,愈来愈凸显,从一个侧面向人们昭示,历史已经跨入了一个新时代。诚如作者所说:"从明中叶开始,社会各阶层对商人和从事商业活动的看法也发生了变化。士人们讲究实际,并不以'谋利事功'为可耻。在徽州,人们更把商贾说成是徽州的第一等生业,徽州许多人'执技艺或负贩就食他郡','左儒右贾,喜厚利而薄名高','直以九章当六籍'。以至于民俗中'以商贾为第一生业,科第反在次着'。总之,民间社会思潮及价值观念对商人和经商的宽容,使得社会上弃儒从商、弃农从商成为常态,从商者愈来愈众,在很大程度上促进了商帮的发展。""商帮的出现,使得明清时期的商书有了一个相对固定的阅读群体,他们的需要成为商书的一个重要的市场需求。以市场导向为主要宗旨的书商们敏锐地捕捉到这一商机,纷纷编撰、出版了许多关于经商经验知识的小册子以及程图路引等，于是专门讲授各类从商之道及专业知识的商书应运而生。"

商帮的经济实力令人刮目相看。明末清初松江府上海县人叶梦珠说，徽州商人、陕西商人、闽粤商人携带巨资前来收购优质棉布，是棉布业市场日趋繁荣的经济动力。"前朝标布盛行，富商巨贾操重资而来市者，白银动以数万计，多或数十万两，少亦以万计，故牙行奉布商如王侯，而争布商如对垒。"丝绸业市场更是如此，闻名海内外的湖丝集散地南浔镇，"一日贸易数万金"，"闾阎填噎驵侩忙，一榜大书丝经行。就中分列京广庄，毕集南粤金陵商"。以濮绸闻名的濮院镇，"一镇之内，坐贾持衡，行商麕至，终岁贸易不下数十万金"。绫绸集散中心盛泽镇，"富商大贾数千里辇万金来买者，摩肩联袂，如一都会"。如此巨额的长途贩运，其风险可想而知。商书除了提示便捷的路径，还会告诫沿途注意事项。

日本尊经阁文库所藏《（天下）水陆路程》第七卷，专门指引最为繁忙的苏州至松江、苏州至湖州、嘉兴至松江等水运路程，小标题是"苏松二府至各处水"，下面有两行小字夹注："路虽多迂，布客不可少也。"意思是说，这条水路是棉布客商的必经之路，除了标明自苏州至吴江、平望、王江泾等各处码头的距离，还特地说明沿途的风险："嘉兴至松江，无货勿雇小船，东栅口搭小船至嘉善县，又搭棉纱船至松江，无虑"；"大船至上海，由泖湖东去黄浦，为外河，有潮、盗之防"；"松江至苏州，由嘉定、太仓、昆山而去，无风、盗之忧。上海沙船，怕风防潮。南翔地高，河曲水少，船不宜大。过客无风、盗之念，铺家有白日路来强盗之防。"所有这一切，都向我们透露这样的信息：当年苏州、松江一带各地商帮云集，络绎不绝，源源不断地把这里的优质产品运销到全国各地，业务繁忙。《水陆路程》作为商书，责无旁贷地提醒客商，注意选择安全的行商途径。毫无疑问，这是市场经济特有的现象。

当时的市场经济规模不可小觑，吴中孚《商贾便览》记载了20个省252个府州总共1 800多种商品，其中包括140多种新品种，还记载了日本、高丽、安息、波斯、缅甸、交趾以及大小西洋诸国的70多种商品。要应对如此庞大的市场，如此巨额的物流，没有必要的专业知识势必寸步难行，商书不可或缺的价值由此显露无疑。

隆庆元年（1567），朝廷宣布取消海禁政策，准许百姓出海前往东洋、西洋贸易。政府在东南沿海的港口设置海关，征收进出口税，使得私贩贸易转化为公贩贸易，走私贸易转化为合法贸易。对外开放的结果是对外贸易的高潮，中国被卷入全球化贸易的浪潮。在贸易中，葡萄牙、西班牙、荷兰、日本等国始终处于逆差（入超）的地位，中国始终处于顺差（出超）的地位。于是乎，源源不断的白银货币，随着贸易商船的到来而流入中国。在货币的银本位时代，这种白银货币是可以在中国市场流通的，这使得中国商人面临前所未有的挑战：如何识别这些外国银币的真伪与成色（含银量），也成为商书无法回避的难题。《商贾便览》的"辨银要谱"一节，有《辨银则例》《辨银名色》《辨银增要》等篇，尤其值得注意的是，还介绍了"交趾、红毛等国所出之洋钱（西洋银元）"。《贸易须知》提醒商人："近来江浙等省通用洋钿（即洋钱），有光毛真假之分，与看银之法同而不同。此系钱业专门，外行未必习此。凡收洋钱，务请内教人仔细看明，切勿大意，致有吃亏。洋价照市，或申或否；进出找钱，看货价之多寡，总宜细心合算，勿使有错，转受买主批评。"商书与时俱进地为商人们打开了国际眼界,许多商人成为外贸人才,商书功不可没。

在市场经济的激烈竞争中,商人群体为了立于不败之地,日益注重商业伦理,讲求公平交易、光明正大、诚实无欺、重恩守信,为传统道德赋予了时代特色。这是商书的共同特征,也是商书得以流传数百年的内在因素。《客商一览醒迷》说:"财富必由勤苦而后得,得之必节俭而后丰";"处人和则无争,家和则治强,四海和则万邦宁";"钱财物业,来之有道。义所当得者,必安享永远。若剥削贫穷,蒙昧良善,智术巧取,贪嗜非义,虽得之,亦守之不坚。"《士商类要》《商贾便览》等书都提及买卖交易要讲诚信:"好歹莫瞒牙侩,交易要自酌量","货之精粗,实告经纪,使彼裁夺售卖。若昧而不言,希图侥幸,恐自误也。"《贸易须知》说:"商亦有道,敦信义,重然诺,习勤劳,尚节俭。此四者,士、农、工皆然,而商则尤贵,守则勿失。"这样的商业伦理,放之四海而皆准,至今仍有现实意义。

丙申年春节书于寓所

导　言

商书的定义与渊源

商书，顾名思义为介绍从商经验、传授经商技巧之书。中国古代的商业发展历史悠久，但是在商朝和西周时期，"工商食官"，工商业为王室、公室、官府垄断，没有私人商业，也尚未出现关于经商知识的文献。到了春秋战国时期，出现了很多自由经商的商人，司马迁的《史记·货殖列传》中记载了数十位善于经营并致富的各类人等，其中既有著名的大商人如子贡、范蠡和白圭，也有靠盗墓、赌博、行走叫卖、贩卖油脂等发家的田叔、桓发、雍乐成、雍伯之辈。他们活跃于商界，其经商经验也在商人中传播，相关记载为我们留存了这一时期的经商思想。

子贡名端木赐，是孔门七十二贤之一和孔门十哲之一。他精于从商之道，往来于曹、鲁两国之间经商，富致千金，时称"结驷连骑，束帛之币以聘享诸侯。所至，国君无不分庭与之抗礼"①。子

---

① 司马迁：《史记》卷一百二十九《货殖列传》，中华书局，2014，点校本，第3927页。现存文献中尚未发现专门记载子贡经商及其思想的典籍，其经商事迹主要依据《史记·货殖列传》的记载。

贡为当时巨富,孔子周游列国都是靠他资助的,他亦被视为"儒商鼻祖"。

范蠡是越国大臣,曾辅佐越王勾践灭吴兴越。他深知勾践"可与共患难,不可与共乐",担心"兔死狗烹"之祸,于是功成身退,化名鸱夷子皮,去齐国经商。他致富有术,提出随机应变,与时逐利,"旱则资舟,水则资车""贵出如粪土,贱取如珠玉"的经商之道,堪称中国历史上弃政从商的先驱,开创了个人经商致富的先河。《史记·货殖列传》中记载范蠡"十九年之中三致千金,再分散与贫交、疏昆弟。此所谓富好行其德者也"。他最后定居在陶邑(今山东定陶),自号陶朱公,成为几千年来成功商人的楷模。范蠡还辑录了他的老师计然关于经商的言论,参以自己的见解,写成《计然书》。① 后来人们又根据

---

① 《计然书》也称《计然策》。"计然"究竟是人名还是书名,学界说法不一。东汉以来,许多著作都认为计然确有其人,并称计然是范蠡的老师。《史记·货殖列传》记载:"昔者越王勾践困于会稽之上,乃用范蠡计然","计然之策七,越用其五而得意。"但这里,并未明确说计然是一个人。班固《汉书》的《古今人名表》里列有计然之名,肯定计然是一个人,此后从此说者遂多。计然在《吴越春秋》又作"计砚",《越绝书》作"计倪",说是越王勾践的大夫,且"年少官卑"。三国时魏人孟康也说计然是越臣。唐颜师古、张守节、马总等均认为计然是人名。《汉书》的注者颜师古说:"计然者,濮上人也……尝南游越,范蠡卑身事之,其书则有《万物录》,事见《皇览》及《晋中经簿》。"裴骃《史记集解》云:"徐广曰:'计然者,范蠡之师也'。"马总《意林》引《范子》十二卷,并说:"计然者,葵丘濮上人,姓辛氏,字文子,其先晋国之公子也。……其志沉沉,不肯自显,天下莫知,故称曰'计然'。"此外,《新唐书·艺文志三》有"范子计然",说是"范蠡问,计然答"(今有辑本)。还有《计然万物录》亦以计然为人名。总之,多数著述都认为计然是人名。晋人蔡谟认为,"计然"不是人名,而是范蠡所著书篇名;钱穆在其《先秦诸子系年》中亦考证说计然纯属子虚乌有。胡寄窗在他的《中国经济思想史》把关于"计然"的争议做了详细梳理,而他本人则倾向把(转下页)

范蠡的经商思想,辑有《陶朱公商训》(又称《陶朱公生意经》《陶朱公商经》),①成为后世商家的经营宝典。

白圭是战国时人,曾在魏国为相。他擅长商业致富,其乐观时变、"人弃我取,人取我与"的贸易原则为后人称道,他也是后世商人所崇奉的祖师,号称"天下言治生者祖白圭"。②

子贡、范蠡、白圭等人对中国古代商人影响很大,后世人们往往把与从商事业及与之相关的经营计谋称为"计然之策""陶朱事业""端木生涯""白圭之术"。其中,专门整理经商之术且留存下来的书以《计然书》为最早。因此,它可被视为中国古代商书的渊源。

但无论是《计然书》还是《陶朱公商训》,均是后人口耳相授留传下来的。在流传过程中可能经过多次改写,而且散见于历史典籍之中,因此不能被视为先秦原始文献。这些著作多为一些警句的集成,其流传也主要是通过口耳相传的方式,因此尚非全面传授经商知识的出版物。全面传授经商知识的出版物即商书,是明后期才开始出现的。

本书所说的"商书",指的是明清时期由商人或民间书坊编撰出版,以阐述商业规范、商业道德、商业经营理念,传授经商技巧,介绍商品知识、行业特点及行旅指南等为主要内容,以商人为主要阅读群

(接上页)　计然的言论当作范蠡的思想看待,认为"计然"是书名,而非人名。详见胡寄窗:《中国经济思想史》(上),上海财经大学出版社,1998,第189—190页。

①　《陶朱公商训》的具体成书年代尚不清楚,从其行文风格看,成书时间似较晚。书中的诸多训诫流传下来,在后世的商书中多有体现。

②　司马迁:《史记》卷一百二十九《货殖列传》,第3927页。

体的读物。学界亦称之为商业书、商人书。这类图书在明后期开始大量出现并得以广泛刊行,清代踵事增华,商书不仅种类增多,而且发行量剧增。对于这种现象,本书称为"商书现象"。

商书研究的重要性

就其性质而言,明清商书是应明清时期商业发展之需要而产生,是商业经营活动与经营理念的经验总结。明清商书的出现,说明这一时期的商人对于经商知识的获取,已不再满足于父子相传或师徒相授的传统形式,而是开始注重商业知识的系统累积与传播,重视从职业教育的角度培养子弟生徒。大量商书公开刊印示知世人,也说明其时商书的内容已成为社会公认的有用知识,开始为公众所接受。因此,研究明清商书不仅可以探讨当时商人自身的思想意识与经营理念,也可以从中观察其时社会的思潮动态。

为数众多的商书,所涉内容十分丰富。内中所载,有许多是官方文书中难以寻觅的民间实用知识,有些著作所言更是编纂者的亲身经历,具有相当的可信度。明清时期最具代表性的商书如《士商类要》《一统路程图记》和《商贾便览》等,莫不如此。将这些商书与官方文书及其他文献相互参证,将更有助于我们了解当时的商业经济、交通及商业思想文化的全貌。

明清商书中的商编水陆行程书,为我们提供了当时全国商贸线路、各地商品生产情况、市场流通特点,以及各地风土人情、沿途食宿条件、治安状况、车船运费、关津征税、南北客商、牙行活动、航道通滞、线路平险等方面的珍贵资料,这些均是我们研究明清社会经济的重要资料。

商书包含了商业教育的丰富内容,反映了商人自身倡导的商业活动的基本准则、经营理念以及对与官府关系的态度。商书还通过介绍与经商相关的专业知识,展示了各地商人、商帮的经营方式和经营特色。将手抄本商书与刊印本商书的诸多训诫对比研究,还可以看出公开出版物中倡导的商业伦理,与现实生活当中的商业实践之间存在着一定的差距。对这些进行深入研究,有助于我们进一步了解明清商人的从商实践与经营实态,探索明清社会变迁时期商业伦理与商业文化的构建特点。

到了清代后期,西方列强的强势入侵,给传统中国社会带来了巨大的经济与文化冲击。随着对外口岸的开放和清政府"洋务运动"的推行,国内之"商战"呼声也日益强烈。与这一社会背景相伴,众多商书的内容也发生了很大变化。贩卖经营商品所需要的"百货之辨识,品类之高下"等各种专业技术常识,尤成为商书传授的重要内容,且其专业方面的分工也越来越细,商书的时代特点日益显著。许多商书的内容清晰地展示出通商口岸的开放、传统社会的变迁给商业交流、商业思想、经营理念带来的影响。这些,均值得我们研究。

最后,商书不仅是面向商人的"专业"书籍,其中许多还是面向大众的通俗读物。有些商书本身即带有日用类书色彩的百科全书特点,其内容所载不仅有商业条规、交易技艺等经商方面的基本知识,还包括四季杂占、起居杂忌、历代官制、科举成式、文武官服色、书信称呼、丧礼古制等方面的信息,远远超出了商书本身的内涵。因此,商书的问世,也是这一时期实用知识图书(农书、工匠书、兵书、医书、日用类书、法律用书、科举用书、识字读本[如《三字经》]、日历等)兴起刊印的一部分,是明清时期大众文化和知识传播蓬勃繁荣的缩影。从不同角度关注明清时期的商书,可以蠡测其背后所折射的社会变化的多个层面。

总体而言,明清商书作为这一时期商人经营活动的经验总结和商人经营实态的珍贵记录,提供了其时全国商业线路、商品生产及特色、物价工价、交通状况、城镇分布、市场流通,以及各地风土人情等大量信息,展示了各地商人的经营方式、经营手段和经营特色等,构成了中国商业文化的重要篇章,其相关内容的具体、详尽和系统性,为他书所不及,是我们研究明清时期的经济史、经济思想史、历史地理、社会史乃至制度史、文化史等领域不可或缺的重要史料。对之加以深入系统的研究,无论对于深化和推进明清商人、商帮史的研究,还是对于中国经济思想史和商业文化的研究,都具有重要的学术意义。在今天,商业竞争日益激烈,商业陷阱无处不在,商业信用欠缺,商业道德滑坡,对明清商书进行深入研究,从中发掘和汲取有用的经验,对于构建具有中国特色的现代商业文化,也具有积极的现实意义。

明清商书的研究现状

对于明清商书,学界此前多有关注。鞠清远在 1937 年发表于《食货》半月刊上的《校正〈江湖必读〉》一文,对收录在清人编的《江湖必读》内所含三书进行了评述和介绍。1968年，他又撰文《清开关前后的三部商人著作》，对《江湖尺牍分韵撮要合集》、《商贾便览》、《酬世群芳杂锦》等商书作了详细的介绍和评述，并引起学术界的注意。① 傅衣凌在其《明清时代商人及商业资本》②一书中，开启了使用商书的资料来研究明清经济史的先河。韩大成的《明代社会经济初探》和《明代城市研究》③两部专著，注意利用商书资料来研究明代的商业、交通、牙行等领域，其《明代徽商在交通与商业史上的重要贡献》一文，尤以徽商编写的《士商必要》《士商类要》《新镌士商要览》三部商书为对象，论述了徽商在交通与商业史方面的贡献。④ 姜晓萍通过对《士商类要》相关内容的分析，揭示了其中体现的明代商品营销的基本状况及明代商人的社会形象。⑤ 魏金玉和桑良至也撰文介绍中国社会科学院经济研究所和安徽省图书馆所藏的两份商书手抄本。⑥ 杨正泰的研究主要偏重于历史地理的角度，其专著有《明代驿站考》和

① 鞠清远：《清开关前后的三部商人著作》，载包遵彭、李定一、吴相湘编纂《中国近代史论丛》第2辑，正中书局，1958，第205—244页。
② 傅衣凌：《明清时代商人及商业资本》，人民出版社，1956。
③ 韩大成：《明代社会经济初探》，人民出版社，1986；《明代城市研究》，中国人民大学出版社，1991。
④ 韩大成：《明代徽商在交通与商业史上的重要贡献》，载《史学月刊》1988年第4期。另见王世华：《徽商研究：回眸与前瞻》，载《安徽师范大学学报（人文社会科学版）》2004年第6期。
⑤ 姜晓萍：《〈士商类要〉与明代商业社会》，载《西南师范大学学报（哲学社会科学版）》1996年第1期。
⑥ 魏金玉：《介绍一商业书抄本》，载《安徽师范大学学报（人文社会科学版）》1991年第1期。桑良至：《安徽省图书馆藏抄本〈客商规略〉考评》，载《文献》1994年第3期。

《〈天下水陆路程〉〈天下路程图引〉〈客商一览醒迷〉校注》，①另有《现存最早的商旅交通指南——〈明一统路程图记〉》《略论明清时期的商编路程图记》和《明代国内交通路线初探》等系列论文②，以商书为基本史料，介绍了明清时期国内的交通路线及其历史变迁。陈学文在其《中国封建晚期的商品经济》和《明清社会经济史研究》等论著③中，多处利用商书的资料来进行研究论证，其《明清时期商业书及商人书之研究》一书分析了明清商书得以大量印行的社会背景，并对明清时期具有代表性的六部商书（《士商类要》《新刻京本华夷风物商程一览》《新刻客商一览醒迷天下水陆路程》《新镌士商要览》《商贾便览》《江湖奇闻杜骗新书》）予以介绍分析。此外，陈学文的《明清时期江南的商品流通与水运业的发展——从日用类书中商业书有关记载来研究明清江南的商品经济》《从〈士商类要〉来看明代徽商经商之道》④等论文，从经济史、文化史的角度，

①　杨正泰：《明代驿站考》，上海古籍出版社，1994 年初版，2006 年增订本；《〈天下水陆路程〉〈天下路程图引〉〈客商一览醒迷〉校注》，山西人民出版社，1992。

②　杨正泰的相关论文主要有：《现存最早的商旅交通指南——〈明统路程图记〉》，载《历史地理》第 2 辑，上海人民出版社，1982；《略论明清时期商编路程图记》，载《历史地理》第 5 辑，上海人民出版社，1987；《明代国内交通路线初探》，载《历史地理》第 7 辑，上海人民出版社，1990；《明清商人地域编著的学术价值及其特点》，载《文博》1994 年第 2 期；《明代商书和其他文献图籍的关系》，"明人文集与明代研究学术研讨会"会议论文，台北，2000。

③　陈学文：《中国封建晚期的商品经济》，湖南人民出版社，1989；《明清社会经济史研究》，稻禾出版社，1991；《明清时期商业书及商人书之研究》，洪叶文化事业有限公司，1997。

④　陈学文：《明清时期江南的商品流通与水运业的发展——从日用类书中商业书有关记载来研究明清江南的商品经济》，《浙江学刊》1995 年第 1 期；《从〈士商类要〉来看明代徽商经商之道》，《学术界》1994 年第 6 期。

对商书进行了研究。

在台湾学界,罗丽馨的《十六、十七世纪的商业书》一文,介绍了黄汴《一统路程图记》、程春宇《士商类要》、李留德《新刻客商一览醒迷天下水陆路程》、①吴中孚《商贾便览》等 14 部明清时期刊印的主要商书,②探讨了这些商书中反映的商业经营方式、各类经商活动、与人交易的技巧等,并从日用类书中商用算术的角度关注明代的商业发展。吴蕙芳的专著《万宝全书:明清时期的民间生活实录》,从社会学史的角度,考证了明清

① 《新刻客商一览醒迷天下水陆路程》在中国已散佚,日本山口大学图书馆有藏。杨正泰在其《天下水陆路程》〈天下路程图引〉〈客商一览醒迷〉校注》中认为,《客商一览醒迷》的作者是李晋德。日本学者泷野正二郎先生细核崇祯八年本《客商一览醒迷》后指出,该书作者不是"李晋德",而应是"李留德",本文据此改正。该信息为香港中文大学历史系邱澎生教授示知,谨此致谢。

② 罗丽馨:《十六、十七世纪的商业书》,台湾《中兴大学历史学报》第 7 期,1997 年 6 月。罗文列出的 14 部商业书为:黄汴《一统路程图记》(隆庆四年刊)、余象斗《新刻天下四民便览三台万用正宗》(万历二十七年刊)、壮游子《水陆路程》(万历四十五年刊)、商濬《水陆路程》(万历年间刊)、陶承庆《新刻京本华夷风物商程一览》(万历年间刊)、程春宇《士商类要》(天启六年刊)、李留德《新刻客商一览醒迷天下水陆路程》(崇祯八年刊)、憺漪子《新镌士商要览》、崔亭子《路程要览》(清刊本)、周文焕与周文炜《新刻天下四民便览万宝全书》(万历年间刻本)、佚名《新刻张侗初先生分类四民便用注释增补五杂云》(崇祯年间刊)、佚名《五刻徽郡释义经书士民便用通考杂字》(崇祯年间刊)、《鼎镌十二方家参订万事不求人博考全编》(明代刊)、佚名《思寿堂三刻世事通考》。将后 5 部日用类书列入商书之列,罗氏的理由是其内多有以商业换算为内容的算术知识,有的还有"天下水陆路程"等路程图引方面的知识。对此,笔者不完全认同。笔者认为,商书的面向对象主要是经商者,明清时代的日用类书(清代又多称"万宝全书")则是面向大众的日用百科式全书,地理、算术均是每一部日用类书中不可或缺的章节,笔者在本书中将日用类书中的这类相关篇章称为"日用类书中的商书因素",但未将它们划入商书之列,详见本书第一章"明清商书的主要种类、特点与文献价值"。因此,本书除了将余象斗纂辑并刊刻、专门列有"商旅门"的《新刻天下四民便览三台万用正宗》视为商书外,其余日用类书均未归入商书之列。

时期的各种万宝全书①，探讨了万宝全书中反映的明清时期社会底层民众的社会生活、人情世故、世情百态，并关注到明代唯一涉及"商旅门"的日用类书《新刻天下四民便览三台万用正宗》②。

近年来商书的研究日趋细致深入。商书中反映的明清商人的商业经营与商业风险③、商人技能的培养与商业教育④、明清商书中

① 吴蕙芳：《万宝全书：明清时期的民间生活实录》，台湾政治大学历史学系，2001。关于万宝全书的界定，吴蕙芳指出："万宝全书是一种民间日用类书，而民间日用类书就性质而言，即今日的家庭生活手册，或俗称之家庭生活小百科。此种书籍的编辑方式系承自以往的类书而非历书。最早的日用类书应起于南宋，然多为上层社会生活使用，至明代后期才发展成四民生活使用的民间日用类书，且蓬勃兴盛；至清代此种书籍统称之为万宝全书。"见该书附言。

② 另见吴蕙芳：《民间日用类书的内容与运用——以明代〈三台万用正宗〉为例》，载《明代研究通讯》第 3 期，2000 年 10 月。

③ 见吴晓萍、李琳琦：《徽商的途程观念》，载《历史档案》1997 年第 2 期；高寿仙：《从〈杜骗新书〉看晚明的商业经营与商业风险》，载《北京工商大学学报（社会科学版）》2003 年第 4 期；吴才茂：《晚明商人的防骗意识——以〈杜骗新书〉为中心考察》，载《凯里学院学报》第 28 卷，2010 年第 5 期；黄彩霞：《徽商的商业经营安全观述论——以徽商商业书为中心的考察》，载《甘肃社会科学》2010 年第 6 期；赵长贵：《明清行商所临风险及其规避》，载《云南社会科学》2010 年第 6 期；王日根、曹斌：《明清商书文献中的运河航路秩序》，载《中原文化研究》2014 年第 6 期。

④ 见李琳琦：《从谱牒和商业书看明清徽州的商业教育》，载《中国文化研究》1998 年第 3 期；《徽商与明清徽州教育》，湖北教育出版社，2003。此外，还有王振忠：《启蒙读物与商业类书》，载王振忠：《徽州社会文化史探微：新发现的 16—20 世纪民间档案文书研究》，上海社会科学院出版社，2002；李伯重：《八股之外：明清江南的教育及其对经济的影响》，载《清史研究》2004 年第 1 期；殷俊玲：《晋商商业文化的新解读——新发现的〈生意论〉介绍及研究》，载《历史档案》2005 年第 4 期；卞利：《从〈生意手册〉看徽商的育人之道》，载《徽商》第 2 期，2008 年 8 月；孙文学：《从商业教科书看明清晋商教育思想》，载《纪念〈教育史研究〉创刊二十周年论文集(4)——中国学科教学与课程教材史研究》，2009；曹琳：《明代商人职业素养与技能论略》，载《北方论丛》2009 年第 1 期。

的治生思想①、明清商书的旅游价值②等内容，相继进入研究者的视野。

明清商书作为大众文化的一部分，也引起出版史学者的关注。③郭孟良在其《晚明商业出版》一书中，从出版传播学的角度，考察明清商书的出版印刷。他认为，明代商书出版，是出版的大众化与功利化取向的结果。商书的传播有大众渠道和专业渠道。书坊为大众渠道，是当时商书传播的主要渠道。专业渠道是指商人群体内部的传播与传抄。这种传播模式流行三四百年之后，才随着近代市场结构、贸易方式、交通和通讯方式的重大变革，而为新式地图、交通指南和商业手册所取代。④

秦宗财的《明清文化传播与商业互动研究：以徽州出版与徽商为中心》是论述徽商及其出版事业的专著，其第五章第三节专论"徽州商业书的出版分析"，列举了 29 部徽商编撰或刻印的商书。这些商书在时间分段上，嘉庆前有 15 部，其中 13 部为刊印本。道光到民国共 14 部，全部为抄本。内容涉及商业路程、商业知识、棉布生产、

---

① 见姜晓平：《〈士商类要〉与明代商业社会》，载《西南师范大学学报（哲学社会科学版）》，1996 年第 1 期；邹进文：《明清商业书中的治生之学》，载《北京商学院学报》2000 年第 1 期。

② 见陈宝良：《明代的商贸旅游》，载《中州学刊》2007 年第 5 期。周海燕：《论明清商书的旅游学价值》，载《重庆科技学院学报（社会科学版）》2012 年第 22 期。吴志宏：《明代旅游图书研究》，博士学位论文，南开大学历史系，2012。

③ 见缪咏禾：《中国出版通史（明代卷）》，中国书籍出版社，2008。郭孟良、张继红：《明清商书的出版传播学考察》，载《编辑之友》2009 年第 10 期。郭孟良：《晚明商业出版》，中国书籍出版社，2010。秦宗财：《明清文化传播与商业互动研究：以徽州出版与徽商为中心》，学习出版社，2015。

④ 郭孟良：《晚明商业出版》，第 103—106 页。

墨品、茶叶、典业、粮商、药品及日用类书等各个方面的知识。在这 29 部商书中，墨品、墨谱共有 7 部，几近总数的 1/4，反映出墨品在明清徽州商业经济中的重要地位。书中还分析了徽州商书的选题类型及传播主客体，出版目的及出版形式、编写体例，商书内容及出版价值。[1] 该书是目前所见对徽商及其出版事业描述最为全面和详尽的专著。

邱澎生在其《由日用类书到商业手册：明清中国商业知识的建构》《商业训练与职业教育：十六至十八世纪中国的经济与道德论述》等文中，以收录于日用类书中的《商旅门·客商规鉴论》和《商贾便览》这两部明清时代颇具代表性的商书为中心，"以十六至十八世纪《客商规鉴论》与《商贾便览》两份不同文本在形式与内容方面的演变为主轴"，"检视此三百年间中国商业知识的复杂演化，进而考掘当时人们借以建构商业知识的若干线索"，从而进一步拓展了明清商书的文化史研究视野。[2]

王尔敏也关注到明清时期民间流传的商业小册子，著有《〈营谋小集〉与商贩经理知识》等文，辑有《清代小商贩稀珍史料五种》等资料，介绍了 6 种当时民间商贩所用的商业手册。[3]

---

[1] 秦宗财：《明清文化传播与商业互动研究》，第 221—229 页。

[2] 邱澎生：《由日用类书到商业手册：明清中国商业知识的建构》，"近代中国的财经变迁与企业文化研讨会"会议论文，2004；《商业训练与职业教育：十六至十八世纪中国的经济与道德论述》，"中国近世以降教育与地方发展研讨会"会议论文，2005。

[3] 王尔敏：《〈营谋小集〉与商贩经理知识》，载《近代中国史研究通讯》第 30 期，2000 年 9 月；《清代小商贩稀珍史料五种》，载《近代中国史研究通讯》第 31 期，2001 年 3 月。两文后收录于氏著《明清社会文化生态》，广西师范大学出版社，2009。

在明清商业文书中，也保留了不少与本书所说商书相关的内容。在对这些文献的研究方面，王振忠关于明清徽州商业文书的研究成果颇丰，值得关注。① 此外，刘秋根对江西商人文书、武占江对晋商文书也多有研究。②

海外学者关于明清商书的相关研究也不少，其中以日本学界为最多。酒井忠夫、寺田隆信、森田明、斯波义信、水野正明、山根幸夫、重田德、足立启二等学者均对明清商书有所研究。酒井忠夫的专著《中国善书研究》③较早注意到商书的文献价值。寺田隆信著有《关于明清时代的商业书》等文，其《山西商人研究》一书的第六章"从商业书看商人和商业"一节，对《新刻天下四民便览三台万用正宗》中的

---

① 详见王振忠：《清代〈布经〉抄本五种之综合性研究——兼论徽商西贾与明清时代商书的编纂》，载唐力行主编《江南社会历史评论》第 11 期，商务印书馆，2017；《瓷商之路：跋徽州商编路程〈水陆平安〉抄本》，载《历史地理》第 25 辑，上海人民出版社，2011；《晚清婺源墨商与墨业研究》，载复旦大学历史系编《古代中国：传统与变革》第 1 辑，复旦大学出版社，2005；《新安江的路程歌及其相关歌谣》，载《史林》2005 年第 4 期；《抄本〈信书〉所见金陵典铺伙计的生活》，载陶新民主编《古籍研究》第 46 期，安徽大学出版社，2004；《徽州社会文化史探微：新发现的 16—20 世纪民间档案文书研究》，上海社会科学院出版社，2002；《〈唐土门簿〉与〈海洋来往活套〉——佚存日本的苏州徽商资料及相关问题研究》，全文约 4 万字，载《江淮论坛》1999 年第 2 期、第 3 期、第 4 期，该文与《太平天国前后徽商在江西的木业经营——新发现的〈西河木业纂要〉抄本研究》《徽、临商帮与清水江的木材贸易及其相关问题——清代佚名商编路程抄本之整理与研究》等文均收录于氏著《社会历史与人文地理：王振忠自选集》，中西书局，2017。

② 刘秋根：《江西商人长途贩运研究——〈江西商人经营信范〉解读》，河北大学出版社，2017。武占江、丁月华：《传统诚信观与晋商的经营管理》，载《经济与管理》2004 年第 4 期。

③ 酒井忠夫：《中国善书の研究》，国书刊行会，1972。中译本名《中国善书研究》，刘岳兵、何英莺译，凤凰出版传媒集团、江苏人民出版社，2010。

《商旅门·客商规鉴论》《新镌士商要览》《商贾便览》《一统路程图记》《示我周行》等商书的相关内容予以介绍，并据此探讨明清时期的商人形象及经营形态。①斯波义信著有《〈新刻客商一览醒迷天下水陆路程〉研究》，对商业道德进行研究②；森田明《关于〈商贾便览〉——清代的商品流通的觉书》一文，以吴中孚的《商贾便览》为基本材料，探讨了清代的商业发展与商书及商业交通路程等问题，尤详各地的特产与民情风俗③；水野正明《关于〈新安原版士商类要〉》，对《士商类要》进行了重点研究④，同时指出各部商书之类的相互关系，考证详尽。山根幸夫比较研究了《一统路程图记》和《天下水陆路程》等书的版本⑤，另有《明代"路程"书考》，指出李留德《客商一览醒迷天下水陆路程》实为二书合刻本，并指出《一统路程图记》《天下水陆路程》和商濬《水陆路程》三书"属同一系统，内容无大差"。该文还介绍了日本所藏而在中国未重刊的商书。⑥

① 寺田隆信：《关于明清时代的商业书》，载《东洋学》第 20 号，1968；氏著《山西商人研究》，张正明等译，山西人民出版社，1986。

② 斯波义信：《〈新刻客商一览醒迷天下水陆路程〉略论》，原载《森三树三郎博士颂寿纪念：东洋学论集》，《中国经济史论坛》2007 年 10 月 25 日转载。

③ 森田明：《〈商贾便览〉について——清代の商品流通に关する觉书》，《福冈大学研究所报》第 16 号，1972。

④ 水野正明：《关于〈新安原版士商类要〉》，载《东方学》第 60 辑，1980。

⑤ 山根幸夫：《杨正泰校注〈天下水陆路程·天下路程图引·客商一览醒迷〉》，《东洋学报》第 75 卷第 1—2 号，1993。山根幸夫：《关于明代的路程书》，载日本明代史研究会编《明代史研究》第 22 号（1994 年 4 月）。

⑥ 山根幸夫：《明代"路程"书考》，载张中正主编《第五届中国明史国际学术讨论会暨中国明史学会第三届年会论文集》，黄山书社，1994。

足立启二《明末的流通结构——〈杜骗新书〉的世界》①一文的视角比较新颖，作者以《杜骗新书》所记载的各类骗术（如牙行骗、在船骗、换银骗、脱剥骗、引嫖骗等）涉及的人物交往活动为对象，关注明末的商品流通及牙行、客商之间的商业往来和商人间的相互关系，从中探讨明末的商品流通结构与流向。作者指出，明末时期，各地的商品流通主要流向为：松江地区的布、瓜州的棉花销往福建，福建大安的纸销往苏州，湖州的生丝销往广东，四川的当归、川芎等中草药销往江西樟树镇，福建海澄的胡椒、椒木销往芜湖、临青。总体来看，这种商品流通还是比较粗放和不稳定的商业形态，商人的经商途中充满危险，商人与牙人、牙行之间的关系很微妙，利润回报亦不稳定。中国的商业缺少相关的法律制度制约，这也成为限制明代商品流通持续发展的一大不利因素。应该说，作者从中关注到的这些商品的流通方向与方志等相关典籍的记载基本吻合，从另一侧面体现了商书的经济史料价值。

西方学者关于明清商书的研究，主要有美国学者 Richard John Lufrano（陆冬远）的著作 *Honorable Merchants：Commerce and Self-Cultivation in Late Imperial China*。② 该书从文化史的角度，分析解读了晚明时期的《客商一览醒迷天下水陆路程》《士商类要》

---

① 足立启二：《明末の流通结构——〈杜骗新书〉の世界》，载熊本大学文学会编《文学部论丛》第 41 号《史学篇》，1993。

② Richard John Lufrano, *Honorable Merchants: Commerce and Self-Cultivation in Late Imperial China* (Honolulu：University of Hawaii Press, 1997). 何汉威关于该书的书评，发表于《汉学研究》第 15 卷第 2 期，1997 年 12 月。

《新刻京本华夷风物商程一览》和清代的《贸易须知》、《商贾便览》（《工商切要》《江湖必读》）、《典业须知》等明清时期几部有代表性的商书。该书是目前所见西方学者从儒家文化角度对明清商书分析最详细的著作。其突出特点是作者"努力去捕捉18和19世纪商人的内心世界"①，认为"儒教与重商主义是完全可以兼容的"②。该书对儒家文化思想影响商人成功经营、商业勃兴的探讨，在西方学界也引起关注，"作者坚持关注中华帝国晚期儒家价值思想与商业成功的相互联系，有助于激起人们的兴趣，寻找当今东亚经济奇迹的秘密"③，"足够激起历史学家与当代学者对该书重要性的广泛注意"④。

总的来看，学界在搜集、介绍和研究各种明清商书方面，已有很丰厚的既有成果，为明清商书的深入研究奠定了坚实的基础。但是，以往的研究也存在一些不足：

第一，总体而言，目前明清商书的研究尚处于相对零散的状态。仅对部分有代表性的商书予以介绍，且主要针对商书的某些特点（如经营理念、商业思想、商人教育、商书的出版传播等）进行分析，缺少对商书作多学科整体性的深入研究。诸如商书的大量刊印

---

① Gilbert Rozman 文章见 *The China Quarterly* 154(1998)：433-434.

② 彭涓涓：《试探中国商业文化研究的方法与前景：从几部西方汉学家关于明代商业文化研究的著作说起》，载陈锋、张建民主编《中国财政经济史论稿：彭雨新教授百年诞辰纪念文集》，长江出版传媒、湖北人民出版社，2012。彭文将 Lufrano 译为鲁弗兰诺。

③ Susan Mann 文章见 *The American Historical Review*，Vol. 103，No. 4 (Oct. 1998)：1295-1296.

④ Gilbert Rozman 文章见 *The China Quarterly* 154(1998)：433-434.

出版与明清商业政策、制度环境、商业文化的关系，商书中的商人意识与商业伦理的构建、商书中反映的市场经济与经商实践等重要问题，目前尚缺从经济史、社会史、文化史等多学科、多角度的综合性深入探讨。

第二，一些相关商书的承袭关系、内容异同、各书特色，以及版本流布、编写者情形的研究等尚不全面。就本人所接触的六七十种商书文献而言，有许多商书文献明显是因袭前人之作，但关于其内容、版本的传承关系则缺少深入研究。

第三，明清时期的商书文献内容庞杂，不仅与商业直接有关联之内容均采撷其中，还包容了旅游、交通、天文、地理、气象、卜验、文化娱乐等方面。商书文献所体现的，已绝非仅仅是经济史方面的内容。许多商书中的"应酬书信、时令佳句、月令别名、民俗事项、族亲称呼、先贤名士、帝王源流、居官莅政、历科及第、文武职公署、警世歌词、人伦三教、灾荒救济"等内容，蕴含了丰富的地理学、社会史、文化史乃至政治制度史方面的丰富内涵，这些都需要我们去深入挖掘。

第四，对明清日用类书中与商业有关的相关内容，亦应进一步关注。严格地说，日用类书与商书并不等同。日用类书（清代多称之为"万宝全书"）更多地是普通大众所用的日用参考书籍，其内容庞杂——天文、地理、气象、旅游、交通、卜验、农桑、宗教、医药养生、交际应酬以及琴棋书画、体育等文化娱乐活动均包容其中，属应用性很强的生活百科全书。商书则以商业经营为主要内容。因此，从商书的角度研究日用类书，以往研究较多地集中在明万历年间余象斗刊刻的《新刻天下四民便览三台万用正宗·商旅门》。① 但就目前我们所看到的明清日用类书而言，内中也不乏与经商相关的内容。例如，各种日用类书的"算法门"篇章，内中的许多实例都是与日常生活中的经营换算有关。② 如《新刻全补天下四民利用便观五车拔锦》卷二十五《算法门》，其"算法捷径"篇大多是与日常生活相关的买卖交易之例证，有棉纱求布法、银求棉花法、生肉求熟法、棉花问银法、合伙卖姜法、算田亩数等。③ 此外，还有各类算法、算数，如算馒头法、算路法、算头数、算重数、算细数长短

---

① 《新刻天下四民便览三台万用正宗》卷二十一《商旅门》，于明万历二十七年由余象斗刊刻。本书所据为日本学者酒井忠夫监修、坂出祥伸、小川阳一编《中国日用类书集成》收录本，日本汲古书院自 1999 年始陆续出版。酒井忠夫称其为"现存明代日用类书中最早、最详细的一部"，"是研究明代日用类书中最具有重要意义的一部著作"。见酒井忠夫：《明代的日用类书和庶民教育》，载林友春编《近世中国教育史研究：その文教政策と庶民教育》，国土社，1958。需要指出的是，在前述日本汲古书院出版的《中国日用类书集成》第 2 册中，《新刻全补天下四民利用便观五车拔锦》的刊刻时间为明万历二十五年，早于余象斗刊刻的《新刻天下四民便览三台万用正宗》。

② 因篇幅所限，除《新刻天下四民便览三台万用正宗·商旅门》外，本文并未将其他日用类书列入"商书"探讨之列，但各种日用类书、"万宝全书"中的《算法门》值得关注。

③ 例如，"生肉求熟法"："今有生肉五十八斤半，煮熟每斤折四两，问熟肉若干？答曰：该熟肉四十三斤十四两。法曰：以生肉五十八斤半在位，即以每斤折去余，得熟肉十二两为法乘之，得熟肉七百零二两，求斤法合用。"又如"银求棉花法"："今有银六两七钱一分，假如每钱买花九斤半，该花若干？答曰：该花六百三十七斤七两二钱。法曰：以银六两七钱一分在位，却以花价九斤半加六化作一百五十二两乘之，得花一万一百九十九两二钱，却以两求斤法合用。"见《新刻全补天下四民利用便观五车拔锦》卷二十五《算法门》，明万历二十五年刊本。本书所据为《中国日用类书集成》收录本。下同。

法等,题目之后附有答案及计算路径。① 这些事例寓数学计算原理于日常生活之中,通俗易懂,有点类似于当今小学生入门即学的"九九乘法口诀",即便文化水平不高的人也可从中学习领会,掌握相应的计算知识。这实际上也是民间大众教育的一部分,值得我们关注。

其他如民间书坊刊刻的《便民图纂》《居家必备》《酬世锦囊》《万宝全书》等文献亦多有类似内容。像《学海不求人》的《算法门》一卷中,有《水仙子》词,该题主要是为商人应付外出做生意而设,其潜在读者也是商人。因此,应扩大明清日用类书的研究视野。②

此外,目前尚没有论著从文献角度对明清商书作总体研究,也没有将商书与其他相关史料(如地方文献和日本、朝鲜等国的记录)作对照研究的论著,从而限制了对商书价值的挖掘。这些问题均需要研究者做进一步的深入探讨。

---

① 如"算头数":"鸡兔笼中不识数,三十二头笼中露。算来脚有九十四,几个鸡儿几个兔? 答曰:鸡一十七只,兔一十五只。法曰:以三十二头俱次四足乘之得一百二十八脚,内除去原脚九十四只,止除三十四足,五因见鸡数除兔。"《新刻全补士民备览便用文林汇锦万书渊海》卷二十九《算法门》。此类内容在《新刻天下四民便览三台万用正宗》《新刻全补天下四民利用便观五车拔锦》《鼎锓崇文阁汇纂士民万用正宗不求人》等书的《算法门》中均有记载。

② 王振忠基于其收集研究徽州文书的实践,将明代以来的日用类书分为综合性日用类书、商业类日用类书和村落类日用类书。"明清以来的民间日用类书,大致可以分为综合性日用类书(如'万宝全书'系列,主要是刊本)、商业类日用类书(如各种路程和反映商业规范、商业道德及从商经验的专科性类书,其中既有刊本,又有抄本)和村落日用类书(以具体的村落为中心编纂或抄录的日用类书,这些都是遗存民间的稿本或抄本)"。详王振忠:《清代前期徽州民间的日常生活:以婺源民间日用类书〈目录十六条〉为例》,载陈锋主编《明清以来长江流域社会发展史论》,武汉大学出版社,2006。本节所指的日用类书当属刊本"万宝全书"系列的综合性日用类书。

本书的主旨、使用资料、研究方法与结构

笔者关注明清时期的商书已有十多年,围绕明清商书中的商业思想,经营理念,商路经济,商书的传承、刊印与流布等层面进行过一些探讨。① 本书是笔者这十多年来关于商书研究相关成果的总结,有些内容已在专业期刊上发表,在收入本书时,根据章节内容需要,结合新的研究心得,做了相应的修改。

如前所述,商业知识的传授自古即有,其主要形式是师徒相授,或是"传子不传女"的家庭秘传,依靠这些传授方式的商业知识的主

① 本人关于明清商书研究的相关成果主要有:《明清社会变迁与商人意识形态——以明清商书为中心》,载复旦大学历史系编《复旦史学集刊》第 1 辑,2005;《日用类书中的"商书"——析〈新刻天下四民便览三台万用正宗·商旅门〉》,中国明史学会主编《明史研究》第 9 辑,黄山书社,2005;《明清江南商路的经济内涵》,载《浙江学刊》2005 年第 1 期;《明清商书中的商业思想》,载周国林主编《历史文献研究》总第 24 辑,华中师范大学出版社,2005;《从商书看清代"坐贾"的经营理念》,载《浙江学刊》2006 年第 2 期;《从明清商书看商业知识的传授》,载《浙江学刊》2007 年第 2 期;《明清商书文献考略》,载《历史文献研究》总第 26 辑,华中师范大学出版社,2007;《从明清商书的内容比较看明清时期的商品流通》,载唐力行主编《江南社会历史评论》第 2 期,商务印书馆,2010;《明清商业思想发展及其转型困境》,载《社会科学》2010 年第 2 期;《明清水陆行程书的影响与传承——以〈一统路程图记〉〈士商类要·路程图引〉〈示我周行〉为中心》,载唐力行主编《江南社会历史评论》第 5 期,商务印书馆,2013;《明清商业书的刊印与流布——以书籍史/阅读史为视角》,载唐力行主编《江南社会历史评论》第 8 期,商务印书馆,2016;《明清"商书现象":经济文化视野下的观察》,载《南国学术》2018 年第 2 期。

要载体，是手抄的经商秘笈等。后来，各类经商常识得以刊行流布，是为商书。商书种类繁多，形式多样。手抄本商书大量出现并流行，形成独特的"商书现象"，此为明清时期所独有。个中缘由意味深长，值得探讨。因此，本书不仅关注商书内容本身，亦关注明清时期出现这一"商书现象"的深层原因。

基于以上考虑，本书以公开刊印的商书为主要研究资料，并选取部分手抄本商书。在研究视角上，力图从历史文献学、历史地理学、经济史、社会史、文化史、书籍史、阅读史等角度，关注商书以及商书现象背后所蕴含的丰富内涵。

在研究架构上，全书共分为导言、上编、中编、下编、余论五个部分。

导言主要诠释商书的定义与渊源，阐述商书研究的重要性，并在回顾本领域学术研究史的基础上，讲明本书的主旨内容。

上编介绍明清商书的基本状况。本编主要对明清商书做总体分类与介绍，分析明清商书的时代特点及历史文献价值，分析考证相关商书的传承关系。第一章主要对明清商书做总体分类。通过对明清商书进行细致的爬梳挖掘，从历史学、社会史、经济史与文献学角度，分析明清商书的时代特点与历史文献价值。第二章考察明清具有代表性商书的传承与刊印，特别是就其版本流布和内容因袭等层面，进行详细的比较与考证，厘清了它们彼此的前后继承关系、内容异同、版本流布的脉络及其特色，展示明清商书阅读群体的差异、商书内容与作者取舍的地域偏好等多层面的特点。

中编是明清商书的内容透视。本编主要通过对明清商书内容的分析，关注商书所反映的市场经济、经商实践、商业技能和经营理念，探讨明清社会变迁时期的商业伦理与商业文化的构建。第三章关注明清商书所反映的市场经济。以商书中所记载的明清江南商路为中心，分析商路与江南市镇经济的发展与市场网络体系的互动关系，并通过商书中反映的粮食市场特点、棉纺织品市场的变化及对各地产品的评价，进一步探讨明清商书的经济史、历史地理学内涵。第四章探讨明清商书所表现的经商实践。通过阐述商书中对"行商"心理素质的要求和培养，经商基本常识的传授，经商综合知识的介绍，算法、辨银、看布等专门技术的讲解，对典当等特殊行业人员的专业技术培训等，从理论上总结了明清商人的职业教育特点，并结合清代"坐贾"的经营理念，揭示明清商书的社会史、文化史内涵。第五章以商书为视角，将其置于中国古代"重本抑末"政策及明清社会变革、"新四民说"兴起等大背景下，考察分析明清时期商人思想意识的发展脉络，关注明清社会观念的变迁与商业伦理和商人文化的构建，以及商书对商人形象的新塑造。

下编是明清"商书现象"的时代背景。本编主要探讨明清"商书现象"的社会背景。总体而言，明清商书出现的根本原因是商业发展和市场变化导致了商业知识创新，社会思潮变化，商人社会地位提高，从商者越来越多，原有的商业知识传授模式已不能适应商业发展的新需要。因此，本书对于商书兴起的社会背景的分析趋向深入与细化，将从经济、市场、大众教育、技术更新、书籍价格、政府政策、制度环境等多种因素予以分析。第六章主要从明清商业化与商业革命、商帮的形成与固定阅读群体的出现、民众识字率的提高与商书受众面的扩大等层面分析商书现象的成因。第七章内容涉及明清出版革命与刊印成本降低、出版政策宽松与民间图书市场的繁荣、民间书坊的兴起等因素,并从书籍史与阅读史的视角,关注由"商书现象"折射出的明清书籍刊印系统、出版主体与阅读群体的新变化。第八章关注商人社会地位的提高对商书现象的影响。书中指出,"商书现象"的出现,是明清时期社会思潮变化、商人社会地位提高的产物,是明清社会变迁的缩影。明清社会思潮的变化,民众对商人和从商行为的宽容与接受,使得社会上弃儒从商、弃农从商乃至士商渗透渐成风气。而政府工商政策的宽松趋向,"有市籍者"得以参加科举考试的科考新规,以及捐纳制度的实施,都拓宽了商人入仕的途径,提高了商人的社会地位,使得从商者愈来愈众,并形成了独特的商书市场。

余论从全球史的角度,将明清时期的"商书现象"与同时期欧洲发生的类似现象做一简单比较,探讨同一时期东西方不同的商业发展路径与商人培养模式,以更好地观察明清商书的深刻内涵。

上编　明清商书的基本状况

第一章　明清商书的主要种类、特点与文献价值

明清商书作为这一时期商人经营活动的经验总结和商人经营实态的珍贵记录，所涉内容十分丰富，是我们研究明清时期的经济史、经济思想史、历史地理、社会史等领域不可或缺的重要史料。本章主要对明清商书的种类、特点与文献价值做一分类与探讨。

一、　明清商书的种类

明代商书的公开刊印大多在明中后期。明代比较有代表性的商书主要有：黄汴《一统路程图记》（又名《天下水陆路程》）八卷，隆庆四年（1570）刊；陶承庆增辑《新刻京本华夷风物商程一览》（以下简称《商程一览》）二卷，万历年间刊[①]；余象斗刊刻《新刻天下四民便览三台万用正宗·商旅门》（以下简称《三台万用正宗·商旅门》），万历二

[①]　《商程一览》作者陶承庆为新喻县丞，该书是明清为数不多的官员所修商书之一。该书刊印者为福建书林坊主刘大易，书首题"书林龙田刘大易绣梓"，书末刻"闽建书林乔木精舍刘氏龙田考正刊行"。

十七年(1599)刊;周文焕、周文炜编《新刻天下四民便览万宝全书》,万历年间刊①;商濬《水陆路程》八卷,万历四十五年(1617)刊②;壮游子《水陆路程》,万历四十五年刊③;程春宇《士商类要》六卷,天启六年(1626)刊;李留德《新刻客商一览醒迷天下水陆路程》(以下简称《客商一览醒迷》)④,崇祯八年(1635)刊;憺漪子《新镌士商要览》(以下简称《士商要览》)三卷,崇祯年间刊;张应俞《(鼎刻)江湖历览杜骗新书》四卷,明万历年间刊⑤;明延陵处士编《商贾指南》⑥;明末江湖散人辑《士商必要》⑦等书。

　　清代商书在数量上更多,其代表性的主要有:康熙间冯琢珩的

---

① 　该书原藏于嘉兴市图书馆。其卷二十六为《商旅门》,与余象斗《三台万用正宗》卷二十一《商旅门》内容基本相同,特别是《客商规鉴论》一节,全文798字,与余象斗书只有一字之差。只是目前尚不知道这两个版本有何关联。详见陈学文:《明清时期商业书及商人书之研究》,第57页。

② 　日本学者山根幸夫认为,该书以《天下水陆路程》为基础编纂而成,书中无黄汴之名,仅有商濬一篇短引。详见山根幸夫:《明代"路程"书考》,第137页。

③ 　日本尊经阁文库汉籍分类目录"史部·地理类"一作"商濬撰"。两部书内容基本相同,尚不明白其内中关系。日本学者斯波义信研究指出,该本附有"壮游子"的题识,实是黄汴《一统路程图记》的重修本。有些地方稍加校订,无图,卷八最后一条"江西城至宝庆府水陆"也佚失了,但其内容与原《一统路程图记》几乎相同。详见斯波义信:《〈新刻客商一览醒迷天下水陆路程〉略论》,载云南大学中国经济史研究所、云南大学历史系编《李埏教授九十华诞纪念文集》,云南大学出版社,2003。

④ 　本著所据为杨正泰:《〈天下水陆路程〉〈天下路程图引〉〈客商一览醒迷〉校注》。

⑤ 　本著所据为张应俞:《(鼎刻)江湖历览杜骗新书》,存仁堂陈怀轩梓影印本,收入《古本小说集成》第3辑,上海古籍出版社,1990。

⑥ 　其主要内容与余象斗的《三台万用正宗·商旅门》相同。

⑦ 　全书共三种十二卷。第一种为《新刻水陆路程便览》八卷,卷首有"新安黄汴序",其后每卷开篇均注明"新安约山黄汴纂,钱塘全庵胡文焕校"。就内容来看,与黄汴的《天下水陆路程》并无二致;第二种为《择日便览》二卷加一卷附录,(转下页)

《辨银谱》(一卷)①,乾隆六年(1741)宁寿堂《银谱》,乾隆十七年(1752)范铜《布经》(八卷,钞本),佚名《布经要览》(二卷)②。康熙间刊佚名《店商便览》,崔亭子《路程要览》二卷(刊印时间不详),乾隆三年(1738)英德堂藏本《示我周行　天下路程》(以下简称英德堂版《天下路程》)③,乾隆六年(1740)陈其楫《天下路程》④,乾隆三十九年(1774)赖盛远《示我周行》全三卷附续集⑤,乾隆五十七年(1792)吴中孚《商贾便览》

(接上页)　主要记载岁时(如天赦日、天气预报瑞日、天聋地哑日、天福日)及日常生活、出行运作(如下秧日、上官赴任吉日、应试赴举、针灸日等)的各种吉凶避讳;第三种为《占验书》一卷,主要记载四季的相关民间谚语、常识。应该说这些均是当时商人们经商所关注的。本书据江湖散人辑《士商必要》(三种),收入《北京图书馆古籍珍本丛刊·子部·丛书类》第82册,书目文献出版社,1988,影印本。

①　康熙五十五年刊,本著据清乾隆五十四年(1716)马心恭刻本,又称《新刊辨银谱》,一卷,载《四库未收书辑刊》第10辑第12册。

②　《布经要览》二卷,作者、刊印时间不详,本著据清汪裕芳写本,载《四库未收书辑刊》第10辑第12册;范铜《布经》八卷,钞本,载《四库未收书辑刊》第3辑第30册。按"钞本"与"抄本"均系手抄本,"钞本"比较正规,有的是照原稿或刊印稿抄写,有的甚至还有校勘,其制作成本非常高,往往具有收藏价值。"抄本"乃是来后对手抄本的称呼,本书多用此称。若文献原注"＊＊钞本",则本书仍沿用其"钞本"之称。

③　该刊本封面横题小字"示我周行",中间竖版大字名称"天下路程",左竖题"英德堂藏板"。序言落款为"乾隆戊午花朝白天下妙因居士偶题",目录页题"古吴　求放心斋校订"。

④　该书封面题"乾隆六年新镌　建安陈舟士辑定　天下路程　本堂藏本"。

⑤　该刊本封面横题小字"天下路程",右边竖体小字"什商必携",中间竖版大字名称"示我周行",左边竖题小字"前列各省进京,尊京师也。后附由此处至某处,各观览也。古迹、土产、里道,详悉无遗。有志四方者或亦有取焉。灵兰堂藏板"。另上海图书藏有清金阊文雅堂刻本,封面提示、序、书中内容与灵兰堂藏本完全相同,唯"江湖十二则"置于序言之后,目录之前;而灵兰堂藏本将"江湖十二则"置于目录之后,正文之前。

（八卷）①，乾隆五十一年（1786）王秉元《生意世事初阶》（抄本）及王秉元《贸易须知》②、《贸易须知（炳记）》，王鸣时《商贾启蒙商贾格言》③，汪敷五抄传《生意经传》（又名《生意纲领直解》）④，清谢光燧《商贾格言》⑤，

① 吴中孚之《商贾便览》，本著主要参考两个版本：乾隆五十七年版《商贾便览》（八卷），参考台湾中研院史语所藏复制本；道光二年（1822）《重订商贾便览》（六卷），乃由浙江省社会科学院陈学文先生惠示，谨此致谢。从目录上看，道光本较之乾隆本少了两卷，但仔细比对两部书的具体内容，则发现并无二致，道光版将乾隆版目录进行了合并。具体分别为：道光版将乾隆版第一卷"江湖必读原书""工商切要"和第二卷"经营粮食吉凶日期""神诞风暴日期""各省船名样式"等内容合并为第一卷；原乾隆版第三卷"各省疆域风俗土产""新增各省土产""异国口外土产""外国方向""各省买卖码头""各省关税""各省盐务所出分销地方""各省茶引"等内容变为第二卷；将原乾隆版第四卷"算法摘要"第五卷"平秤市谱""辨银要谱"等内容合并为第三卷；原乾隆版第六卷"应酬书信"等内容变为第四卷；原乾隆版第七卷"时令佳句""月令别名""亲族称呼"等内容合并为第五卷，道光版在该卷目录上加入"字义四则"一项；原乾隆版第八卷"天下路程（附土产、码头、关税）"内容变为第六卷。

② 《生意世事初阶》系抄本，署名为句曲王秉元开初氏纂集、沙城西麓主人汪淏增订。该本复印册为南京大学历史系范金民教授示知，谨此致谢。从书中汪淏序得知，该书是汪淏依据王秉元之书重加增删润色而成，而王秉元之成书时间，当在乾隆五十一年以前。此后，在王秉元此稿本的基础上，又有《贸易须知》（本著据光绪五年刊本），该本题有嘉庆十四年王秉元序，道光二十四年杭州项名达续刊；光绪五年蠡城言慎金在王、项两刊本基础上，"不揣鄙陋，重加厘订"后再刊，内容多与《生意世事初阶》雷同。民国十一年上海宏大善书局石印《生意经络》（不分卷），封面为"王秉元著"，卷内又名《贸易指南》（不分卷），"句曲王秉元著"，经笔者核对，内容与《贸易须知》完全一致。《贸易须知》较之《生意世事初阶》所论学徒规矩相同之处甚多，只是内容更加丰富，增加了如何处理东家与伙计的关系、"如何辨识洋钿"、"鸦片之危害"等条目，显然增加了适合时代需要的新内容。

③ 清抄本，安徽省图书馆藏。

④ 清抄本，安徽省图书馆藏。

⑤ 清刻本，安徽省图书馆藏。

清末杨树棠《杂货便览》抄本①，另有如《营谋小集》②、《招墟七言杂字》、《鱼名七言歌》、《白果（菜）马荠歌》、《小商贩记帐苏州码教材》③、日本刊印的《生意集话》、《燕语生意筋络》④、民国间刊印的《生意经络》（内称《贸易指南》）和吴日法《徽商便览》等。

清代还有大量民间流行的各种刊本和抄本⑤，像歙县茶商的《徽州至广东路程》《沐雨栉风》《万里云程》，休宁商人所编《江湖绘画路程》，徽州书坊刊刻的《酬世锦囊》《万宝全书》《士民便考杂字》等日用类书也有部分经商常识。还有许多佚名水陆路程书抄本，如《自汉口至西安路程》《杭州上水路程歌》《徽州下水路程歌》《安庆至徽州路

① 该书封面题"杂货便览清单·杨树棠抄"。观其内容，当为清末抄本，东京大学东洋文化研究所仁井田文库藏。该资料为南京大学历史系范金民教授示知，谨此致谢。
② 《营谋小集》作者不详。每年由香港书坊出版《通胜》时附印其后。《通胜》是广东以及港澳民间广泛通行的家用必备参考书，主要是黄历，但其后面附印的各类参考书十分杂驳，《营谋小集》即是其中之一。详见王尔敏：《〈营谋小集〉与商贩经理知识》，载《近代中国史研究通讯》第30期，2000年9月。
③ 这几种实用手册在王尔敏《清代小商贩稀珍资料五种》一文中有介绍，文载《近代中国史研究通讯》第31期，2001年3月。后收录于氏著《明清社会文化生态》一书，广西师范大学出版社，2009年6月出版。
④ 《生意集话》由清代长白人桂林、日本鹤江人御幡雅文合著，光绪十八年刊印，关西大学图书馆藏；《燕语生意筋络》则由御幡雅文"译述"，桂林校阅，光绪二十九年刊印。御幡雅文是日本明治时期著名的汉语教师，他精通汉语（北京官话）、上海话和闽南话，编有多部汉日语言商用书，如《官商须知文稿启蒙》（光绪十五年）、《沪语便商》（光绪十八年）、《沪语便商意解》（光绪十八年）、《生意集话》（光绪十八年）、《燕语生意筋络》（光绪二十九年）。从传承上看，《燕语生意筋络》直接改编于清代王秉元的《贸易须知》，《生意集话》则是对针对日本人介绍中国商业、市场情况的商业书。桂林生卒不详，目前只知道他是御幡雅文的中国汉语老师。桂林的信息由日本东京大学大学院人文社科系陈捷教授示知，谨此致谢。
⑤ 笔者所接触的商书抄本，大多数为徽商所传，学界亦称之为徽州商业文书。

程《安庆至徽郡》，各类佚名生意经抄本如《客商规略》《生意经传》《（徽州绩溪经商）生意经》《生意手册》《营生集》《客孤思乡》《商情杂览》《商贾指南》《商贾格言》，各种专业指南抄本如《典务必要》、《当行杂记》、《典业须知》①、《当谱》写本四种（道光 2 种、同治 1 种、清末 1 种）②、《当谱集》、《论皮衣粗细毛法》、《当谱》抄本、《成家宝书》、《定论珍珠价品宝石沉头》、《皮货论》、《典业杂志》、《杂录便览》等数十种。

此外，笔者还搜集到数十种会馆录、征信录，如《金陵泾邑会馆录》（同治九年［1870］刊本）、《浙省新建安徽会馆录》（光绪刊本）、《重建金陵新安会馆征信录》（光绪刻本）、《苏垣安徽会馆录》（光绪刻本）、《徽宁思恭堂征信录》（光绪三年［1877］刻本）、《（塘栖）新安怀仁堂征信录》（光绪四年［1878］刊本）、《浙省新建安徽会馆章程》（光绪六年［1880］刻本）、《新安惟善堂征信录》（光绪七年［1881］刻本）、《汉口山陕西会馆志》（光绪二十二年［1896］刻本）、《金陵旌德会馆志》（1928 年铅印本）、《徽商公所征信录》（宣统刻本）等，但因内容及篇幅所限，本书未对其加以探讨。③

---

① 原抄本藏美国哈佛燕京图书馆，华中师范大学冯玉荣教授拍照示知，谨此致谢。另有杨联陞点校编辑本，刊于《食货》月刊复刊第 1 卷第 4 期。
② 据赵金敏点校整理：《当铺鉴别珠宝文玩秘诀》，北京燕山出版社，1991。
③ 可以说，此类会馆录、会馆征信录留存甚多，难以计数。虽然这类资料中也记载有大量的经商实态，可以从中"考察徽商会馆、公所类组织发展、盛衰的全过程"，"直观地感受到徽州商帮这一群体的整体性活动场景"（详见李琳琦、梁仁志：《徽商研究再出发》，载李琳琦、梁仁志整理《徽商会馆公所征信录汇编》，人民出版社，2016)，是颇有价值的商业史资料，但严格地说，它们并不属于商书的范围。且限于篇幅及资料搜集方面的局限，本书对这部分资料涉及不多。

就上述各类商书文献的内容看，像黄汴《一统路程图记》、陶承庆《商程一览》、商濬《水陆路程》等文献，详细记载了明代由南北二京至各地、十三布政司至各地及各布政司之间、徽州出行各地的交通路线、所经站名、里程等内容。《示我周行》《徽州至广东路程》《自汉口至西安路程》《杭州上水路程歌》《徽州下水路程歌》《客孤思乡》等书，也以记载水陆交通路线为主，故这些书籍被称为商编水陆行程书（路程书）。明清大量商编水路行程书的编撰，与商品经济的繁荣、长途贸易的发展密不可分，因为随着长途贸易的不断增多，商人的经营地域也不断扩大，对商业地理方面知识的需求也相应增加。

　　第二类是着重介绍为商之道、强调经营者素质与经营原则、介绍各种经商专业知识，属比较典型的商业经营书。如明代李留德的《客商一览醒迷》，内容偏重于论述商业行为规范、商业道德；余象斗纂辑并刊刻的《三台万用正宗·商旅门》则根据商贾经商的实际需要而编纂，既有行商经验之谈，又有商品知识、经营方法的总结，还有对经商者基本业务素质的要求。程春宇的《士商类要》，则兼及商路等交通线路、商业规范和经商经验等内容，不但记录了与《一统路程图记》基本相同的百余条交通路线，而且还另辟"客商规略""为客十要""买卖机关""醒迷论""戒嫖西江月""省心法言""思虑醒言"等专章，介绍相关的经商知识，强调商业道德及为商之道。

　　清代的商书较重要的有乾隆年间吴中孚的《商贾便览》、王秉元的《生意世事初阶》《贸易须知》以及佚名的《客商规略》《生意经传》《（徽州绩溪经商）生意经》《商情杂览》《商贾指南》《杂货便览》等抄本。特别是《商贾便览》一书，更被视之为明清商书集大成之作。① 其卷一"江湖必读原书"一节，基本上总结辑录了自《三台万用正宗》《士商类要》《客商一览醒迷》等书中行商者必备的知识。其"工商切要"一节，作者注明是"中孚新增"，除论及行商知识外，还列有"学徒称呼须知""学徒任事切要"等节论及学徒之事；"立规模以壮观，定章程而不易"一节，论及行铺开张经营诸事；"因人授事，量能论俸""行铺码头择热闹""行铺屋宇要坚牢"等节，论及行铺用人、择址等事宜。此外，"赊账要择诚信""囤贩贵审时宜"等内容也均与店家经营相关。

作者吴中孚在自序中称，他从 12 岁即开始经商，该书乃其一生经验的总结，其编纂此书的原委是，"因见坊间《江湖必读》一书，确当行商要说，但既有行商之论，岂遂无坐贾之论？爰增数条，兼及土产、书算、字义、辨银、路程等类，辑成数卷，名为《商贾便览》，以训后裔"，显然是为弥补前人之书的不足而意在兼论坐商经验。《生意世事初阶》则专门立足坐贾，从师傅和学徒两方面讲述：一是坐贾开店者如何培养学徒、选择店址、迎对顾客、开店经营，一是学徒如何学习店铺知识和为人处世之道。

此外，还有一些专业针对性比较强的"技术指南"之类的文献，如冯琢珩的《辨银谱》、宁寿堂的《银谱》、乾隆年间范铜所撰《布经》、清后期《生意集话》及典当行业的专书《典业须知》《典务必

---

① 《商贾便览》的内容包括经营理念、经营技巧、出行出货吉期推算、各地（包括外国）土产行情、关税、算法、用秤、辨银、信函往来乃至水陆路程等方面的内容，几乎涵盖了当时经商所能涉及的主要常识。

要》①《当行杂记》②和各类当谱、当谱写本、当谱集及《论皮衣粗细毛法》、《成家宝书》抄本、《定论珍珠价品宝石沉头》抄本等,皆属此类。

从商书文献所介绍的各类专业知识来看,要全面熟练地掌握这些专业知识,实非易事。就商书内容适合的对象而言,《一统路程图记》《水陆路程》《士商类要》《客商一览醒迷》可谓之行商者必读之书;吴中孚的《商贾便览》当属行商与坐贾③兼而有之的商书,《生意世事初阶》《贸易须知》则是比较典型的经营店铺的坐贾入门书,反映了当时坐贾的经营意识及经验。《典业须知》《典务必要》《当行杂记》和各类当谱等,也属坐贾知识类商书。

由于行商与坐贾经营方式的差异,其表现在商书文献中商业知

① 本书据佚名撰,丁红整理:《典务必要》,载中国社会科学院近代史研究所近代史资料编辑部编《近代史资料》总 71 号,中国社会科学出版社,1988。

② 原书第 1 页明言“光绪二十四年六月二十五日誊抄立”,书中很多项目之前均有“民国”二字(红字)。由此可以断定,此书当属清末民初作品。见佚名撰,齐思整理:《当行杂记》,载中国社会科学院近代史研究所近代史资料编辑部编《近代史资料》总 71 号,中国社会科学出版社,1988。

③ 在中国古代,尽管农业占据社会经济的主导地位,但人们对商人的商业活动及其社会功能仍有着比较清醒的认识,“自古有坐贾行商,为懋迁有无之计”的说法为人们所熟悉。同时,对于不同类型商人的职能特点也有较为清晰的区分,“远商近贾”“坐贾行商”之类的表达方式,便反映了人们从心理上对于“商”之“行”的流动性、“贾”之“坐”的稳定性的形象描述。“行者,所谓行货;曰商店,则居货日贾也”。换言之,“行商”的作用在于流动性的集散和批发买卖,“坐贾”的作用在于以固定的店铺门面承担日常买卖交易的职能。本文之“坐贾”意指开店经营类之商人。吴中孚《商贾便览》卷一《江湖必读原书》,主要论述行商相关常识;其“工商切要”一节,除论及行商知识外,还列有“学徒称呼须知”“学徒任事切要”等节,论及学徒之事;“立规模以壮观,定章程而不易”一节,论及行铺开张经营诸事;“因人授事,量能论俸”“行铺码头择热闹”“行铺屋宇要坚牢”等节,论及行铺用人、择址等事宜。此外,像“赊账要择诚信”“囤贩贵审时宜”等内容也均与店家相关。

识的传授方面也有所不同。公开刊印的商书似多以行商知识为主，主要内容多是交通路线、各地商品行情、买卖商品的专业知识以及对商人职业道德方面的要求等等；而坐贾方面的专业知识，因时常涉及店家内部的经营秘密或行业窍门，有些训诫不便公示于人，则以抄本为多。即便有部分刊印本，如王秉元《贸易须知》等，也多是清后期的事情了，其前期多以抄本《生意世事初阶》形式出现。像《典业须知》《典务必要》《当行杂记》等涉及本行业技术秘密、专业性较强的商书，也多以抄本形式流传。

二、 明清商书的特点

如前所述，明清商书是应明清时期社会经济发展、商品流通增多和商人活动频繁而产生的，是明清时期商人和商帮经营活动、经营理念的珍贵记录与经验总结，具有鲜明的时代特点。

首先，为数众多的商书，所涉内容十分丰富。商书所载不仅有商业条规、关津税则、商业道德与商业规范、各地风情物产、商品物价、交易技艺、防盗与防骗手段、算法、辨银、商家的禁忌与习俗等经商方面的专业知识，还包括水陆路程、四季杂占、起居杂忌、四时调摄、历代官制、帝王源流、科举成式、文武官服色、文武职公署、先贤名士、书信称呼、丧礼古制等历史地理、社会史、制度史、文化史方面的内容，远远超出了商业书本身的内涵。这其实也反映出，商书对从商者的要求，已不仅仅是限于掌握相应的专业知识与经商技巧，还要求从商者具有更广博的社会知识。

其次，民间编纂的诸多商书中记载了许多官方文书中难以寻觅的珍贵史料，有些著作更记录了编纂者的亲身经历，应当说具有相当的可信度。明清时期最具代表性的商书《一统路程图记》《士商类要》《商贾便览》和《示我周行》，莫不如此。

《一统路程图记》的作者黄汴在序中谈道："余家徽郡万山之中，不通行旅，不谙图籍，土狭人稠，业多为商。汴弱冠随父兄自洪都至长沙，览洞庭之胜，泛大江，溯淮、扬，薄庆燕都。是年，河水彻底，乃就陆行，自兖至徐，归心迫切，前路渺茫，苦于询问，乃惕然兴感，恐天下之人如余之厄于岐路者多也。后侨居吴会，与二京十三省暨边方商贾贸易，得程图数家，于是穷其闻见，考其异同，反复校勘，积二十七年始成帙，分为八卷，……道路之远近，山川之险夷，及风波盗贼之有无，靡不洞其纤悉，九州地域在指掌间矣。"[1]他正是于经商途中，苦于道路不清，线路迷茫，便留心考察并记录各地交通途程及风土民情，并参考各种舆地图志，详加考辨，历时二十七年得以完成此书。

《士商类要》编辑者程春宇，也是徽州商人。方一桂于序中记载："（作者）甫成童而服贾，车尘马迹，几遍中原，故土俗之淳漓，山河之险易，舟车辐辏之处，货物生殖之区，皆其目中所阅历。至于天文、世代、古迹、遗墟，又悉心推测访求，或得诸故老之传闻，或按残篇之纪载，旁搜广摭，不啻若铁网取珊瑚，靡所漏佚。……于是取生平睹记，总汇成编。"[2]

---

① 杨正泰：《明代驿站考（增订本）》，上海古籍出版社，2006，第 199 页。

② 杨正泰：《明代驿站考（增订本）》，第 299 页。

《商贾便览》的作者吴中孚乃江西抚州崇仁粮商，其家世业儒。他在《自序》中说自己"年七龄入小学，颇能成诵"，后因身体羸弱，"居学日少，在病日多"，便弃书而为商贾，从十二岁即开始"随父兄坐店攻买卖，暇时兼阅书卷，嗣以邻店回禄累及，乃命余商贩信郡，经营缝绻，凡事谦恭受益，是以贸过货物，略识高低，即经过市镇，其规则颇十知五六焉。岁己丑，余以粮食开张驻玉邑……后走江浙"。因此，该书既是他自己从商经验的总结，也有其参照其他书卷的心得。而他编纂此书的原委，就是为了方便从商者。"名为《商贾便览》，以训后裔"。①

《示我周行》的编辑者赖盛远，福建汀州连城人，亦经商多年，序中称其"足迹几遍天下"，"举所经历之处，询之故老野夫，加以博采详核，汇成一帙。凡疆理山川之谬辖，关津驿合之次第，皆可以按程计里。而古人之遗迹与天地之所产，间或附记一二"。该书乃积他"驴背风霜，已有十数万里之劳也"。②

这些作者亲身经历、体验的记载弥足珍贵，将这些商书文献与官方文献及各地方志相互参证，将更有助于我们了解当时的交通和商品流通的状况、各地风土民情以及商人们的经营实践。

在对商人角色的职业认知方面，明清商书表现出了非常清醒的角色认同。明代李留德在其《客商一览醒迷》中开篇即云："人生于

---

① 吴中孚：《商贾便览·自序》，乾隆五十七年刻本，台湾"中研院"历史语言研究所藏复本。
② 赖盛远：《示我周行·序》，乾隆三十九年刻本，台湾"中研院"历史语言研究所藏本。

世,非财无以资身;产治有恒,不商何以弘利?"①程春宇《士商类要》中明确提及,"商贾士农咸乐业,恩波浩荡海天同"。② 乾隆年间汪淇在其所增订的王秉元《生意世事初阶》序言中,直接将商贾之理财视为"居家之急务",把它与为官出仕,"出而裕国"相提并论。③《生意世事初阶》和《贸易须知》还将"异日有成,出人头地"的希望寄托于经商之上,可见这时社会上的崇商意识日趋明显。这种强烈的通过经商而"出人头地"的意识,在明代以前是不多见的,与此前单一的"学而优则仕"的社会主流价值观形成了鲜明对比,明代中后期开始的"弃儒从贾"和"士商渗透"的社会现象与这种社会思潮的变化不无关联。以商书为研究对象,可以更直观地了解明清时代商人的思想意识与经营理念。

另一方面,商书的大量刊行,也说明这一时期的商人已不再满足于传统的师徒相继的经验传授,或仅凭经验行事的小商小贩,而是开始重视商业知识的系统累积与传播,从职业教育的角度培养子弟生徒。而有些商书的书名本身,如《士商类要》《士商必要》,就反映了当时人们思想上将士、商并列的观念变化。此外,明清商书的示知形式也值得注意,大量商书不再仅仅是秘传抄本,而成为公开流传的刊印本。有的商书内容则编在明中后期大量刊印的、传授民众日常生活必备常识的书籍——日用类书(清代亦称"万宝全书")之

---

① 李留德:《客商一览醒迷》,崇祯八年原刻。
② 程春宇:《士商类要》卷二《水路诗》,天启六年刊本。
③ 王秉元纂集、汪淇增订:《生意世事初阶》,清抄本。该书承南京大学历史系范金民教授示知,谨此致谢。

中。① 由此也不难想见，大量商书中所述观点不仅是商人自身思想意识的体现，也反映了时人对商业的普遍看法，可以说是当时社会商品经济发展和商业日趋繁荣的社会现实的反映。这些均是明清商书鲜明而突出的时代特点。

三、 明清商书的文献价值

突出鲜明的时代特点，极为丰富的经济史、政治史、社会史、文化史等史料记载，赋予了明清商书独特的历史文献价值。具体表现在：

第一，商书，特别是商编水陆行程书，为我们提供了明清时期全国商业线路、交通状况、城镇分布、商品生产与市场流通、商品特色与价格、区域经济与各地风土人情、市场网络等方面的珍贵资料。

明代的商编水陆行程书以黄汴的《一统路程图记》、程春宇的《士商类要》"路程图引"部分以及陶承庆的《商程一览》为典型。

《士商类要》记载的一百条路程图引影响广泛，多被清代《天下路

---

① 如明万历二十七年余象斗刊刻的《三台万用正宗》一书中专设《商旅门》，介绍经商常识，万历年间刊印的周文焕、周文炜编《新刻天下四民便览万宝全书》一书中亦同样设有《商旅门》。鉴于此，本文将这两部日用类书亦视为明清商书的代表作。

程》《示我周行》等水陆路程书直接征引。①

黄汴在其《一统路程图记》中,详细记载了一百多条当时由南北二京至各地、十三布政司至各地及各布政司之间的水陆交通线路,内中不仅详细列出了各地道路的起止分合、距离、行走难易程度和水陆驿站名称,还兼有沿途的风物介绍、食宿条件、治安状况、车船运费、关津征税等内容。

以《一统路程图记》卷七第六条"杭州迁路由烂溪至常州府水路"为例:

> (杭州)六和塔。十里上闸口。十里凤山门。入城。十里回回坟。上夜船。十里东新桥。五里沈塘湾。四十五里临平山。三十五里长安坝(今海宁长安镇),十里出官塘(运河),十里崇德县。廿里石门。入小桥,共十三座。三十里乌镇,廿里十八里桥。三洞。十里师姑桥。三洞。十里钱马头。十里滩溪桥。今坏。十里菱荡。十里大船坊。十里平望。廿里八尺(八坼)。廿里吴江县。长桥七十二洞。廿里尹山桥。宝带桥五十二洞。廿里盘门。五里胥门。姑苏台。三里阊门。西十里枫桥。西北十里虎丘山。廿里浒墅关。十里望亭。五十里无锡县。十里高桥。四十里青杨桥。十里月胜桥。三十里采金闸。东十二里至江阴县。北三十里至石堰。廿里镇渡桥。三十里常州府。

---

① 对于《一统路程图记》《士商类要·路程图引》和《示我周行》《天下路程》《商贾便览·路程图引》等明清颇具代表性的商书(路程图引)、水陆路程书的传承关系,本著在"商书的传承与变化:以《一统路程图记》《士商类要·路程图引》《示我周行》为中心"一节中将有详细探讨。

由上可以看出,该条目详细列举了从杭州府经运河北上,过烂溪经苏州再入运河抵常州府所经的驿铺城镇及其起止分合、各自相距的里程,非常清晰地展示了从杭州府至常州府一路的驿站设置、路桥状况与交通网络。

之后,作者补充道:

> 烂溪、乌镇无纤路,水荡多,人家少,荒年勿往,早晚勿行。小桥多,虽有顺风,帆桅展舒费力,逆风极难。平望鹰脰湖中,风、盗宜防。阊门外有五水,名五龙潭,东入城,出葑、齐、盘、娄四门,南去杭州,北由昆山、太仓、刘家河出海,西北由虎丘山塘达于浒墅,正西由枫桥、官塘出浒墅。……江阴县至常州,河小水少,大船不通,水涸勿去。自常州至浙江,牙行须访,价值难听,接客之徒诓诱,阊门市上货杂,不识休买,剪绺宜防。[①]

程春宇《士商类要》卷一第十条"杭州府由苏州至扬州府水路"路引后也有类似记载:

> 杭州至镇江,路七站,水皆平,古称平江,盖自有来矣。船户和柔,官塘河岸,拽纤可穿鞋袜,人烟稠密,是处可泊。惟滥溪小路,由塘栖至平望,人家少而水荡多,荒年勿往,早晚勿行。且小

---

① 黄汴:《一统路程图记》卷七《江南水路》,收入杨正泰撰《明代驿站考(增订本)》,上海古籍出版社,2006,第266页。

桥多而纤路少,纵遇顺风,篷桅展舒费力。平望、八尺、五龙桥、虎丘山脚数处,凶年多盗,宜防。江南苏、松、常、镇、嘉、湖等府皆系门摊,客货不税,于是商贾益聚于苏州云云。①

再以"大江上水,由洞庭湖东路至云、贵"条路引为例,该条目详细列举了从镇江府溯江而上,过洞庭湖,经常德府、沅州、平溪驿,最后抵达贵州镇远府所经的驿铺城镇及其起止分合、各自相距的里程,非常清晰地展示了从江南镇江府至贵州镇远府一路的驿站设置与交通网络。

随后,作者又补充道:

> 沅江自桃源之上,水始急。上水,一月至镇远,下水,七日至常德,无水大之忧,有失可救。岳阳之下风、盗,详本卷一。南京上新河有聚无产,风怕西北,不可久泊,有货当入港。草鞋夹中,虽谨慎,无风浪之防,夜偷摸,粗细货皆要;日调包,闻贱休买。盐船泊此候掣,柴炭至此抽分,木商至此再抽。芜湖泊船虽入港,江口怕风,此港深急,行步宜慎,门摊不税。江通巴蜀、云贵、湖广、江西、两广,南北商人交易于此,有聚无产,牙行诚实,利心轻。长江交易,仪真盐行大而有时,芜湖、上新河、瓜洲多而不绝,木客芜湖抽分。瓜洲小闸通江水,不通船,坝过下江运船,南北客货,牙行诚实。南渡镇江,水面十里,中有金山合浪,风大人多,必不可过。御史何偕,袁州府人,嘉靖初年,恶渡子,遣守边

---

① 程春宇:《士商类要》卷一,收入杨正泰撰《明代驿站考(增订本)》,第316页。

城,遇大风,旗悬渡止,至今有感。①

该卷第四条"江西城由广信府过玉山至浙江水路"后,作者也补充道:

> 江西至玉山,水缓;夜有小贼,可防;无风浪之险。铅山河口之上,滩多水少,船不宜重。草平路上,脚夫弱,饭店洁。衢州船户良善,富阳之下,潮、盗可防。②

在"杭州府、官塘至镇江府水路"一节,黄汴记道:

> 浙江杭州府至镇江,平水,随风逐流,古称平江。船户良善,河岸若街,牵船可穿鞋袜。船皆楠柏,装油、米不用铺仓。缓则用游山船漫漫游去,急则夜船可行百里,秋无剥浅之劳,冬无步水之涉,是处可宿,昼夜无风,盗之患,惟盘门、五龙桥、八尺、王江泾、大船坊、塘栖小河多,凶年有盗,艤(至)船无虑,早晚勿行。苏州聚货段匹外,难以尽述,凡人一身、诸行日用物件,从其所欲皆有。水多,诸港有船,二文能搭廿里程,一人可代十人劳。御史朱寰昌,瑞州府人,嘉靖七年,奏定门摊,客货不税,苏、松、常、

---

① 黄汴:《一统路程图记》卷七《江南水路》,收入杨正泰撰《明代驿站考(增订本)》,第264页。

② 黄汴:《一统路程图记》卷七《江南水路》,收入杨正泰撰《明代驿站考(增订本)》,第265页。

镇四府皆然,于是商贾益聚于苏州,而杭州次之。①

至此,上述几条线路的驿站设置、驿铺进程、交通网络清晰可见,驿路沿途主要的风俗人情、治安状况、船家收费、船户态度、河道水位的季节变化、征税种类、南北客商、牙行活动、航道通滞、线路平险等情况也跃然纸上。路引还有提醒人们如何交易,如何避免受骗上当等传授经商技巧的内容,信息量非常丰富,对于拟行走此线的商人有直接的警示参考作用。综上,路引成为我们研究明代水陆交通状况、沿途市镇分布、民俗风情、政府经济政策、区域市场的划分、市场网络的构建等方面的重要资料。

陶承庆增辑的《商程一览》内容也极为丰富,其刊印版面分上下栏,下栏记载两京十三省各边路图,北京、南京至十三省、各省府之间来往路线,并详细注明各驿站之间的里程数;上栏则记载两京十三省府州县名及土产,并附各省王府及禄米、天下吏员月文俸米、文官与武官服色、历代国都以及南京与北京城门歌等。这些不仅有助于我们了解当时各地的水陆交通情况,也是我们研究当时各省府风俗物

———————

① 黄汴:《一统路程图记》卷七《江南水路》,收入杨正泰撰《明代驿站考(增订本)》,第265—266页。按:"嘉靖七年奏定门摊客货不税苏松常镇四府皆然于是商贾益聚于苏州"一段,在众多的史书及研究文章中,多句读为"嘉靖七年,奏定门摊客货不税,苏、松、常、镇四府皆然,于是商贾益聚于苏州"。这样极易给人一种印象,即苏、松等府门摊、客货皆不收税,故而商贾益聚于苏州。实际上这是一种误解,与明清时期苏、松等地商税征收的具体情况是不相符的。实际上,当时江南各府只是对"客货"免征税,而门摊税并未取消。对此,范金民在其《明代嘉靖年间江南的门摊税问题——关于一条材料的标点理解》(载《中国经济史研究》2002年第1期)一文中,做了详细考证,澄清了以往研究的这一误解。

華夷風物 商程一覽 喬木山房梓

新刻商程一覽總目
上卷

●兩京十三省各邊路圖圖一
●北京至十三省各邊路圖圖一
　由兗州府

●大江河套圖圖一

●北京至十三省目錄
●南京至十三省目錄

一至南京浙江福建驛路
二至江西廣東水陸
三至河南湖廣西水陸
四至陝西四川路
五至貴州雲南路
六至山西路
七至山東路
八由東平州至北京馬路
九至河南山西路

陶承庆《华夷风物商程一览》内文页

产以及各级官员俸禄收入的不可多得的珍贵资料。①

　　在各类作者不详的刻本、抄本中，由徽州商人自己编辑绘制的《客孤思乡》，集录了"徽州由东流水路至汉路程、湖口县至徽州府路程、休宁县至汉路程歌诀、湘潭县由水路至镇江府长江路程歌诀"，并附有"休宁县都图地方字号便览"。更难能可贵的是，该书绘出各条

---

① 　陶承庆增辑《华夷风物商程一览》，万历刊本。

路线及沿途情形（主要是湘潭至南京水路图记），各线路途中的城池、名胜古迹、险要地势、激流湍滩一目了然，有的地方还依各地的风土人情及历史典故，附有相应诗句。该书不仅是我们研究当时徽商出行及经营状况的珍贵史料，也是我们研究当时沿途民俗风情及历史变迁的重要资料。①

吴中孚《商贾便览》中亦有"各省船名样式""各省疆域风俗土产""新增各省土产""异国口外土产""外国方向""各省买卖码头""各省关税""各省盐务所出分销地方""各省茶引"等章节，介绍各省乃至国外的相关物产、各省关税等信息。值得一提的是《商贾便览》的第八卷"天下水陆路程"，虽然其记载的主要交通路线在数量上少于黄汴的《一统路程图记》、憺漪子《新镌士商要览》等书，但对沿途地方行政机关如县丞、巡司、户部税关等驻地的记载则鲜见于其他商书，对沿途陆地河流的地理状况、治安情况、物价、商家信用程度等亦多有记载。

"福建省城进京由浙江杭州府水陆路程"路引中，撰者谈到杭州北新关时提醒商家："有户部主事在此抽分，凡货物须报税，天下惟此关查最严。江口登岸住闸口，行家先遣人同主人到北新关报税，每多于孙三官家议妥，次日即雇人轿或驴，直到北新关上船。如入城，每多住傅家，雇人轿至黑桥头换届船出北新关，或轿直上船或江口，从西湖搭船或闸口搭船穿城俱可行。北新关报税货物颁定则例，或凭主人开报，或自到关上报税，然后挑起货物验看，亦可税银足纹加二

---

① 佚名：《客孤思乡》，咸丰二年（1852）抄本。

戥,另给单杂费。凡此关写船俱于江口或城内主人代为议定……"①
这些不仅可以为当时的经商者所参考,也是我们今天研究当时沿途
税关民情的重要资料。

　　明清商编水陆行程书所记载的江南商路,不仅承载着促进江南
经济发展,完善江南地区商品市场网络体系的经济功能,还蕴含了丰
富多彩的社会文化信息等人文内涵。

　　商路中蕴含着丰富的旅游服务信息。"苏州由杭州府至南海水
路"的路线,将太湖流域经济区与浙东地区连为一体,对促进江浙地
区的经济发展与商品流通起着至关重要的作用。值得注意的是,程
春宇在此条目中还记道:

　　　　进西郭门,出东大门,至桃花渡上香船,每人送店主人家银一钱,
吃饭一餐,朝香回日,又饭一餐,连船钱往返俱在内。船往普陀山,出
浑水洋,顺风甚快,无风难期,山在海中,郁然丛林。嘉靖年间,被倭寇
烧毁,今渐盖殿宇禅房,惟春末夏初可去,秋冬不可往矣。②

　　黄汴在"杭州府至补陀山(普陀山)水路"③条目中亦有类似记载:

---

①　吴中孚:《商贾便览》卷八《天下路程》。
②　程春宇:《士商类要》卷一。
③　"杭州府至补陀山(普陀山)水路:本府出草桥门,渡浙江,广十八里至西兴驿,十里
萧山县。三十里白鹤铺。即衙前。十里钱清塔。四十里绍兴府。八十里东关驿。
渡曹娥江。十里曹娥驿。今革。十里上虞县。廿里坝上,十八里中坝。四十五里
余姚县。六十里西坝。四十里宁波府。入西门,出东门。七十里定海县,出浑水
洋,一百五十里至舟山所,八十里沈家门。莲花洋。石牛港。缶盂山。共七十里。
补陀山。"见黄汴:《一统路程图记》卷七《江南水路》。

西兴搭船，每人银二分，至东关驿；一分一挑，一里至梁湖渡；曹娥江三分一人，搭至宁波府，无风、盗之扰，客有车坝之劳，风雨不阻，昼夜而行。渡浙江，水不急，有巨潮之防。曹娥江狭，而水甚急。至补陀山，出浑水洋，顺风甚快，无风难期。山在海中，郁然丛林，近被倭寇烧毁，今略盖茅殿而已。惟春末夏初可去，秋冬不可往矣。

这两条史料均记载了当时人们去普陀山朝拜之事。普陀山作为佛教名山，是当时民间朝拜的重要之地，更是商人们求神问财的"圣地"，商人们抵宁波后，大多由店主人安排去普陀山进香，反映了当时民间普遍崇佛的心态。此外，"送饭主人银一钱"，店主人就提供来回二餐饭和来回船钱，以此招徕客人，可见，以商人为中心，旅游、交通、服务已融为一体。商书中特别说明这一点，可见当时这三位一体的服务还是比较有特色的。其他条目如"杭州府至休宁县齐云山路"①"杭州府由余杭县至齐云岩陆路"②等，也多与宗教有关，体现了商路的文化内涵。

还有一点也值得注意，在以苏州为中心的十余条路线中，到徽州之路有两条——"苏州府由广德州至徽州府水、陆路"③"苏州由四安至徽州府陆路"④；在以杭州为中心的十几条商路中，来往徽州的水陆

---

① 黄汴：《一统路程图记》卷八《江南陆路》，第285页。
② 程春宇：《士商类要》卷一。
③ 黄汴：《一统路程图记》卷七《江南水路》，第276页。
④ 程春宇：《士商类要》卷一。

路线有四条——"休宁县至杭州府水路"①、"杭州府至休宁县齐云山路"②、"徽州府由严州至杭州水路程"③、"杭州府由余杭县至齐云岩陆路"④；而在《士商类要》和《一统路程图记》等文献中记载的以徽州为起讫点的商路，更是达数十条之多。这实非偶然，它从一个侧面显示了徽商在江南地区的影响力。

明清时期，江南地区高度发达的商品经济吸引了全国各地的商人。而素有"（钻天洞庭）遍地徽"之誉的徽商，自然也不会放过在江南地区经商牟利的机会，因而在江南地区的工商业市镇中，徽商极为活跃，至有"无徽不成镇"之说。如德清县的塘栖镇，明代即成为徽商与本地商人囤丝设行、经营米粮贸易的综合性大镇，"财货聚集，徽、杭大贾，视为利之渊薮，开典囤米，货丝开车者，骈臻辐辏"。⑤ 早在明朝成化年间，即有"松民之财多被徽商搬去"之说，那时松江棉布已成为徽商经营获利的重要商品。嘉靖、万历以后，随着江南地区商品经济的进一步发展，棉纺织业日益兴盛，徽州布商也更加活跃。当时江南主要的丝棉纺织品中心均有徽商的行踪。如江苏吴江县的盛泽镇，便是（皖省徽州、宁国二郡之人）"服贾于外"的"汇集之处也"；⑥嘉定县的南翔镇"多徽商侨寓，从事贩布营生"，⑦同县的罗店

① 黄汴：《一统路程图记》卷七《江南水路》，第 278—279 页。
② 黄汴：《一统路程图记》卷八《江南陆路》，第 285 页。
③ 程春宇：《士商类要》卷一。
④ 程春宇：《士商类要》卷一。
⑤ 光绪《唐栖志》卷十八《风俗》引明人胡元敬《栖溪风土记》。
⑥ 道光《徽宁会馆碑记》，收入《明清苏州工商业碑刻集》，江苏人民出版社，1981，第 356—357 页。
⑦ 嘉庆《南翔镇志》卷一《疆里》。

镇"徽商凑集,贸易之盛,几垺南翔矣",至清代仍是"徽商丛集,贸易甚盛".①

清代江南的一些丝棉织品生产贸易市镇还设有徽商会馆,如江苏吴江盛泽镇的徽宁会馆、浙江乌程南浔镇的新安会馆、秀水濮院镇的徽州会馆、归安菱湖镇的新安会馆、德清新市镇的新安会馆及长兴泗安镇的新安公所等.② 贩卖棉布的徽商们往往"布店在松,发卖在苏,县牙行亦多居松".③ 当时在江南的主要各大城市中,徽商更是把持了许多重要的商业部门。苏州色布字号大部分是徽商所开设,以致官府为制止、叫歇苏州踹匠而建的石碑,要发"新安会馆竖立",还要特别强调"饬谕徽商布店",以加强对徽商的管理.④ 其他如南京的木材、典当、米粮、丝绸业,扬州的盐业,苏州的米、布、茶、木、丝绸等业,均为实力雄厚的徽商所操纵.⑤ 正是他们的着力经营,才使得江南丝棉织品得以远销全国各地。因此,徽商对明清江南经济发展的影响,从商路的记载即可窥见一斑。

值得注意的是,徽州作为商路起讫较多之地,其所反映的经济内

① 万历《嘉定县志》卷一《疆域》。光绪《罗店镇志》卷一《疆里志·风俗》。

② 道光《徽宁会馆碑记》,《明清苏州工商业碑刻集》,第 357 页。民国《南浔志》卷二《公署》。民国《濮院志》卷二《衢巷》。光绪《菱湖镇志》卷二《公廨》。民国《德清县新志》卷三《公所》。光绪《长兴志拾遗》卷上《公廨》。

③ 《苏松两府为禁布牙假冒布号告示碑(顺治十六年四月)》,收入上海博物馆图书资料室编《上海碑刻资料选辑》,上海人民出版社,1980,第 84—85 页。

④ 《苏州府为核定踹匠工价严禁恃强生事碑(康熙九年)》《吴县永禁踹坊垄断把持碑(道光十二年)》,收入苏州博物馆等合编《明清苏州工商业碑刻集》,江苏人民出版社,1981,第 53—54 页、第 80 页。

⑤ 张海鹏、张海瀛主编《中国十大商帮》第十章,黄山书社,1993,第 449—461 页。

涵与苏州、杭州作为商路起讫较多的中转枢纽的经济内涵是不同的。如果说,以苏、杭为起讫点的数十条商路,凸显了明清时期苏、杭两城在江南区域经济发展中的中心城市功能的话,那么以徽州为起讫点的数十条商路,并不能体现着徽州在当地经济发展中的中心地位或影响。徽州商路更多的是体现了徽商文化的诸多内涵——如徽商出游的活跃,徽商的返乡路线及生活习惯、经商习惯,徽商对各地经济文化的影响等等。

此外,各条商路的连接点及中转枢纽——江南市镇,还以其交通方便、信息灵通而吸引了邻近地区的各阶层人士,特别是士大夫阶层。加之市镇特殊的市民构成——有商人(包括牙侩、各类小商小贩)、手工业工匠、脚夫、伙计、游民等,故而又有相当程度的开放性,从而使得众多的江南市镇不仅成为该地区的经济中心,而且也以人文蔚起、科第兴旺而著称。商路中的主要连接点如南浔、菱湖、双林、南翔、同里、唯亭、塘栖、盛泽等镇,都是江南的文化名镇。南浔镇有"九里三阁老,十里两尚书"之谚;菱湖"科名甲于他镇";双林镇在明清两代"愈极繁华,甲第连云","四方贤大夫,选胜蹈奇者,咸圣于此";唯亭镇则"诵诗读书者正复不少,比岁科名相继,吟咏成风,胜于他镇"。众多市镇中茶馆文化的兴旺也反映了江南市镇丰富的人文内涵。① 而这些内容丰富的文化内涵,均得益于江南地区自成体系、密集方便的交通运输网络,商路的作用于此同样得到了充分的体现。

第二,商书提供了商人培养经营人才和接受商业教育的丰富内

---

① 樊树志:《江南市镇:传统的变革》第六章《江南市镇文化面面观》,复旦大学出版社,2005,第417—483页。

容,反映了商人自身倡导的基本准则、经营理念以及对官府的态度,有助于我们进一步了解明清社会变迁时期的商业伦理与商业文化的构建。

明代程春宇《士商类要》、李留德《客商一览醒迷》、憺漪子《士商要览》,清代吴中孚《商贾便览》、王秉元《生意世事初阶》《贸易须知》和杨树棠《杂货便览》等书,着重论述商人的职业道德、经商行为准则、商业经营技巧、经营原则等内容,集中体现了明清时期的商业伦理。①

商业是社会所必需的一种职业,商业行为本质上是讲求利益的,不可避免地带有唯利是图的属性。但中国传统文化中又很"重义",强调以义取利,不能见利忘义。如何谐调这二者的关系,始终是中国古代从事经营活动的商人难以回避的问题。从明清时期刊印的商书内容来看,其所论及的"利""义"关系,都要求商人要重信义,守然诺,不刻剥;要艰苦创业,节俭为本;强调"恣欲刻剥,非良客所为",主张"贸易之道,勤俭为先,谨言为本";"财物必由勤苦而后得,得之必节俭而后丰",认为"和能处世,俭能治家","取财以道,利己利人"。这些训诫在明清两代商书中一直相沿传承。

从商书中可以看出,中国传统伦理中所提倡的"诚者,天之道也;诚之者,人之道也"的以信用为本的诚信观尤受重视,商书非常强调在商业运作过程中,要公平交易,光明正大,诚实无欺,重恩守信。《客商一览醒迷·警世歌》中有"三纲废则勿亲,五伦明则可友"之训诫,也有"慈能致福"之倡导,反复告诫要心底敦厚,以义行商,否则,

---

① 类似内容,还有像《客商规略》《商贾指南》《商贾格言》等清代抄本,其中的诸多内容如"客商规略""贸易赋""经营说"为客十要""处世格言""行路图与行路歌"等与程春宇《士商类要》、憺漪子《士商要览》中的内容多有重复,明显为因袭前人著述,但它们对于经商知识的传播则起了不可忽视的作用。

必将"陷于不道"而遭报应。程春宇的《士商类要》第四卷,辟有"人伦三教""起居格言""省心法言""养心穷理""居官莅政"等近三十小节,阐述"立身持己""和睦宗族""孝顺父母""敬兄爱弟""君子知恩""勤劝读书"等事理。王秉元在其《贸易须知》一书的序中则称:"商亦有道,敦信义,重然诺,习勤劳,尚节俭。此四者,士、农、工皆然,而商则尤贵,守则勿失。"吴中孚的《商贾便览·工商切要》开篇尤其强调:"习商贾者,其仁、义、礼、智、信,皆当教之焉,则及成自然,生财有道矣。苟不教焉,而又纵之,其性必改,其心则不可问矣。虽能生财,断无从道而来,君子不足尚也。"

从大量明清商书文献对商人的训诫中,我们看到,中国传统文化、人伦道德的规范作用,对明清商人的职业道德与行为规范具有很深的影响,这在某种程度上也是对明清商人形象的重塑,而这些均是明清商业文化的宝贵财富,值得我们去进一步挖掘。

第三,商书通过介绍与经商相关的专业知识,展示了各地商人的经营方式和经营特色,有助于我们深入了解明清商人的从商实践。

在与经商相关的专业知识的介绍方面,以程春宇《士商类要》、余象斗《三台万用正宗·商旅门》、冯琢珩《辨银谱》、范铜《布经》、吴中孚《商贾便览》最具代表性。

程春宇《士商类要》卷二专列"客商规略""杂粮统论""船脚总论""为客十要""买卖机关""贸易赋""经营说"等专题,论及行商经验、粮食鉴别及商品买卖的相关知识,从出门开始所需注意之安全、结伴搭伙之事项,到经商途中的投宿问店,及至必备的经营粮食、鉴别粮食好坏的专业知识,均有涉及。

《三台万用正宗》卷二十一的《商旅门》中共有"客商规鉴论、船户、脚夫、银色、煎销、秤锤、天平、斛斗、谷米、大小麦、酒曲、茶、盐、果品、商税、客途、占候、论世情、保摄、论抢客奸弊"等近三十个专题,分门别类地介绍了经商相关的专业知识——如何鉴别银子成色、米麦好坏、同类商品不同产地的区域特点、各类产品价格比较、经商经验之谈及为商处事之道等等,故而《三台万用正宗·商旅门》也被视为明清日用类书中传授商业知识的代表作。其中的《客商规鉴论》,更是一篇非常典型的商人入门的必读文,也是现存明代最早的一篇有关商业经营规范的文章。它非常概括地论述了客商应有的心理素养、经商的基本原则与要求,此后刊印的众多商书中有关商业经营的内容都有类似的论述。①

《辨银谱》是作者冯琢珩根据自己多年经商的体会而著成的,内中对银两成色的辨别有较详细的叙述。该书将辨银方面的专业知识——如"断银色""辨查口""三十一样查""三十样口"等编成各种口诀,从十成老元宝一正一副辨色歌、正副九九银、正副九八银、正副九六银、正副九五银、正副九四银直到正副一成银色及三十余种银子查口等,均有相应的辨识口诀。如:

十成老元宝一正一副辨色歌:元宝足色纹银称,纳粮使换各处痛。行遍天下无转还,火烧锤打并不惊。十成细丝真可夸,六面边栏定无差。但若有些微别病,莫把银子准定煞。

正副九八大银鱼:九八圆丝甚可爱,喷怕蜂窝颜色赖。四

① 余象斗刊刻《三台万用正宗》卷二十一《商旅门》,万历二十七年刊本,收入《中国日用类书集成》,日本汲古书院,2000。

面并无别杂症，查口相投九八在。银正九八色似虾，十人见了九人抓。系底不投要上剪，灵白镜面真认法。

这些辨银口诀的最大特点是，既包容了精深的专业知识，又蕴含了丰富的实践经验，并且通俗易懂，即便是那些文化知识不高的从商者，也比较容易学会。

清代乾隆年间山西商人范铜所撰《布经》，被视为"一种流传在棉布商业内部的商业手册，兼具训练教育与商人著述之目的"，①这也是目前笔者所见介绍布类生产、销售经验最全面的一部专业手册。该书共有地理图、乡落方向（市镇、桥梁、里至）、土产、白布经、染色经、光布经、总论、发货篇八卷，详细记述了松江府各处县邑建置图、乡镇四至、各棉布产区的棉布品质特性等，其"看布总纲""浆纱刷线论""开庄秘诀""染色论""看石光论""四季取布法"等内容，记录了训练指导棉布商人所需了解的各类专业知识，内容详细全面，甚至带有行业规范性的色彩。其"发货篇"专论棉布之流通销售，也为其他布经所未见。②《布经要览》有"看布奇诀""白布指示总论""青浅毛布总论""磨布要诀"等篇，尤以看布经验为重。③ 总之，这两部《布经》是清代专论从事布业生产贸易不可多得的专业书籍。

《商贾便览》在内容上则更偏重对综合性商业知识、商业信息的介绍，像"各省船名样式""各省疆域风俗土产""新增各省土产""异国

① 邱澎生：《由放料到工厂：清代前期苏州棉布字号的经济与法律分析》，载《历史研究》2002 年第 1 期。
② 范铜撰《布经》，收入《四库未收书辑刊》第 3 辑第 30 册，北京出版社，1997。
③ 佚名《布经要览》，收入《四库未收书辑刊》第 10 辑第 12 册，北京出版社，1997。

口外土产""外国方向""各省买卖码头""各省关税""各省盐务所出分销地方""各省茶引"等条目,其内容较之明代的《三台万用正宗·商旅门》《士商类要》《士商要览》和《客商一览醒迷》等书要全面得多。具体地说,卷一"江湖必读原书",主要为商人职业道德规范及行商所需之专业知识,基本上是对《三台万用正宗·商旅门》《士商类要》等商书相应篇章的归纳和总结;其"工商切要"一节,作者注明是"中孚新增",主要是详细介绍有关学徒、开店、店铺的选择、如何用人等关于坐贾的内容,弥补了前述《士商类要》等商书偏重行商的不足。其他如"经营粮食"一节,既是吴中孚自己经营多年的心得体会,也汇聚了当时日用类书及各类方志中的相关记载,反映了作者比较广博的知识面。卷三"各省疆域风俗土产"等节,详细辑录了 20 个省、253 个府州总共约 1 800 余种各地产品,并附有各府、州的风俗民情。明清时期,各省府的物产、风俗多散见于各省府的地方志中,而如此集中地汇聚于商书中则确属难得。此外,"异国口外土产"则记载了日本、高丽、安息、波斯及缅甸、交趾等东南亚和大、小西洋诸岛国共约 70 余种特产;"各省买卖码头"和"各省关税"等节介绍了各省主要买卖码头及各省税关所在,像湖南、河南、甘肃等地方无关税也一一注明,其详细程度超过了陶承庆的《商程一览》。

关于《商贾便览》,还需值得关注的是,同为"算法"与"辨银"知识的介绍,与日用类书相较,该书在应用举例方面更多地是以日常商品交易为例,如:

假如今有米七百八十六石,每银一两籴米二石四斗,问该银若干?答曰:该银三百二十七两五钱。法曰:置米七百八十六石为实,以银每两籴米三石四斗为法除之,得银三百二十七两五钱。

今有苎麻五百九十八斤半,每麻三斤半价银一钱,问该银若干?答曰:该银一十七两一钱。法曰:置麻五百九十八斤半为实,以每麻三斤半为法除之,得银一十七两一钱。[①]

这种表述方式使其专业知识的传授更具针对性,并且文字通俗易懂,对那些文化水平不太高的商人尤其适用。

第四,一些民间商贩所用的商业手册,向我们展示了日用商贩们的日常交易准则和经营实态。如《营谋小集》,它是普通商贩随身携带、参考之书,内容全是条目,一项项列举,共32条;每条后又附一两首诗章予以浅释,共计39首。主要论述经营者的基本素质要求,如守信义,重谦卑,尊敬长者,顾念双亲,慎交游,远引诱,戒贪、戒赌、戒色欲,持节俭,精盘算,习书信,有恒心,结善缘,还有与东家相处应忠心与尽责,不可恃得宠等训戒。[②]

《招墟七言杂字》是清代小商贩赶赴各乡镇集墟市贩售百货的一种歌诀,反映各地不同墟市在营业场合搭建商摊,陈列各色货品的实况,以及不同营生与经办方式。这也可以说是墟市摊铺商贩——平民小商贩的唱货歌,非常难得。

---

① 吴中孚:《商贾便览》卷四《算法》。
② 王尔敏:《明清社会文化生态》,第249—256页。细读《营谋小集》后发现,其内容与明代李晋德《客商一览醒迷》和清代王秉元的《生意世事初阶》中,对行商、学徒的要求有诸多相通相似之处,反映了中国传统文化中对商人素质要求的共同性特点。

《鱼名七言歌》是鱼贩们自编的鱼名歌。鱼贩挑售渔产,久而尽知其名,并知其价,编成歌诀,一韵到底,供鱼贩们边识边用。

《白果(菜)马荠歌》是小菜贩所集各样菜名的歌诀,并有注音,特别是其注音皆本土之粤省土音,这可以看成是针对小商贩的特有文献,十分稀珍,值得收藏。

《鱼虾涌进大多之心》是一份鱼类名称单,简明单纯,只便于鱼贩识记,题目亦是原来所有,非后人所加。虽然只有单纸数页,亦属稀见难得,从中亦可看出渔民所掌之渔业知识。

《小商贩记账苏州码教材》,是一篇苏州码字谱,是 20 世纪以前中国商贩普遍使用的记数数字,用于登记抄录各类账簿,这是迄今都难得一见的苏州码教材,其自身并非账簿,而是专供商贩学习应用的读物,实属罕见。[1]

以上 5 种民间平民商贩日常经商的实用知识手册,也属于本著所讨论的明清商书,为我们拓展了商书研究的新视野。

此外,手抄本商书文献也日益引起人们关注。数量可观的手抄本商书文献,大多数是由商人们因自己需要而书成,其实用性较强,且随行就市,不断订正变化,能够比较准确地反映当时商人的经营状况及社会背景,具有公开刊印的商书所难以比拟的资料价值。如清代抄本《商情杂览》中,辑录了"青邑米行规则""南昌办瓜子装民船费用规则""江西省售纸行规"等不同地方的市场行情,这些文献对于商人准确掌握各地货物的品质与价格,合理计算商品的运销成本,适时决定买进卖出起着十分重要的作用,也是我们今天了解当时交易状

---

①　王尔敏:《明清社会文化生态》,第 257—272 页。

况的重要资料。

目前所见诸多商书抄本文献,大多为徽州商人和山西商人所留,其中徽商所传尤多。明清时期,号称"十户人家九为商"的徽州人,在长期的商业实践中,在典当、钱庄、布业、木业、制墨、榨油、粮食业和盐业等各个行业,积累了丰富的经营文化,编纂留下了数量可观的商书抄本,学界亦称之为徽州商业文书。这些商业文书,记录了包括水陆路程、市场行情信息、买卖规则、行业规范、风土人情、经营理念、商业道德等关于商业知识与商业伦理等方面的丰富内容,具有重要的学术研究价值。

第五,商书所见清代坐贾的经营理念弥足珍贵。

明清时期名目繁多的各类商书中,相比较而言,记载水陆路程、商业买卖知识、经营规范、商业道德等行商经验指南的入门书比较多见,专门论及坐贾经营理念,反映坐贾经营形态的商书则为数不多。除却一些专业性比较强的"技术指南"类的商业书,如清后期的《生意集话》《典业须知》《典务必要》《当行杂记》和各类《当谱》之外,比较有代表性的坐贾入门书当属清代乾隆年间王秉元的《生意世事初阶》和在此基础上进一步充实发展的《贸易须知》等书。

《生意世事初阶》序言中,已将商贾之理财视为居家之急务,并与为官出仕、"出而裕国"相提并论;而《贸易须知》更是希望学习者能据此"异日有成,出人头地",反映了当时社会上强烈的崇商意识。这两部书也是目前笔者所见到的清代商书中,论述最全面、最具代表性的坐贾入门指导书。其对学徒人员在道德人品、处事能力等方面的要求以及经营理念,值得关注。

值得注意的是,在抄本《生意世事初阶》中,我们看到了一些在早期公开刊印的商书中所难以看到的训诫。在此前诸多公开刊印的商书文献中,我们经常见到的是经商要"童叟无欺""诚信为本"之类的训诫,可以说,这也是各类商书对从商者在基本的为人素质及职业道德方面的首要要求。但另一方面,《生意世事初阶》作者也坦言,做生意也不能全讲诚信,该真则真,需假则假,甚至公开宣称:"(如今)生意不必古时,以老实正派,古古板板。目今若依古时做生意者,鬼也不上门。时下需要花苗,言如胶漆,口甜似蜜,还要带三分奉承,彼反觉亲熟,买卖相信。……但今世俗,只宜假,不宜真。又道:'一日卖得三石假,三日卖不得一石真。'嗟夫! 此乃世俗之变也。"①例如,在对待各类顾客方面,要求学徒"一视同仁"的背后也另有意图:"柜上做生意,不论贫富奴隶,要一样应酬,不可藐视于人。只要有钱向我买货,就是乞丐花子都可交接,那里是应酬人? 不过以生意为重,应酬钱而已。"②

诸如此类的训诫,有助于我们更深入地探究明清商人的经营实态,探讨形诸文字的商业伦理与现实生活当中的商业实践的实际差距。但像这些训诫,自然是不便公示的,也是我们从公开刊印的商书中难以看到的。《生意世事初阶》由此启示我们更多地关注抄本商书文献。

《典业须知》《典务必要》《当行杂记》《当谱集》作为对特殊行业人员的"专业技术培训教材",体现了这一行业的诸多特殊要求。就行商坐贾所需的专业知识而言,经营典当铺的要求可能是最高的。

---

① 王秉元:《生意世事初阶》,第 31 条。
② 王秉元:《生意世事初阶》,第 44 条。

各类典物成千上万，千姿百态，从绸缎布匹、裙袄裤褂、金银首饰到古玩彝器、法书名画、日用百货等，无所不包。要把握这些林林总总件的产地、规格、特征、成色、质量、时价，然后作出准确的判断，实非易事——非经专业训练，不是见多识广，是断难胜任的。所以业中人称为"大非容易，真如登天之难"。估价失度，低则影响生意，高则蒙受损失。因此，典业界对有关知识的传授特别重视。

《典业须知》是徽商长期经营的经验传授之作。作者在序中称："吾家习典业，至予数传矣……于身闲静坐时，追思往昔……因拟典业糟蹋情由，汇成一册，以劝将来。"书中主要是有关典铺伙计、学徒的行为规范内容，内中规定了从典业者所需之品德要求，如勤务、敦品、节用、务实、远虑、细心、惜福、体仁等，以及管理典当物品的相应措施，尤重于学徒的品德要求及典铺的经营管理。

《典务必要》①大致可以推定为徽人辑写的手抄本，属比较完备的典务方面的"专业技术指南"，内中所记皆是典当行业经营物品的产地、规格、价目与辨别真伪的法则，文中开篇《幼学须知》便讲明从典业者必备的敦品、勤务、节用、务实、细心、惜福等相应的品德要求及必须遵守的典规，然后专列"珠论""宝石论""论首饰""毡绒""字画书籍""布货""皮货""绸绢"等条目，讲明各类货物的名目种类、产地、价钱，以及如何辨别真假优劣等等，非常详尽细致。

《当行杂记》②的主要内容是关于清末民初典当业经营物品规格

---

① 《典务必要》，佚名撰，丁红整理，收入《近代史资料》总71号。
② 《当行杂记》，佚名撰，齐思整理，收入《近代史资料》总71号。

与价目的记录。如"看衣规则",对千姿百态的衣料,从衣料产地、质地、做工、花色、领、袖、面料、衬里、新旧程度,到各种衣料的尺寸、价钱,及至最终的折扣程度,均有详细的介绍。其他如"看金规则类""看珠规则类""看宝石规则""看铜锡类""看磁器规则"等,讲述对各类金银珠宝磁器的鉴赏能力的要求,包括如何辨别银两的知识,鉴定后才能定价。尤值得一提的是"看字画谱"一条,内中列举了自唐朝以来的着名的字画家多达百余位,从其姓名、籍贯、字画特长至官居几品,均有详细交待,也是研究中国古代书法、绘画史的珍贵史料。

从上述文献罗列的诸多条目可以看出,当时对于典当行业从业人员的技术要求是相当高的,若非见多识广,经验老到,断难胜任。

第六,从商书蠡测清代社会变迁。

清朝后期,由于西方列强的强势入侵,给传统中国社会带来了巨大的经济与文化冲击。随着通商口岸的开放、清政府"洋务运动"的推动,社会上之"商战"呼声也日益强烈;与之相适应的,是众多商书内容也发生了很大变化。经营店铺所需的"百货之辨识,品类之高下"等各种专业技术常识,尤成为商书传授的重要内容,且其专业方面的分工也越来越细,商书的时代特点日益显著。对此,光绪十八年(1892)出版的《生意集话》颇具代表性。

《生意集话》主要采用对话的形式,将日常开店商务方面的相关知识以主客问答方式表现出来。全书共100篇。主要内容如下:

> 第一篇、金店,第二篇、珠宝店,第三篇、钱庄,第四篇、翠毛店,

第五篇、象牙店，第六篇、古玩店，第七篇、眼镜店，第八篇、银行，

　　第九篇、茶叶店，第十篇、水果店，第十一篇、蜜饯店，第十二篇、猪行，

　　第十三篇、鲜鱼行，第十四篇、笋行，第十五篇、蜜行，第十六篇、水旱烟行，

　　第十七篇、鸡鸭行，第十八篇、腌腊行，第十九篇、油坊，第二十篇、酒行，

　　第二十一篇、豆行，第二十二篇、米行，第二十三篇、糕饼行，第二十四篇、糖行，

　　第二十五篇、酱园，第二十六篇、人参店，第二十七篇、竹行，第二十八篇、花树店，

　　第二十九篇、药材店，第三十篇、木行，第三十一篇、磁器店，第三十二篇、桐油店，

　　第三十三篇、木器店，第三十四篇、染坊，第三十五篇、靛青行，第三十六篇、锡器店，

　　第三十七篇、烟筒店，第三十八篇、锡箔店，第三十九篇、煤炭行，第四十篇、砖瓦行，

　　第四十一篇、席枕店，第四十二篇、香店，第四十三篇、缸罈店，第四十四篇、冶坊，

　　第四十五篇、漆店，第四十六篇、竹器店，第四十七篇、箱子店，第四十八篇、毯子店，

　　第四十九篇、梳篦店，第五十篇、雨伞店，第五十一篇、香粉店，第五十二篇、铜器店，

第五十三篇、石灰行，第五十四篇、蜡烛店，第五十五篇、笔店，第五十六篇、书坊，

第五十七篇、墨店，第五十八篇、碑帖店，第五十九篇、砚店，第六十篇、扇子店，

第六十一篇、纸行，第六十二篇、颜料行，第六十三篇、首饰店，第六十四篇、帽子店，

第六十五篇、钉鞋店，第六十六篇、鞋靴店，第六十七篇、帽纬店，第六十八篇、贡带店，

第六十九篇、衣庄，第七十篇、袜店，第七十一篇、戏衣店，第七十二篇、毡帽店，

第七十三篇、棉布庄，第七十四篇、绸庄，第七十五篇、红头绳店，第七十六篇、夏布庄，

第七十七篇、丝行，第七十八篇、缎庄，第七十九篇、棉花行，第八十篇、顾绣庄，

第八十一篇、麻行，第八十二篇、棉绸店，第八十三篇、线店，第八十四篇、洋货店，

第八十五篇、广货店，第八十六篇、北货行，第八十七篇、皮货行，第八十八篇、京货行，

第八十九篇、南货店，第九十篇、山货行，第九十一篇、海货店，第九十二篇、杂货行，

第九十三篇、曲当行，第九十四篇、出店舞弊，第九十五篇、被窃报官，第九十六篇、存款难付，

第九十七篇、延不起货，第九十八篇、议购海带，第九十九篇、货价未清，第一百篇、乘桴浮海

光绪《生意集话》内文页

如前所述,《生意集话》主要是向日本人介绍中国商业、市场情况的商业书,其读者是日本的从商者。这百篇内容涵盖了当时中国百货经营的众多领域,在内容体例上已与此前传统的商书大不相同。同时,商书的内容还折射出通商口岸的开放、传统社会的变迁给商业交流带来的影响。兹以第三篇《钱庄》为例,此篇以对话的形式,向我们展示了当时南北方的货币流通情形。其具体内容如下:

贵国的银钱南北很不一样么?是,很不一样。在南方,各省近来通用鹰洋，那是很简便，然而也有假的，就比方那些烂板①、包厢②、铜洋③等类，不能不留神。但是换钱却有一定的行市，总没什么大差别。

北边怎么样呢？北边不兴洋钱，用的都是银子。在钱铺里或是换钱，或是换零票子使用。那个盘子④也是时常长落不定。

洋钱所不用么？那也是看地方儿。在天津什么的，因为是通商码头，都可以的。

北京呢？北京是这么着：比如把洋钱拿到钱铺去换钱，或是别的铺子去买东西，总是按着银子的成色价钱折算，要吃点亏；只有两三个钱铺专取洋钱，那是因为他们和外国府交易的缘故，在那儿换便宜点儿。

啊！贵国的银子有几样儿？有大小元宝⑤、方槽⑥、中锭⑦、锞子⑧，那都是地丁关税，交纳国家的，成色十足。但是不过支放兵饷官项才发出来，外边不很多见。商家通行、银行汇兑，却都是五两头松江羊肚银子⑨。

---

① 指碎破不整之洋钱。
② 指洋银内包有几分铜质。
③ 指铁铜镀银者。
④ 指银价。
⑤ 大者重五十两有零，小者重十两有零。
⑥ 其形正方，故名，重十两有零。
⑦ 方圆不一，重五两有零。
⑧ 形圆，重一两、三两不等。
⑨ 形圆，类羊肚，重五两有零，始由松江人造，故名，成色最低。

啊！钱呢？钱是有老钱①、京钱②、当十钱③、东钱④之分。

是了，敢情有这么些个累赘呢！⑤

　　我们从以上的对话得知：当时南北方的货币流通并不相同，南方各省多通用鹰洋（银元洋钱），而北方"不兴洋钱"，普遍用银。可用银在钱铺里换钱（本地钱）或银票，只是银价时常涨落不定。天津因是通商码头，洋钱可以通用。但在北京，只有两三个钱铺因与外国公使馆交易，可直接付洋钱；其他地方则需先把洋钱换成本地钱，或是按银子的成色价钱折算，这中间要损失折扣差价。银子种类不一，像大小元宝、方槽、中锭、锞子等，多是地丁关税交纳而来，主要用于发放兵饷和支付官项，市场上流行的主要是五两重的松江羊肚银。本地钱的种类主要有老钱、京钱、当十钱、东钱等品种。同样在第八篇《银行》篇的对话里，我们得知，当时的洋行虽然"出入都是洋钱，却全按中国银子的分两折算"，因为"外国洋钱的行市常有高下，中国的银价总不甚悬殊"。⑥ 在这几篇对话里，受海外市场影响程度不同的南北方地区，其各自的货币流通特点形象生动地跃然于纸上。类似记载不仅为当时经商所需之基本常识，也成为我们今天研究清代货币流通的重要资料，对中国经济史、货币史研究具有重要的文献价值。

---

①　以千枚为一吊，主要在南省通行。

②　以五百枚为一吊，主要在南直隶通行。

③　一枚准京钱十枚用，惟北京有之。

④　以京钱三百三十枚或六百六十枚为一吊，惟东三省用之。

⑤　桂林、御幡雅文：《生意集话》第三篇《钱庄·中外论钱》，光绪十八年刊本，第2页。

⑥　桂林、御幡雅文：《生意集话》第八篇《银行》，第4页。

第七,关注明清日用类书中的商书因素。

明代各种日用类书、清代"万宝全书"中,多有"地舆门""民用门"(或称"体式门""状式门")等章节。

"地舆门"主要记载了全国各地的水陆路程图引,为当时外出旅行、经商者所必须掌握的地理常识,像明代黄汴的《天下水陆路程》、清代吴中孚的《商贾便览·天下水陆路程》等明清水陆路程书的相关内容,与之传承关系密切。

"民用门""体式门"等的主要内容是介绍各类买卖、租佃等契约文书的规范格式。以《三台万用正宗》为例,该书卷十七《民用门》中,在"民用须知"的"文契类"项下便列有"买屋契""典屋文书式""典屋下手契""赁屋文书式""买田契""租田文约""搉田文书式""退佃田土文约""卖船文书式""船户揽载货物文书式"等十余种买卖租佃文契格式。①

万历四十二年(1614)刊刻的《新刻搜罗五车合并万宝全书》卷九《民用门》"关禁约契"项下,列有"父子分关""兄弟分关""买田契""买屋契""典屋契""买坟地契""买牛契""买马契""佣工议贴""雇脚夫契""娶服妇婚书"及各种"认状""领状""保状"十余种契约文书的标准格式。②

《新刻全补士民备览便用文林汇锦万书渊海》(以下简称《万书渊海》)卷九《民用门》"文契体式"项下,列有"买田契""典契式""佃田文约""田批式""承佃田批式""卖屋契""典房契""赁房批式""卖坟地

---

① 余象斗刊刻:《三台万用正宗》卷十七《民用门》。

② 《新刻搜罗五车合并万宝全书》卷九《民用门》,万历四十二年刊本,收入《中国日用类书集成》,2000,影印本。

契""园批式""买妾契""买养男契""买养女契""服书式""买牛契""买马契""雇长工契""雇船契""雇脚夫契"等二十余项契约文本的标准格式。①

《新刻全补天下四民利用便观五车拔锦》（以下简称《五车拔锦》）卷二十四《体式门》中列有"禁田园山泽约""禁田禾约""禁六畜作践禾苗约""禁盗鸡犬约""禁盗田园瓜果米蔬约""禁盗偷笋竹约""为人作分关""兄弟分关"等关禁的标准格式，在"文契体式"项下，列有"买田契""典田式""佃田文约""田批式""承佃批式""卖屋契""房批式""卖坟地契""园批式""买妾契""买养男契""买养女契""服书式""买牛契""买马契""雇长工契""雇人代当里长式""雇船契""船户揽载货物式""雇脚夫契"等三十余种关禁契约的标准格式。②

这些相关契约的格式文本反映了中国古代民间契约意识的传统习惯，也是我们研究在明清时代商品经济发展的大背景下，民间约定俗成的乡民条规、土地山林、房屋、生畜买卖甚至人口等交易实况的重要资料。

下面是一例买田契格式：

> 某里某境住人某人，为因无银度，自愿将己分官民田一段几坵，该几亩几分，载官民米若干。东至某人田，西至某人田，南至某处，投请房族无人承买外，托中引就某宅三面商议，实值时价

---

① 《新刻全补士民备览便用文林汇锦万书渊海》卷九《民用门》，明万历三十八年刊本，收入《中国日用类书集成》，2001，影印本。

② 《新刻全补天下四民利用便观五车拔锦》卷二十四《体式门》，万历二十五年刊本，收入《中国日用类书集成》，1999，影印本。

若干两,其银即日交足,其田听从银主管掌,召佃收租。至佐册之时,除割收户当差,不得力蹬勒贴赎回等情。其田的系已分物业,与房族兄弟无干。亦不曾典挂外人财物不明等事,如有此色,出自卖主支当,不涉银主之事。此系尽根,正买正卖,两相情愿,再无反悔,今欲有凭,立契存照。①

这些民间契约文书格式通过众多的日用类书的刊刻而得以推广,并日益渗透到百姓的日常生活之中,从而对民间契约的盛行起到了极重要的普及作用,即便是偏远山区之地,只要稍通文墨之人便可以参照固定格式代为起草。故而我们看到,在很多民间文书契约中,虽然有许多错别字,但契约的条款格式却很规范标准,而只要契约的基本要素、格式是完备的,便不会影响其法定的效用。

以目前发掘甚多的清水江天柱文书为例说明。由于苗族缺少自己成熟的文字,今日我们所见到的所有清水江契约文书均以汉文书写,其契约文体和当时内地通用的汉文契约文体基本一致。有许多契约别字百出,而且在内容上要较日用类书的标准格式要简化很多。如下例:

乾隆四十四年三月十八日刘岩银卖花地字②
立卖花地人平秋寨刘岩银,到土名下鬼叶冲花(地)一块,卖

① 武纬子补订《新刊翰苑广记补订四民捷用学海群玉》卷九《状式门》,万历三十五年潭阳熊氏种德堂刊本,收入《域外汉籍珍本文库·第2辑·子部》第12册,人民出版社、西南师范大学出版社,2011,影印本。
② 《刘岩银卖花地字》(乾隆四十四年三月十八日),贵州大学中国文化书院藏清水江文书天柱县影印档,档案号:GT-005-016。

与刘启珩根（耕）种为业，恐（无凭，）立此存照。

　　凭中代笔刘□海

　　乾隆四十四年三月十八日立照

　　这是一份内容比较简单的天柱契约，但这份契约的基本要素——人、物、责任等都存在（缺价钱议定），在格式上也是完备的，因此，它在当时同样具其法定效用。[①]

　　传统观点一般认为，中原王朝力量开始深入影响黔东南少数民族地区，是在清代雍正年间政府实行大规模的"改土归流"政策之后。但从目前发现的贵州天柱清水江文献中我们看到，明代中后期天柱民间便出现了抛荒屯田合同、灌田用水诉讼书这类典型的中原汉地契约文化因素。这也说明，王朝政治影响力的迟到并不意味着民间经济文化交融的迟滞，中原汉文化对黔东南地区的影响实际上要早得多。因此，日用类书对民间契约的实行所起到的普及作用及对商业交易的影响值得关注。[②]

---

① 张海英：《从清水江文书看明清时期的天柱社会》，载张新民、朱荫贵主编《民间契约文书与乡土中国社会——以清水江流域天柱文书为中心的研究》，江苏人民出版社，2014。

② 目前发现最早的清水江契约文书，是明代成化二年八月初□日"粟文海、粟文江等人耕种抛荒屯田合同"。此外尚有万历二十四年六月二十六日"覃大贵状告梁盛忠等人断绝灌田塘水诉讼书"，崇祯十六年六月初十日"覃礼江、蔡礼枝等人分用塘水合同"。清代较早发现的契约文书，为顺治七年"张引保卖田契"，顺治十七年三月初三日"张付舟卖田契"。详拙文《从清水江文书看明清时期的天柱社会》，载张新民、朱荫贵主编：《民间契约文书与乡土中国社会——以清水江流域天柱文书为中心的研究》。

日用类书中的《律例门》也值得注意。《律例门》主要介绍词讼体例规制、体段格式、判案说词、案例标准等法律知识方面的内容,诉讼内容涉及"土豪""斗殴""婚姻""户口""钱债田产""财本""人命""贼情""吏书皂快""告官""乡宦""地方教唆"等十余项领域的数百种不法行为。其中"财本"项下,列举的主要当属不法经商行为,有"拴串骗客、嘿骗财本、欺骗财本、挟夺资本、串骗客货、拖欠货物、沉溺财本、沉溺书信、寄受财物、拖陷财本、私充牙行、把持行市"等十余种。从这些项目可以看出,结伙欺骗客商,盗取骗取、胁迫夺取资本资金货物,拖欠货物,隐藏资金,藏匿书信等交往凭证,拖欠(强行占有)资金,私充牙行,把持操控市场等行为,均属违法,客商有权提起诉讼,并得到法律的保护。①

《律例门》还提供了各类诉讼状的标准书写格式,以供使用者参考。"词状书姓名、年纪,县都里下,首段朱语,或四字,或二字,各因事情而言,故云状告某事。如告土豪词云,状告巨豪激变事。"②

具体来说,诉讼状分"朱语""前段""后段"等部分。"朱语"主要是陈述状告主题(或土豪欺凌、或人命官司、或财物被骗被劫等),"朱语"以下陈述上诉者身份、行为,如"(商贾)某领资本,置买某货,前往某处发卖;(坐店)某向赁住某人店房,做某生理度活",③再接下来写

① 类似内容在《新刻搜罗五车合并万宝全书》卷十六《珥笔文峰》、《文林汇锦万书渊海》卷十七《珥笔文峰》、《新锲天下备览文林类记万书萃宝》卷十九《珥笔文峰》、《新刊翰苑广记补订四民捷用学海群玉》卷九《珥笔规模》等明代刊刻的日用类书中均有涉及。

② 余象斗刊刻《三台万用正宗》卷八《律例门·鸣情均化录·词讼体段贯串活套》。

③ 余象斗刊刻《三台万用正宗》卷八《律例门·鸣情均化录》。

具体状情（或人命、或贼情、或财本等项），陈述事情经过、原委，是为"前段"。"后段"主要内容是明确证据，辨明是非，依法判决。①

仔细探讨这些诉讼内容及其判决书格式，有助于我们进一步了解在中国古代缺少对商人、商业完整的法律保护的宏观政策背景下，商人的利益哪些是可以得到保护、又是如何得到保护的。这些诉讼状和判决书是重要的明清法律史资料。

总之，明清商书作为这一时期商人经营活动的经验总结，是当时商人经营实态的珍贵记录，是我们研究明清时期的经济史、经济思想史、历史地理、社会史乃至制度史、文化史、法律史等领域不可或缺的重要史料，具有极高的史料文献价值。

---

① 在《五车拔锦》《新刻搜罗五车合并万宝全书》《新锲天下备览文林类记万书萃宝》等书，在"后段"之后，另有"缴段"与"结段"，这使得诉讼状的书写更为完备。

第二章　明清商书的刊行与传承

　　明清商书种类繁多,有很多商书都是后代因袭前代,不断增补而成,传承关系比较明显。以往学界关于这方面的研究尚不够深入,有些商书文献明显是因袭前人之作,其内容异同、版本传承、版本流布则缺少深入研究,一些商书编写者的情形也少有探究。本章拟就明清部分商书的传承与流布做一些探讨,通过商书刊印版本的变化及各版本间的内容关联,展示明清商书的内容传承、传播方式、不同刊本的风格、内涵表述、阅读群体的差异、商书内容与作者取舍的地域偏好等多层面的特点。

一、 商书刊印的变化: 以《生意世事初阶》《贸易须知》《生意经络》《燕语生意筋络》 为例①

　　(一) 从《生意世事初阶》到《贸易须知》《生意经络》《燕语生意筋络》的版本变化

　　《生意世事初阶》系清抄本,署名为句曲②王秉元纂集,沙城西麓

---

① 笔者曾发表《从商书看清代商业知识的传授——以〈生意世事初阶〉〈贸易须知〉〈生意经络〉的刊印变化为个案》一文,载故宫博物院、国家清史编纂委员会编《故宫博物院八十华诞暨国际清史学术研讨会论文集》,紫禁城出版社,2006,第356—361 页。收入本著时有较大增补。

② 句曲为江苏句容县的古称

主人汪澂增订。汪澂在序中谈到，他"向以舌耕为事，不猥琐缨心，适至知兆之年，欲效方人之术，始见挟本居寄，无微不入，特以江湖远涉，不克面诲儿曹，因阅王子《世事》一册，重加删润，邮寄子侄，聊节手示之劳"。由此我们得知，该书是汪澂依据王秉元之书重加增删润色而成，汪澂增订王秉元之《生意世事初阶》的主要目的，是为了将此书"邮寄子侄"，以鼓励他们在那个"出而裕国与入而居家，无不以理财为急务"的时代，能够掌握"挟本居寄，无微不入"的经商本领。由此可见，同其他商书一样，《生意世事初阶》也是应当时商品经济日益发展，商人地位不断提高而出现的时代产物。汪澂之序作于乾隆五十一年，由此推断，王秉元之著书时间，当在乾隆五十一年以前。[1]

此后，在此稿本的基础上，又有王秉元《贸易须知》的刊印本，题有嘉庆十四年(1809)王秉元序。道光二十四年(1844)杭州项名达续刊；光绪五年(1879)蠡城言慎金在王、项两刊本的基础上再刊，民国十七年(1928)由王培孙重印。[2] 本著主要依据为王培孙 1928 年重印之光绪五年本。

王秉元在此序中谈道："余贾人也，少时习业，承师友指教多端，皆一一听受，以底于成。至今心焉溯之，犹觉耳熟而能详也。因思人之习业，谁不如我？余既承人之教而获益矣，则人之受业于我

---

① 详见《生意世事初阶》汪澂序。另见罗仑、范金民：《清抄本〈生意世事初阶〉述略》，载《文献》1990 年第 2 期。

② 该本题有嘉庆十四年王秉元序、道光二十四年项名达序、光绪五年言慎金序、民国十七年王培孙序。该本正文注明"句曲王秉元著"，与《生意世事初阶》不同的是，在《贸易须知》中，把学徒的称呼由"学小官"全部改为"做学生"。

初學者不可不明辦此理也

一學小官切不可拘強拿茶之很也
如那人指然你說你□□必定比你高些才能
飲說那些苦對嘴對舌載鼻高不肯服他你

一學小官切勿嘴饞戒在外貿東西吃戒要人的東西吃如此
的生意就是學一世也是不能成的也

俞我不但無品柳且表志戒之戒之

一學小官先亦要立品形但行有行立有立品生有坐品唾有唾品以上五
品務要端正方成味統行者縣酒平身重年
望前有足而行如邁邁長客如掉頭
覺望東張西望眼睛亂跑貴就望客如端覆
樣急宜改之立者必湏挺身穩立沉童端覆
不可倚墻靠壁托腮哎指禁于戒生坐稱必
平之正之只坐半椅鼻湏對心切勿偏坐偏

《贸易须知》内页

者，余又安忍秘之？暇辄追述旧闻，添之己见，编为一百余条，名
曰'贸易须知'，以示继我□□业者，代口舌之劳焉。言辞浅易，无
非引领童蒙□□，少文所冀，便资解脱。虽然琐赘，却有益于身心
矣。莫笑粗庸，实周知于世。"因此，他希望"初学者研求温习，玩
味熟思，即此目击心通，何啻耳提面命？依准绳，循规矩，由道义，
履中和，异日有成，出人头地，则余之一片深心为不负矣"。由此
可知，《贸易须知》的诸多内容，正是王秉元自身从商经验的总结。
他将之编写出来，亦是为了便于后来的从商者能从中汲取其有益
经验。

项名达在道光二十四年（1844）续刊序中谈到，此书是"王氏所著

家语",其叔父"检坊中残帙得之","是书言虽浅近而条理详密,达事准情,其大旨归于勤、慎、信、义,童而习之,允为贸易指南,顾罕有传者,不可不重梓也"。同时考虑到商人出行"必跋涉风涛,而浙潮(汛)最险",因此,特在书末附加了"(杭州钱塘)潮汛时刻""解救鸦片烟毒良方"等内容。可惜的是,项名达的叔父尚未全部完成该书的刊印便过世了,他念及叔父"一生正直明察,综理淳遂、定阳诸卤务,老成练达,望重一时,尤倡言乐奖后学,重镌是书,犹此志也",便与其弟共同完成了叔父之遗愿。

光绪刊本言慎金序云:"是书原出句容王氏,续刊于杭州项氏,专为习业者言。而贸易切要之事,生意经络之诀,主宾相处之宜,胥在乎是,非阅历商情者不能道。"并且其言语浅俚,内容庸率,"凡习业者,手置一编,时时翻阅,获益不浅。无论何业,皆所宜观。更得老成,再为讲说,俾资印证,虽极愚鲁,亦当开解"。故而"不揣鄙陋,重加厘订",再刊此书,以期"广其传以副王、项两君提斯后学之盛心"。

与王秉元《贸易须知》密切相关的,还有《贸易须知(炳记)》。张正明先生认为它"是在《生意世事初阶》基础上增删而成的、更适合山西人使用的清代山西商人之著作"。[①] 笔者曾仔细核对过,其原书封面书名为《贸易须知》(旁边注"炳记"),内容分《贸易须知辑要》卷上、卷下两卷,虽然在一些具体的表述及条目次序上有所不同,但卷上内容基本上与《生意世事初阶》和王秉元《贸易须知》的前半部分相同,书中学徒名称的表述与《生意世事初阶》中的"学小官"相同。卷下则

---

① 张正明:《晋商兴衰史》附录二,山西古籍出版社,1995,第 335 页。

明确写"句曲王秉元纂集"，其内容与《贸易须知》后半部分基本相同。因此，就内容而言，《贸易须知（炳记）》实际上是在《生意世事初阶》和《贸易须知》两者的基础上增删而成的，只不过有些条目在顺序上有所不同。另外，有些地方在语言表述上更多地渗入了山西方言特色，以更符合山西人阅读。① 从书籍史或阅读史的角度言之，一般认为，在现实中，作者的写作还都要有意无意地考虑到读者的接受程度，他（或她）会受到读者反映的影响与制约，从而再次阅读或修订原来的文本。② 由此，《贸易须知（炳记）》的内容、表述风格的变化当属非常典型的例证。

1922 年，上海宏大善书局石印《生意经络》（不分卷），封面题为"王秉元著"，卷内又名《贸易指南》（不分卷），并书"句曲王秉元著"。依书中序言所称，该书乃是刊印者"当涂采石庆庭施氏"，"偶于旧书肆中得句曲王秉元先生原著之《生意经络》一书，读之以是书深合商业之实用，珍如拱璧，兹拟付之石印，以供商业青年学子之需。苟学者能潜心考其意义，躬自力行之，则应对进退，无不左右咸宜，诚为

---

① 例如，《贸易须知》第 4 条规定："店中客到，俟坐定，即取烟管奉之，口称'请用烟'……客去，即将茶盅烟袋归于原处，不可东放西丢。"《贸易须知（炳记）》第 4 条记为"不可东搭西惯"。《贸易须知》第 12 条规定："做学生切勿嘴馋，或在灶上偷食……"《贸易须知（炳记）》为第 11 条，记为"学小官切勿嘴馋，或在灶上拈嘴拈食……"。《贸易须知》第 29 条规定："开张铺面之家，切不可在柜内瞌睡、看书……"《贸易须知（炳记）》则是第 25 条，记为"开张铺面之家，切不可在柜内头盹、看书……"。类似表述不同，但内容相似之处很多，兹不一一赘述。

② James Smith Allen，"History and the Novel：Mentalité in Modern Popular Fiction"，*History and Theory*，Vol. 22，No. 3（Oct.，1983），p.247.

商业上所必要之指南也"。① 经过仔细比对,其内容、条款与光绪本的《贸易须知》基本相同,只是没有道光、光绪版末尾的"(杭州钱塘)潮汛时刻""解救鸦片烟毒良方"等内容。需要说明的是,该书前言及至序中,均未介绍王秉元的生平事迹及该书的内容渊源,极易给人造成误解,似乎王氏亦是民国时人。这一点在阅读引用时应予注意。

1928年,王培孙重刻并题识了王秉元光绪版本的《贸易须知》。其序言中谈道:"此本《贸易须知》为学徒而设,虽大不合于新思潮,而使青年人从下层耐劳忍辱做起,当自有一种意味在。"并且,于"社会变迁之后犹可考见旧时风俗"。该刊本后面保留了光绪版后附的"(杭州钱塘)潮汛时刻""解救鸦片烟毒良方"等内容。②

《燕语生意筋络》于日本明治三十六年(1903)刊行,由日本学者御幡雅文"译述"。该书《生意筋络序》中记载:

> 圣门四科,列言语于政事之上,左氏称子产有辞。自来文学家、政治家、外交家,莫不崇尚词令,商政一门,尤恃三寸不烂之舌。何也? 富商大贾,挟重赀,游异乡,片语隔阂,驯致入宝山而空返。阛闤纷纭,过客骈肩接踵,一语投契,顿成交易。此中离合消长之机,未可轻心相掉也。东瀛御幡先生,出示句曲王氏《生意筋络》一书,骤观似甚烦琐,而为海客贸易计,则详尽可贵。先生复以北京官话,逐条演说,乃益明白晓畅,爰促其重印,饷遗

---

① 王秉元:《生意经络》序,上海宏大善书局,1922,石印本。

② 王秉元:《贸易须知》,王培孙重印光绪五年本,1928。下同。

海外士商,毋使东邦独擅其能,不亦公而溥乎?

该书校阅者桂林于序中更是直言:"《生意筋络》一书,句曲王氏所辑,为初学贸易之津梁。要虽不能阐其秘奥,然遵是以求,亦不难得之矣。东国御幡先生有见于时事,慨然怀陶朱五湖之志,获此书,喜之。讲授余暇,以北京语笔诸简端,谓使诸生诵读,两受其益。"由此可知,该书实即王秉元《贸易须知》"北京官话"的改写本。①

(二) 从《生意世事初阶》到《贸易须知》《燕语生意筋络》的内容变化

《生意世事初阶》的主要内容,是培养学徒的经验之谈,主要是介绍对学徒人员在道德人品、处事能力、专业知识等方面的要求。在专业知识方面,《生意世事初阶》指出,学徒应掌握官话、笔头(书写)、算盘、称戥子、看银水呈色等知识。"学生意,先要学官话","纵然一时学不像,切不可怕丑"。因为,"若满口乡谈,彼此不懂",是无法做成生意的;"学字须在饭后闲暇无事"时,"于柜内习学操练或看书消闲",并告诫"开卷有益";学算盘"要在晚下无事"时学,"生意之家忌的是白日打空算盘";称戥子要"将毫理清,拿足提起,勿使一高一低";"称小戥必平口,称大戥务必平眉,不可恍惚,称准

---

① 该书封面题"长白桂林先生校阅,长崎御幡雅文译述",御幡氏藏版,日本明治三十六年夏刊行于东京。

方可报数";看银水呈色,"整锭者,看其底脸,审其路数"以辨出处,"块头者,看其宝色、墙光、底脸、查口。纹银是纹银查口,九五是九五底脸,如底脸不相顾者,必要存神",以防将假银当作货款收进。[1]

在经过两年的严格训练,掌握了各种基本技能,学徒期满正式上柜后,在怎样与顾客洽谈生意、怎样讨价还价、怎样给顾客看货、怎样处理师徒关系、怎样收款等方面,《生意世事初阶》又有详尽的说教。有些训诫属日常生活中的常识性、礼节性要求,如要求学徒在接待顾客、洽谈买卖之时,注意察言观色,随机应变。要"眼观上下,察人诚伪,辨其贤愚",礼貌待客,[2]同时要"听他(顾客)出口,探其来意","度情察理,鉴貌辨色",[3]以度成交之机会等等。这些常识性的要求,并不属于行业秘密。

值得注意的是,在抄本《生意世事初阶》中,我们看到了一些在早期公开刊印的商书中所难以看到的训诫。在诸多公开刊印的商书中,时常见到经商要"童叟无欺""诚信为本"的训诫,要求经商者要重信义,守然诺,不刻剥,强调君子之财,取之有道。[4] 可以说,这也是各类商书对从商者在基本的为人素质及职业道德方面的首要要求。《生意世事初阶》也强调"(培养学徒)要教他做家,先教他做人;要教他做人,先教他存心。心是根本,心好方得人好,心好、人好自然福寿

---

① 王秉元纂集,汪淏增订:《生意世事初阶》第5、12、13、14、15条。

② 王秉元纂集,汪淏增订:《生意世事初阶》第20条。

③ 王秉元纂集,汪淏增订:《生意世事初阶》第43条。

④ 程春宇:《士商类要》卷四《立身持己》。李留德:《客商一览醒迷·警世歌》;吴中孚:《商贾便览》卷一《江湖必读原书》。

绵延,兴家立业"。① 但有些训诫则是一般不公示于人的。如教导学徒给顾客看货,就颇有讲究。"买主进店,要看你货色好歹,可先将丑的与他一看。彼嫌不好,再把次一宗与他看。彼中意就罢,若还不中意你须先垫一句:'尊驾果要买顶高的货,其价不贱。'买者既合式,自然会高价买去。你若起初便把高货看,他必不信。宁可费点手,省却许多话。"②

在与顾客讨价还价方面,书中特别强调要真真假假,虚虚实实,要给自己留有回旋的余地及后路,不能一开始就把底牌全亮出来。"开口价钱,须留些退步。时下生意老实不得,要放三分虚头,到后奉还,彼是信服的。你若突然说实在价,买者未能全信,决不肯增,只有减的。可不是留点推扳为妙! 瞒天说价,就地还钱。"③

作者还坦言,做生意也不能全讲诚信,该真则真,需假则假,甚至公开宣称:"(如今)生意不比古时,以老实正派,古古板板。目今若依古时做生者,鬼也不上门。时下需要花苗,言如胶漆,口甜似蜜,还要带三分奉承,彼反觉亲熟,买卖相信。……但今世俗,只宜假,不宜真。又道:'一日卖得三石假,三日卖不得一石真。'嗟夫! 此乃世俗之变也。"④诸如此类的训诫,自然是不便公示的,而且口语色彩比较浓。故而我们所见到的早期的《生意世事初阶》抄本,即如项名达所言,为"王氏所著家语",而刊印本的出现已是清嘉庆年

---

① 王秉元纂集,汪淇增订:《生意世事初阶》第 72 条。
② 王秉元纂集,汪淇增订:《生意世事初阶》第 51 条。
③ 王秉元纂集,汪淇增订:《生意世事初阶》第 52 条。
④ 王秉元纂集,汪淇增订:《生意世事初阶》第 31 条。

间的事了。

《贸易须知》作为刊印本，从其内容来看，全书的前半段论及学徒方面的内容多与《生意世事初阶》基本相同；后面则增加了近七十条新内容，较之《生意世事初阶》，内容大为丰富，书面语也更多了些。后半部分主要增加了对于伙计的相关要求及如何处理与东家的关系，东家如何对待伙计，店家开店应注意之事项，伙计外出置货应注意的事项，以及如何讨账等内容，还增加了"如何辨识洋钿""鸦片之危害"等条目，从中反映了时代的变化对商书内容的影响。

在处理与东家的关系方面，《生意世事初阶》谈得比较笼统，主要是要求双方要互相信任，东家要体恤伙计，伙计亦要尽职尽责。"东君固须体恤伙计，量材给俸，水深才养得鱼住。为伙计者，亦当尽心竭力。有道：'食人之禄，必当忠人之事。'"①

《贸易须知》谈及东家与伙计的关系问题则要翔实得多。例如，伙计对于东家，"务要着肩顶真，切莫懈怠。不但东家说你没心肠，抑且自己坏了良心。总要向前奋力而做，切勿过后偷安"。对于"做掌权大伙计者，不可自抬身价，切勿目中无人。诸事要有赏有罚，按事提调，即或东家有非礼不是处，亦宜直谏，不可诡谀。而待同事及待下等人，亦要圆话通融，倘有不是处，亦以理而剖之，则上下欢心，无不服你。你若自以为尊，自夸其能，居然自大，行出坐坛遣将之势，众人不但不服，背后还要唾骂你，执事者不得

---

① 王秉元纂集，汪淇增订：《生意世事初阶》，第67条。

不自思也"。①

东家对于伙计,则"必须安他之心,他方可赤心替你做生意"。要敢于用人,"疑人莫用,用人莫疑"。② 东家还要善于体察伙计的经济状况,支付薪俸要"爽利",不要拖欠。"(家道)丰余者不在乎此,欠缺者即靠此薪俸顾家。倘或过支些,勿得有吝。你能用情于他,自有赤心等你,而且应急于他,岂不是美事哉!"③

东家不仅要善于体察伙计,敢于用人,还要善于用人,用其所长,避其所短。例如,对于出门置货的伙计,千万不要让他在柜上做生意。因为他在外置货的时候,十分艰难,与人讨价还价,锱铢必较,毫厘亦不肯相让。如果让他在柜台上卖货,不免联想到当初买货之艰难,断不肯轻易让价,则生意费力难成;而在家卖货的伙计,柜上生意做惯了,货物价格上下多有浮动出入,如果派他去买货,价格上则易增易添,容易亏本。"故有'买得卖不得,卖得买不得'之说"。④

《贸易须知》中对店家开店,也有详细的指导性意见。首先,开店要注意打探行情变化;其次,初开店要注意自身能力,要量力而行,"切不可图好看,扯虚场面,多拉行账在身上"。同时,初次开店还要有足够的耐心与准确的判断能力,切不可随开随关。还要注意勤俭节约,"店内用度及家内用度,务须量入为出,不可大支大用";要"安

---

① 王秉元:《贸易须知》第 102、98 条。
② 王秉元:《贸易须知》第 99 条。
③ 王秉元:《贸易须知》第 100、101 条。
④ 王秉元:《贸易须知》第 105 条。

分守己,勤于生意,切不可胡作胡为,颠狂奢侈"。①

对于外出置货之伙计的诸多训诫,多是叮嘱路上搭船、投宿、问路、住店等注意事项。类似训诫在《生意世事初阶》中未见,但在以往公开刊印的商书,如明代程春宇的《士商类要》、李留德的《客商一览醒迷》,清代吴中孚的《商贾便览》等偏重于行商知识的商书中,均有详细的介绍。因为出门置货的伙计,虽属坐贾经营之列,但其自身性质已类同行商,故而《贸易须知》中也增加了这方面的相关内容。这说明,王秉元也注意吸收以往商书的经验之谈,从而进一步完善了坐贾的培训知识。

明中后期,大量的美洲白银流入中国,并进入流通领域,因而,明清商书中不乏对辨银知识的介绍。明万历年间的《三台万用正宗·商旅门》有"银色"一节,专门介绍如何辨识银水成色方面的知识,从十足银到五成银(尤偏重九成以上银)的成色特点(纹路、查口等)均有分析,当属比较早的辨银知识篇。② 清康熙年间冯琢珩的《辨银谱》③和乾隆年间吴中孚的《商贾便览·辨银要谱》④中对银两成色的辨别均有较详细的介绍,对洋币也有介绍。《辨银谱》中作者记载"日本琉球交钱白口查未断红",这说明当时日本银钱已在我国民间出现。《商贾便览》中对长崎国所出之"洋饼",交趾、红毛等国所出之洋钱,也均有介绍。

越来越多的西方银币进入中国市场,《贸易须知》中也予以记

---

① 王秉元:《贸易须知》第 88、89、95、90、94 条。

② 余象斗刊刻:《三台万用正宗·商旅门》。

③ 作者按,乾隆五十四年刊本,名《新刊辨银谱》一卷。

④ 吴中孚:《商贾便览》卷三《辨银要谱》。

载。"近来江浙等省通用洋钿,有光毛真假之分。与看银之法,同而不同,此系钱业专门,外行未必习此。凡收洋钱,务请内教人仔细看明,切勿大意,致有吃亏。洋价照市,或申或否,进出找钱,看货价之多寡,总宜细心核算,勿使有错,转受买主批评。"①这反映了作者能够敏锐地关注时代变迁的特点,并及时将其心得、知识补充到商书中去。

比较《生意世事初阶》《贸易须知》《贸易须知(炳记)》《燕语生意筋络》之间的异同,可以看到,它们在主要内容上并无大的变化,只是在内容顺序及一些细节、称谓上,各自带有不同的地方色彩。例如,在对学徒的称呼上,《贸易须知(炳记)》保留了《生意世事初阶》的习惯,仍称"学小官",《贸易须知》改为"做学生",《燕语生意筋络》则直称"学徒"。

兹举以下几例:

例如,《贸易须知》第4条规定:"店中客到,俟坐定,即取烟管奉之,口称'请用烟'……客去,即将茶盅烟袋归于原处,不可东放西丢。"

《贸易须知(炳记)》第4条记为:"……不可东搭西惯。"

《燕语生意筋络》第4条记为:"铺子里有客来了,等他坐下,就装烟过去,说'请用烟'……客走了,就把茶盅烟袋搁回原处儿,不可随手乱扔。"

又如,《贸易须知》第12条规定:"做学生切勿嘴馋,或在灶上偷食,或偷钱在外买东西吃,或要人的东西吃。如此者,不但无品,抑且

---

① 王秉元:《贸易须知》,第24条。

丧名。戒之戒之。"

《贸易须知(炳记)》第 11 条记为："学小官切勿嘴馋，或在灶上拈嘴拈食。或偷钱在外买东西吃，或要人的东西吃。如此者，不但无品，抑且丧志。戒之戒之。"

《燕语生意筋络》第 12 条记为："学徒千万不要嘴馋，或在灶上偷吃的，或偷钱在外头买东西吃，或要人的东西吃。要是这样，不但没出息儿，而且名声也坏了。是务必要戒的。"

《贸易须知》第 29 条规定："开张铺面之家，切不可在柜内瞌睡、看书、伸腰打哈欠，嘻嘻哈哈，顽皮戏谑。此数件坏事，犯之则无店规矣。"

《贸易须知(炳记)》则是第 24 条，记为："开张铺面之家，切不可在柜内瞛盹、看书……"

《燕语生意筋络》为第 27 条，记为："开铺子的，千万不可在柜里头瞛盹儿，瞧书，伸懒腰，打哈息，晞晞哈哈，顽顽笑笑。要是犯了这几样儿毛病，就失了铺子的规矩了。"

《生意世事初阶》有一条的语言风格非常具有江南特色："生意不必古时，以老实正派，古古板板。目今若依古时做生意者，鬼也不上门。时下需要花苗，言如胶漆，口甜似蜜，还要带三分奉承，彼反觉亲热，买卖相信。如最相熟者，还可说两句趣话，多大生意，无不妥矣。但今世俗，只宜假，不宜真。又道：'一日卖得三石假，三日卖不得一石真。'嗟夫！此乃世俗之变也。"[1]

《贸易须知》记载："今时生意，不比古时。老实、呆板，不通行了。

---

[1] 王秉元纂集，汪淏增订：《生意世事初阶》第 31 条。

你若依古时做法，则鬼亦没得上门。盖时下须言如蜜，口如花，还要带三分奉承，则彼反亲热，而且相信。如再相熟者，还要说两句趣话，则生意无不妥矣。今时世俗，只宜假，不宜真。又道：'一天卖得三石假，三天卖不得一石真。'非教你做伪，盖生意不宜呆板也。"①

《贸易须知（炳记）》记载："生意不比古时，以老为实，彬彬板版。目今你若依古时做生意者，则鬼已没得上门。而时下须得言如胶漆，口若蜜罐，花描行事，还要带三分奉承，彼反觉亲熟，且而相加信、再相熟者，还可说两句趣话，生意无不妥矣。但今世俗只宜假，不宜真。又道：'一天卖得三石假，三天卖不得一石真。'"②

《燕语生意筋络》："现在的生意，比不得从前，太老实古板了就不能行了。你要是一定按着从前的法子，一个主顾也不来了，现在的样子必要能言快语，还带着三分奉承，买东西的人不但喜欢，而且还信服。你再要是遇见熟人，说两句凑趣儿的话，那生意更妥当了。现在的时候儿都是认假不认真。常言说：'一天卖得三担假，三天卖不得一担真。'这并不是叫你做诡诈的事情，因为现在的生意不这么着不行啊！"③

类似表述不同、但内容相似之处很多，兹不一一赘述。总体而言，《贸易须知》带有江南地区的一些语言特点，《贸易须知（炳记）》夹杂一些山西本地方言，而《燕语生意筋络》的语言风格则是以京腔官话为主。

---

① 王秉元：《贸易须知》第 53 条。
② 《贸易须知（炳记）》第 44 条。
③ 桂林校阅，御幡雅文译述：《燕语生意筋络》第 50 条。

(三) 商书刊印变化的内在意义

比较《生意世事初阶》与《贸易须知》内容方面的变化,我们看到,《贸易须知》较之前者更加详尽,已不仅仅论及培养学徒方面的经验之谈,实际上更多地涉及清代坐贾的经营内幕与运作形态,其所揭示的东家与伙计的关系、东家—大伙计—小伙计—学徒等店内人事结构、如何对付赊账之人、如何追账、讨账等等,形象地揭示了当时坐贾的经营形态,是非常珍贵的商业资料。

从抄本《生意世事初阶》到刊印本《贸易须知》《生意经络》《燕语生意筋络》的发展,其中经历了百余年的时间。汪淇增订王秉元之《生意世事初阶》,以期鼓励其子侄能够掌握"挟本居寄,无微不入"的经商本领①;王秉元总结《贸易须知》,以希冀后来的从商者能从中汲取其有益经验,"继我业者","异日有成,出人头地"②,从而不辜负他的一番苦心。此后,从道光版项名达"是书言虽浅近而条理详密,达事准情","童而习之,允为贸易指南"的评价③,到光绪版言慎金"凡习业者,手置一编,时时翻阅,获益不浅"的赞许,各时期的刊印者都不同程度地表达了对该书的认可与推崇④。

1922年上海宏大善书局重新刊印时,编者之序尤能说明该书的价值:

---

① 王秉元纂集,汪淇增订:《生意世事初阶》汪淇序。
② 王秉元:《贸易须知》自序。
③ 王秉元:《贸易须知》项名达序,道光本。
④ 王秉元:《贸易须知》言慎金序,光绪本。

尝谓商业之兴替，全视得人才与否为转移。而人才之造就，则以学业时代教育良否以为衡，此为吾人所公认者也。慨自吾国海禁开通以来，商业凋敝，民生日蹙，推厥原因，皆缘无对外发展之能力有以致之也。近今虽不乏明达之士，力图奋兴以冀挽回于万一，然尚在萌芽时代。如商业教育，则有商业补习学校、夜课学校等，然此仅限于通商大埠，若内地则尚无所闻。忧时之士，深滋虑焉。故欲补救商界青年学子之教育，非养成人人了然一己所处之地位，须研求知识以应近今时势之要求。良以学识高尚则处境亦优，盖知识必有报酬也。然则将以何术能使人人明了其地位者，则非得一赡详精确之商业书籍不足以开智。

编者"抱此主义，已历有年"，因此，当他"偶于旧书肆中得"王秉元之《生意经络》（即《贸易须知》）一书时，如获至宝，视其为"深合商业之实用，珍如拱璧，兹拟付之石印，以供商业青年学子之需"。并认为，"苟学者能潜心考其意义，躬自力行之，则应对进退，无不左右咸宜，诚为商业上所必要之指南也，谅商界君子当亦深表同情云尔"。①

即使1928年王培孙在重刻光绪本《贸易须知》的序言中，谈及该书"为学徒而设，虽大不合于新思潮"，但也不得不承认，通过此书，若能"使青年人从下层耐劳忍辱做起，当自有一种意味"。

从《贸易须知》到由山西商人增订改编的《贸易须知（炳记）》的出现，说明这些经营思想与经验之谈，也开始成为当时不同地区的

---

① 王秉元：《生意经络》序，上海宏大善书局，1922，石印本。

商人共同认可的经商准则，并已具有相当的影响。鞠清远所介绍的《新增酬世群芳杂锦》一书中，"伙计须知"项下共列出83条，内容全部与《贸易须知》雷同，其中前56条与《贸易须知》的顺序也几乎相同。据鞠清远所言，《新增酬世群芳杂锦》刊刻于咸丰四年（1854），而我们已知《贸易须知》此前有嘉庆十四年和道光二十四年刊本，故而可以推断，《群芳杂锦》中的"伙计须知"内容源自王秉元的《贸易须知》。①

此外，像安徽省图书馆所藏清代常州徽商编撰的《生意经传》（抄本），其内容基本源自《生意世事初阶》②；徽州商人编撰的《便蒙习论》中的诸多内容，也与《贸易须知》相近③；在徽州民间文献中也有好几个本子，有的叫《生意法门》，有的叫《贸易须知辑要》，还有的叫《徒弟伙计须知》，其内容与《生意世事初阶》相同或相近。④

由此可见，《生意世事初阶》与《贸易须知》中所论及的诸多坐贾经营的经验之谈，已成为当时人们的一种共识。这对我们研究清代各地商帮的经营模式、商业道德及商业规范，具有重要的意义。

《燕语生意筋络》在日本的刊行，反映了清代商书的影响日渐扩大，已开始引起海外人士的关注，说明这些经营思想与经验之谈，也开始成为当时海外商人学习、了解乃至认可的经商准则。这对我们

① 鞠清远：《清开关前后的三部商人著作》，载《中国近代史论丛》第2辑，第211页。
② 陈联：《徽州商业文献分类及价值》，载安徽大学徽学研究中心编《徽学》第2卷，安徽大学出版社，2003，第387页。
③ 王振忠：《徽州社会文化史探微》，上海社会科学院出版社，2002，第312—322页。
④ 王振忠：《清代〈布经〉抄本五种之综合性研究》，载唐力行主编《江南社会历史评论》，第11期。

研究明清商书的外传及海外影响,具有重要的意义。

以往我们对于商人的研究,包括对商人思想的感知,其材料来源大多出自于文人笔下,正如余英时在其《中国近世宗教伦理与商人精神》一书中所指出的,"在明代以前,我们几乎看不到商人的观点,所见到的都是士大夫的看法"。[①] 在某种程度上,这并不能准确地体现商人形象或商人思想,而更多的是文人笔下的商人形象或商人思想。而由明清商人根据自身的经商实践经验撰写的各类商业用书,当为最能切实反映明清时期商人自身的思想意识及经营理念。以经商知识的传授而言,虽然明中叶已开始有大量商书的公开刊印,但有些被视为行业秘密的商业条规与技巧的公示于人,也是有一个过程的。这类商书一开始多以抄本的形式出现,到清后期才有一些相关的刊印本出现。从抄本《生意世事初阶》到刊印本《贸易须知》《燕语生意筋络》的发展过程,颇能体现商人在职业教育方面的诸多特色以及社会变迁对商人意识的影响,也让我们窥测到从士人笔下所难得一见的商人形象的另一面。

二、 商书的传承与变化: 以《一统路程图记》
《士商类要·路程图引》《示我周行》为中心

明代中后期开始,随着社会商品经济的发展,大量区域性商人集

---

① 余英时:《中国近世宗教伦理与商人精神》,安徽教育出版社,2001,第 258—260 页。

团——商帮的出现,商人远距离贸易的不断增加,社会上对商业地理知识的了解要求也相应提高,由商人编撰的各类水陆行程书也应运而生。

明代比较有代表性的水陆行程书主要有:黄汴《一统路程图记》八卷(隆庆四年刊)、商濬《水陆路程》八卷(万历四十五年刊)、壮游子《水陆路程》(万历四十五年刊)。[①] 此外,像程春宇《士商类要》(天启六年刊)、李留德《客商一览醒迷》(崇祯八年刊)、[②]憺漪子《新镌士商要览》(崇祯年间刊)等明代比较有代表性的商书中,也有相当部分的水陆路程内容。

清代具有代表性的水陆路程书主要有:乾隆三年英德堂版《天下路程》、乾隆六年陈其楫《天下路程》、乾隆三十九年赖盛远《示我周行》灵兰堂藏本、乾隆五十二年(1787)赖盛远《示我周行》宝善堂刊本。清代最具代表性的商书——吴中孚的《商贾便览》,其卷六《天下水陆路程》亦载有水陆路程图引75条。

此外,清代还有大量民间流传的各种抄本,像歙县茶商的《徽州至广东路程》《沐雨栉风》《万里云程》,休宁商人所编《江湖绘画路程》,以及众多的佚名抄本,如《自汉口至西安路程》《杭州上水路程歌》《徽州下水路程歌》《安庆至徽州路程》《安庆至徽郡》《客孤思乡》[③]等。

---

① 日本尊经阁文库汉籍分类目录"史部·地理类"一作"商濬撰"。两部书内容基本相同,尚不明白其中关系。

② 本章据杨正泰:《〈天下水陆路程〉〈天下路程图引〉〈客商一览醒迷〉校注》,1992,山西人民出版社。

③ 笔者按,限于篇幅,本节没有涉及这部分抄本。

其中,明代刊印的《一统路程图记》《士商类要·路程图引》,清代刊印的《示我周行》等书,影响广泛,其内在的传承关系亦非常密切,值得关注。本节拟以这几部明清时期较有代表性的水陆行程书为例,探讨明清时期水陆行程书的影响与传承。

(一) 《一统路程图记》的影响

《一统路程图记》,①又名《新刻水陆路程便览》《图注水陆路程途》,八卷,卷首附图三幅,②隆庆四年休宁人黄汴撰。

《一统路程图记》共辑录水陆路引144条,细目如下:

卷一　北京至十三省水、陆路

1. ③一、北京至南京、浙江、福建驿路　由兖州府、凤阳府

2. 二、北京至江西、广东水、陆路

3. 三、北京至河南、湖广、广西水、陆路　湘、漓二江源附

4. 四、北京至陕西、四川路　栈道剑阁附

5. 五、北京至贵州、云南路　此为东路

6. 六、北京至山西路　北岳恒山附

---

① 本章所据为隆庆四年刻本,收入《四库全书存目丛书·史部》第166册,齐鲁书社,1996,第481—562页。并参考杨正泰《明代驿站考(增订本)》(上海古籍出版社,2006)中对《一统路程图记》的校注。故仅标注卷数和条目序号。

② 笔者按,三幅图名为《北京至十三省各边路图》《南京至十三省各边路图》《河套图》。

③ 笔者按,该序号为笔者所加,以利统计比较。

73. 十七、徐州至正阳路

74. 十八、颍州至陈州路

75. 十九、汴城至刘家隔路　　过限遮关

76. 二十、刘家隔至荆州路

77. 二一、襄阳至荆州路

78. 二二、济宁州至泰山顶路

79. 二三、归德府至南阳府路

80. 二四、徐州至临清州路

81. 二五、扬州府至陕西西安府路　　中岳嵩山附,西岳华山附

卷七　江南水路

82. 一、大江源下水,由夏港至无锡县　　峨眉山附

83. 二、大江上水,由洞庭湖东路至云、贵

84. 三、城陵矶由大江上水至泸州

85. 四、江西城由广信府过玉山至浙江水路

86. 五、杭州府、官塘至镇江府水路

87. 六、杭州迁路由烂溪至常州府水路

88. 七、苏、松二府至各处水路

89. 八、江西湖口县由袁州府至衡州府水路

90. 九、衡州府至岳州府水路　　南岳霍山附

91. 十、湖口县由江西城至广东水路

92. 十一、广东至安南水、陆路　　即交趾

93. 十二、广西浔州府至庆远府水、陆路

94. 十三、广东城至惠、潮二府水、陆路　　至福建漳州府附

95. 十四、湖口县至广信府玉山县水路　　贵溪县至建昌府附

96. 十五、铅山河口至福州府水、陆路　武夷山附

97. 十六、江西城至新昌县水路　至万载县附

98. 十七、江西由休宁县至浙江水路

99. 十八、祁门县至湖口县水路

100. 十九、芜湖县由东坝至无锡县水路

101. 二十、湖口县至武当山水、陆路

102. 二一、吉安府至茶陵州水路

103. 二二、江西城由袁州府至茶陵州水路

104. 二三、饶州府至婺源县水、陆路

105. 二四、杭州府至补陀山水路　即南海

106. 二五、扬州府跳船至杭州府水路　戒坛附

107. 二六、杭州跳船至镇江府水路

108. 二七、苏州府跳船至广德州水、陆路

109. 二八、苏州府由广德州至徽州府水、陆路

110. 二九、湖州四门夜船至各处水路

111. 三十、北新关至缸窑、瓶窑水路

112. 三一、衡州府至东江市、郴州水路　去韶州府附

113. 三二、衡州府至阳隔洲水路

114. 三三、湖口县入鄱阳湖至各处水路

115. 三四、湖口县由杉关至延平、邵武二府水、陆路

116. 三五、杭州府至上海县水路

117. 三六、松江府至青村所水路

118. 三七、休宁县至杭州府水路　潮候、浙潮、浙源附

119. 三八、浙江至天台山、雁荡山水、陆路

143. 二三、饶州府由景德镇至休宁县水、陆路

144. 二四、江西城至宝庆府水、陆路（原缺）

上述 144 条路引并不仅仅是路程图引，其内容非常丰富，涉及水马驿站、行程里距、山川险夷、沿途物产风情、名胜古迹等多方面内容。正因为此，《一统路程图记》被视为明代商人所纂各类路程图引中最具代表性的，影响甚大——其后所出的各类明代商书中的水陆行程部分对此书多有承袭。

万历年间新喻县丞陶承庆所辑《华夷风物商程一览》中所载水陆路程多与《一统路程图记》同。上卷"两京十三省各边路图""大江河套图""北京至十三省水陆路（7 条）""南京由东平州至北京马路""南京至河南、山西路"与《一统路程图记》相同。其下卷所载"江北水路""江南水路"共 100 条，皆与《一统路程图记》相同。所缺为《一统路程图记》卷二"南京至十三省水陆路"中之 8 条、卷三"两京、各省至所属府水陆路"15 条、卷四"各边路"11 条。①

万历四十五年刊刻、壮游子编辑的《水陆路程》，有些地方稍加校订，卷八最后一条"江西城至宝庆府水陆"佚失，但是，其总体八卷内

① 该书由新喻县丞陶承庆（明代万历十年左右上任）增辑，刘大易刊印。本节所据为万历年间乔木山房刻本。清康熙《建阳县志》与道光《建阳县志·刘龙田小传》记载：刘大易，字龙田，（建宁府建阳县）书坊人。生于嘉靖三十九年，卒于天启五年。另有学者据明代人杨瞿崍所撰刘大易墓志铭中"（刘）太翁讳大易，字爌文，龙田别其号"的记载，认为刘大易之字当为"爌文"，"龙田"则为其号，本著从此说。参见陈国代、徐俐华：《建阳书林乔山堂刘龙田刊刻书考略》，载《飞天》2009 年第 24 期。据此当可断定，《商程一览》的刊刻晚于黄汴的《一统路程图记》。

容与原《一统路程图记》基本相同。①

崇祯年间刊刻、李留德编辑的《客商一览醒迷》内容与《一统路程图记》相同,全部八卷的各卷开头都有刊记:"新安约山黄汴纂、金陵少泉李潮刊。"由此可知,该书源自《一统路程图记》系统。②

(二)《一统路程图记》与明代日用类书

值得注意的是,《一统路程图记》与其后出版的明代日用类书关系密切,特别是其卷一"北京至十三省水、陆路"(7条)、卷二"南京至十三省水、陆路"(10条)、卷三"两京、各省至所属府水、陆路"(15条),与万历年间刊印的各类日用类书(万宝全书)的《地舆门》(或《地理门》)所载的路引完全相同。

以万历二十七年的《三台万用正宗》卷二《地舆门》为参照,再仔细比对各部日用类书《地舆门》所载路引可以发现:

万历二十五年(1597)刊刻《五车拔锦》卷二《地舆门》,缺少《三台万用正宗·地舆门》路引第44条"桂林府至横州路",其余内容与《三台万用正宗·地舆门》完全相同;

万历三十五年(1607)刊印《新刊翰苑广记补订四民捷用学海群

---

① 斯波义信:《〈新刻客商一览醒迷天下水陆路程〉略论》,载中国经济史论坛 2007年 10 月 25 日。

② 斯波义信:《〈新刻客商一览醒迷天下水陆路程〉略论》;杨正泰:《明代驿站考》(增订本)前言。

玉》(以下简称《学海群玉》)①卷二《地舆》内容与《三台万用正宗·地舆门》相同；

万历三十五年刊印《鼎镌崇文阁汇纂士民万用正宗不求人》(以下简称《万用正宗不求人》)②内容与《三台万用正宗·地舆门》完全相同；

万历三十八年(1610)刊印《万书渊海》卷二《地舆门》，缺少《三台万用正宗·地舆门》路引第16条"南京至浙江、福建二省水、陆"，其余水、陆路完全与《三台万用正宗·地舆门》相同；

万历四十年(1612)刊刻《新板增补天下便用文林妙锦万宝全书》(以下简称《妙锦万宝全书》)③卷二《地舆门》内容与《三台万用正宗·地舆门》相同；

相比之下，万历三十七年(1609)刊刻《鼎镌崇文阁汇纂士民捷用分类万用正宗不求人》(以下简称《士民捷用分类万用正宗不求人》)卷二《地舆门类》所载路引缺少内容比较多，多达13条；④其余水陆路程31条，内容与《三台万用正宗·地舆门》完全相同；

---

① 武纬子补订，潭阳熊氏种德堂刊本，收入《域外汉籍珍本文库·第2辑·子部》第12册，2011，影印本，人民出版社、西南师大出版社。

② 龙阳子编，潭阳余文台刊本，收入《域外汉籍珍本文库·第2辑·子部》第11册。经仔细比对，该版本与日本汲古书院编《中国日用类书集成》中余文台之版本完全相同。

③ 《妙锦万宝全书》收入《中国日用类书集成》，日本汲古书院，2003。

④ 所缺内容按表一序号为：16.南京至浙江、福建二省水、陆路，17.南京至山海关，18.北京至所属府，33.南京由漕河至北京水驿，34.大江源下水由夏港至无锡县，35.大江上水由洞庭湖东路至云、贵，36.湖口县由袁州至衡州府水路，37.湖口县至广信府玉山县水路，38.湖口县由杉关至延平、邵武二府水、陆路，40.徽州府至崇安县路，42.广东至安南水、陆路，43.江西城至瑞州府，44.桂林府至横州路。

万历年间刊刻《新锲燕台校正天下通行文林聚宝万卷星罗》(以下简称《文林聚宝万卷星罗》)卷二《地舆门·天下水陆路程》所载路引与上述《士民捷用分类万用正宗不求人》基本相同，共缺11条①，其余水陆路程内容与《三台万用正宗·地舆门》完全相同。

从以上梳理可以看出，明万历以后出版的日用类书《地舆门》中的水陆行程路引与黄汴《一统路程图记》前三卷内容基本相同，关系密切。从时间关系上看，各部日用类书的刊刻出版晚于《一统路程图记》，其路引有相当部分内容相同，可谓关系密切，但其间是否属明晰的传承关系，尚有待于进一步的考证。(详见下表)

表一 《一统路程图记》与日用类书
《地舆门》所载路引的比较

《三台万用正宗》卷二《地舆门》	黄汴《一统路程图记》(卷数/该卷条目序号)	其他日用类书《地舆门》
1. 北京至南京、浙江、福建驿路	卷一/1	《五车拔锦》《妙锦万宝全书》《学海群玉》《万用正宗不求人》《万书渊海》《士民捷用分类万用正宗不求人》《文林聚宝万卷星罗》

① 徐会瀛编《文林聚宝万卷星罗》，收入《中国历史地理文献辑刊·类书类地理文献集成》第8编，第17册，上海交通大学出版社，2009。书中所缺内容按上表序号为：16.南京至浙江、福建二省水、陆路，17.南京至山海关，18.北京至所属府，34.大江源下水由夏港至无锡县，35.大江上水由洞庭湖东路至云、贵，36.湖口县由袁州至衡州府水路，37.湖口县至广信府玉山县水，40.徽州府至崇安县路，42.广东至安南水、陆路，43.江西城至瑞州府，44.桂林府至横州路。

《三台万用正宗》卷二《地舆门》	黄汴《一统路程图记》（卷数/该卷条目序号）	其他日用类书《地舆门》
2. 北京至江西、广东二省水、陆路	卷一/2	《五车拔锦》《妙锦万宝全书》《学海群玉》《万用正宗不求人》《万书渊海》《士民捷用分类万用正宗不求人》《文林聚宝万卷星罗》
3. 北京至河南、湖广、广西三省水、陆路	卷一/3	《五车拔锦》《妙锦万宝全书》《学海群玉》《万用正宗不求人》《万书渊海》《士民捷用分类万用正宗不求人》《文林聚宝万卷星罗》
4. 北京至陕西、四川路	卷一/4	《五车拔锦》《妙锦万宝全书》《学海群玉》《万用正宗不求人》《万书渊海》《士民捷用分类万用正宗不求人》《文林聚宝万卷星罗》
5. 北京至贵州、云南路	卷一/5	《五车拔锦》《妙锦万宝全书》《学海群玉》《万用正宗不求人》《万书渊海》《士民捷用分类万用正宗不求人》《文林聚宝万卷星罗》
6. 北京至山西路	卷一/6	《五车拔锦》《妙锦万宝全书》《学海群玉》《万用正宗不求人》《万书渊海》《士民捷用分类万用正宗不求人》《文林聚宝万卷星罗》
7. 北京至山东路	卷一/7	《五车拔锦》《妙锦万宝全书》《学海群玉》《万用正宗不求人》《万书渊海》《士民捷用分类万用正宗不求人》《文林聚宝万卷星罗》
8. 南京由东平州至北京路	卷二/8	《五车拔锦》《妙锦万宝全书》《学海群玉》《万用正宗不求人》《万书渊海》《士民捷用分类万用正宗不求人》《文林聚宝万卷星罗》

《三台万用正宗》卷二《地舆门》	黄汴《一统路程图记》（卷数/该卷条目序号）	其他日用类书《地舆门》
9. 南京至河南、山西路	卷二/9	《五车拔锦》《妙锦万宝全书》《学海群玉》《万用正宗不求人》《万书渊海》《士民捷用分类万用正宗不求人》《文林聚宝万卷星罗》
10. 南京至陕西、四川路	卷二/10	《五车拔锦》《妙锦万宝全书》《学海群玉》《万用正宗不求人》《万书渊海》《士民捷用分类万用正宗不求人》《文林聚宝万卷星罗》
11. 南京至江西、广东水、陆路	卷二/11	《五车拔锦》《妙锦万宝全书》《学海群玉》《万用正宗不求人》《万书渊海》《士民捷用分类万用正宗不求人》《文林聚宝万卷星罗》
12. 南京由淮、邳至山东路	卷二/12	《五车拔锦》《妙锦万宝全书》《学海群玉》《万用正宗不求人》《万书渊海》《士民捷用分类万用正宗不求人》《文林聚宝万卷星罗》
13. 南京由淮安、登、莱三府至辽东水、陆路	卷二/13	《五车拔锦》《妙锦万宝全书》《学海群玉》《万用正宗不求人》《万书渊海》《士民捷用分类万用正宗不求人》《文林聚宝万卷星罗》
14. 南京至湖广、云、贵三省水、陆路	卷二/14	《五车拔锦》《妙锦万宝全书》《学海群玉》《万用正宗不求人》《万书渊海》《士民捷用分类万用正宗不求人》《文林聚宝万卷星罗》
15. 南京至广西水、陆路	卷二/15	《五车拔锦》《妙锦万宝全书》《学海群玉》《万用正宗不求人》《万书渊海》《士民捷用分类万用正宗不求人》《文林聚宝万卷星罗》

《三台万用正宗》卷二《地舆门》	黄汴《一统路程图记》（卷数/该卷条目序号）	其他日用类书《地舆门》
16. 南京至浙江、福建二省水、陆路	卷二/16	《五车拔锦》《妙锦万宝全书》《学海群玉》《万用正宗不求人》
17. 南京至山海关	卷二/17	《五车拔锦》《妙锦万宝全书》《学海群玉》《万用正宗不求人》《万书渊海》
18. 北京至所属府	卷三/18	《五车拔锦》《妙锦万宝全书》《学海群玉》《万用正宗不求人》《万书渊海》
19. 南京至所属府	卷三/19	《五车拔锦》《妙锦万宝全书》《学海群玉》《万用正宗不求人》《万书渊海》《士民捷用分类万用正宗不求人》《文林聚宝万卷星罗》
20. 山西布政司至所属府	卷三/20	《五车拔锦》《妙锦万宝全书》《学海群玉》《万用正宗不求人》《万书渊海》《士民捷用分类万用正宗不求人》《文林聚宝万卷星罗》
21. 江西布政司至所属府	卷三/21	《五车拔锦》《妙锦万宝全书》《学海群玉》《万用正宗不求人》《万书渊海》《士民捷用分类万用正宗不求人》《文林聚宝万卷星罗》
22. 湖广布政司至所属府	卷三/22	《五车拔锦》《妙锦万宝全书》《学海群玉》《万用正宗不求人》《万书渊海》《士民捷用分类万用正宗不求人》《文林聚宝万卷星罗》
23. 云南布政司至所属府	卷三/23	《五车拔锦》《妙锦万宝全书》《学海群玉》《万用正宗不求人》《万书渊海》《士民捷用分类万用正宗不求人》《文林聚宝万卷星罗》

《三台万用正宗》卷二《地舆门》	黄汴《一统路程图记》（卷数/该卷条目序号）	其他日用类书《地舆门》
24. 四川布政司至所属府	卷三/24	《五车拔锦》《妙锦万宝全书》《学海群玉》《万用正宗不求人》《万书渊海》《士民捷用分类万用正宗不求人》《文林聚宝万卷星罗》
25. 陕西布政司至所属府	卷三/25	《五车拔锦》《妙锦万宝全书》《学海群玉》《万用正宗不求人》《万书渊海》《士民捷用分类万用正宗不求人》《文林聚宝万卷星罗》
26. 广东布政司至所属府	卷三/26	《五车拔锦》《妙锦万宝全书》《学海群玉》《万用正宗不求人》《万书渊海》《士民捷用分类万用正宗不求人》《文林聚宝万卷星罗》
27. 广西布政司至所属府	卷三/27	《五车拔锦》《妙锦万宝全书》《学海群玉》《万用正宗不求人》《万书渊海》《士民捷用分类万用正宗不求人》《文林聚宝万卷星罗》
28. 浙江布政司至所属府	卷三/28	《五车拔锦》《妙锦万宝全书》《学海群玉》《万用正宗不求人》《万书渊海》《士民捷用分类万用正宗不求人》《文林聚宝万卷星罗》
29. 福建布政司至所属府	卷三/29	《五车拔锦》《妙锦万宝全书》《学海群玉》《万用正宗不求人》《万书渊海》《士民捷用分类万用正宗不求人》《文林聚宝万卷星罗》
30. 贵州布政司至所属府	卷三/30	《五车拔锦》《妙锦万宝全书》《学海群玉》《万用正宗不求人》《万书渊海》《士民捷用分类万用正宗不求人》《文林聚宝万卷星罗》

《三台万用正宗》卷二《地舆门》	黄汴《一统路程图记》（卷数/该卷条目序号）	其他日用类书《地舆门》
31. 河南布政司至所属府	卷三/31	《五车拔锦》《妙锦万宝全书》《学海群玉》《万用正宗不求人》《万书渊海》《士民捷用分类万用正宗不求人》《文林聚宝万卷星罗》
32. 山东布政司至所属府	卷三/32	《五车拔锦》《妙锦万宝全书》《学海群玉》《万用正宗不求人》《万书渊海》《士民捷用分类万用正宗不求人》《文林聚宝万卷星罗》
33. 南京由漕河至北京水驿	卷五/1	《五车拔锦》《妙锦万宝全书》《学海群玉》《万用正宗不求人》《万书渊海》《文林聚宝万卷星罗》
34. 大江源下水，由夏港至无锡县	卷七/1	《五车拔锦》《妙锦万宝全书》《学海群玉》《万用正宗不求人》《万书渊海》
35. 大江上水，由洞庭湖东路至云、贵	卷七/2	《五车拔锦》《妙锦万宝全书》《学海群玉》《万用正宗不求人》《万书渊海》
36. 湖口县由袁州至衡州府水路	卷七/8	《五车拔锦》《妙锦万宝全书》《学海群玉》《万用正宗不求人》《万书渊海》
37. 湖口县至广信府玉山县水路	卷七/14	《五车拔锦》《妙锦万宝全书》《学海群玉》《万用正宗不求人》《万书渊海》
38. 湖口县由杉关至延平、邵武二府水、陆路	卷七/34	《五车拔锦》《妙锦万宝全书》《学海群玉》《万用正宗不求人》《万书渊海》《文林聚宝万卷星罗》

《三台万用正宗》卷二《地舆门》	黄汴《一统路程图记》（卷数/该卷条目序号）	其他日用类书《地舆门》
39. 衢州府由浦城县至建宁府水、陆路	卷八/11	《五车拔锦》《妙锦万宝全书》《学海群玉》《万用正宗不求人》《万书渊海》《士民捷用分类万用正宗不求人》《文林聚宝万卷星罗》
40. 徽州府至崇安县路	卷八/4	《五车拔锦》《妙锦万宝全书》《学海群玉》《万用正宗不求人》《万书渊海》
41. 江西城至饶州府		《五车拔锦》《妙锦万宝全书》《学海群玉》《万用正宗不求人》《万书渊海》《士民捷用分类万用正宗不求人》《文林聚宝万卷星罗》
42. 广东至安南水、陆路	卷七/11	《五车拔锦》《妙锦万宝全书》《学海群玉》《万用正宗不求人》《万书渊海》
43. 江西城至瑞州府		《五车拔锦》《妙锦万宝全书》《学海群玉》《万用正宗不求人》《万书渊海》
44. 桂林府至横州路	卷八/17	《妙锦万宝全书》《学海群玉》《万用正宗不求人》《万书渊海》

（三）《一统路程图记》对前代路引的继承

仔细比对宋元及明代的寰宇程图等相关资料可以看出，黄汴的《一统路程图记》也是参照前代各种程图编纂而成的，①特别是其前半

---

① 杨正泰：《明代驿站考》（增订本），第 197 页。

部分的主干线路的记述与《大明会典》①卷一四五、一四六所载"水马驿"的记录大多符合；而《一统路程图记》的独特性则在于黄汴在后半部分增加了记录以新安为中心的水陆路。

现以《一统路程图记》卷一"北京至南京、浙江、福建驿路"为例说明。

北京至南京、浙江、福建驿路

北京**会同馆**，七十里至**固节驿**。良乡县。六十里涿州**涿鹿驿**。六十里**汾水驿**。新城县。六十里**归义驿**。雄县。七十里**鄚城驿**。任丘县。八十里河间府**瀛海驿**。六十五里**乐城驿**。献县。八十里**阜城驿**。阜城县。五十五里景州**东光驿**。六十里德州**安德马驿**。渡卫河。七十里**太平驿**。属德州。八十里高唐州**鱼丘驿**。七十里**荏山驿**。属荏平县。西七十里至东昌府。南六十里**铜城驿**。六十里**旧县驿**。并属东阿县。六十里东平州**东源驿**。六十里**新桥驿**。汶上县。一百里兖州府滋阳县**昌平驿**。六十里**郗城驿**。五十里**界河驿**。并属邹县。四十五里**滕阳驿**。七十里**临城驿**。并属滕县。七十里**利国驿**。属徐州。一百里徐州黄河**东岸驿**。五十五里**桃山驿**。五十里**夹沟驿**。并属徐州。六

---

① 明弘治十年始修，弘治十五年修成，共 180 卷，称《大明会典》，正德时参校刊行。嘉靖年间增补，万历年间重修，万历十五年刊行，题为申时行等修，共 228 卷。今存《大明会典》有内容简繁不同的两种版本，一般称引的《大明会典》多指万历本而言。本节所据为申时行、赵用贤等纂万历《大明会典》卷一四五《驿传一·会同馆·水马驿上》，收入王云五主编《万有文库》第二集七百种，商务印书馆，1936，第 2937—2967 页。

十里宿州**睢阳驿**。西去汴城。南四十五里**大店驿**。宿州。四十五里**固镇驿**。灵璧县。五十五里**王庄驿**。属凤阳县。六十里凤阳府凤阳县**濠梁驿**。六十里**红心驿**。临淮县。六十里**池河驿**。定远县。四十五里**大柳驿**。滁州。六十里滁州**滁阳驿**。六十里**东葛城驿**。三十五里**江淮驿**。并属江浦县。渡大江。十五里**江东驿**。属应天府。三十五里**龙江驿**。十里。

南京**应天府**上元县、江宁县。下水,九十里**龙潭驿**。一百十里镇江府丹徒县**京口驿**。九十里**云阳驿**。丹阳县。五十里**吕城驿**。今革。六十里常州府武进县**毗陵驿**。九十里**锡山驿**。无锡县。九十里苏州府长洲县。吴县**姑苏驿**。四十五里**松陵驿**。吴江县。今革。四十里**平望驿**。属吴江县。西去湖州。南六十里嘉兴府嘉兴县秀水县**西水驿**。东百廿里至松江府。南八十里**皂林驿**。今迁崇德县。一百里**北新关**。十五里至。

浙江布政司杭州府仁和县、钱塘县北关门**武林驿**。三十里**江口浙江水驿**。一百三十里**会江驿**。富阳县。百廿里**桐江驿**。桐庐县。过钓台,一百里严州府建德县**富春驿**。西去徽州府。西南一百里**瀫水驿**。兰溪县。东五十里至金华府。西南九十里**亭步驿**。龙游县。七十里衢州府西安县**上杭埠驿**。南去浦城县。西八十里**广济驿**。常山县。路三十五里**草平驿**。江、浙界。今革。三十五里**怀玉驿**。玉山县。九十里广信府上饶县**葛阳马驿**。八十里**鹅湖驿**。六十里**车盘驿**。并属铅山县。四十里至**大安驿**。三十里崇安县**长平水驿**。下水,三十里**武夷山**。四十里**兴田驿**。并属崇安。五十里**建溪驿**。建阳县。七十里**叶坊驿**。属瓯宁县。五十五里建宁府瓯宁县、建安县**城西驿**。属瓯宁。

四十里**太平驿**。属建安。四十里**大横驿**。属南平。四十里延平
府南平县**剑浦驿**。西北去邵武府。东六十里**茶洋驿**。属南平。
九十里**黄田驿**。五十里**水口驿**。并属古田。四十五里**小箬驿**。
八十五里**白沙驿**。并属侯官。六十五里**芋源驿**。属怀安县。廿
里至福建布政司福州府**三山驿**。

　　北京陆路至南京,自南京至常山县,皆水。自常山县至水
口驿,属古田县,水马并应。崇安至福州府,水路滩洪缓急,详
卷七之十五。上杭埠过仙霞岭至浦城县,详卷八之十一。由
淮、邳至徐州,详卷二之十二。自北京至徐州,向马贼时出,必
须防御。①

　　此条路引共涉及 81 个驿站,其中绝大多数于《大明会典》和《寰
宇通衢》中有载。

　　1. 北京会同馆:《明会典》卷一四五《驿传一·会同馆》。

　　2. 固节驿:《明会典》卷一四五《驿传一·水马驿上》、《寰宇通
衢》"京城(南京)至北京行部并所属各府卫(马驿)"条。

　　3. 涿鹿驿:《明会典》卷一四五《驿传一·水马驿上》、《寰宇通
衢》"京城(南京)至北京行部并所属各府卫(马驿)"条。

　　4. 汾水驿:《明会典》卷一四五《驿传一·水马驿上》、《寰宇通
衢》"京城(南京)至北京行部并所属各府卫(马驿)"条。

　　5. 归义驿:《明会典》卷一四五《驿传一·水马驿上》、《寰宇通
衢》"京城(南京)至北京行部并所属各府卫(马驿)"条。

---

① 黄汴:《一统路程图记》卷一。

6. 鄚城驿：《明会典》卷一四五《驿传一·水马驿上》、《寰宇通衢》"京城（南京）至北京行部并所属各府卫（马驿）"条。

7. 河间府瀛海驿：《明会典》卷一四五《驿传一·水马驿上》作"瀛海马驿"、《寰宇通衢》"京城（南京）至北京行部并所属各府卫（马驿）"条。

8. 乐城驿：《明会典》卷一四五《驿传一·水马驿上》、《寰宇通衢》"京城（南京）至北京行部并所属各府卫（马驿）"条。

9. 阜城驿：《明会典》卷一四五《驿传一·水马驿上》、《寰宇通衢》"京城（南京）至北京行部并所属各府卫（马驿）"条。

10. 景州东光驿：《明会典》卷一四五《驿传一·水马驿上》、《寰宇通衢》"京城（南京）至北京行部并所属各府卫（马驿）"条。

11. 德州安德马驿：《明会典》卷一四五《驿传一·水马驿上》作"安德水驿"、《寰宇通衢》"京城（南京）至北京行部并所属各府卫（马驿）"条作"安德驿"。

12. 太平驿：《明会典》卷一四五《驿传一·水马驿上》作"太平马驿"，《寰宇通衢》"京城（南京）至北京行部并所属各府卫（马驿）"条。

13. 高唐州鱼丘驿：《明会典》卷一四五《驿传一·水马驿上》作"鱼丘马驿"，《寰宇通衢》"京城（南京）至北京行部并所属各府卫（马驿）"条。

14. 茌山驿：《明会典》卷一四五《驿传一·水马驿上》作"茌山马驿"，《寰宇通衢》"京城（南京）至山东布政司并所属府（马驿）"条。

15. 铜城驿：《明会典》卷一四五《驿传一·水马驿上》、《寰宇通衢》"京城（南京）至山东布政司并所属府（马驿）"条。

16. 旧县驿：《明会典》卷一四五《驿传一·水马驿上》作"旧县马

驿”,《寰宇通衢》"京城(南京)至山东布政司并所属府(马驿)"条。

17. 东平州东源驿:《明会典》卷一四五《驿传一·水马驿上》作"东平州东源马驿",《寰宇通衢》"京城(南京)至山东布政司并所属府(马驿)"条。

18. 新桥驿:《明会典》卷一四五《驿传一·水马驿上》作"新桥马驿",《寰宇通衢》"京城(南京)至山东布政司并所属府(马驿)"条。

19. 昌平驿:《明会典》卷一四五《驿传一·水马驿上》、《寰宇通衢》"京城(南京)至山东布政司并所属府(马驿)"条。

20. 郏城驿:《明会典》卷一四五《驿传一·水马驿上》、《寰宇通衢》"京城(南京)至山东布政司并所属府(马驿)"条。

21. 界河驿:《明会典》卷一四五《驿传一·水马驿上》、《寰宇通衢》"京城(南京)至山东布政司并所属府(马驿)"条。

22. 滕阳驿:《明会典》卷一四五《驿传一·水马驿上》作"滕阳马驿",《寰宇通衢》"京城(南京)至山东布政司并所属府(马驿)"条。

23. 临城驿:《明会典》卷一四五《驿传一·水马驿上》作"临城马驿",《寰宇通衢》"京城(南京)至山东布政司并所属府(马驿)"条。

24. 利国驿:《明会典》卷一四五《驿传一·水马驿上》作"利国监驿",《寰宇通衢》"京城(南京)至山东布政司并所属府(马驿)"条。

25. 徐州黄河东岸驿:《明会典》卷一四五《驿传一·水马驿上》作"黄河东岸马驿",《寰宇通衢》"京城(南京)至徐州马驿"条。

26. 桃山驿:《明会典》卷一四五《驿传一·水马驿上》作"桃山马驿",《寰宇通衢》"京城(南京)至徐州马驿"条。

27. 夹沟驿:《明会典》卷一四五《驿传一·水马驿上》、《寰宇通衢》"京城(南京)至徐州马驿"条。

28. 宿州睢阳驿：《明会典》卷一四五《驿传一·水马驿上》、《寰宇通衢》"京城（南京）至徐州马驿"条。

29. 大店驿：《明会典》卷一四五《驿传一·水马驿上》、《寰宇通衢》"京城（南京）至徐州马驿"条。

30. 固镇驿：《明会典》卷一四五《驿传一·水马驿上》、《寰宇通衢》"京城（南京）至徐州马驿"条。

31. 王庄驿：《明会典》卷一四五《驿传一·水马驿上》作"王庄马驿"，《寰宇通衢》"京城（南京）至徐州马驿"条。

32. 濠梁驿：《明会典》卷一四五《驿传一·水马驿上》作"濠梁水马驿"，《寰宇通衢》"京城（南京）至凤阳府马驿"条。

33. 红心驿：《明会典》卷一四五《驿传一·水马驿上》作"红心马驿"，《寰宇通衢》"京城（南京）至凤阳府马驿"条。

34. 池河驿：《明会典》卷一四五《驿传一·水马驿上》作"池河马驿"，《寰宇通衢》"京城（南京）至凤阳府马驿"条。

35. 大柳驿：《明会典》卷一四五《驿传一·水马驿上》作"大柳树驿"，《寰宇通衢》"京城（南京）至凤阳府马驿"条作"大柳树驿"。

36. 滁州滁阳驿：《明会典》卷一四五《驿传一·水马驿上》、《寰宇通衢》"京城（南京）至凤阳府马驿"条。

37. 东葛城驿：《明会典》卷一四五《驿传一·水马驿上》作"旧有浦江县东葛城驿，隆庆元年革"，《寰宇通衢》"京城（南京）至凤阳府马驿"条。

38. 江淮驿：《明会典》卷一四五《驿传一·水马驿上》、《寰宇通衢》"京城（南京）至凤阳府马驿"条。

39. 江东驿：《明会典》卷一四五《驿传一·水马驿上》作"江东马

驿",《寰宇通衢》"京城（南京）至凤阳府马驿"条。

40. 龙江驿：《明会典》卷一四五《驿传一·水马驿上》作"龙江水马驿"，《寰宇通衢》"京城（南京）至浙江布政司水驿"条。

41. 龙潭驿：《明会典》卷一四五《驿传一·水马驿上》作"龙潭水马驿，嘉靖四十五年革，万历三年复"，《寰宇通衢》"京城（南京）至浙江布政司水驿"条。

42. 京口驿：《明会典》卷一四五《驿传一·水马驿上》、《寰宇通衢》"京城（南京）至浙江布政司水驿"条。

43. 云阳驿：《明会典》卷一四五《驿传一·水马驿上》、《寰宇通衢》"京城（南京）至浙江布政司水驿"条。

44. 吕城驿：《明会典》卷一四五《驿传一·水马驿上》载："旧有丹阳县吕城驿，革。"《寰宇通衢》"京城（南京）至浙江布政司水驿"条。

45. 毗陵驿：《明会典》卷一四五《驿传一·水马驿上》、《寰宇通衢》"京城（南京）至浙江布政司水驿"条。

46. 锡山驿：《明会典》卷一四五《驿传一·水马驿上》、《寰宇通衢》"京城（南京）至浙江布政司水驿"条。

47. 姑苏驿：《明会典》卷一四五《驿传一·水马驿上》、《寰宇通衢》"京城（南京）至浙江布政司水驿"条。

48. 松陵驿：《明会典》卷一四五《驿传一·水马驿上》载："旧有吴江县松陵驿，革。"《寰宇通衢》"京城（南京）至浙江布政司水驿"条。

49. 平望驿：《明会典》卷一四五《驿传一·水马驿上》、《寰宇通衢》"京城（南京）至浙江布政司水驿"条。

50. 西水驿：《明会典》卷一四五《驿传一·水马驿上》、《寰宇通衢》"京城（南京）至浙江布政司水驿"条。

51. 皂林驿：《明会典》卷一四五《驿传一·水马驿上》、《寰宇通衢》"京城（南京）至浙江布政司水驿"条。

52. 北关门武林驿：《明会典》卷一四五《驿传一·水马驿上》、《寰宇通衢》"京城（南京）至浙江布政司水驿"条。

53. 江口浙江水驿：《明会典》卷一四五《驿传一·水马驿上》、《寰宇通衢》"京城（南京）至福建布政司"条。

54. 会江驿：《明会典》卷一四五《驿传一·水马驿上》，《寰宇通衢》"京城（南京）至福建布政司"条作"会江水驿"。

55. 桐江驿：《明会典》卷一四五《驿传一·水马驿上》，《寰宇通衢》"京城（南京）至福建布政司"条作"桐江水驿"。

56. 富春驿：《明会典》卷一四五《驿传一·水马驿上》，《寰宇通衢》"京城（南京）至福建布政司"条作"富春水驿"。

57. 瀫水驿：《明会典》卷一四五《驿传一·水马驿上》，《寰宇通衢》"京城（南京）至福建布政司"条作"瀫水水驿"。

58. 亭步驿：《明会典》卷一四五《驿传一·水马驿上》作"亭步水马驿"，《寰宇通衢》"京城（南京）至福建布政司"条作"亭步水驿"。

59. 上杭埠驿：《明会典》卷一四五《驿传一·水马驿上》作"上杭埠头水马驿"，《寰宇通衢》"京城（南京）至福建布政司"条作"上杭埠头水驿"。

60. 广济驿：《明会典》卷一四五《驿传一·水马驿上》作"广济渡水马驿"，《寰宇通衢》"京城（南京）至福建布政司"条作"广济渡水驿"。

61. 草平驿：《明会典》卷一四五《驿传一·水马驿上》载："旧有常山县草平、新站各驿，俱革。"

62. 怀玉驿：《明会典》卷一四五《驿传一·水马驿上》作"怀玉水马驿"，《寰宇通衢》"京城（南京）至福建布政司"条作"怀玉马驿"。

63. 葛阳马驿：《明会典》卷一四五《驿传一·水马驿上》、《寰宇通衢》"京城（南京）至福建布政司"条。

64. 鹅湖驿：《明会典》卷一四五《驿传一·水马驿上》，《寰宇通衢》"京城（南京）至福建布政司"条作"鹅湖马驿"。

65. 车盘驿：《明会典》卷一四五《驿传一·水马驿上》，《寰宇通衢》"京城（南京）至福建布政司"条作"车盘马驿"。

66. 大安驿：《明会典》卷一四五《驿传一·水马驿上》作"太安驿"，《寰宇通衢》"京城（南京）至福建布政司"条作"大安马驿"。

67. 崇安县长平水驿：《明会典》卷一四五《驿传一·水马驿上》，《寰宇通衢》"京城（南京）至福建布政司"条作"长平马驿"。

68. 兴田驿：《明会典》卷一四五《驿传一·水马驿上》，《寰宇通衢》"京城（南京）至福建布政司"条作"兴田马驿"。

69. 建溪驿：《明会典》卷一四五《驿传一·水马驿上》作"建溪水驿"，《寰宇通衢》"京城（南京）至福建布政司"条作"建溪马驿"。

70. 叶坊驿：《明会典》卷一四五《驿传一·水马驿上》，《寰宇通衢》"京城（南京）至福建布政司"条作"叶坊马驿"。

71. 城西驿：《明会典》卷一四五《驿传一·水马驿上》，《寰宇通衢》"京城（南京）至福建布政司"条作"城西马驿"。

72. 太平驿：《明会典》卷一四五《驿传一·水马驿上》作"大平水驿"，《寰宇通衢》"京城（南京）至福建布政司"条作"太平马驿"。

73. 大横驿：《明会典》卷一四五《驿传一·水马驿上》作"大横水驿"，《寰宇通衢》"京城（南京）至福建布政司"条作"大横马驿"。

74. 剑浦驿：《明会典》卷一四五《驿传一·水马驿上》作"剑浦水驿"，《寰宇通衢》"京城（南京）至福建布政司"条作"剑浦马驿"。

75. 茶洋驿：《明会典》卷一四五《驿传一·水马驿上》，《寰宇通衢》"京城（南京）至福建布政司"条作"茶洋马驿"。

76. 黄田驿：《明会典》卷一四五《驿传一·水马驿上》，《寰宇通衢》"京城（南京）至福建布政司"条作"黄田马驿"。

77. 水口驿：《明会典》卷一四五《驿传一·水马驿上》，《寰宇通衢》"京城（南京）至福建布政司"条作"水口马驿"。

78. 小箬驿：《明会典》卷一四五《驿传一·水马驿上》作"旧有侯官县小箬驿，革"，《寰宇通衢》"京城（南京）至福建布政司"条作"小箬水驿"。

79. 白沙驿：《明会典》卷一四五《驿传一·水马驿上》作"白沙水驿"，《寰宇通衢》"京城（南京）至福建布政司"条。

80. 芋源驿：《明会典》卷一四五《驿传一·水马驿上》，《寰宇通衢》"京城（南京）至福建布政司"条作"芋源水驿"。

81. 三山驿：《明会典》卷一四五《驿传一·水马驿上》、《寰宇通衢》"京城（南京）至福建布政司"条。①

从上述的比较还可以看出，《一统路程图记》前三卷"两京至十三省水、陆路""两京各省至所属府"等条目承袭《寰宇通衢》尤为明显，其各水马驿的顺序、里程基本相同。

此外，就日用类书系统而言，《一统路程图记》卷一第 1 至 9

---

① 本节所据为《四库全书存目丛书》，史部第 166 册，地理类。并参考杨正泰《明代驿站考》（增订本）中的校注。

条(上表右第 1—9)和卷二第 13 条(上表右第 13),明显与元代许衡编著的《万宝全书》①卷二《地舆纪·天下水陆路程》篇中第 1 至 10 条相关联,可视为一个传承体系。

明后期刊印的《新刻艾先生天禄阁汇编采精便览万宝全书》②卷二《天下水陆路程图》共有"北京至江南、浙江、福建驿路"等 10 条路引,与元代许衡编著的《万宝全书》所载路引完全相同,明显为同一传承系统。

明崇祯年间刊刻的《新刻人瑞堂订补全书备考》③卷二《地理门》中所载"天下水陆路程"部分,其中"北京至江南、浙江、福建驿路"等 10 条路引,与元代许衡编著的《万宝全书》所载路引为同一传承系统。

清代乾隆四年(1739)毛文焕增补的《增补万宝全书》④第一卷《地舆门·天下路程》所载 10 条水陆路引,与元代许衡编著的《万宝全书》所载路引完全相同,亦为同一传承系统。

---

① 本节所据为许衡编著、杭州黄朗轩续撰《绘图增补万宝全书》,收入台湾"中央研究院"人文社会科学联合图书馆所藏影印本。此影印本地名刊印错误较多,在《一统路程图记》中多得到纠正。此外,此本因系黄朗轩续撰,内中多有清代增补之内容,难以窥测其元代原版之本来面目。笔者将许衡本所载的 10 条水陆路程图引,与明末刊刻的《新刻艾先生天禄阁汇编采精便览万宝全书》一书卷二《天下水陆路程图》所载的"北京至江南、浙江、福建驿路"等 10 条路引,仔细加以比对,发现所载路引内容完全相同,故此推断此 10 条路引乃许衡书原载。

② 日本关西大学图书馆藏本。

③ 郑尚玄订,崇祯十四年,收入商传主编《明代通俗日用类书集刊》,2011,影印本,西南师范大学出版社、东方出版社。

④ 本著所用为日本关西大学图书馆所藏道光八年重刊本,贵文堂梓行。

(四)"天下路程玉镜"的路引特点

值得注意的是,万历四十二年刊印的《新刻搜罗五车合并万宝全书》(以下简称《五车万宝全书》)①,其卷二《地舆门·天下路程玉镜》主要记述了周边各省共14条赴京路线,内容如下:

天下路程玉镜:

一、山东布政司往北京路程

二、辽东辽阳城往北京路程

三、山西布政司往北京路程

四、陕西布政司往北京路程

五、河南布政司往北京路程

六、浙江布政司往北京路程

七、江西布政司往北京路程

八、湖广布政司往北京路程

九、四川布政司往北京路程

十、福建布政司往北京路程

十一、广东布政司往北京路程

十二、广西布政司往北京路程

十三、云南布政司往北京路程

十四、贵州布政司往北京路程

---

① 收入《中国日用类书集成》。

将这 14 条水陆行程路引与上表路引内容仔细比较可以看出,这一系统的记载内容是从各地方布政司前往京城之路,前述《三台万用正宗》《五车拔锦》等日用类书的《地舆门》则主要是以两京为中心,介绍由两京往地方各布政司之路,二者记述风格差异很大,明显不是一个传承体系。①

　　另外,还有明代水陆行程书《路程玉镜》(一卷),②内中依次记载四川、山东、辽东、广西、河南、广东、江西、福建和浙江等九省往北京路程,与《五车万宝全书》风格极似,当属同一个传承体系。

　　与《五车万宝全书·地舆门》中的水陆行程路引同属"路程玉镜"系统的日用类书还有:

　　明代《龙头一览学海不求人》③卷二《地舆·天下路程玉镜》篇;

　　明代万历年间刊印《新刻天下民家便用万事全书》④卷二《地舆门·天下路程玉镜一览》篇;

　　明代陈允中编《新刻群书摘要士民便用一事不求人》⑤卷二《地舆门·路程节要》篇;

　　明代万历四十二年(1614)刊刻《新刻邺架新裁万宝全书》⑥卷二《地舆门·天下路程玉镜》,其中记载了从山东布政司往北京路程、辽

---

① 　本节简称"天下路程玉镜"体系。
② 　该资料为台湾"中央研究院"历史语言研究所所藏复制本,题"路程玉镜一卷",明代刊印,但作者、具体刊印年代不详。
③ 　该书作者不详,具体刊印年代不详,收入《域外汉籍珍本文库·第 2 辑·子部》第 13 册。
④ 　该书作者不详,万历年间刊本,收入《域外汉籍珍本文库·第 2 辑·子部》第 12 册。
⑤ 　陈允中编,万历书林种德堂本,收入商传主编《明代通俗日用类书集刊》。
⑥ 　朱鼎臣编,万历四十二年,收入《域外汉籍珍本文库·第 2 辑·子部》第 12 册。

东辽阳城往北京路程、山西布政司往北京路程等 14 条赴京路线，与上述《五车万宝全书·地舆门》内容完全相同。

（五） 从《士商类要·路程图引》到《示我周行》的传承变化

清代的刊印本水陆行程书主要有乾隆三年英德堂版《天下路程》、①乾隆六年陈其楫《天下路程》、②乾隆三十九年赖盛远本《示我周行》、③乾隆五十二年宝善堂版《士商便览·示我周行》(以下简称宝善堂版《示我周行》)④等。笔者经过仔细比对，发现这几部刊本与《士商类要》的传承关系比较明显。

英德堂版《天下路程》序曰：

> 今天下车书一统，自畿省以至郡县，靡不有志，合之广舆图记，山川、城邑、人物、事迹，亦既详且尽矣。然而道路所由，迂直次宿无所考，以故仕宦商贾，载贽往来，而仆仆问津者有之。余屡蹶公车，东顾西盼，求丐资斧，足迹几遍天下矣。举所经历之处，询之故老野夫，加以博采详核，汇成一帙，凡疆理山川之缭辖，关津驿舍之次第，皆可以按程计里。而古人之遗迹与天地之

① 本节所据刊本为台湾"中研院"历史语言研究所所藏。该刊本封面横题小字"示我周行"，中间竖版大字名称"天下路程"，左竖题"英德堂藏板"。

② 该书原藏日本内阁文库，本节据台湾"中央研究所"历史语言研究所所藏复制本。

③ 本节所据乃灵兰堂藏本。该书原藏日本内阁文库，本节据台湾"中央研究院"历史语言研究所所藏复制本。

④ 本节所据刊本为台湾"中央研究院"历史语言研究所藏本。该刊本封面右题竖题小字"士商便览"，中间竖版大字名称"示我周行"，左竖题"宝善堂藏板"。

所产,间或附记一二,聊以娱目焉。后之览是编者,纵横贯穿,回环往复,分率参合,无一抵悟,而知余周爱咨诹,用心采辑之苦日,亦知余驴背风霜,已有十数万里之劳也。若曰太史公周行天下,览四海名山大川,与燕赵间豪杰交游,故其为文疏宕有寄,气如小苏所云,则余何敢!

落款为"乾隆戊午花朝日天下妙因居士偶题",目录页题"古吴求放心斋校订"。

乾隆六年陈其楫所辑《天下路程》一书封面题"乾隆六年新镌建安陈舟士辑定天下路程本堂藏本"。序言则谈及编纂该书的缘由:

> 今天下大一统,海内外悉隶版图,唐、虞、三代以来,历汉、唐、宋迄于元、明,未有若斯之盛。使道路所经而无所考,则仕宦商贾不无歧路之悼,重译来朝不无归路之迷。虽从前旧刻,亦按程讲里,不至前后互异,而回环往复,亦免费劳手目。但刻板阔大,多占客囊位置,而兹集小楷,大仅如掌,明若列星,轻装书箧可以携藏,旅馆、孤舟可以把玩,非惟不致穷途。凡地舆之广,行宿之便,以及遗迹土产,尽在一览中。真所为径寸之珍,不过盈握也。是为序。

落款"乾隆辛酉岁秋仲陈其楫书于芝城三溪草堂"。

该书目录页题"闽中建安陈其楫舟士辑定",书中所载除江湖十二则、京省地图考、九边外夷图考、暴风日期、京都八景、京都九门诗、京都二集期、江南进京水驿歌、北新关税则例、北新关船例等内容外,另有天下水陆路程 130 条。

赖盛远本《示我周行》序与英德堂版《天下路程》序完全相同,只是落款改为"乾隆甲午文川赖盛远辑";宝善堂版《示我周行》的序亦与英德堂版《天下路程》序完全一致,只是落款改为"乾隆丁未年孟夏月,碧溪题新镌",目录页则题"闽中碧溪鹤和堂辑定"。

就所载水陆路程条目而言,英德堂版《示我周行》分上、中、下三集,所载水陆路程加之"京都九门诗说、京都八景说、京都二集期"等共 108 条。乾隆三十九年赖盛远本《示我周行》分上、中、下三集及续集,所载水陆路程及"京都九门诗说、京都八景说、京都二集期"等共 147 条,在英德堂版的基础上多出 39 条,较之陈其楫本多出十余条,基本上汇集了乾隆三年的英德堂版和乾隆六年的陈其楫本的水陆路程图引。宝善堂版《士商便览·示我周行》除序言落款所题不同外,其序言内容及所载水陆路程条目及赖盛远本完全一致,可视为赖盛远本《示我周行》的翻刻版。

仔细考察《天下路程·示我周行》的几个刊本,其与明天启年间程春宇的《士商类要》可谓关系密切。①《士商类要·路程图引》共辑录水陆路引 100 条,乾隆三年英德堂版《天下路程》有 108 条路引,其中 43 条与《士商类要》相同,陈其楫在此基础上又增加与《士

---

① 崇祯年间刊刻的憺漪子《士商要览》中 100 条水陆路引与程春宇《士商类要》中 100 条水陆路引完全相同。憺漪子其人,据柳存仁考证,是明末清初的汪淇,又自署汪象旭,钱塘人。而据王振忠研究,汪淇,字憺漪,明末人,是侨寓杭州的徽州书商(祖籍休宁)。详见王振忠:《稀见清代徽州商业文书抄本十种》,载《华南研究资料中心通讯》第 20 期。憺漪子所记行程与《士商类要·路程图引》所记相似,明显移录自后者。

商类要》相同条目 23 条。赖盛远《示我周行》147 条路引中,其中 146 条承继英德堂版与陈其楫本《天下路程》,[①]内中有 66 条与《士商类要》相同。

清代吴中孚的《商贾便览》卷八《天下水陆路程》中共记载 75 条路引,其中 71 条与陈其楫本《天下路程》和赖盛远本《示我周行》中的路引相同,可以说基本上是承自陈其楫《天下路程》和赖盛远的《示我周行》,而其中 25 条与《士商类要》同,仅有 4 条是新增。[②]

需要注意的是,憺漪子《天下路程图引叙》曾言:“然而道路所由,逾直、次宿无所考。……凡疆理山川之辽辖,关津驿舍之次第,皆可以按程计里,纵横贯穿,回环往复,分率参合,无一抵牾,如躔度交会而辰宿次舍不失分寸,如营卫周布而经络节穴不差毫发。后之览者,必各随其所至,合符其所见而始信其工也,则行者箧之,以为针车之宝可耳。”[③]而乾隆三年英德堂版《天下路程·序》,明显参考过此序。憺漪子所记行程与《士商类要·路程图引》所记相似,明显移录自前者。由此也说明,清代各版《天下路程》与《示我周行》,所载近似《士商类要·路程图引》,但未必就是直接移自《士商类要》,也很可能移录自憺漪子《天下路程图引》。

另需注意的是,清代水陆路程书中的条目称呼已改为适应当时行政区划的名称,如明代《士商类要》中“南京由汝宁府至武当山路”

---

① 第 129 条“福建汀州府由九龙滩至延平府路”为赖盛远本新增。

② 《商贾便览》中不同于其他水陆路程书的 4 条路引分别为:广东韶州府过小岭至湖广汉口水陆路程、广东广州府至肇庆府水路程、广东肇庆府至河头往高雷廉琼水陆路程、广东肇庆府至广西桂林府水路程。

③ 憺漪子:《天下路程图引叙》,杨正泰校注本,山西人民出版社,1992,第 513 页。

一条,在清代的《示我周行》《天下路程》中均改称为"江南省城由汝宁府至武当山路"。

至此,从《士商类要》到几个版本的《天下路程·示我周行》及至《商贾便览·天下水陆路程》的传承关系已非常明晰。(详见下表)

表二　从《士商类要·路程图引》到《天下路程》《示我周行》的沿袭传承

水陆路程条目	所 见 版 本
1. 江南省城进京至北京崇文门水路(附水驿捷要)	英德堂版《天下路程》、陈其楫《天下路程》、赖盛远《示我周行》、吴中孚《商贾便览》
2. 京都九门诗说	英德堂版《天下路程》、陈其楫《天下路程》、赖盛远《示我周行》
3. 京都八景说	英德堂版《天下路程》、陈其楫《天下路程》、赖盛远《示我周行》
4. 京都二集期	英德堂版《天下路程》、陈其楫《天下路程》、赖盛远《示我周行》
5. 江南省城进京至山东德州合路陆	英德堂版《天下路程》、陈其楫《天下路程》、赖盛远《示我周行》
6. 江西省城进京至江南江宁府水路	英德堂版《天下路程》、陈其楫《天下路程》、赖盛远《示我周行》、吴中孚《商贾便览》
7. 江西省城进京至江南徐州合路陆	英德堂版《天下路程》、陈其楫《天下路程》、赖盛远《示我周行》、吴中孚《商贾便览》
8. 浙江省城进京至北京彰义门路程(附东岳泰山)	英德堂版《天下路程》,赖盛远《示我周行》,陈其楫《天下路程》第1—3条目内容同本表第8、14条,吴中孚《商贾便览》
9. 河南省城进京至本省卫辉府合路(附中岳嵩山)	英德堂版《天下路程》、陈其楫《天下路程》、赖盛远《示我周行》、吴中孚《商贾便览》

水陆路程条目	所见版本
10. 山东省城进京至本省禹城县合路	英德堂版《天下路程》、陈其楫《天下路程》、赖盛远《示我周行》、吴中孚《商贾便览》
11. 山西省城进京至北直真定府合路（附北岳恒山）	英德堂版《天下路程》、陈其楫《天下路程》、赖盛远《示我周行》、吴中孚《商贾便览》
12. 陕西省城进京至河南卫辉府合路（附西岳华山）	英德堂版《天下路程》、陈其楫《天下路程》、赖盛远《示我周行》、吴中孚《商贾便览》
13. 湖广省城进京至北京彰义门路程（附南岳衡山）	英德堂版《天下路程》、陈其楫《天下路程》、赖盛远《示我周行》、吴中孚《商贾便览》
14. 福建省城进京至浙江杭州府合路（附关税船例）	英德堂版《天下路程》，赖盛远《示我周行》，陈其楫《天下路程》第1—3条目内容同本表第8、14条，吴中孚《商贾便览》
15. 广东省城进京至江西南昌府合路	英德堂版《天下路程》、陈其楫《天下路程》、赖盛远《示我周行》、吴中孚《商贾便览》
16. 广西省城进京至湖广武昌府合路	英德堂版《天下路程》、陈其楫《天下路程》、赖盛远《示我周行》、吴中孚《商贾便览》
17. 四川省城进京至陕西西安府合路（附蜀栈道说）	英德堂版《天下路程》、陈其楫《天下路程》、赖盛远《示我周行》、吴中孚《商贾便览》
18. 云南省城进京至贵州贵阳府合路	英德堂版《天下路程》、陈其楫《天下路程》、赖盛远《示我周行》、吴中孚《商贾便览》
19. 贵州省城进京至河南卫辉府合路	英德堂版《天下路程》、陈其楫《天下路程》、赖盛远《示我周行》、吴中孚《商贾便览》
20. 北京由山海关至辽东奉天府路程	英德堂版《天下路程》、陈其楫《天下路程》、赖盛远《示我周行》、吴中孚《商贾便览》
21. 辽东康平驿至沈阳开元路程	英德堂版《天下路程》、赖盛远《示我周行》
22. 北京至陕西宁夏镇路程	英德堂版《天下路程》、陈其楫《天下路程》、赖盛远《示我周行》、吴中孚《商贾便览》

水陆路程条目	所 见 版 本
23. 北京至陕西榆林镇黄甫川路程	英德堂版《天下路程》、陈其楫《天下路程》、赖盛远《示我周行》
24. 北京至陕西固原镇（附宁夏路）	英德堂版《天下路程》、陈其楫《天下路程》、赖盛远《示我周行》
25. 北京至宣府、大同路程（内张家口路、附内外三关说）	程春宇《士商类要》、英德堂版《天下路程》、陈其楫《天下路程》、赖盛远《示我周行》
26. 北京由真定府至五台山	程春宇《士商类要》、英德堂版《天下路程》、陈其楫《天下路程》、赖盛远《示我周行》
27. 北京由紫荆关至北楼口转至恒山路	英德堂版《天下路程》、赖盛远《示我周行》
28. 江南苏州府由四安至徽州府路程	程春宇《士商类要》、英德堂版《天下路程》、陈其楫《天下路程》、赖盛远《示我周行》、吴中孚《商贾便览》
29. 正阳由颍州至北舞渡陆路程	程春宇《士商类要》、英德堂版《天下路程》、陈其楫《天下路程》、赖盛远《示我周行》
30. 正阳由固始县至光山县路程	程春宇《士商类要》、英德堂版《天下路程》、陈其楫《天下路程》、赖盛远《示我周行》
31. 江南丹阳县由句容县至江宁府陆路（内茅山路）	程春宇《士商类要》、英德堂版《天下路程》、陈其楫《天下路程》、赖盛远《示我周行》
32. 丹阳县由梅渚至徽州府路程	程春宇《士商类要》、英德堂版《天下路程》、陈其楫《天下路程》、赖盛远《示我周行》
33. 仪真县由龙潭至江南省城陆路	程春宇《士商类要》、英德堂版《天下路程》、陈其楫《天下路程》、赖盛远《示我周行》
34. 仪真县由宁国府至徽州府路程	程春宇《士商类要》、英德堂版《天下路程》、陈其楫《天下路程》、赖盛远《示我周行》

水 陆 路 程 条 目	所 见 版 本
35. 镇江府由洋子江至九江府水路 《士商类要》中为"镇江由洋子江至荆州水路"，九江府至荆州水路为《天下路程》新增。	程春宇《士商类要》、英德堂版《天下路程》、陈其楫《天下路程》、赖盛远《示我周行》、吴中孚《商贾便览》
36. 江南瓜洲由凤阳府至颍州陆路(内往南无路)	程春宇《士商类要》、英德堂版《天下路程》、赖盛远《示我周行》
37. 颍州由归德府至临清州陆路程	程春宇《士商类要》、英德堂版《天下路程》、陈其楫《天下路程》、赖盛远本《示我周行》
38. 江南省城由汝宁府至武当山路	程春宇《士商类要》、英德堂版《天下路程》、陈其楫《天下路程》、赖盛远《示我周行》
39. 江南徽州府由景德镇至武当山路	程春宇《士商类要》、英德堂版《天下路程》、陈其楫《天下路程》、赖盛远《示我周行》、吴中孚《商贾便览》
40. 江南徽州府由淳安县至严州府水路(附水程捷要歌)	英德堂版《天下路程》、陈其楫《天下路程》、赖盛远《示我周行》、吴中孚《商贾便览》
41. 徽州府由金华府至温州府路程	程春宇《士商类要》、英德堂版《天下路程》、陈其楫《天下路程》、赖盛远《示我周行》、吴中孚《商贾便览》
42. 徽州府由青阳县至池州府路程(内九华山路)	程春宇《士商类要》、英德堂版《天下路程》、陈其楫《天下路程》、赖盛远《示我周行》
43. 徽州府由开化县至福建建阳县路程 程春宇《士商类要》只到常山县，自常山县以下至建阳县路引为《天下路程》新增	程春宇《士商类要》、英德堂版《天下路程》、陈其楫《天下路程》、赖盛远《示我周行》、吴中孚《商贾便览》
44. 江南徽州府由芜湖县至宿州合路	英德堂版《天下路程》陈其楫、《天下路程》、赖盛远《示我周行》

水陆路程条目	所 见 版 本
45. 江南芜湖县由太平县至徽州府路	程春宇《士商类要》、英德堂版《天下路程》、陈其楫《天下路程》、赖盛远《示我周行》
46. 芜湖县由妙埠至河沥溪路程 《士商类要》中为"芜湖由宁国府至河沥溪路",内容完全相同。	程春宇《士商类要》、英德堂版《天下路程》、赖盛远《示我周行》、吴中孚《商贾便览》
47. 芜湖县由安庆府转至团风镇路	程春宇《士商类要》、英德堂版《天下路程》、陈其楫《天下路程》、赖盛远《示我周行》
48. 芜湖县由巢县至庐州府路程	程春宇《士商类要》、英德堂版《天下路程》、陈其楫《天下路程》、赖盛远《示我周行》
49. 江南六合县由汲涧至盱眙县陆路程	英德堂版《天下路程》、陈其楫《天下路程》、赖盛远《示我周行》、吴中孚《商贾便览》
50. 盱眙县由怀安县至亳州路程	英德堂版《天下路程》、陈其楫《天下路程》、赖盛远《示我周行》、吴中孚《商贾便览》
51. 亳州至河南省城开封府路	英德堂版《天下路程》、陈其楫《天下路程》、赖盛远《示我周行》
52. 江南高邮州由沙沟至庙湾场水路程	程春宇《士商类要》、英德堂版《天下路程》、陈其楫《天下路程》、赖盛远《示我周行》
53. 扬州府至山西平阳府陆路程	程春宇《士商类要》、英德堂版《天下路程》、陈其楫《天下路程》、赖盛远《示我周行》
54. 山东省城由安东卫至王家营陆路	英德堂版《天下路程》、陈其楫《天下路程》、赖盛远《示我周行》
55. 又淄河分路由青州府至安东卫合路	英德堂版《天下路程》、赖盛远《示我周行》
56. 山东德州由济宁州至扬州府水陆路程	英德堂版《天下路程》、陈其楫《天下路程》、赖盛远《示我周行》
57. 山东临清州由东昌府至济宁州水路程	英德堂版《天下路程》、陈其楫《天下路程》、赖盛远《示我周行》

水陆路程条目	所 见 版 本
58. 山东临清州由汴城至荆州府陆路	程春宇《士商类要》、英德堂版《天下路程》、陈其楫《天下路程》、赖盛远《示我周行》
59. 济宁州至泰安州泰山顶陆路程	程春宇《士商类要》、英德堂版《天下路程》、赖盛远《示我周行》
60. 郯城县马头转至青口陆路程	程春宇《士商类要》、英德堂版《天下路程》、赖盛远《示我周行》
61. 山西省城由雁门关至蔚州路程	程春宇《士商类要》、英德堂版《天下路程》、陈其楫《天下路程》、赖盛远《示我周行》
62. 山西省城由蒲州府至河南省路程	英德堂版《天下路程》、陈其楫《天下路程》、赖盛远《示我周行》、吴中孚《商贾便览》
63. 陕西省城由凤翔府至临洮府路程（附茶马目说）	程春宇《士商类要》、英德堂版《天下路程》、陈其楫《天下路程》、赖盛远《示我周行》
64. 陕西巩昌府由沔县至襄阳府路程（附入川路说）	程春宇《士商类要》、英德堂版《天下路程》、陈其楫《天下路程》、赖盛远《示我周行》、吴中孚《商贾便览》
65. 河南省城由清化镇至平阳府路程	英德堂版《天下路程》、陈其楫《天下路程》、赖盛远《示我周行》
66. 河南省城由正阳至芜湖县陆路程	英德堂版《天下路程》、陈其楫《天下路程》、赖盛远《示我周行》
67. 临颍县由开封、大名二府至柏乡县路	英德堂版《天下路程》、陈其楫《天下路程》、赖盛远《示我周行》、吴中孚《商贾便览》
68. 临颍县由高平县至山西应州路程	英德堂版《天下路程》、陈其楫《天下路程》、赖盛远《示我周行》
69. 信阳州由罗山县至舒城县路程	英德堂版《天下路程》、陈其楫《天下路程》、赖盛远《示我周行》
70. 湖广省城由安庆府至徽州府路程	程春宇《士商类要》、英德堂版《天下路程》、陈其楫《天下路程》、赖盛远《示我周行》

水陆路程条目	所 见 版 本
71. 湖广省城由麻城县至汴城路程	英德堂版《天下路程》、陈其楫《天下路程》、赖盛远《示我周行》
72. 湖广省城至襄阳府陆路程	英德堂版《天下路程》、陈其楫《天下路程》、赖盛远《示我周行》
73. 襄阳府由淅川县至陕西省城路程	程春宇《士商类要》、英德堂版《天下路程》、陈其楫《天下路程》、赖盛远《示我周行》
74. 团风镇由麻城县至光山县陆路程	程春宇《士商类要》、英德堂版《天下路程》、赖盛远《示我周行》
75. 团风镇由光州至郧城县合路程	英德堂版《天下路程》、赖盛远《示我周行》
76. 湖广长沙府由高垅至万安县路程	英德堂版《天下路程》、陈其楫《天下路程》、赖盛远《示我周行》、吴中孚《商贾便览》
77. 湖广长沙府至武昌府省城水路程（附水站捷要歌）	英德堂版《天下路程》、陈其楫《天下路程》、赖盛远《示我周行》、吴中孚《商贾便览》
78. 城陵矶由澧州至九溪卫路程	程春宇《士商类要》、英德堂版《天下路程》、赖盛远《示我周行》
79. 湖广荆州府由川河至四川巫山县路	英德堂版《天下路程》、陈其楫《天下路程》、赖盛远《示我周行》
80. 湖广长沙府由永州府至广西水路程	程春宇《士商类要》、英德堂版《天下路程》、陈其楫《天下路程》、赖盛远《示我周行》
81. 浙江塘栖由余杭县至富阳县路程	英德堂版《天下路程》、陈其楫《天下路程》、赖盛远《示我周行》、吴中孚《商贾便览》
82. 杭州府由西兴至诸暨县陆路程	程春宇《士商类要》、英德堂版《天下路程》、陈其楫《天下路程》、赖盛远《示我周行》
83. 宁波府由台州府至温州府路程	程春宇《士商类要》、英德堂版《天下路程》、陈其楫《天下路程》、赖盛远《示我周行》

水陆路程条目	所 见 版 本
84. 浙江省城由绍兴府至南海水路程（附普陀山景）	英德堂版《天下路程》、陈其楫《天下路程》、赖盛远《示我周行》、吴中孚《商贾便览》
85. 浙江绍兴府由台州府至处州府路程（内附雁荡山路天台山）	程春宇《士商类要》、英德堂版《天下路程》、陈其楫《天下路程》、赖盛远《示我周行》、吴中孚《商贾便览》
86. 处州府转由龙游县路程附记	程春宇《士商类要》、英德堂版《天下路程》、陈其楫《天下路程》、赖盛远《示我周行》
87. 浙江省城由长安坝至上海县水路	程春宇《士商类要》、英德堂版《天下路程》、陈其楫《天下路程》、赖盛远《示我周行》、吴中孚《商贾便览》
88. 浙江省城由余杭县至齐云严路程（附本山景至）	程春宇《士商类要》、英德堂版《天下路程》、陈其楫《天下路程》、赖盛远《示我周行》
89. 江西省城由瑞州府至花桥山路程	程春宇《士商类要》、英德堂版《天下路程》、陈其楫《天下路程》、赖盛远《示我周行》、吴中孚《商贾便览》
90. 饶州府由乐平县至徽州府陆路程	程春宇《士商类要》、英德堂版《天下路程》、陈其楫《天下路程》、赖盛远《示我周行》、吴中孚《商贾便览》
91. 江西湖口县由涂家埠至宁州路程	程春宇《士商类要》、英德堂版《天下路程》、陈其楫《天下路程》、赖盛远《示我周行》、吴中孚《商贾便览》
92. 南康府由谢家埠至福建邵武府路	英德堂版《天下路程》、陈其楫《天下路程》、赖盛远《示我周行》、吴中孚《商贾便览》
93. 江西樟树镇由袁州府至衡山县路	程春宇《士商类要》、英德堂版《天下路程》、陈其楫《天下路程》、赖盛远《示我周行》、吴中孚《商贾便览》
94. 江西许湾由抚州府至樟树镇陆路	英德堂版《天下路程》、陈其楫《天下路程》、赖盛远《示我周行》、吴中孚《商贾便览》

水陆路程条目	所 见 版 本
95. 许湾寫船至南昌府省城水路附记	英德堂版《天下路程》、陈其楫《天下路程》、赖盛远《示我周行》、吴中孚《商贾便览》
96. 江西樟树镇由袁州府至长沙府路程	英德堂版《天下路程》、陈其楫《天下路程》、赖盛远《示我周行》、吴中孚《商贾便览》
97. 江西吉安府由高坻至长沙府水陆路	英德堂版《天下路程》、陈其楫《天下路程》、赖盛远《示我周行》、吴中孚《商贾便览》
98. 江西铅山县由南康府至荆州府水路	英德堂版《天下路程》、陈其楫《天下路程》、赖盛远《示我周行》、吴中孚《商贾便览》
99. 江西临江府由宁都县至汀州府陆路	英德堂版《天下路程》、陈其楫《天下路程》、赖盛远《示我周行》
100. 福建漳州府至福州府省城陆路程	英德堂版《天下路程》、陈其楫《天下路程》、赖盛远《示我周行》
101. 福建漳州府由北溪至延平府水陆路	英德堂版《天下路程》、陈其楫《天下路程》、赖盛远《示我周行》、吴中孚《商贾便览》
102. 延平府上水至邵武府路程附记	英德堂版《天下路程》、陈其楫《天下路程》、赖盛远《示我周行》、吴中孚《商贾便览》
103. 漳州府由西路至汀州府陆路程	英德堂版《天下路程》、陈其楫《天下路程》、赖盛远《示我周行》
104. 漳州府由龙严县至上杭县合路	英德堂版《天下路程》、陈其楫《天下路程》、赖盛远《示我周行》
105. 上杭县至汀州府水路附记	英德堂版《天下路程》、陈其楫《天下路程》、赖盛远《示我周行》
106. 福建汀州府由清流县至将乐县路程	英德堂版《天下路程》、陈其楫《天下路程》、赖盛远《示我周行》
107. 将乐县由顺昌县至延平府路程	英德堂版《天下路程》、陈其楫《天下路程》、赖盛远《示我周行》

水陆路程条目	所 见 版 本
108. 广东潮州府大补县至福建汀州府路程	英德堂版《天下路程》、陈其楫《天下路程》、赖盛远《示我周行》
109. 苏州府由双塔至松江府水路程	程春宇《士商类要》、陈其楫《天下路程》、赖盛远《示我周行》、吴中孚《商贾便览》
110. 苏州府由太仓州至南翔镇水路程	程春宇《士商类要》、陈其楫《天下路程》、赖盛远《示我周行》、吴中孚《商贾便览》
111. 苏州府由东坝至芜湖县水路程(附筑坝原由说)	程春宇《士商类要》、陈其楫《天下路程》、赖盛远《示我周行》、吴中孚《商贾便览》
112. 苏州府由湖州府至孝丰县水路程	程春宇《士商类要》、陈其楫《天下路程》、赖盛远《示我周行》、吴中孚《商贾便览》
113. 苏州府由常熟县至通州水路	程春宇《士商类要》、陈其楫《天下路程》、赖盛远《示我周行》、吴中孚《商贾便览》
114. 常州府由常熟县至太仓州水路	程春宇《士商类要》、陈其楫《天下路程》、赖盛远《示我周行》、吴中孚《商贾便览》
115. 扬州府由泰州至通州水路程	程春宇《士商类要》、陈其楫《天下路程》、赖盛远《示我周行》、吴中孚《商贾便览》
116. 扬州府由六合县至庐州府路程	程春宇《士商类要》、陈其楫《天下路程》、赖盛远《示我周行》、吴中孚《商贾便览》
117. 扬州府由泗州至河南府路程	程春宇《士商类要》、陈其楫《天下路程》、赖盛远《示我周行》
118. 江南淮安府由海州至胶州路程	程春宇《士商类要》、陈其楫《天下路程》、赖盛远《示我周行》、吴中孚《商贾便览》
119. 江南淮安府由凤阳府至亳州陆路	陈其楫《天下路程》、赖盛远《示我周行》
120. 淮安府由新坝至墟沟营路程(内附云台山路)	程春宇《士商类要》、赖盛远《示我周行》

水陆路程条目	所 见 版 本
121. 清江浦由南河至汴梁水路程	程春宇《士商类要》、陈其楫《天下路程》、赖盛远《示我周行》、吴中孚《商贾便览》
122. 清江浦由小河至符离桥路程	程春宇《士商类要》、赖盛远《示我周行》、吴中孚《商贾便览》
123. 清江浦由宿迁县至徐州陆路	程春宇《士商类要》、陈其楫《天下路程》、赖盛远《示我周行》
124. 徐州由济宁州至临清州陆路	程春宇《士商类要》、陈其楫《天下路程》、赖盛远《示我周行》
125. 徐州由永城县至亳州陆路程	程春宇《士商类要》、陈其楫《天下路程》、赖盛远《示我周行》
126. 徐州由丁家道口至归德府路	程春宇《士商类要》、陈其楫《天下路程》、赖盛远《示我周行》
127. 徐州由蒙城县至颍州陆路程	程春宇《士商类要》、陈其楫《天下路程》、赖盛远《示我周行》
128. 徐州由丰县至曹州陆路程	程春宇《士商类要》、陈其楫《天下路程》、赖盛远《示我周行》
129. 福建汀州府由九龙滩至延平府路	赖盛远《示我周行》、吴中孚《商贾便览》
130. 福建汀州府由白水镇至衢州府路	陈其楫《天下路程》、赖盛远《示我周行》、吴中孚《商贾便览》
131. 汀州府由石城县至白水镇路程	陈其楫《天下路程》、赖盛远《示我周行》、吴中孚《商贾便览》
132. 福建上杭县由小淘至延平府路程	陈其楫《天下路程》、赖盛远《示我周行》、吴中孚《商贾便览》
133. 福建建阳县由邵武府至许湾路程	陈其楫《天下路程》、赖盛远《示我周行》、吴中孚《商贾便览》

水 陆 路 程 条 目	所 见 版 本
134. 福建建宁府由建阳县至浦城县路	陈其楒《天下路程》、赖盛远《示我周行》
135. 福建建阳县由铅山县至衢州府路	陈其楒《天下路程》、赖盛远《示我周行》、吴中孚《商贾便览》
136. 福建福宁州至福州府省城路程	陈其楒《天下路程》、赖盛远《示我周行》
137. 福建福宁州由温州府至兰溪县路程	陈其楒《天下路程》、赖盛远《示我周行》、吴中孚《商贾便览》
138. 广东潮州府由汀州府至江西省城合路 吴中孚《商贾便览》中为"广东潮州府由汀州府至赣州府合路程",部分内容相同。	陈其楒《天下路程》、赖盛远《示我周行》、吴中孚《商贾便览》
139. 广东省城由高、雷二府至崖州路程(附五指山说)	程春宇《士商类要》、陈其楒《天下路程》、赖盛远《示我周行》
140. 广东省城由惠、潮二府至漳州府路 吴中孚《商贾便览》中为"广州府至惠州府、潮州府水路程",部分内容相同。	程春宇《士商类要》、陈其楒《天下路程》、赖盛远《示我周行》、吴中孚《商贾便览》
141. 广西省城由柳州府至庆远府路程	程春宇《士商类要》、陈其楒《天下路程》、赖盛远《示我周行》
142. 四川巫山县由川河至重庆府水路	陈其楒《天下路程》、赖盛远《示我周行》、吴中孚《商贾便览》
143. 四川重庆府由川河至嘉定州水路(附川陕说、峨眉山路) 该条目内容与《士商类要》"荆州由川河至嘉定州水路"条目中"重庆府至嘉定州"水路内容完全相同。	程春宇《士商类要》、陈其楒《天下路程》、赖盛远《示我周行》、吴中孚《商贾便览》

水陆路程条目	所 见 版 本
144. 云南马龙州由易龙驿至云南省城路	陈其楫《天下路程》、赖盛远《示我周行》、吴中孚《商贾便览》
145. 贵州省城由安顺府至马龙州路程	陈其楫《天下路程》、赖盛远《示我周行》
146. 贵州镇远府由清平县至贵州省城路	陈其楫《天下路程》、赖盛远《示我周行》
147. 邵武府由泰宁县至汀州府路程	陈其楫《天下路程》、赖盛远《示我周行》

从上表可以看出清代水陆路程书中路引条目与《士商类要》相同的部分,而就路引的具体内容而言,《士商类要·路程图引》的影响要大得多。以涉及贵州省交通的路引为例,在上述几部清代的水陆行程书中,涉及贵州地区交通状况的路引共有 4 条:

1. 云南省城进京至贵州省城路程	英德堂版《天下路程》、陈其楫《天下路程》、赖盛远《示我周行》、吴中孚《商贾便览》
2. 贵州省城进京至河南卫辉府路程	英德堂版《天下路程》、陈其楫《天下路程》、赖盛远《示我周行》、吴中孚《商贾便览》
3. 贵州省城由安顺府至马龙州路程	陈其楫《天下路程》、赖盛远《示我周行》
4. 贵州镇远府由清平县至贵州省城路	陈其楫《天下路程》、赖盛远《示我周行》

这其中"贵州镇远府由清平县至贵阳府省城路程""贵州省城由安顺府至马龙州路程"等条目的内容与程春宇《士商类要》卷二第 99 条"镇远府由贵州至云南陆路"条目中"镇远府至马龙州"的驿站、路

程记载基本相同。①

① 赖盛远：《示我周行·天下路程》第134条"贵州镇远府由清平县至贵阳府省城路程"："镇远府镇远驿，十里白杨铺，即油榨关，远，有坡，坡即岭。十里相见坡，近。十里干溪铺，即刘家庄，坡。十里青庄铺。有坡。近。十里偏桥卫，偏桥驿。十里水浸铺。坡。十里蓝桥，坡，远。十里东坡站。有月潭寺、飞云洞。十里十里桥，坡，远。十里兴隆卫，黄平驿，有五里桥，近。十里黄候铺，有坡，远。十里洲同铺，有坡。十里对江铺，有重安坡，近，通浮桥。十里罗重铺，坡。十里落登铺，坡，远。十里清平县，属都匀府，清平驿，近，谨防蛮子。十里洛邦铺，坡。十里鸡场铺，坡。十里杨老站，坡。十里羊场铺，近，坡。十里三郎铺，有坡，远，过麻哈江。十里平越府，平越驿，坡，远。防蛮子。

平越军民府。十里谷子铺，坡。十里酉阳铺，远，坡。十里黄丝堡，远，坡。十里令溪铺，坡。十里崖头铺，远，坡。十里新添卫，新添驿，远，坡，防蛮子。十里甘溪铺，坡。十里瓮城铺，坡。十里新安堡，近，坡。十里垅耸铺，近，坡。十里麻子铺。十里龙里卫，龙里驿。十里高寨铺，坡。十里谷觉铺，坡。十里毕铺，坡。十里龙洞铺，坡，近。十里贵州省城。客货纳过税，坡，远。"

第133条"贵州省城由安顺府至云南马龙州路程"："贵阳府，十里阿江铺，坡，远。十里小莆铺，远。十里倒树铺，远。十里芦寨铺，坡，远。五里威清卫，第一站。五里的澄河，巡司，截角脚子打发。十里狗场铺，远。十里镇夷铺，远。十里界首铺，远。十里平坝卫，第二站，远。十里沙足铺，远，十里万龙铺，远。十里腰铺，十里石佛寺，远。十里猫儿铺，远。十里安顺府，即普定卫，第三站，换脚子，纳过税。

安顺军民府，十里杨家关，远。十里腰铺，近。十里龙井铺，十里安庄卫，第四站，近。十里安庄铺，下坡。五里跌水铺，涧水从山顶倾下，甚好观玩。十里鸡公铺，有鸡公背蛇倒褪，坡。三十里关索岭，第五站，有哑泉，不可误饮，惟马跑泉水甘。三十里白口铺，远。关索岭上坡，至白口坡下，一路通广西。十里安笼菁铺。近。十里顶站。第六站，防虎，先上坡八里，极顶下，二里方至。十里黄土坡，先上下三四里至极顶圆通寺，稍下六七里方是。十里新铺，先上至顶，稍下又上，至顶又下，方是。此十里近。下七里盘江河，过河。又上三里盘江哨，上坡。七里保何铺，有毒泉，不可误饮。上坡八里新哨，有哑泉，不可误饮。上坡五里哈马庄，上坡十里安南卫，第七站，上坡二里老鸦关，名曰鸟道，极高，如在天上。又下三里有寺观，地中涌出甘泉，又下石山内流出一水，可观玩。十里鸟明铺，十里蜡溪铺，先上五里至顶，下五里方至。又下五里河有桥，十五里江西坡，近。十里　　（转下页）

《士商类要》卷二第 99 条:"镇远府由贵州至云南陆路（坡即岭）"①:

镇远府。镇远驿。十里白杨铺。即油榨关。远。有坡。十里至相见坡。近。十里至干溪铺，即刘家庄。坡。十里青庄铺。有坡。近。十里至偏桥卫。偏桥驿。十里水浸铺。坡。十里烂桥铺。坡。远。十里至东坡站。有月潭寺、飞云洞。十里至十里桥。坡。远。十里兴隆卫。黄平驿。有五里桥。近。十里至黄候铺。有坡。远。十里洲同铺。有坡。十里至对江铺。有重安坡。近。过浮桥。十里罗重铺。坡。十里落登铺。坡。远。十里至清平县。清平驿。近。谨防蛮子。十里洛邦铺。坡。十里鸡场铺。坡。十里杨老站。坡。十里羊场铺。近。坡。十里三郎铺。有坡。远。过麻哈江。十里至平越军民府。平越驿。坡。远。可防蛮子。十里至谷子铺。坡。十里酉阳铺。远。坡。十里黄丝堡。远。坡。十里令溪铺。坡。十里崖头铺。远。坡。十里新添卫。新添驿。远。坡。可防

（接上页） 泥纳铺，极顶再去，路渐平。十里芭蕉关，远，坡。十里新兴站，第八站，近，坡。十五里三板桥，坡。七里革纳铺，在半山。七里软桥哨，在半山，八里旧普安，住山顶。十三里水塘铺，住半山间。十二里普安州，第九站，换脚了，有税。十里蒿子铺，在半山。十里易纳铺，住半山间。十里大坡铺，远，住半山，十里鹅瑚铺，坡。十里亦资孔，第十站。八里鲁尾铺，即火烧铺。十二里平夷所，住半山间。十二里滇南胜境，坡。三里宜威关哨。五里东铺，坡。七里平夷卫。第十一站。七里羊尾哨，坡。六里多罗铺，坡，七里响水哨，坡。七里土地坡。五里腰铺，十二里干沟哨，坡，住山顶。八里白水站，第十二站，上旧税。十五里新铺，住山顶。五里独树哨，坡。七里海子铺，坡。十三里交水驿，第十三站，有新税。三十里三汉，坡。十五里响水坡，二十五里马龙州，属云南曲靖军民府。"

① 程春宇:《士商类要》卷二。本节所据为上海图书馆藏明代天启年间程春宇编《士商类要》，并参考杨正泰《明代驿站考（增订本）》中对《士商类要》的校注。

蛮子。十里至乾溪铺。坡。十里瓮城铺。坡。十里新安堡。近。坡。十里垅耸铺。近。坡。十里麻子铺。十里龙里卫。龙里驿。十里高寨铺。坡。十里至谷觉铺。坡。十里毕铺。坡。十里龙洞铺。坡。近。十里贵州省城。贵州驿。纳过税。坡。远。十里阿江铺。坡。远。十里小菁铺。远。十里倒树铺。远。十里芦寨铺。坡。远。五里威清卫。第一站。五里至的澄河。巡司。截角脚子打发。十里狗场铺。远。十里镇夷铺。远。十里至界首铺。远。十里平坝卫。第二站。远。十里沙足铺。远。十里万龙铺。远。十里腰铺。十里石佛寺。远。十里猫儿铺。远。十里安顺军民府。即普定卫。第三站。换脚子，纳过税，十里至杨家关。远。十里至腰铺。近。十里龙井铺。十里安庄卫。第四站。近。十里安庄铺。下坡。五里跌水铺。涧水从山顶倾下，甚好观玩。十里至鸡公铺，有鸡公。背蛇倒褪。坡。三十里至关索岭。第五站。有哑泉，不可误饮，惟马跑泉水甘。三十里至北口铺。远。关索岭上坡，至北口坡下，一路通广西。十里安笼菁铺。近。上坡，八里极顶，下二里顶站。第六站。防虎。上下三、四里至极顶圆通寺。稍下，六、七里至黄土坡。上至顶，稍下又上，至顶又下，共十里至新铺。近。下，七里至盘江河，过河，又上三里，至盘江哨。上坡，七里保甸铺。有毒泉，不可误饮。上坡，八里至新哨。有哑泉，不可误饮。上坡，五里至哈马庄。上坡，十里至安南卫。第七站。上坡，二里至老鸦关，名曰鸟道。极高，如在天上。又下三里，有寺观，地中涌出甘泉。又下，石山内流出一水，可观玩。十里至鸟鸣铺。上五里至顶，下五里至蜡溪铺。下，五里河有桥。上，五里至江西坡。近。十里泥纳铺。极顶，再去，路渐平。十里至芭蕉关。远。坡。十里新兴站。近。第八站。坡。十五里三板桥。坡。七里革纳铺。在半山。七里软桥哨。在半山。八里旧普安，住山顶。十三里水塘铺。住半山间。十二里至普安州。第九站。换脚子。有税。十里蒿子铺。住半山。十里至易纳铺。住半山间。十里大坡铺。远。住半山。十里鹅瑯铺。坡。十里至亦资孔。第十站。八里至鲁尾铺，即火烧铺。十二里至平夷所。住半山间。十二里至滇南胜境。坡。三里宣威关哨。五里东铺。坡。七里至平夷卫。十一站。七里至羊尾哨。坡。六里多罗铺。坡。七里响水哨。坡。七里土地坡。五里腰铺。十二里干沟哨。坡。住山顶。八里至白水站。十二站。上旧税。十五里至新铺。住山顶。五里独树哨。坡。七里至海子铺。坡。十三里至交水驿。十三站。有新税。三十里至三汊。坡。十五里至响水坡。一十五里马龙州。第十四站。十五里至昌隆铺。坡。十五里鲁婆伽司。即黄土坡。讨票。每挑送司海巴半奔。二十里下板桥。二十五里至小关索岭。稍下，坡。五里易龙驿。即木密所。第十五站。二十五里果子园。通河。小船下寻甸府。七里至河口。三里至腰站。即候街子。十里至罗旁铺。上大山民哨坡。有毒泉，不可误饮。山下，嵩明州大海子。五里至罗良村。上坡。十里杨林所。大口岸。第十五站。十里至者察铺，坡。十五里至大树哨。坡。十里至赤水鹏。即潢水塘巡司。讨票。将前票相粘。每担送海巴半奔。十五里至官音哨。十里板桥。第十六站。十五里至黑虎哨。坡。十里金马关。□化寺在此。十里至云南省城。汉孟获墓址。大海子水向西流入四川雅州、荣径县，因名滇南。

客寓：南门外三市街、关王庙、教场前、忠爱坊、天平巷、羊市，数处皆可住。

由上表还可以看出，水陆路程编辑者的所住地域对商路图引的撷取也有着直接联系。程春宇为徽州人，故而他的商路图引中，多以徽州为中心或出发点的线路，而陈其楫为福建人，所以在他的路引中,福建抵达相邻区域的路引占有相当的比重。

　　明代隆庆年间刊刻的《一统路程图记》,于明代商人所纂路程图引中最具代表性,影响甚大——其后所出的各类明代商书中的水陆行程部分,多承袭其内容。尤值得注意的是,《一统路程图记》与其后出版的日用类书关系密切,特别是卷一"北京至十三省水、陆路"、卷二"南京至十三省水、陆路"、卷三"两京、各省至所属府水、陆路"等约四十余条水陆路引,于万历年间刊印的各类日用类书(万宝全书)的《地舆门》中均有相同记载。

　　另一方面,黄汴的《一统路程图记》也是参照前代各种程图编纂而成的。就日用类书系统而言,《一统路程图记》明显继承了元代许衡编著的《万宝全书》,可视为一个传承体系。

　　此外,另有部分明代万历年间刊印的日用类书,其《地舆门》的水陆路程的记载风格与《一统路程图记》《三台万用正宗》和《五车拔锦》等日用类书的《地舆门》的记述风格差异很大,明显不是一个传承体系,但这一路引体系值得留意。

　　明代天启年间程春宇的《士商类要》中的路程图引对清代水陆路程书影响很大,《士商类要》共辑录水陆路引 100 条,乾隆三年英德堂版《天下路程》有 108 条路引,其中有 43 条路引条目与《士商类要》相同;乾隆六年陈其楫的《天下路程》,则在英德堂版的基础上又增加了 23 条与《士商类要》相同的相同条目。乾隆三十九年赖盛远《示我周行》有 147 条路引,其中 146 条承继英德堂版与陈其楫本《天下路程》,内中有 66 条与《士商类要》相同。乾隆五十三年宝善堂藏板《士商便览·示我周行》除序言、落款所题不同外,其序言内容与所载水陆路程条目与赖盛远本完全一致,可视为赖盛远本《示我周行》的翻刻板。清代吴中孚的《商贾便览》卷八《天下水陆路程》中共记载 75条路引,其中 71 条与陈其楫本《天下路程》和赖盛远本《示我周行》中的路引相同,可以说基本上是承自陈其楫《天下路程》和赖盛远的《示我周行》,而其中 25 条与《士商类要》同,仅有 4 条是新增的。至此,从明代《士商类要》到清代几个版本的《天下路程》《示我周行》,其传承关系已比较明晰。

中编　明清商书的内容透视

第三章 "天下被网罗"：商书所反映的市场经济

在明代的史籍中，按行政区划或以行政区划为中心，记载驿站的政书和地志并不少见，如《寰宇通衢》《明会典》的《驿传》篇及各种日用类书《地舆门》中的《天下路程》（亦称《天下水陆路程》）篇。明中后期开始，出现了以水陆交通路线为纲、记述各地行程、主要供商人出行经商所用的路程图引，有的本身即由商人自己动手编纂，故亦被称为商编水陆行程书。[①] 明清商编水陆行程书以记载地名、里程为主，内容既有遍布于全国各地的主要驿路和商路，又将干线和支路详列其中，为我们研究明代水陆交通路线提供了丰富的史料。

以黄汴的《一统路程图记》为例，在书中，作者详细记载了一百四十余条当时由南北二京至各地、十三布政司至各地及各布政司之间

---

① 现存的代表性商编水陆行程书，明代主要有《一统路程图记》（明代黄汴撰，隆庆四年刊，又名《图注水陆路程图》《新刻水陆路程便览》）、《水陆路程》（明代壮游子、商濬编，万历四十五年刊）、《士商类要·路程图引》（明代程春宇编，天启六年刊）、《新刻客商一览醒迷·天下水陆路程》（明代李留德编，崇祯八年刊）；《天下路程图引》（明代憺漪子编，崇祯年间刊。又名《士商要览》）等。清代刊印的水陆行程书主要有乾隆三年英德堂版《示我周行·天下路程》、乾隆六年陈其楫编《天下路程》、乾隆三十九年赖盛远编《示我周行》、乾隆五十二年宝善堂版《士商便览·示我周行》、乾隆五十七下吴中孚《商贾便览·天下水陆路程》等。

的水陆交通线路,除二京至十三省驿路外,其余路线绝大多数为商路,这些商路也是当时国内交通路线的重要组成部分。值得注意的是,黄汴在各条路引中不仅详细地列出了各地道路的起止分合、距离多少、行走难易和水陆驿站名称,还兼述沿途的风物介绍、食宿条件、治安状况、车船运费等内容。因此,该书不仅有助于我们研究明代全国交通地理状况——如复原驿路以外的交通路线,考证起旱和换船的码头,考察客货水陆联运的情况,同时,该书也是我们研究明代区域市场的划分、市场网络的构建、各种商品的生产与流向的重要资料。再如吴中孚《商贾便览》第八卷"天下水陆路程",共记载了全国 76 条主要的客商、行商路线,其中不仅对沿途陆地河流的地理状况、治安情况、物价、商家信用程度等多有记载,对沿途地方行政机关如县丞、巡司、户部税关等驻地的记载亦为以往商书所少见。这些不仅可以为当时的经商者所参考,也是我们今天研究当时沿途各地风俗民情的重要资料。

应该说,这些水陆路程书较之单记驿路的志书,更能反映明清时期水陆交通路线的全貌;若将这些水陆路程书的记载与官方文献及地方志相互参证,尤有助于我们了解当时的商路网络与商品流通的发展变化,进而深入了解沿途各地的社会经济发展实态。

一、 商路网络的发展——以江南为中心

明代,江南地区四通八达的江湖水路,形成了其区域内部特有的水上交通网络,其对明清时期江南地区的商品流通格局、商品市

场体系的形成、江南市镇的蓬勃发展及其蔚为大观的人文内涵，均具有重要的影响。本章拟以明清时期具有代表性的水陆行程书《一统路程图记》《士商类要·路程图引》《示我周行》《商贾便览》中所记载的江南商路为中心，①探讨明清江南商路丰富多彩的经济与人文内涵，借此揭示明清商编水陆行程书的地理学、经济学、社会学意义。②

---

① 本节商路路线原始资料主要依据明代黄汴《一统路程图记》(隆庆四年刊，《四库全书存目丛书》影印本)、明代程春宇《士商类要》(上海图书馆藏本)和憺漪子《新镌士商要览》(上海图书馆藏本)的记载，同时参照杨正泰的《明代驿站考(增订本)》《〈天下水陆路程〉〈天下程图引〉〈客商一览醒迷〉校注》。所据清代商编水陆路程书主要是乾隆三年英德堂版《示我周行·天下路程》、乾隆六年陈其楫编《天下路程》、乾隆三十九年赖盛远编《示我周行》、乾隆五十二年宝善堂版《士商便览·示我周行》、乾隆五十七年吴中孚《商贾便览》卷八《天下水陆路程》。

　　就明清两代的商编水陆路程书的传承而言，清代的商编水陆行程书主要与《士商类要》的传承关系比较明显。如前章所述《士商类要·路程图引》共辑录水陆路引100条，乾隆三年英德堂版《天下路程》有108条路引，其中43条与《士商类要》相同，陈其楫在此基础上又增加了相同条目23条。赖盛远《示我周行》147条路引中，共146条承继英德堂版与陈其楫本《天下路程》，内中有66条与《士商类要》相同。吴中孚的《商贾便览》卷八《天下水陆路程》中共记载75条路引，基本上是承自陈其楫的《天下路程》和赖盛远的《示我周行》，而其中25条与《士商类要》同。

　　这也说明，就江南地区而言，其主要商路格局在明代已基本确立，清代没有发生大的变化，故而本节清代江南的商路格局也主要依据于此。其中个别路段及市镇在清代的新变化将在各段商路的具体分析中予以指出说明。

② 在这几部水陆行程书中，《士商类要》与《新镌士商要览》在江南水陆路程方面的记载相同，其中《士商类要》与《一统路程图记》在杨正泰《明代驿站考(增订本)》一书中后附，并有详细考证，杨正泰还对《新镌士商要览》中的"天下路程图引"也做了校注(详见杨正泰：《〈天下水陆路程〉〈天下程图引〉〈客商一览醒迷〉　（转下页）

（一） 商路与江南地区商品流通格局

江南太湖流域，自古以水乡泽国而著称，素有"天下之赋，半在江南；而天下之水，半归吴会"①之说。其南有钱塘江，北有长江，内有运河——太湖等水系，河网纵横，湖荡密布。仅以太湖论之，便连"一河二溪三江五湖"。其中，荆溪、苕溪从太湖水系上游汇聚太湖，荆溪于太湖西部发挥重要的运输作用，苕溪成为浙江境内杭、湖二府的重要水道，二溪合力，构成了太湖水系的西、南部水网；三江（松江、娄江和东江）②在今苏州市甪直以西、澄湖以北分流，松江和娄江大致经由今吴淞旧江和昆山塘东泻于海，东江则东南穿过今澄湖、白蚬湖以及淀泖地区入于海，③构成了太湖水系的东部水网，三江之外，还有众多的中小河流，纵横交织。四通八达的河流水道，使其得以"浮江达淮，倚湖控海"，"擅江湖之利，兼海陆之饶"，从而"转输供亿，天下资其财力"，进而成为天下"财赋之渊薮"。④

（接上页） 校注）。此外，杨正泰的相关论著和论文见本著《导论》，陈学文《明清时期商业书及商人书之研究》《明清时期江南的商品流通与水运业的发展——从日用类书中商业书有关记载来研究明清江南的商品经济》、刘秀生《清代内河商业交通考略》（载《清史研究》1992 年第 4 期）等论著、论文，均对本节有极大的帮助。

① 陈士鑛：《明江南治水记》，收入《丛书集成新编》第 91 册，新文丰出版公司，1985。

② 对于三江之说，说法不一，总体而言是指介于长江与钱塘江之间，位于太湖东部地区的江南主要入海河流。详见李伯重：《简论"江南地区的界定"》，载《中国社会经济史研究》1991 年第 1 期。

③ 复旦大学历史地理研究室：《太湖以东及东太湖地区历史地理调查考察简报》，载《历史地理》创刊号。

④ 光绪《苏州府志》卷二《形势》。

纵横密布的河流水道，加之江南运河纵贯其中，将苏、松、杭、嘉、湖江南五府连为一体，构成了江南地区完整、周密的水上交通运输网络，成为沟通江南与其他地区经济、文化交流的重要载体，也是明清时期江南地区商品经济发展不可或缺的前提条件。

《一统路程图记》《士商类要》中所记载的以苏州府为中心的商贸路线主要有：

（1）苏州府由嘉兴府至上海县

（2）苏州由太仓至南翔镇水路

（3）苏州府由周庄至松江府

（4）苏州由双塔至松江府水路

（5）苏州由陶桥至松江府

（6）苏州由常熟县至通州水路

（7）苏州由东坝至芜湖县水路

（8）苏州由湖州至孝丰县水路

（9）苏州由杭州府至南海水路

（10）苏州府跳船至广德州水、陆路

（11）苏州府由广德州至徽州府水、陆路

（12）苏州由四安至徽州府陆路

（13）苏、松二府至各处水路

以杭州府为起讫的主要商路有：

（1）杭州府、官塘（运河）至镇江府水路

（2）杭州迁路由烂溪江阴县至常州府水路

（3）杭州跳船至镇江府水路

（4）扬州府跳船至杭州府水路

（5）杭州府由苏州至扬州府水路

（6）杭州府至补陀山（普陀山）水路

（7）杭州府至上海县水路

（8）杭州由西兴至诸暨县陆路

（9）休宁县至杭州府水路

（10）杭州府至休宁县齐云山路

（11）杭州由江山县至福建省路

（12）杭州由绍、台二府至处州路

（13）杭州府由东阳县至处州府路

（14）徽州府由严州至杭州水路程

（15）杭州府由余杭县至齐云岩陆路

从松江府通往各地的水、陆路主要有：

（1）松江府由南翔至上海县水路

（2）松江府由官塘（运河）至苏州府水路

（3）陶桥至刘家河水路

（4）陶桥至各处水路

（5）松江府由太仓至苏州府水路

（6）松江府至吴淞所水、陆路

（7）松江府至乌泥泾水路

（8）白鹤江由烧香山至松江府水路

（9）松江府至青村所水路

（10）松江府至金山卫水路

（11）松江府由嘉善县三白荡至苏州府水路

（12）松江府搭双塔船至苏州府水路

从上述水陆行程书所提供的江南商路的分布走向中可以看出，明代江南内部已经形成了比较完整的水乡交通网络，位于各商路上的市镇，其相互间的平均距离约在10—20里左右；在各条水路中，运河是利用率最高的运输路线，为杭州至苏州、常州、镇江的必经之路。（见图一）

从商路所反映的商品流通格局来看，江南地区的丝棉织品的外运流向，基本上是商人们先汇聚产布区购买，再返抵苏州、杭州集中，在此发运全国。

以"苏州府由嘉兴府至上海县"①商路为例：

本府。五十里**吴江县**。四十里**平望驿**。三十里**王江泾**。三十里**嘉兴府**。十里**东栅口**。南六十里至平湖县。东三里**七里桥**。廿四里**嘉善县**。即魏塘。六里**张泾汇**。有窑。十二里**风泾**。十八里**泖桥**。一座五洞。九里**朱泾**。十三里**斜塘桥**。二座六洞。十四里**松江府跨塘桥**。三十里泗泾。廿里**七宝**，陆路。三十里头口。至上海水，廿四里**龙华寺塔**。即黄浦。十二里**上海县**。此为外河。

一般认为，"苏州—双塔（或称商榻）—淀山湖—青浦"是当时苏州至上海的最佳捷径，似大可不必南下嘉兴，转而北上绕路再抵上海。但仔细分析这条路线所过之处，可以看到，这条路线基本上涵盖了江南地区的主要棉纺中心——嘉善、枫泾、朱泾、七宝、松江等地，

---

① 黄汴：《一统路程图记》卷七《江南水路》。

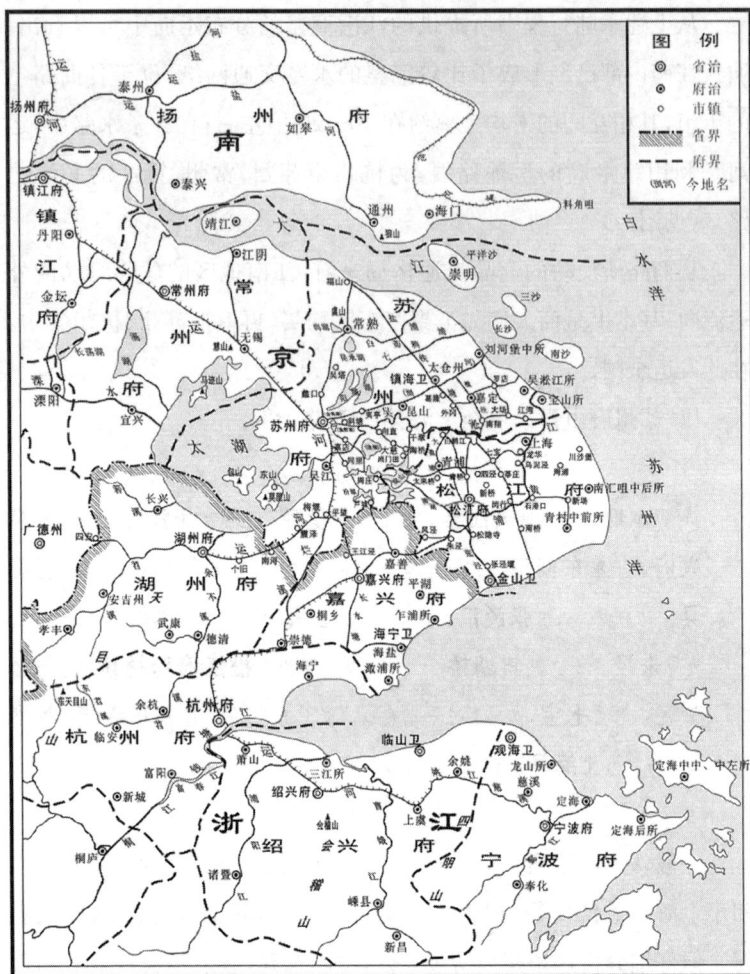

图一　明后期(万历十年)江南地区主要商路图及市镇分布①

---

① 本图由复旦大学历史地理研究所陈伟庆老师据谭其骧主编《中国历史地图集》(北京地图出版社,1982)改绘,谨此致谢。

诚如黄汴所言,"路须多迁,布商不可少也"。① 具体地说:

平望镇是当时江南的米粮贸易中心,"俗以小枫桥称之",②同时,其居民也多以纺织为业。"女工以木棉花织布者,十家有八九。虽殷实者亦习之。沿乡妇女,兼有耕种者;以蚕丝织绸及刺绣者,间有之"。③ 加上其扼运河南北交通要冲,为苏州"腹内险要之地",是运河南北往来船只的必经之地。

王江泾是著名的丝绸业大镇,明万历时居民"七千余家",④乾、嘉时代已"烟户万家",镇民大多"织绸为业,日出千匹,衣被数州郡"。⑤其地处运河沿岸,是苏州南下嘉兴府的必经之路。

嘉兴府虽为江南五府中重要的蚕丝业基地,但其境内的嘉兴、嘉善、海盐、平湖等县均有棉纺织业。海盐县"地产木棉花甚少,而纺之为纱,织之为布者,家户习为恒业。不止乡落,虽城中亦然。往往商贾从旁郡贩棉花列肆吾土,小民以纺织所成,或纱或布,侵晨入市,易棉花以归,仍治而纺织之,明旦复持以易"。⑥

嘉善县"东近华亭,妇女勤机轴",⑦四乡农家以纺织为业,明时即有"买不尽松江布,收不尽魏塘纱"之誉。商人经此多数即买其优质的棉纱,运销各地。

风泾(即枫泾)是位于嘉兴、松江两府之间的重要的棉布集散中

---

① 黄汴:《一统路程图记》卷七《江南水路》。
② 乾隆《震泽县志》卷四《物产》。
③ 道光《平望志》卷十二《生业》。
④ 万历《秀水县志》卷一《舆地志·市镇》。
⑤ 宣统《闻湖志稿》卷一。
⑥ 天启《海盐县图经》卷四《方域篇第一之四》。
⑦ 光绪《嘉兴府志》卷三四转引《万历章志》。

心。镇上收购棉布的布号数以百计,"前明数百家布号,皆在松江枫泾、朱泾乐业",①可见其布局之盛。

朱泾,既是松江地区的纺织品生产基地,也是著名的棉布贸易中心。叶梦珠《阅世编》中载,其所产的标布远近闻名,"产朱泾者尤精","俱走秦、晋、京、边诸路","前朝标布盛行,富商巨贾操重资而来市者,白银动以数万计,多或数十万两,少亦以万计"。② 镇上从事标布贸易的牙行鳞次栉比,并因标行众多,时人号称"小临清"。③

七宝镇,明时为"商贾必由之地"④。物产以棉花为大宗,"以供纺织,且资远贩"。其棉布品种有标布、扣布、稀布等,而以稀布为最贵,畅销全国各地。棉纺织收入也成为当地农民的主要经济支柱,"其衣食全赖此以出"。⑤

松江是明清时期江南地区的棉纺业中心。明时"俗务纺织,他技不多,而精线绒、三棱布、漆纱、方巾、剪绒毯,皆为天下第一"。虽然"百工众技与苏、杭等",但松江所出棉纺织品较之苏杭地区的丝织品具有更广泛的消费层次,"所出皆切于实用,如绫、布二物,衣被天下,虽苏、杭不及也"。⑥ 其木棉布出沙冈、车墩,另有番布、兼丝布、药斑布、苎布、黄草布、麻布等品种。⑦ 松江布吸引了全国各地的大量客

---

① 顾公燮:《消夏闲记摘抄》卷中。
② 叶梦珠:《阅世编》卷七《食货五》。
③ 嘉庆《朱泾志》卷一《乡镇一》(引前志)。
④ 正德《松江府志》卷九《镇市》。
⑤ 道光《蒲溪小志》卷一《风俗》。
⑥ 正德《松江府志》卷四《风俗》。
⑦ 正德《松江府志》卷五《土产》。

商,远销"湖广、江西、两广诸路"及东北、北京、山东等处。[1]

分析上述商路所过之处,基本可以断定这是一条以贩运棉纺织品为主的商路,从苏州府、嘉兴府至松江府,江南地区主要的棉纺中心城镇基本涵盖其中,因而这是一条重要的棉纺织品的贸易路线。

其他各条商路中,"苏州由太仓至南翔镇水路"也是一条贩运棉织品的商路:

娄门外。搭船。十里跨塘桥。二十里夷亭。十里至进义。巴城巡司。二十里昆山县。四十里太仓州。西门。十里盐铁口。十八里葛龙庙镇。八里外冈。十二里嘉定县。二十四里南翔。[2]

明清时期,太仓地区广植棉花,是江南棉纺织品的重要产区。"州地宜稻者十之六七,皆弃稻袭花"。[3] 所产"苎布真色曰腰机,漂洗者曰漂白,举州名名之。岁商贾货入两京,各郡邑以渔利"。[4] 唯亭夏布"名闻四方"。[5]

昆山所产布匹主要品种有:"木棉布,出东南门,有标箬、杜织二种,出千墩者名白生。……苎布,出东南门附郭者名惠安,出真义及石碑者有清水、杜织、加长、机白等名;出管家浜者名铜板;出祁家浜者名祁布,祁布最称精白。罗布:以棉为纬,苎为经,形似罗,俗呼苎

---

① 叶梦珠:《阅世编》卷七《食货五》。嘉庆《松江府志》卷六《疆域志·物产》。

② 程春宇:《士商类要》卷一。赖盛远:《示我周行》中集。吴中孚:《商贾便览》卷八《天下水陆路程》。

③ 崇祯《太仓州志》卷十五《物产》。

④ 弘治《太仓州志》卷一《土产》。

⑤ 道光《元和唯亭志》卷三《物产》。

经棉纱纬。药斑布：出安亭镇，以药涂布染，青白成文。棋花布：亦出安亭，以青白缕相间，织如棋枰。"①

万历年间，嘉定县"种稻之田约止十分之一，其余止堪种花、豆"。② 至清"居民以花布为生"，棉花"通邑栽之，资纺织"，棉布有"浆纱、刷线二种，工有粗细，质有厚薄。妇女比户纺织，贩贸遍海内"。其所属的外冈、南翔、娄塘、黄渡及纪王庙镇、钱门塘市等均为明清时期江南地区著名的棉纺织品集散地。"布商莫盛于南翔，娄塘、纪王镇次之；靛商莫盛于黄渡，诸翟、纪王镇、封家浜次之"，花行则"向聚东门外"。棉布品种有紫花布（"价逾常布"）、斜纹布（出娄塘）、飞花布（出外冈）、药斑布、黄纱布、棋花布等皆出安亭。③

外冈镇，明时万历年间其所产外冈布即闻名遐迩。"惟外冈布因徽商僦居钱鸣塘收买，遂名钱鸣塘布"。④ 入清以后，纺织更盛，"外冈之布，名曰冈尖，以染浅色，鲜妍可爱，他处不及，故苏郡布商多在镇开庄收买"。其所产的飞花布，"土人名曰小布，价逾常布"。⑤

南翔镇出产棉布，"有浆纱、刷线二种"，"刷线名扣布，光洁而厚，制衣被耐久，远方珍之，布商各字号俱在镇，鉴择尤精，故里中所织甲一邑"，明中叶远销北方山东临清地区。⑥ 南翔镇还是明清徽商在江南地区的一个重要聚集地，"布商莫盛于南翔，娄塘、纪王庙次之"，他

---

① 道光《昆新两县志》卷八《物产》。
② 万历《嘉定县志》卷七《田赋考下》。
③ 光绪《嘉定县志》卷八《土产》。
④ 崇祯《外冈志》卷二《物产》。
⑤ 乾隆《续外冈志》卷四《物产》。
⑥ 嘉庆《南翔镇志》卷一《物产》。

们把收购的棉布贩至临清、江淮,①贸易遍及大江南北。

由此可以看出,这条路线是从苏州出发沿浏河东行,进而南下,沿途所经过的昆山、太仓、外冈、嘉定和南翔等地,均为明清时期江南地区重要的棉纺织品产地。因此,这条商路将苏州及其东北太仓棉产区和东南部松江棉产区连为一体。

"苏州府由周庄至松江府、②苏州由双塔至松江府水路、③苏州由陶桥至松江府"④等线路,是从苏州出发经过其南部多湖区,南下松江地区贩运棉纺织品的主要线路,从而将苏州及其东南部的松江产棉区连为一体。

"苏州由常熟县至通州水路",⑤则是由苏州北上沿元和塘经常熟

---

① 光绪《嘉定县志》卷八《土产》。

② 苏州府由周庄至松江府:阊门,九里盘门,九里尌门,六里黄天荡,六里独树湖,六里高店,十八里邓店,十八里周庄,十八里杨善,十八里谢寨关,十二里南路,十八里泖湖(今泖河),二十里跨塘桥,五里松江西门。见黄汴:《一统路程图记》卷七《江南水路》。

③ 苏州由双塔至松江府水路:阊门,新开河搭双塔夜航船,九里至盘门,九里尌门,六里黄天荡,六里独树湖,六里高店,六里大八间村,六里大窑,十八里陈湖,三十里双塔,十八里淀山湖,十八里谢寨关,巡司,十二里至南路,十八里泖湖,十八里松江府。程春宇:《士商类要》卷一。赖盛远:《示我周行》。吴中孚:《商贾便览》卷八《天下水陆路程》。

④ 苏州由陶桥至松江府:本府出尌门,六里金鸡堰,六里斜塘,六里唐浦,入吴淞江,廿里角直,角音鹿。十五里大慈,十里陶桥,三里吴家桥,五里石浦,五里赵屯桥,五里平巷,五里白鹤江,五里青浦,八十里至松江府。见黄汴:《一统路程图记》卷七《江南水路》。

⑤ 苏州由常熟县至通州水路:齐门,搭船,五里陆墓,二十里至蠡口,巡司,二十五里吴塔,五里李庄庙,二十里常熟县,四十里福山,上江船,江面阔八十里。至人家港,五里通州。程春宇:《士商类要》卷一。赖盛远:《示我周行》。吴中孚:《商贾便览》卷八《天下水陆路程》。

至福山港口，过江再抵通州的一条棉织品贸易路线。

其沿途所经的常熟，明时木棉"尤盛"，"至于货布，用之邑者有限，而捆载舟输，行贾于齐、鲁之境常十六"。① 至清代，仍然"广种棉花，轧而为絮，弹而为绵，纺之成纱，经之上机，织之成布"，"北运淮、徐，南销闽、浙"。② "常、昭两邑岁产布匹，计值五百万贯。通商贩鬻，北至淮、扬，及于山东；南至浙江，及至福建。民生若无此利赖，虽棉、稻两丰，不济也"。③

通州在明清时期"产棉著闻全国"，其所产之棉以"质韧而丝长"著称。④ "闽、粤人秋日抵通买花衣，巨艘千百，皆装布囊，标记其上"。⑤ 所产布"紧厚耐着，有大布、土大布、上布、长尖诸名，其佳者曰沙布，曰家机布"⑥等品种。而海门县兴仁镇，则"家有机杼，户多篝火，一手所制，若布、若带、若巾帼，易粟足活三口，三手事事，则八口无虞"，⑦纺织业成为农民日常生活开销的主要收入来源，也说明其产品基本上转化为商品而售出。

这条商路将长江南北地区的棉产区连为一体。

在苏州与外部区域相联系的商路中，"苏州由东坝至芜湖县水路"值得注意。

---

① 嘉靖《常熟县志》卷四《食货》。

② 光绪《常昭合志稿》卷四六《物产》。

③ 郑光祖：《一斑录·杂述》。

④ 民国《南通县图志》卷三引前志。

⑤ 徐芸巢：《州乘一览》卷八《物产》。

⑥ 光绪《通州直隶州志》卷四《民赋志·物产》。

⑦ 乾隆《(直隶)通州志》卷十七《风土志》。

苏州府。三十里浒墅关。七十里无锡县。四十里阳山。四十里运村。九十里中溪桥。九里峨桥。十三里计亭。二十里宜兴县。北门外有张公洞，三面皆飞崖峭壁，惟北有一径可入。石上多唐人题咏，即张道陵修炼处。四十五里过湖荡，至徐舍。四十五里溧阳县。三十六里南渡桥。十八里堑口。十八里过三塔荡，至河口。二十七里定埠。十里下坝。过坝十里上坝。换船。十五里湖口。三十里高淳县。十五里唐沟。十五里西斗门。二十里乌车港。十里黄池。四十里芜湖县。[1]

芜湖为明清时期著名的米粮中心，故而可以推断以苏州为起点的这条路线当是一条重要的米粮贸易路线。

明中后期开始，江南地区丝棉纺织业的发展导致了桑稻争田，加之商业居民的增多及酿酒、酿酱等生产性用粮的大量消费，由此带来了江南地区粮食供应的紧张。清代康熙间，"两浙民稠地窄，产为无多，全赖江楚粮艘"。[2] 雍正五年（1727），浙江巡抚李卫奏道："浙省居民稠密，户口繁多，而杭、嘉、湖三府，本地又多种桑麻，是以产米不敷民食，向借湖广、江西等省外贩之米接济。"[3]明清时期江南地区所缺米粮供给主要来自两湖、四川、江西一带，通过长江、运河水系贩运到苏州、杭州，苏州同时还是浙东乃至福建沿海的粮食转输中心，[4]因此

① 程春宇：《士商类要》卷一。赖盛远：《示我周行》。吴中孚：《商贾便览》卷八《天下水陆路程》。

② 康熙《杭州府志》卷十二《恤政》。

③ 雍正《浙江通志》卷七《积贮·中》。

④ 张海英：《清代江南地区的粮食市场及其商品粮流向》，载《历史教学问题》1999 年第 6 期。

苏州近郊形成江南地区最大的米粮交易市场——枫桥决非偶然。从江南与外区的经济交流内容来看,基本上是苏、松、杭等地的丝棉织品运销外地,而两湖、江西一带的粮食输入江南。当时汉口、安庆和芜湖均是长江沿岸重要的粮食转运中心。

芜湖地处长江沿岸,从芜湖沿长江顺流而下,经镇江南下转入运河抵达苏州,是一条比较顺畅的水运路线,也是大型官船常走之路。洪武二十五年(1392),明政府考虑到"以苏、浙粮运自东坝(即胥溪)入,可避江险",[1]重浚胥溪运河,恢复了太湖流域与固城湖、石臼湖间的水运交通。这条路线因大多在运河航运,比较安全,运输风险较沿长江南下航行要小得多,故而多为中小船户或商人所青睐,许多中小商人多从芜湖折而东向,走高淳、胥溪运河至溧阳、宜兴一线。永乐元年(1403),为阻遏青弋江—水阳江流域的洪水东泄太湖地区,改广通镇闸为坝。正统六年(1441)、正德七年(1512)、嘉靖三十五年(1556),又数次筑坝。胥溪运河上筑坝以后,虽有利于太湖地区的防洪,但给航运却带来了诸多不便。[2] 往来于苏、皖间的舟船经由此处,或登岸陆运,或盘坝而过。如程春宇所言:"如避长江而走芜湖者,此路近便无盗,但冬月水干,盘剥多费事耳。"

"苏州由湖州至孝丰县水路",[3]则是由苏州出发沿运河经吴江、震泽,抵南浔、湖州丝区,然后沿西苕溪水系南下至安吉、孝丰等地,进而贩运山区竹木土特产品的贸易路线:

---

① 韩邦宪:《广通镇坝考》,载顾炎武《天下郡国利病书》卷十四。
② 邱树森主编《江苏航运史(古代部分)》,人民交通出版社,1989,第122页。
③ 程春宇:《士商类要》卷一。赖盛远:《示我周行》中集。吴中孚:《商贾便览》卷八《天下水陆路程》。

阊门。新开河搭湖州夜航船，每人与银二分。五十里吴江县。四十里平望。十二里至梅堰。十八里双杨桥。六里震泽。十二里南浔。换船，每人与银八厘。十二里至东迁。十五里旧馆。十八里昇山。九里八里店。八里湖州府。西门外搭夜航船，每人与银一分。九里杨家庄。九里严家坟。西北往四安。[①]九里潘店。九里木灰山。九里下严渡。十八里吴山湾。九里小溪口。九里金湾。九里梅溪。起早。三十里安吉州。十里三馆。远。十里沿干。远。五里白庙。十五里孝丰县。

这条商路沿途所经主要市镇中，震泽是吴江县的产丝重镇，四乡居民以农桑为业，缫丝亦盛。"丝邑中盛有，西南境所缫丝光白而细，可为纱缎经，俗名经丝；其东境所缫丝稍粗，多用以织绫绸，俗称绸丝。又有同宫丝、二蚕丝，皆可为绸绫纬"。[②]所产的经丝、绸丝均集中于镇上丝行，再转销各地，是苏州地区著名的丝业中心。

湖州府为江南地区的丝织业中心，明董斯张《吴兴备志》中称"湖丝遍天下"，[③]王士性称"浙十一郡惟湖最富"，"丝绵之多之精甲天下"。[④]入清以后，湖州蚕丝业更为发达，其境内的南浔、乌镇、菱湖、双林等均为著名的丝织重镇，湖丝远销全国各地，并出口海外。所谓"湖丝虽遍天下，而湖民身无一缕"。[⑤]故而这条路是湖丝外运的重要

---

① 四安即今泗安。按：泗安在长兴县西南 70 里，清设巡检司于此，为江浙至徽州及徽商返乡的"南北孔道"。清人鲍珍泗安镇诗中有"舟车商竞出，宣歙路交歧"之句。见顺治《长兴县志》卷二。光绪《长兴县志》卷一《镇市》。

② 乾隆《震泽县志》卷四《物产》。

③ 董斯张：《吴兴备志》卷二六。

④ 王士性：《广志绎》卷四《江南诸省》。

⑤ 乾隆《湖州府志》卷四一《物产》。

路线。同时,由于蚕丝业的发达,湖州成为江南地区缺粮区,"本地所出之米,纳粮外不足供本地之食,必赖客米接济"。① 故而这也是一条运输客米的通道。

南浔地处苏、浙两地交界,"东西南北之通衢,周约十里,郁为巨镇"。② 所产七里丝,"较常价每两必多一分,苏人入手即识,用织帽缎,紫光可鉴"。③ 同时,南浔也是江南生丝的集聚地。其镇南栅有地名"丝行埭","列肆购之谓之丝行"。"每当新丝告成,商贾辐辏,而苏、杭两织造皆至此收焉。"新丝上市时,镇上"列肆喧阗,衢路拥塞","商贾骈比,贸丝者群趋焉"。④ 镇上行庄林立,有"招接广东商人及载往上海与夷商贸易"的广行,"亦曰客行",有"专买乡丝"之乡丝行,有"买经造经"的经行,"别有小行买之以饷大行曰划庄,更有招乡丝代为之售,稍抽微利曰小领头,俗呼白拉主人"。镇上之人,"大半衣食于此"。⑤ 董蠡舟《卖丝词》形象地描述了丝市的繁荣盛况:"闾阎填噎驱偻忙,一牌大书丝经行。就中分列京广庄,毕集南粤金陵商。"⑥

安吉州亦产丝,"细丝最多,新丝将出,南京贸丝者络绎而至"。⑦ 除丝织品外,安吉境内的土特产品如竹笋、茶、炭、桐油等也极具特色。"其山多竹木之利","西北乡饲蚕者多……山乡甚少,以鲜栽桑

---

① 同治《湖州府志》卷三二《舆地略·物产下》。
② 道光《南浔镇志》卷首。
③ 朱国桢:《涌幢小品》卷二。亦见同治《湖州府志》卷三一。
④ 咸丰《南浔镇志》卷二二《农桑二》。
⑤ 咸丰《南浔镇志》志二四《物产》。
⑥ 咸丰《南浔镇志》卷二二《农桑二》。
⑦ 乾隆《安吉州志》卷八《物产》。

地也。且其时茶、笋事繁,无暇及此"。① "茶虽工繁利薄,然业此者每借为恒产云"。②

孝丰县地处浙西山区,"山多地少,桑利不及他邑",农民主要借竹、茶之利。"民每借(茶)作恒产",亦"多借(竹)为生产","乘水发放至市售之"。此外,还有造纸等业,"有黄白纸、草纸、桑皮纸等种,出东南乡为多"。③

由此可以看出,这条贸易线路不仅将苏、湖两大丝棉产区连为一体,且深入浙西山区,并借苕溪之水,将浙西山区的诸多土特产品亦带出,丰富了江南地区商品流通的内容,也促进了浙西山区的经济发展。

此外,水陆路程书中还有"杭州府官塘(运河)至镇江府水路"④"杭州迂路由烂溪江阴县至常州府水路"⑤"杭州跳船至镇江府水路"⑥"扬州跳船至杭州府水路"⑦"杭州府由苏州至扬州府水路"⑧等条目,将苏、杭两地丝棉产区连为一体,运河成为连接苏、杭各区的最主要、最繁忙的交通干线。

值得注意的是这一时期水陆路程书中关于江南跳船、夜船的记载:

---

① 同治《安吉县志》卷八《物产》。同治《湖州府志》卷二九《舆地略·风俗》。
② 乾隆《安吉州志》卷八《物产》。
③ 光绪《孝丰县志》卷四《食货志》。
④ 黄汴:《一统路程图记》卷七《江南水路》。
⑤ 黄汴:《一统路程图记》卷七《江南水路》。
⑥ 黄汴:《一统路程图记》卷七《江南水路》。
⑦ 黄汴:《一统路程图记》卷七《江南水路》。
⑧ 程春宇:《士商类要》卷一。

苏州以北，有日船而夜不行；苏州以南，昼夜船行不息；至湖州日、夜船，苏州灭渡桥、平望并有；嘉兴至平湖日、夜船，在东栅口；嘉兴至松江船，昼去而夜不行，此路多盗。①

"湖州府四门夜船至各处水路"②条目所载夜船尤多：

东门夜船：七十里至震泽，又夜船一百三十里至苏州灭渡桥，至南浔六十里，南去嘉兴府，至乌镇九十里，至练市七十里，至新市八十里，至双林五十里。

西门夜船：至浩溪、梅溪，并九十里，梅溪通竹牌，水陆并三十里至安吉州，至四安一百二十里，至长兴县六十里，至湖平五十里。

南门夜船：至瓶窑一百四十里，至武康县一百七十里，至山桥埠、德清县，并九十里。

北门夜船：九十里至夹浦，过太湖，广四十里，入港九十里，至宜兴县。

南门夜船：三十六里至龙湖，又三十六里至敢山，又二十里至雷店，又二十里至武林港，北五里至塘栖，南五十里至北新关，二十里至杭州府。

湖州至各处，俱是夜船，唯震泽、乌镇二处，亦有日船可搭。

跳船与夜船的出现反映了当时水运贸易的发达及商品流通的繁荣。而苏州以南地区夜航船的出现，则是江浙蚕丝区的特殊需求。从夜航船的具体分布来看，主要是在嘉、湖蚕桑区内较多，松江棉织

---

① 黄汴：《一统路程图记》卷七《江南水路》。
② 黄汴：《一统路程图记》卷七《江南水路》。

区内则很少。因饲蚕对桑叶的要求甚高，饲蚕之叶必须新鲜、清洁，最好是当天所采，当天喂用。"俟蚕长必贾叶饲之，轻舟飞棹四出。远贾虽百里外，一昼夜必达。迟则叶蒸而烂，不堪喂蚕矣"。[①] 密集贯通的河流水网及跳船、夜航船的适时出现，为叶船的往来穿梭之行提供了方便，成为商品市场触角外伸的必不可少的条件。

通过对明清江南商路的考察，我们还注意到，在江南地区内数十条主要商路中，以苏州、杭州为起讫点的商路占据多数，凸现了这一时期苏、杭两城在江南市场网络中的中心地位。它们作为明清时期江南地区的两大中心城市，是市场功能最齐全、负荷最重的高级市场，担负着调节本地区商品生产与销售，将江南产品输向全国的经济功能。一方面，来自四面八方的各地商人，络绎不绝地汇聚苏、杭两城，体现了其作为区域中心城市的凝聚力。另一方面，商人们将苏、杭两地的丝绸及其他手工业品源源不断地运往全国各地，将苏、杭的城市经济辐射力延伸至全国各地，使得江南商品的触角得以延伸到偏远地区——如西南诸省，尽管交通不便，仍有"商贩入者，每往十数星霜，虽僻远万里，然苏、杭新织种种文绮，吴中贵介未被而彼处先得"。[②]

因此，明清时期的苏、杭两城，是江南地区丝、棉纺织品的最大聚集地和对外贸易的主要窗口，它们以其自身的凝聚力与辐射力，调节着江南区域经济与全国经济的协调发展。明清时期，江南地区商品经济的发展在全国独占鳌头，苏、杭两大城市的调节作用功不可没。

---

① 乾隆《海盐县续图经》卷一。
② 王士性：《广志绎》卷五《西南诸省》。

这些作用和影响通过其在明清江南商路中的核心枢纽作用,得到了充分的体现。

(二) 商路与江南市镇发展

从前述商路图引中我们看到,明清时期密布于江南水乡平原上的大量中小市镇,基本上依水而建,依水而兴。纵横密布的河流水道,加之京杭大运河纵贯江南中心地区,将苏、松、杭、嘉、湖江南五府连为一体,构成了江南地区完整、周密的水上交通运输网络。将范毅军《明中叶以来江南市镇的成长趋势与扩张性质》文中附录二"明中叶以来苏州府、松江府与太仓州各县市镇等级分类表"中的各级市镇[①]与明清时期商书中所记以苏州府、松江府为中心的商路作一比对,就能发现相当多的市镇位于明清商人所记叙的商路要道之上,在

---

① 范毅军在《明中叶以来江南市镇的成长趋势与扩张性质》一文中,将明中叶以来所有见诸于苏、松、太地区的市镇,"按规模大小划分成四个等级:凡史料中曾明白记载一个镇有二三百户人家或人口数在 1 500 以下的,归为第一级;凡是有户四五百或人口在 2 500 以下者,归为第二级;无论是户数或人口数都在第二类之上者,归为第三级。县治(一些也属府、州治)所在则不论其人口或家户数多少,一律归为第四级"。其对前述三地市镇等级的统计见该文"附录二:明中叶以来苏州府、松江府与太仓州各县市镇等级分类表"。详见《台湾"中央研究院"历史语言研究所集刊》第七十三本第三分,第 468 页、第 527—552 页。笔者认为在没有其他更为详尽的数据可资参考的情况下,范毅军文中关于明中叶以来的时间节点的划分(六大阶段)以及市镇等级规模的区分标准(户数或人口数),作为一种参照指标是可以接受的,本文的论述亦主要依据此标准。因范毅军文所述第一、第二级市镇数量巨大,第四级市镇属县治(或府、州治)情况特殊,加之资料搜集及文章篇幅所限,本节主要关注其文中所定位的第三级市镇在江南地区市场网络中的地位与影响。

江南商品市场网络体系中扮演着不可忽视的角色。① 具体地说：

明代"苏州府由嘉兴府至上海县"商路，②是一条贩运棉纺织品为主的商路，沿着这条路出行，苏州府、嘉兴府、松江府三地主要棉纺中心城镇基本涵盖其中。这条商路上有平望、枫泾、朱泾、七宝、龙华等镇，而前四镇在明中叶前就已是三级市镇了。③

"苏州由太仓至南翔镇水路"，④是从苏州出发，经太仓至上海地区贩卖棉纺织品的贸易路线。这条路线沿浏河东向，进而南下，将苏州及其东北、东南部棉产区连为一体。这条路上有唯亭（《士商类要》作"夷亭"）、外冈、南翔三镇。

"苏州府由周庄至松江府"⑤商路，是从苏州城经过其南部多湖区，南下松江地区贩运棉纺织品的路线，这条路上有周庄（当时尚为第二级市镇）。

"苏州由陶桥至松江府"商路，⑥是由苏州出发，东下吴淞江，进而南下，经青浦进入松江地区的棉纺织品贸易路线，它将苏州及其东南部的松江产棉区连为一体，途经三级市镇角直。

---

① 需要指出的是，明清商书中所载江南商路也只是反映该地区商品流通网络的一个大概轮廓，未能涵盖江南密集的交通网络的全部。本节主要关注范毅军文中的苏、松、太地区第三级市镇在商路及江南市场体系中的运作，第一、二级市镇及杭、嘉、湖地区的各级市镇未在本节探讨之列。

② 黄汴：《一统路程图记》卷七《江南水路》。

③ 龙华镇在明中叶时为一级镇，至康熙末年为二级镇，1862 年后为三级镇。

④ 程春宇：《士商类要》卷一。

⑤ 黄汴：《一统路程图记》卷七《江南水路》。

⑥ 黄汴：《一统路程图记》卷七《江南水路》。

"苏州由常熟县至通州水路",①是由苏州北上沿元和塘经常熟至福山港入江口,过江再抵南通地区的一条棉织品贸易路线,它将长江南北地区的棉产区连为一体。这条路上,福山镇位于过江要道。

　　"苏州由东坝至芜湖县水路",②浒墅关为北上第一关。芜湖为著名的米粮中心,故而可以推断以苏州为起点的这条路线当是一条重要的米粮贸易路线。

　　"苏州由湖州至孝丰县水路",③沿途有平望、梅堰、震泽等大镇,它们均为三级镇。这条贸易线路不仅将苏、湖两大丝棉产区连为一体,且借苕溪之水,将浙西山区的诸多土特产品亦带出境外,丰富了江南地区商品流通的内容,也促进了浙西山区的经济发展。

　　除正常的水陆交通外,当时还有夜船与跳船,如"苏州府跳船至广德州水、陆路"中便载:所乘夜船途经震泽。④ 而夜船与跳船的出现,表明水路交通运输的繁忙。

　　黄汴《一统路程图记》中特记:"松江府由南翔至上海县商路:松江府。三十里砖桥。四十里陆家阁。四十里南翔。廿里江桥。即吴淞江。三十里至上海县。"⑤由此可见南翔在明代商路交通中的地位。

　　此外,位于商路上的其他三级市镇还有:"陶桥至刘家河"商路,

---

① 程春宇:《士商类要》卷一。
② 程春宇:《士商类要》卷一。
③ 程春宇:《士商类要》卷一。
④ "苏州府跳船至广德州水、陆路:本府灭渡桥,夜船至震泽,日夜船搭至湖州府,走去西门,夜船至四安(泗安),陆路,五十里至广德州。"详见黄汴:《一统路程图记》卷七《江南水路》。
⑤ 黄汴:《一统路程图记》卷七《江南水路》。

途经千墩；^①"松江府由官塘（运河）至苏州府"商路，途经唐行；^②"陶桥至各处"商路，途经唐行、朱家角、章连塘；^③"松江府由太仓至苏州府"商路，途经南翔；^④"松江府至吴淞所水、陆路"，途经南翔、罗店、七宝、真如、大场、吴淞所^⑤等镇；"松江府至乌泥泾"，途经莘庄；^⑥"松江

---

① "陶桥至刘家河：陶桥。十里**千墩**。十里张浦。十五里车塘。十五里昆山县。三十六里太仓州。百廿里刘家河。参将一员防海。"详见黄汴：《一统路程图记》卷七《江南水路》。

② "松江府由官塘（运河）至苏州府：松江府，廿里凤凰山，十八里北昆山（北竿山），十八里**唐行**，四十里陶桥，三十里昆山县，七十里苏州府。"详见黄汴：《一统路程图记》卷七《江南水路》。按：此处的"唐行"，不是位于太仓、嘉定交界处的"唐行镇"，实即青浦县城，明时青浦又称唐行。

③ "陶桥至各处：陶桥至唐行（即青浦）四十里。至横塘五里。至王相泾十五里。至**朱家阁（今朱家角）**三十六里。至北斜路三十里。至金家桥十五里。至古塘桥三十六里。至沈巷六十里。至太来桥（泰来桥）五十里。至烧香山七十里。至小蒸（真）七十里。至章连塘六十五里。至湖口廿里。至顾庄十八里。至碛碛廿里。至尚门田十里。至陶家浜五里。至周家舍五里。"详见黄汴：《一统路程图记》卷七《江南水路》。按：陶桥当为今江苏昆山县陶家桥，如上记载，陶桥在当时似是一个交通中心。但今日的陶家桥只是一个普通水乡村落，当年的繁荣情景不复存在。原因何在，尚需进一步探讨。其中，章练塘在明中叶时为二级镇，1723 年后成为三级镇。

④ "松江府由太仓至苏州府：松江府。三十里砖桥。四十里陆家阁。四十里**南翔**。三十里嘉定县。陆路。四十里至刘家河。水四十里至太仓州。四十里昆山县。七十里苏州府。"详见黄汴：《一统路程图记》卷七《江南水路》。

⑤ "松江府至吴淞所水、陆路：本府北门。十八里砖桥。五十里**南翔**。廿里嘉定县。十一里**罗店**。水、陆并三十六里，至吴淞所。又陆路：东门洞泾船四十五里至**七宝**。陆路，廿七里**真如**，十二里至**大场**，三十里杨家行，十里至**吴淞所**。"详见黄汴：《一统路程图记》卷七《江南水路》。其中，真如在明中叶时为二级镇，1723 年后为三级镇；吴淞所在明中叶时为二级镇，1723 年后为第三级镇。

⑥ "松江府至乌泥泾：本府出北门，十五里新桥。六里陈家行。十里新村桥。三里**莘庄**。十里至乌泥泾。纺棉纱脚车，始自本处一老妇。"莘庄在明中叶时为二级镇，1551—1722 年间成为三级镇。详见黄汴：《一统路程图记》卷七《江南水路》。

府至青村所水路"，途经闵行、新场、周浦；①"松江府至金山卫"商路，途经松隐镇、张堰镇；②"松江府由嘉善县三白荡至苏州府"，途经朱泾、枫泾、芦墟镇、同里等镇。③ 山塘位于"杭州跳船至镇江府水路""扬州府跳船至杭州府水路"的要道上。④ 平望、枫桥、浒墅关位于"杭州府、官塘（运河）至镇江府水路""杭州府迁路由烂溪至常州府水路"⑤"杭州府由苏州至扬州府水路"⑥之上。枫泾、朱泾、七宝位于"杭州府至上海县水路"⑦之上。（见表二）

---

① "松江府至青村所水路：本府出东门，五里明僧桥。三十六里闵行。十二里石港口。三十六里新场。廿四里至青村所。闵行东至周浦四十里。"详见黄汴：《一统路程图记》卷七《江南水路》。闵行在1551—1722年间为三级市镇。

② "松江府至金山卫：本府出西门清水石桥，搭日船。三十里松隐寺。塔。三十里长堰，十八里金山卫。"详见黄汴：《一统路程图记》卷七《江南水路》。松隐镇在明中叶时为三级镇，1723年后为三级镇。

③ "松江府由嘉善县三白荡至苏州府：松江府前。廿里斜塘桥。十三里**朱泾**。九里泖桥。十八里至**风泾**（今枫泾）。十二里张泾汇。六里嘉善县西门。跨塘桥船。一里雇长春桥。四十五里**芦魁**（今芦墟镇）。一里三白荡。一连三荡，广十二里。牛蚕泾。十二里叶寨湖。十二里**同里镇**。十八里尹山。十八里盘门。十里阊门。"详见黄汴：《一统路程图记》卷七《江南水路》。

④ "杭州跳船至镇江府水路：杭州回回坟。上夜航船，至长安坝。日船搭至嘉兴府。三文搭小船，至王江泾。日船至莘门，夜船至吴江。吴江四十里。苏州盘门。十里阊门。五里山塘。山塘桐桥东，有航船专搭空身人，直至镇江府"。详见黄汴：《一统路程图记》卷七《江南水路》。

⑤ 黄汴：《一统路程图记》卷七《江南水路》。

⑥ 程春宇：《士商类要》卷一。

⑦ 黄汴：《一统路程图记》卷七《江南水路》。程春宇：《士商类要》卷一。

表二　明中叶以来苏州府、松江府、太仓州的三级市镇

县名	市镇名	市　镇　特　点
常熟县	福山镇（1550 年前为三级市镇）	明代位于"苏州由常熟县至通州水路"要道，1949 年后衰落。明代设有巡检司。清代康熙八年至乾隆二十年（1669—1755）有苏州府海防同知驻守。
	梅李镇（1550 年前为三级市镇）	跨许浦、盐铁两塘交汇之上。明时居民 2 000 余家。
	支塘市（1550 年前为三级市镇）	跨白茆、盐铁两塘交汇之上，以支川得名。附近乡村所产赤沙塘布行销福建。清后期，居民有 3 000 户。
	许浦镇（亦称彭家桥、浒浦镇，1551—1722 年间为三级市镇）	跨许浦港，清光绪间居民 1 200 余户。镇上有武帝庙、城隍庙、龙王庙、圆通庵、太平庵、静渡庵及各类善堂事局等。
	老徐市（亦称东徐市、徐家市、李墓市，1551—1722 年间为三级市镇）	地产棉布，跨李墓塘、贵泾塘。明时商贾凑集，居民万灶，与梅李、支塘、唐市并称邑东四大镇。1723 年后衰落，清后期减至 370 户。
	唐市市（亦称东唐墅、尤泾市，1551—1722 年间为三级市镇）	跨尤泾，东临金庄泾，西临语廉泾，明中叶兴起，清光绪间居民 700 余户。1949 年后衰落。
吴县	许市镇（亦称浒墅镇，1550 年前为三级市镇）	位于南北运河交通要冲，杭州府北上经苏州抵扬州府、扬州南下经苏州抵杭州必经之地。旧有巡检司、急递铺。明景泰间置钞关于此。清承明制，移吴县巡检司于此。商贸活跃，为"十四省货物辐辏之所"。周边乡民织席，席市每日千百成群。
	山塘（1550 年前为三级市镇）	明代山塘位于"杭州跳船至镇江府水路"要道，距苏州城约 3 里，康熙年间方志载"川、广诸货骈集"。1912 年后与邻近市镇合并。

县名	市镇名	市 镇 特 点
吴县	枫桥（1550 年前为三级市镇）	明代位于苏州北上水路要道，清代著名米粮交易中心。1912 年后与邻近市镇合并。
	月城市	紧邻苏州阊门，明正德时是"两京各省商贾所集之处"。1862 年后与邻近市镇合并。
	甪直镇（亦称甫里镇、陆直镇，1550 年前为三级市镇）	明代位于"苏州由陶桥至松江府"商路要道。
	木渎镇（1550 年前为三级市镇）	位于吴县前往苏州要道，洞庭东、西山商人出入必经之地，地产烧酒。
	唯亭（1551—1722 年间为三级市镇）	明时位于"苏州由太仓至南翔镇水路"的棉织品商路要道，所产夏布、罗布等"名闻四方"。
	光福镇（1551—1722 年间为三级市镇）	明嘉靖间号称市镇民爨千余。
	横塘镇（1551—1722 年间为三级市镇）	临近苏州城，地处运河边，其地产酒，榨油。
	横金镇（横泾镇，1551—1722 年间为三级市镇）	地处洞庭东山到苏州城必经之处，明时有横金巡司。其地产酒、榨油。
	陈墓镇（1551—1722 年间为三级市镇）	位于苏州抵松江沿线要道。
	周庄镇（1723—1861 年间为三级市镇，1949 年后衰落）	明代位于"苏州府至松江府"商路上，清代棉纱交易中心。棉纱运往浙江地区，另产小布、棋子布、雪里青布、竹器、编织等。1949 年后衰落。
	甪头镇（1862—1911 年间兴起为三级镇）	明时有甪头巡司。

县名	市镇名	市镇特点
吴江县	同里镇（1550年前为三级市镇）	明代"松江府由嘉善县三白荡至苏州府"商路必经之地。明初居民千百家，贸易最盛，而以米市为最。清代镇上米市"官牙七十二家，商贩四集"。
	梅堰镇（1550年前为三级市镇）	位于平望至震泽的必经之路，"苏州由湖州至孝丰县水路"商路必经要道。1862年后衰落。
	平望镇（1550年前为三级市镇）	扼运河南北交通要冲，位于"苏州府由嘉兴府至上海县""苏州由湖州至孝丰县水路"商路要道。米粮交易中心。居民多以木棉纺织为业，间有以蚕丝织绸及刺绣者。
	震泽镇（1550年前为三级市镇）	吴江县产丝重镇。明代位于"苏州由湖州至孝丰县水路"商路要道、苏州府跳船至广德州水陆路，乘夜船到震泽。蚕业既多，缫丝亦盛。所产的经丝（纱缎经）、绸丝（织绫绸）转销各地。
	新杭市（1550年前为三级市镇）	丝织品集散地。1862年后衰落。
	黎里镇（1550年前为三级市镇）	明成、弘间为巨镇，居民千百家，百货并集，米市尤盛。
	黄家溪（亦称王家溪、黄溪市，1551—1722年间为三级市镇）	居民多业机杼，康熙中，至2 000余家，货物贸易颇盛，遂称为市。
	芦墟镇（1551—1722年间为三级市镇）	明代"松江府由嘉善县三白荡至苏州府"商路必经之地。康熙中，居民至千家，货物并集，设官将领之，乃始称镇。
	盛泽镇（1551—1722年间为三级市镇）	明末兴起，清代为丝绸生产和吴江、震泽及周边地区丝织品集聚地。自乾、嘉至道光年间，米市犹不亚于平望诸镇。

县名	市镇名	市 镇 特 点
昆山	千墩（亦称茜墩、千灯，1550 年前为三级市镇）	明代"陶桥至刘家河"商路途经之地。清移石浦巡检司驻此，设有汛兵。地产木棉布，名白生。
	陆家浜市（亦称绿葭浜，1551—1722 年间为三级市镇）	明后期天主教传入，为常熟、昆山众教友会聚中心。清光绪间"货物骈集，久已成镇"。
	吴家桥（1551—1722 年间为三级市镇）	在千墩南六里。1912 年后衰落。
	张浦（1723—1861 年间兴起）	在县西南二十一里。
太仓县	沙头镇（亦称沙溪，1550 年前为三级市镇）	地当崇明与苏州地区往来孔道，"花多稻少"。
	刘河镇（亦称浏河镇，1550 年前为三级市镇）	明清时期著名港口，位处"陶桥至刘家河"商路。1862 年后衰落。
	璜泾镇（亦称璜溪、赵市，1723—1861 年间兴起）	非临水陆要冲，周边商贸活跃，供地方所需。1912 年后衰落。
	双凤镇（亦称双林，1723—1861 年间兴起）	无具体商业内容记载。1862 年后衰落。
嘉定县	娄塘镇（1550 年前为三级市镇）	著名棉花交易中心。
	安亭镇（1550 年前为三级市镇）	地产蓝靛，出浆布、药斑布、高丽布、黄纱布、棋花布、线毯等产品，来此贸易产品有紫花布、斜纹布（出娄塘）、飞花布（出外冈）。

县名	市镇名	市 镇 特 点
嘉定县	南翔镇（1550 年前为三级市镇）	明时位于"苏州由太仓至南翔镇水路"的棉织品商路要道。明代黄汴《一统路程图记》中特记"松江府由南翔至上海县"商路、"松江府至吴淞所水、陆路"途经此。明清棉织品集散地。
	黄渡镇（1550 年前为三级市镇）	地产蓝靛，靛商会聚于此；棉织品集聚地。
	外冈镇（1723—1861 年间为三级市镇）	明代为棉花交易中心，清代外冈布仍保持旺销。位于"苏州由太仓至南翔镇水路"的棉织品商路要道。
宝山县	罗店镇（1550 年前为三级市镇）	物产以棉花、布匹为大宗。"松江府至吴淞所水陆路"途经罗店。
	大场镇（1550 年前为三级市镇）	位于"松江府至吴淞所陆路"要道。以置盐场得名，地傍走马塘，古称钱家浜，故别称钱溪。商业首推布匹，棉花次之。
青浦县	唐行镇（1550 年前为三级市镇）	控淀湖为吴门要冲，元初有大姓唐氏居此，商贩竹木，遂成大市，因名。万历元年（1573）复设青浦县治此。明代位于"松江府经运河至苏州府""陶桥至各处"商路要道。
	七宝镇（1550 年前为三级市镇）	明时位于"苏州府由嘉兴府至上海县""松江府至吴淞所"商路要道。左为横沥镇，前临蒲汇塘，商贾必由之地。松江府棉纺基地，物产以棉花为大宗，棉布品种有标布、扣布、稀布等，而以稀布为最贵，畅销全国各地。
	金泽镇（1550 年前为三级市镇）	妇女业纺织，以产纺具而著名，俗称"金泽锭子谢家车"。

县名	市镇名	市 镇 特 点
青浦县	朱家角镇（亦称珠街镇，1551—1722年间为三级市镇）	位于从苏州过淀山湖水路至松江贩卖棉织品的必经之路。明清时期松江地区的棉织品贸易中心，安庄巡检司设于此。
	章练塘镇（亦称庄练塘，1723—1861年间为三级市镇）	明代位于陶桥至各处商路要道，居民稠密，百货俱备。
上海县	高桥镇（清浦镇，1550年前为三级市镇）	多鱼、盐、芦苇之利，田土丰腴，人民殷富，布市颇盛，由沙船运往牛庄、营口。
	三林塘（西三林塘镇，1551—1722年间为三级市镇）	弘治间"民物丰茂，商贾鳞集"，产棉花及白标布。
	闵行市（1551—1722年间为三级市镇）	明正德中，大水岁歉，灾乡多从贸易，镇始知名。后尝屯兵为府城，黄浦巡检司驻此。"松江府至青村所水路"途经此。
	胡家巷桥（亦称胡巷镇、吴淞，1723—1861年间为三级市镇）	镇当江海入口处，商船云集。通商以后，轮舶往来必经口外。
	真如镇（1723—1861年间为三级市镇）	地处嘉定、上海两邑往来孔道，地产标布、杜布，客商辏集。位于"松江府至吴淞所陆路"之上。
	江湾镇（1723—1861年间为三级市镇）	地处上海、宝山往来之孔道，有花行、米行、洋纱、棉布、盐商、典商等，镇因此而繁盛。
	法华镇（1723—1861年间为三级市镇）	位于交通孔道，自有镇以来，乾、嘉时为鼎盛，咸丰年间遭兵燹，市面萧条。
	漕河泾（1723—1861年间为三级市镇）	县西南十八里。
	龙华（1862—1911年间为三级市镇）	明时位于"苏州府由嘉兴府至上海县"的棉织品商路要道。因龙华古刹而得名。

县名	市镇名	市　镇　特　点
南汇县	周浦镇（亦称杜浦，1550年前为三级市镇）	元置下沙杜浦巡司，明嘉靖间移置三林巡检司。民居稠密，为通邑巨镇。雍正四年（1726），置新县粮仓，漕艘毕集，米市最盛，棉市亦盛。咸丰兵燹后衰落。明代"松江府至青村所水路"经过该镇。
	新场镇（亦称南下沙，1550年前为三级市镇）	元初迁盐场于此，故名场。其时北桥税司、杜甫巡司皆徙居，歌楼酒肆，商贾辐辏，咸丰兵燹后衰落。"松江府至青村所水路"途经该镇。
	一团镇（亦称大团镇，1723—1861年间为三级市镇）	下沙头场盐大使署建于此。明时盐商多聚于此，咸丰兵燹后衰落。同治间复兴，贸易日兴。
川沙县	八团镇（川沙县城，1551—1722年间达三级市镇）	民多以盐为业，商贾辐辏。1723年后无资料。
奉贤县	南桥镇（县城）	雍正三年（1725）初设县，为县治，商业繁盛。后迁青村镇，民国元年（1912）又迁回。
	青村镇（奉城镇，1550年前为三级市镇）	雍正九年（1731）县治迁此，以驻军为主。
	青村港镇（1862—1911年间为三级市镇）	镇颇繁盛，商务冠东乡，市西停泊渔舟甚多。
松江县	亭林镇（1550年前为三级市镇）	明清两代金山巡检司驻此，商旅辏集之所。
	枫泾镇（1550年前为三级市镇）	明代位于"苏州府由嘉兴至上海县""松江府由嘉善县三白荡至苏州府"商路要道。是位于嘉兴、松江两府之间的重要棉布集散中心。

县名	市镇名	市 镇 特 点
松江县	莘庄镇(1551—1722年间为三级市镇)	明代位于"松江府至乌泥泾"商路要道。
	叶谢镇(1723—1861年间为三级市镇)	以二姓居此得名,所产扣布最为著名。民居稠密,商贾辐辏。
金山县	朱泾镇(亦称朱溪,县新治,1550年前为三级市镇)	地处江浙达两京之交通要道,出产标布,明时"居民数千家,商贾辐辏"。清乾隆间移县治于此。位于"苏州府由嘉兴府至上海县""松江府由嘉善县三白荡至苏州府"商路要道。1723年后无资料。
	张泾堰镇(张堰镇,亦称张溪,1550年前为三级市镇)	位于自县至府孔道,元、明时番庶殷富。位于"松江府至金山卫"商路要道。
	松隐镇(亦称松溪,1723—1861年间为三级市镇)	自明以来,烟火日盛。"松江府至金山卫"商路途经于此。
	吕巷市(亦称璜溪,1723—1861年间为三级市镇)	居民业纺织,"朱泾锭子吕巷车"。

注:(1)市镇分级资料来源:范毅军《明中叶以来江南市镇的成长趋势与扩张性质》附录二"明中叶以来苏州府、松江府与太仓州各县市镇等级分类表",载台湾"中央研究院"《历史语言研究所集刊》第七十三本,第三分,第527—552页;此外,范毅军另有《市镇分布与地域的开发——明中叶以来苏南地区的一个鸟瞰》(载《大陆杂志》第102卷第4期,2001,第160—175页)、《明代中叶太湖以东地区的市镇发展与地区开发》(载《"中央研究院"历史语言研究所集刊》第七十五本第一分,2004,第149—221页)等文,从各个市镇的具体位置及市镇总体空间分布角度,探讨区域开发与江南市镇的拓展。本节的探讨亦是对其系列研究成果的部分回应。(2)市镇后未做特别说明者,均表示该镇直到1949年后仍保持"第三级"规模。(3)商路资料来源:黄汴《一统路程图记》卷七《江南水路》;程春宇《士商类要》卷一。(4)市镇信息资料来源:相关的府、县、镇方志。

由表一可以看出,在上述共 71 个第三级市镇中,兴起于明中叶嘉靖二十九年(1550)前共 35 个,兴起于明中叶(嘉靖三十年[1551])至康熙末年(1722)共 18 个,康熙末年至清咸丰十一年(1723—1861)15 个。换言之,以明清苏、松、太地区的三级市镇而言,从明代中叶到清中叶(1861)兴起的占总数的 95.8%,兴起于 1862 至 1911 年间的仅有 3 个,1912 年以后则无。

在这 71 个第三级市镇中,经过时光流逝的大浪淘沙,至 1949 年仍保持第三级市镇规模的共有 55 个,占总数的 77.5%。在这 55 个第三级市镇中,兴起于清中后期(1662—1911)的仅有 3 个,占 5.5%,而 1912—1949 年间则为零。也就是说,在清后期至民国初年的这段时间里,江南地区在市镇的发展方面,只是体现了传统市镇格局的延续,却未见大量新的第三级市镇的兴起。由此也说明,构成明清江南地区商品市场网络体系主体的市镇格局,特别是第三级市镇,主要是于明中叶至清乾、嘉时期奠定的。(见图二)

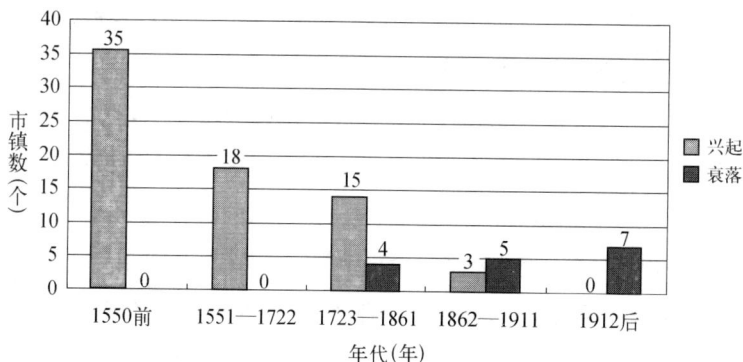

图二 苏、松、太 71 个第三级市镇的兴衰时代

在这 71 个三级市镇中,共有 30 多个三级镇位于明清商书中所记载的商路之上,几占三级镇总数的一半,其中绝大多数于明中叶时即为三级镇。(见图三)

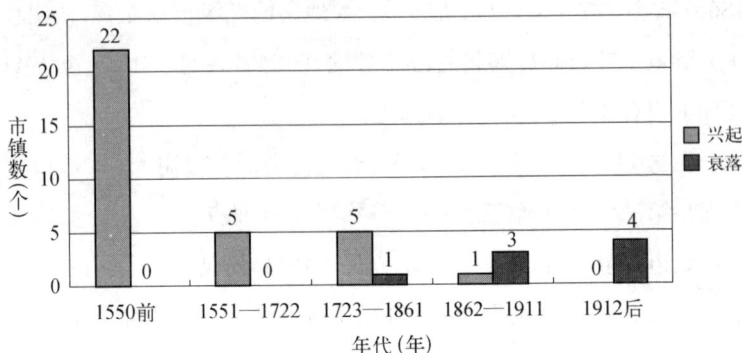

图三　位于商路上的第三级市镇兴衰时代

从表一还可以看出,明清江南市镇的兴起各有特色——或因地处交通孔道而聚集,或因政府设立军政机构而发展,或因手工业、商业繁荣而兴盛,而尤以后者为多。明清时期的苏、松、太地区为江南地区的主要产棉区,因此,表二中的第三级市镇大多为棉花或棉纺织品集散地。位于商路上的枫泾、朱泾、七宝、龙华、唯亭、外冈、南翔、周庄、唐行、朱家角、章练塘、罗店、七宝、真如、千墩、大场等镇,是明清时期著名的棉织品集散中心,平望、枫桥、同里为粮食集散地,震泽为产丝重镇,福山镇、浒墅关均位于交通关口,驻有官方机构。此外,表中其他未列于商路之上的三级市镇中,黎里镇为米粮交易中心,支塘、老徐市、安亭、高桥、叶谢等镇地产棉布,木渎产烧酒,盛泽镇、新杭市为丝织品交易中心,黄家溪(王家溪、黄溪市)"居民多业机杼",娄塘为棉花交易中心,黄渡镇地产蓝靛,靛商会聚,金泽镇以产纺具而著名,周浦镇米市、棉市均盛,新场镇、一团镇、八团镇因盐业而兴,浏河、亭林、张堰、松隐、胡巷(吴淞)等镇因位于交通孔道而兴盛。这些独具特色的三级市镇,构成了苏、松、太地区市场网络的主体。(见图四)

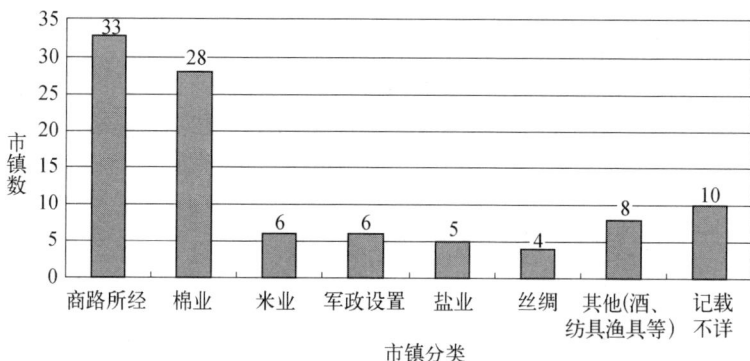

图四　明清苏、松、太地区第三级市镇分类图

从商路中所经过的各个市镇的具体情况看,明清江南市镇的兴衰与市场网络体系的发展相得益彰,息息相关。由此,江南地区市场网络体系与市镇发展之间的互动效应,也非常清晰地展现出来。

(三) 商路与江南地区市场网络体系

从上述明清江南商路的分布走向中可以看出,江南内部已经形成了比较完整的水乡交通网络。密集的河流水道,将星星点点密布于江南水乡平原上的大量中小市镇相互贯通,并与陆路交通相结合,形成水乡市场网络体系,从而改变了传统的零散分布的市场格局,将江南区域经济连为一体。

　　需要指出的是,明清商书中所记商路也只能体现江南地区密集交通网络的一部分,并未涵盖江南交通网络的全部。从商书所载明清江南地区商路的基本情形已可看出,各类大小市镇相当于各个商业网点,它们由密集的河流水道相互贯通,与陆路交通相结合,形成各市镇平均距离约十多里水陆路的水乡市场网络体系。[①] 在这个市场网络内,大多数农民都可以在水陆路半天可抵达的时间内,到达他所要去的市场,进行商品的买卖交换活动,市场网络的完善使得位于其中的各类市镇的经济功能得以充分发挥。

　　以"苏州由杭州府至南海水路"[②]为例:

　　　　苏州阊门。四十五里吴江县。四十里至平望。九里大船坊。九里乌龙浜。九里钱马头。九里师姑桥。九里十八里桥。十八里至乌镇。二十七里琏市。十八里至寒山。十八里新市。三十六里至塘栖。十里武林港。二十里谢村。十里北新关。十里至武林门。十里朝天门。十里草桥门。每人用银五厘,过钱塘江,至西兴。上岸,搭曹娥船,每人与银二分,十里至萧山县。三十里白鹤院。十里钱清塔。四十里绍兴府。八十里东关驿。上岸,每人用银二厘,过曹娥江,又搭梁湖船,每人与银三分。十里至上虞县。二十里坝上。十八里至中坝。四十五里余姚县。八十里西坝。四十里宁波府。……

---

① 这十多里水陆路的距离,实际上是农民在当时的交通条件下,可在半天内抵达目的地的距离,俗称"乡脚"。有学者将其喻为市镇商业辐射区,它包括市镇本身以及市镇周边的农村地区。

② 程春宇:《士商类要》卷一。

这条商路将苏州、杭州、绍兴、宁波四府连通，沿途所经除苏州地区市镇外，还有不少市镇。

乌青镇：乌镇与青镇分属乌程县和桐乡县，两镇隔河相望，当地人习惯合称之为乌青镇。乌青以蚕丝、桑叶为大宗，镇之四栅均设有叶行，买卖极盛。"蚕毕时各处大郡商客，投行收买，平时则有震泽、盛泽、双林等镇各处机户，另买经纬自织"。① 所产棉织品，主要是木棉布，销至闽、广地区。"闽、广人独喜本镇（乌青）之布，以其轻软而暖也"。②

新市：隶属湖州德清县，又名仙潭，是明清时期江南丝织业名镇，商品流通堪称繁荣。其"街衢市巷之整，人物屋居之繁，琳宫梵宇之壮，茧丝、粟米货物之盛，视塘栖较胜，盖俨然一大邑也"。③ 新市所产，以丝织品为主，所出夏布汗巾，"其坚整可喜，夏月用以拭拂，不作汗气"，"是以远人多购之"。此外，新市的米粮贸易也很活跃，"西北二乡并长兴所致者尤多，岁以冬月聚粜于此，贩夫商客籴而转卖他郡者络绎于道"。米行则位于市河保宁桥南部一带。④

塘栖：地处德清县东三十五里，毗邻杭州府仁和县。元末开新开河，连通塘栖与杭州，同时也沟通了苏、湖、常、镇诸府，"两岸人家夹绿波，中间一道是官河"，⑤"长桥跨据南北，实官道舟车之冲"，"市帘沽旗辉映溪泽，丝缕粟米，于兹为盛"。后来发展成为徽商与本地

----

① 康熙《乌青文献》卷三《农桑》。
② 康熙《乌青文献》卷三《农桑》。
③ 康熙《德清县志》卷二《舆地志》。
④ 正德《新市镇志》卷一《物产》。
⑤ 乾隆《塘栖志略》卷下《风俗》。

客商囤丝设行、经营米粮的综合性大镇,成为南北商贾荟萃、货物汇聚之地。[1] 清代,塘栖镇凭借其交通枢纽的地理位置继续发展,生产仍以蚕丝为大宗,"出丝之多,甲于一邑,为土植大宗",[2]是明清时期江南名镇。

绍兴府:明朝,此地蚕丝业和丝织业颇为发达,所属会稽、萧山、上虞、余姚、嵊县、诸暨、新昌等县都产蚕丝,尤以山阴县产绢为佳。纺织品主要有绫、耀花绫、绢、纱、绉纱、葛布、苎布、茧布、绸、木棉等。对绍兴地区而言,丝棉纺织品外,据万历志载,"府城酿者甚多,而豆酒特佳。京师盛行,近省城亦多用之",[3]绍兴酒可谓名誉江南。

余姚:产棉为主,其所产"余姚棉"远销全国。余姚棉即徐光启所说的"浙花",质地优越,不仅远销闽、粤等地,而且本省台州府黄岩、仙居等县的棉纺织业也多依赖余姚棉。"每至秋收,贾集如云,东通闽、粤,西达吴、楚,其息岁以百万计。邑民资是以为生者十之六七"。[4]

萧山县:属绍兴府,丝、棉兼有。所产丝,"运销绍(兴)地,为纺绸、官纱之原料"。主要纺织品种有土布、高布、棉绸、土丝绸、土棉纱等。[5]

上虞县:主要丝、棉纺织品有丝、丝线、丝绸、棉绸、棉丝("亦曰棉纱线,纺棉成丝,比户妇女为之。纺花可织布,亦可缝纫")、冬

---

① 康熙《德清县志》卷二《舆地志》。
② 光绪《塘栖志》卷十八《风俗》。
③ 乾隆《绍兴府志》卷十八《物产志二》。
④ 光绪《余姚县志》卷六《物产》。
⑤ 民国《萧山县志稿》卷一《物产》引乾隆志。

布（亦曰土布）等品种。①

宁波府：亦产丝、棉，其所属的慈溪县所产土丝绸，"其佳者致密光泽，不亚于杭州纺绸"；②所产绢则多用于书画，"宁波画绢色白丝匀，宜画"；③棉花种植主要在沿海地区，"沿海居民种（棉）以为业"，④清代所产布称"吉布，亦曰杜布"。

由上观之，由苏州出发经杭州至宁波之商路，实是将太湖流域水系与浙东地区钱塘江、浦阳江、曹娥江、甬江等水系连为一体，构成了太湖流域经济区与浙东地区经济往来的交通网络，对促进明清时期江南地区的经济发展起着至关重要的作用。这也是江南商路与市场网络体系密切相关的最直观的图解。

江南地区众多的河流港汊，构成了自成体系的江南商路，成为江南地区大宗商品通向全国市场的重要通道。在商品市场流通中占主要地位的棉花、蚕丝及丝棉纺织品，通过商路这一载体，其贸易的触角远及西南滇、蜀，东北辽东和西北秦、晋等地区及至国外，拥有相当份额的国内外市场。

市镇作为各类商品的集聚地，是商品贸易的具体场所，也是市场运行不可缺少的载体。就江南地区商品市场的具体运行而言，最重要的特征是市场网络体系的形成，并根据明清江南各城镇不同的规模、布局及其所形成的经济功能，形成了初级市场、中级市场和高

---

① 光绪《上虞县志校续》卷三一。
② 光绪《慈溪县志》卷五三引《成化府志》。
③ 光绪《慈溪县志》卷五三引《嘉靖通志》。
④ 光绪《慈溪县志》卷五三引《成化府志》。

级市场。① 各级市场的不同运行,产生了不同的社会效果,而商路则是保证各级市场正常运转的不可缺少的必要条件。

初级市场是整个江南地区商品市场体系的基础,明中后期及清代江南地区兴起的大量市镇多属于这类初级市场。大量的初级市场的主要作用,是使江南地区各孤立分散的居民点在尽可能合理的距离内,以初级市场为中心联结起来。初级市场的贸易乡脚形成了江南地区商品市场的第一个层次:以各市镇为中心,乡脚为半径的不规则的多边形经济体。各类初级市场将从中、高级市场得到的信息输送到经济体系的最基层,也正由于它们的存在,才使得江南平原地区的各个角落几乎都感受到了商品经济的冲击波。它的最基础的功能,即调节江南地区民众的日常生活,是农民生活供需平衡的基本点。

中级市场的格局主要由一些具有一定规模的手工业专业市镇

---

① 详见张海英:《明清时期江南地区商品市场功能与社会效果》,载《学术界》1990 年第 3 期。关于市场的类型,学者们的表述各有不同。若按城乡区分,有农村市场、城市市场之别;按商品流通范围区分,有地方市场与全国性市场之分(吴承明:《中国资本主义与国内市场》);按地理区域划分,则有不同的区域市场,如美国学者施坚雅按照自然地理条件划为华北,西北,长江上游、中游、下游,东南沿海,岭南,云贵和东北九大区域(施坚雅:《中国封建社会晚期城市研究施坚雅模式》,王旭等译,吉林人民出版社,1990,第 57 页);陈忠平将明清江南地区市场分为市镇初级市场、城镇专业市场和城市中心市场(陈忠平:《明清时期江南地区市场考察》,载《中国经济史研究》1990 年第 2 期);刘秀生在考察清代全国市场时,分为商品收购市场、商品集散市场和商品零售市场三级市场结构(刘秀生:《清代中期的三级市场结构》,载《中国社会经济史研究》1991 年第 1 期);范金民分为乡村小市场(即小市镇初级市场)、地方专业市场、区域中心市场和全国中心市场四个层次(范金民:《明清江南商业的发展》,南京大学出版社,1998,第 131 页)。

或综合性商业市镇组成,如盛泽、南浔、双林、菱湖、濮院、乌镇、南翔、平望等镇。中级市场的主要作用是将各初级市场相对独立、分散的经济实体互相联系起来,从而将江南区域经济连为一体。它们在肩负着初级市场所具有的调节农民日常生活的功能的同时,还担负着调节本地区经济平衡发展的职责。它们一方面将初级市场的产品不断输入高级市场(中心城市),同时也不断将高级市场的各种经济信息反馈到初级市场,成为初级市场向外界联系的不可缺少的中转站。中级市场的发展程度是江南地区商品经济发展水平的基本标志。

苏州、杭州作为明清时期江南地区的两大中心城市,是江南地区丝、棉纺织品的最大集聚地和对外贸易的主要窗口,它把江南区域经济引向了全国市场,打破了江南经济区域发展的封闭性,并以其自身强大的凝聚力与辐射力调节着江南区域经济与全国经济的协调发展,使江南经济与全国经济的发展遥相呼应,为江南地区的经济发展不断注入新的因素。

仔细比对范毅军文中关于苏、松、太三地市镇等级分类表,我们可以看到,表中所列的各个等级的市镇,基本上对应于江南地区内部市场网络体系的初、中级市场。其中,第一、二级市镇主要处于初级市场体系之中,众多的第三级市镇,特别是那些位于交通要道的各类手工业、商业市镇,则基本上成为江南地区中级市场格局的主体。至此,明清江南各级市镇在市场网络体系中的定位、作用已是非常清晰。

纵观明清时期的各区域市场,贸易网点的分布密度、贸易触角延伸的距离和主要交通要道的利用率,江南地区均居全国前列,这与其密集的河流港汊,独具特色的水乡交通网络密不可分。在这里,商路作为各级市场正常运转的不可或缺的载体,其经济内涵得到了最充分的体现。(见图五)

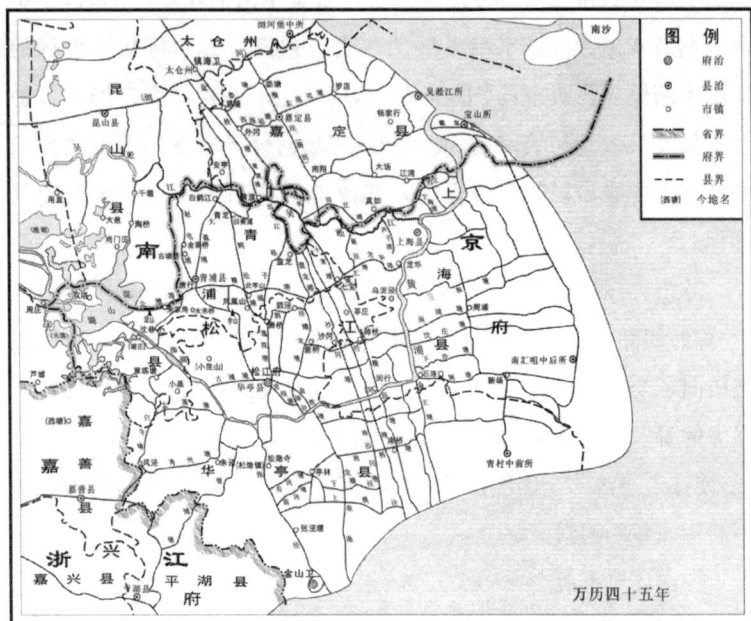

图五　明后期(万历四十五年)松江府至各处水、陆路[①]

正是得益于江南地区内部这种比较完整的市场网络体系,层次分明的市场功能,加之同时期全国范围内城乡市场体系的成熟,江南商品得以源源不断地内输外运,并在跨区域的对外经济交流中,形成

----

① 本图由复旦大学历史地理研究所陈伟庆老师据周振鹤主编《上海历史地图集》(上海人民出版社,1999)改绘,谨此致谢。

了不同类型、不同层次的市场运作。这中间有政府行为的官方市场，如明代江南与西北地区的经济交流；有立足于区域分工基础上的商品流通，如明清江南与闽粤、与长江中上游地区的经济交流；有建于各区域总体经济水平提高基础之上的经济交流；如江南与北方地区的经济交流；更有海外市场的影响——明末兴起的"太平洋丝绸之路"。[①]

频繁活跃的市场流通促进了江南地区商品经济的发展，也直接带动了市镇经济的繁荣。比较清乾隆间与同治、光绪间的江南方志可以看出，明清江南市镇的基本格局奠定于明中叶至清中叶，而众多市镇自身规模的急速拓展则是在清中后期，特别是开港通商之后。以苏、松、太东半部傍海地区而言，明初统归松江府管辖，其下只设华亭、上海两县，到清代嘉庆年间，同一地区则已先后析为金山、娄县、奉贤、华亭、南汇、川沙、上海和青浦八个县之多，"反映了该地区地域开发、人烟聚集、地方事物日趋繁杂的事实"。[②] 其实，从南汇、奉贤、松江、金山等县开港通商后，一、二级市镇密度明显增大的趋势以及原有三级市镇规模的急速扩大来看，恰好说明了明清江南市镇持续繁荣的历史事实，江南市镇持续发展的内在动力，是在传统生产力条件下乡村经济长期厚积的结果。在近代的初期，它尤体现了江南"早期工业化"的成果。

---

① 详见张海英：《明清江南商品流通与市场体系》，华东师范大学出版社，2001，第172—262页。

② 范毅军：《市镇分布与地域的开发——明中叶以来苏南地区的一个鸟瞰》，载《大陆杂志》第102卷第4期，2001，第171页。

二、 商品流通的变化

明中后期开始出现的大量的公开刊印的各类商书,大多是商人根据自己的经商实际需要而编纂的,其中各类商书所载经商规戒、各地风情、风俗土产等篇章,是我们考察明清时期各地物产特色及商品流通与变化的重要史料。本节主要就明清时期较有代表性的商书所载上述相关内容加以对比,通过探讨明清时期各地物产特色及商品的流通与变化,来关注明清商书中的社会史、经济史内涵。

(一) 商书中的明清粮食市场及特色

关于明清时期的粮食市场,此前学界多有研究,并已有相当深厚的学术积淀,[①]但是明清商书中的相关资料,特别是各类粮食作物的产地特色等史料并未引起应有的重视。纵观明清时期的各类商书,有很多关于粮食生产与流通的相关记载,其中尤以程春宇的《士商类要》与余象斗的《三台万用正宗·商旅门》中的记载为详。

程春宇《士商类要·杂粮统论》一节,主要论述了关于贩卖粮食的各种常识,内中便有各地产品的优劣评判。

---

① 可参看全汉昇(1972)、吴承明(1985)、吴慧(1985)、王业键(1989)、香坂昌纪(1991)、陈春声(1992)、蒋建平(1992)、史志宏(1993)、张国雄(1993)、郭松义(1994)、邓亦兵(1994)、方行(1996)、范金民(1998)、张海英(1999、2002)、李伯重(2000、2003)、黄敬斌(2009)、山本进(1988、2012)等人的相关论著。

欲贩芝麻、菜子，须询油价何如。南河蓝麻、海北黄麻为最，连稍油估五十斤。马头、滕县红麻，泇口、峄县白麻为次，也看四十七八。惟五河以下，小河、一队、房村左右者，俱是低麻。所喜者，饱满寡净无黄稍。所恶者，有细土，株有叶缠。不嫌陈缁色，最怕土热黄尖。河南菜子，高者三十六七；长江好者，也有三十四五。所贵者，老干净润。所贱者，嫩□瓜棱。要知好歹，探筒滑顺到底者必干；界尺一推，两瓣木樨黄者为上。……

糙米须看糠之粗细，皮之厚薄，开手软硬，谷嘴有无，再看颗粒饱满，干硬无稻者为高。有圖碎软、有稻者勿买。饭米最嫌者，老艮身热，秕子拖锵。糯米所贱者，阴杂花斑，断腰尖细。上江早米，竹芽籼好于乱亡籼。无锡晚米玉色，别处俱是白脐。大麦饱有青白色，无须寡净者为良，细有长芒壳黄者为贱。小麦清深皮厚者，面少；饱有皮薄者，面多。堆晒须是伏天，若经秋风，多蛀。堆米之仓，不宜堆麦；堆麦之仓，不宜堆米。……

绿豆全青者皮厚，取芽菜最高；蜡皮者皮薄，洗真粉第一。黄豆无灰土、肥圆寡净、精神沉重者，多油；青花黑杂、有圖毛衣、土珠、破损者，油少。胶州青，南京盛作。丹阳青，过塘偏宜。黑豆一窠蜂，快在上马料之月。藜豆花斑石，行于豆饼燥之年。襄豆圆大色光润，带胭脂瓣者多腐。陈豆色浑白，咬开瓣儿通红者，无油。如堆垛者，须要晒干，潮则瘟白，唯稻米、芝麻、绿豆还可煞长，二麦、黑豆、麦子不耐久垛。卖豆莫胜于瓜洲，稻谷芜湖上路位，芝麻、菜子又让高邮，米麦杂粮枫桥去广。大概略言其旨,买卖见景生情。①

　　明清时期的商品贸易,主要在于利用区域距离赚取商品差价。贱买贵卖,囤积居奇,成为众多商人获取利润的主要方法,商人特别需要注意各种物产的季节、产地、价格、品质、年成丰歉等信息。因此,程春宇在这里主要偏重于介绍辨别稻、麦、豆类等粮食作物品质优劣以及如何保养储存粮食的基本常识,而关于此类方面的训戒常识也就成为明清商书的重要内容。从《杂粮统论》的训戒中,我们可以看到明代粮食作物产销方面的诸多信息,如滕县红麻与峄县白麻的优劣,河南菜子与长江菜子的比较,无锡晚米的广受欢迎,胶州绿豆在南京的畅销等。此外,还有瓜洲的豆市之盛,芜湖稻谷、高邮芝麻与菜子之优势,以及枫桥米、麦杂粮市场的运销之广。这些均为我们提供了研究明清时期粮食生产与流通的重要信息,也弥补了以往粮食运销研究中相关史料的缺憾。

　　相比之下,《三台万用正宗》卷二十一《商旅门》中关于贩卖商品所需掌握的专业知识的介绍还要详尽。《商旅门》中共有"客商规鉴论、船户、脚夫、银色、煎销、秤锤、天平、斛斗、谷米、大小麦、黄黑豆、杂粮、芝麻、菜子、田本(即豆饼等肥料)、棉花、棉夏布、纱罗缎匹、竹木板枋、鞋履、酒曲、茶、盐、果品、商税、客途、占候、论世情、保摄、论抢客奸弊"等近 30 个专题,分门别类地介绍了经商相关的专业知识、经验之谈及为商处事之道。而其中"谷米、大小麦、黄黑豆、杂粮、芝麻、菜子、田本(即豆饼等肥料)、棉花、棉夏

────────────

①　程春宇:《士商类要》卷二《杂粮统论》。

布、纱罗缎匹、竹木板枋、鞋履、酒曲、茶、盐、果品"等专题,则是专门介绍相关商品的产地分布、产地特点、优劣标准、对新旧品种的识别分辨以及价格方面的专业知识,从中可以看出相关产品的商品流向。①

以"谷米"一节为例,在这里既有辨别产品优劣常识的介绍,同时,更增加了不同产区稻米的特色介绍。

(断稻)糙米须看糠之粗细,皮之厚薄,开手软硬,谷嘴有无。至分数者要估糠之多少,稻之肥瘠再加。开手便见椿头,最嫌老艮身热,秠子拖锵……(酿酒)江南糯米无糟有酒,江北糯米有酒有糟。金(坛)、宝(应)圩、高邮、邵伯湖西高者可也,六合县、湖广、淮西、江右未足称之。胭脂糯米肥而多汁,粉皮糯米长而多糟。所尚者,衡鳞粗肥有酒;所贱者,阴花尖细无浆。西柳条米莹白而香,丰润粳稻香而有味,镇江官塘桥白米在次,徐州丰县泊红米为尊。泰州箩淘米粒作整齐,煮饭反淡。宝应母猪林围而且壮,作粥却甜。高邮糯米有瘦有肥,碾房铺家最猾;兴化晚米又肥又壮,船家脚子最村。无锡白米煮饭虽娇,蒸糕似雪;瓜州晚米作粥多味,舂粉甚缁。无锡饭米玉色,别处俱是白脐。庐州府黄花籼米多有舂头,无为州竹芽籼甚无踈数……胶州米如泰州熟而多砂,日照米不及胶州。湘潭米壮

① 限于篇幅,本节主要论及稻米、豆麦等粮食作物及丝棉纺织品,其他如"芝麻、菜子、杂粮"及"田本(即豆饼等肥料)、竹木板枋、鞋履、酒曲、茶、果品"等产品拟另撰文分析。

于湖广,巢县米细似湖西。南昌米碎于汉口,赣州米老艮而多砂,建昌米粗肥而好看……①

至此,江苏、安徽、湖广、江西等主要产米区的稻米优劣特点一目了然,甚至以往不太引起关注的山东胶州米、日照米也榜上有名。从作者关注的产米区域看,"江苏米"占据相当篇幅,说明明代"苏米"是商人们关注的重点,在当时的粮食贸易流通中占据相当重要的地位。因此,本节关于谷米相关知识的介绍以及"苏米"在商人心目中所占据的重要地位,从另一侧面也是对"苏湖熟,天下足"这一民间谚语的诠释与写照。

豆类的产区则主要以山东、江苏、河北、河南、安徽、山西为主。

> 至夫豆者,胶州鹅黄、海白、海青,干净精神,可谓上等。徐州山黄、水白早豆,肥圆寡净,却在次之。江南□河,沂河郯城,壮者可类鹅黄。汴河小窑,归德道口,净者就同徐郡。济宁□河,颗粒圆小而精神,谷亭沛县,身分相类而多缠。颍州豆,肥大而多黑间,却乃多油。汝河豆,子母而有精神,不在其下。……闸河黑豆一蜂窝,江南黄豆漫山滚。西河黑豆肥圆,亳州黑豆碎杂。房村吕梁青豆、黑豆,虽大而扁;南河江北青豆、黑豆,既大而圆。□阳黄豆扁小,全江皮白肥圆,沔阳扁大而润,带脂红者多腐。荆河小豆,细硬皮厚,□□眼者为高。又有一等青豆,南

---

① 余象斗刊刻:《三台万用正宗》卷二十一《商旅门》。

京甚作……①

这一段记载较之程春宇《士商类要·杂粮统论》篇亦更为详尽，其中所反映的胶州豆质地优良及胶州青豆在南京市场的畅销，均与《杂粮统论》互相印证。这里，商书中对各地豆类的品质对比弥足珍贵。以往我们从各地方志的《风俗》《物产》篇所载中，可以了解到各地物产种类及相关品质，但各地方志记载难免"王婆卖瓜，自卖自夸"，不同区域间的同质产品相互之间往往缺乏比较，如今，商书中大量的同类产品的品质比较，则使我们对各地物产的优劣特点了然于胸。而且，商人们"在商言商"的独特眼光，也使人们从他们对诸种产品的质量评判中，解读出各类产品的受欢迎程度及其可能的市场流向。

（二） 商书中的明清棉纺织品市场的变化

关于全国范围的物产及流通，明代《华夷风物商程一览》与清代《商贾便览》②中的记载颇有代表性。

《华夷风物商程一览》一书的特色是全书分上、下两栏合刻，上栏有"两京十三省府州县名及土产""四夷土产"，并附"各省王府及禄米俱备""天下吏员月支俸米""文官服色""武官服色""文官月俸""历代国都""历代歌""大明清海甸""南京城门歌""北京城门歌"。下栏是

---

① 余象斗纂辑：《三台万用正宗》卷二十一《商旅门》。
② 该书由乾隆年间吴中孚编撰，本节所用为道光二年刊本。

各地水陆路程。该书采用了将地理知识与士、商实用知识合刻在一起的形式，虽然题名"商程一览"，但实际上收入了士、商双方必要的信息，折射了明中后期日趋增多的士、商渗透与相互关联的社会现实。

《商贾便览》由清代乾隆年间商人吴中孚撰写，主要内容有"江湖必读原书""工商切要""经营粮食吉凶日期""各省疆域风俗土产""异国口外土产""各省买卖码头""各省关税""各省盐务所出分销地方""算法摘要""开秤市谱""弁银要谱""应酬书信""月令别名""天下路程附土产马头关税"等章节，内容上较明代的《商程一览》更加丰富，被视为清代颇具代表性的商书之一。

这两部商书均采用将地理知识与士、商实用知识合刻在一起的形式。《华夷风物商程一览》偏重于商路信息，《商贾便览》偏重经商常识。《华夷风物商程一览》"上栏目录：两京十三省府州县名及土产"与《商贾便览》"各省疆域风俗土产"，对当时全国各府、州、县所产物品记载十分详尽。其中，关于棉纺织品的产销记载值得关注。

徐光启在其《农政全书》中曾提及："中国所传木棉，亦有多种：江花出楚中，棉不甚重，二十而得五，性强紧；北花出畿辅、山东，柔细中纺织，棉稍轻，二十而得四，或得五；浙花出余姚，中纺织，棉稍重，二十而得七，吴下种，大都类此。"①以往学界研究成果也表明，至明代，政府强制性地推行植棉种桑政策，棉花种植在全国范围内得以普遍推广和发展。明后期，全国南北直隶州等 13 个布政使司中，共

---

① 　徐光启：《农政全书》卷三五《木棉》，收入《影印文渊阁四库全书·子部》第 73 册，影印本，1986，台湾商务印书馆。

有 82 个府州出产棉花,产棉府州数已占全国总府数的一半以上;在这 80 多个产棉府里,产棉县占全国总县数的 1/4 到 1/3 之间。[①] 此前笔者曾以各地方志及文人笔记、碑刻为主要资料,对明清时期江南地区的棉花与棉布流通情况有所探讨,并注意到,明中后期开始,在江南地区形成了以松江府、太仓州为中心,兼及常州府、苏州府及嘉兴府等部分县镇的棉花种植区,这也是明清时期全国最大的、农村家庭棉纺织业最发达的地区。明清两代南北方的棉花与棉纺织品的销售流向有很大不同。

以棉花的贩运为例,明中叶以后,北方的山东、河南、河北等地的植棉业迅速发展,鲁西、鲁西南地区及河南中部地区成为华北地区重要的棉花生产基地,但这时先进的纺织技术仍在南方闽广、江浙一带,北方地区的纺织水平尚无法与南方产品竞争。因此,北方的大量棉花反倒成为江南棉纺业的重要原料来源,明代棉花流通的基本趋向是"北花南运"[②]。像山东兖州府,"土宜木棉,贾人转鬻江南,为市肆居焉。五谷之利,不及其半矣"[③]。同时,明代江南棉花也大量远贩闽广。福建在明代已是丝绸纺织技术比较高的地区了,这一技术也被棉纺业所汲取,但该地不产棉花,便借地利之便,每年向松江、太仓地区购买大量棉花。"闽粤人于二三月载糖霜来卖。

---

① 从翰香:《试述明代植棉和棉纺织业的发展》,《中国史研究》1981 年第 1 期。
② 详张海英:《明清江南地区棉布市场分析》,《华东师范大学学报(哲学社会科学版)》1991 年第 1 期;《明清江南地区棉花市场分析》,《上海社会科学院学术季刊》1992 年第 3 期;《明清江南商品流通与市场体系》第三章《明清江南内部的商品市场分析》,第 84—94 页,第 130—147 页。
③ 万历《兖州府志》卷四《物产》。

秋则不买布,而止买花衣以归。楼船千百,皆装布囊累累,盖彼中自能纺织也。每晨至午,小东门外为市,乡农负担求售者,肩相摩,袂相接焉。"①太仓州鹤王市棉花,尤得南方商人赏识,"闽广人贩归其乡者,市题必曰太仓鹤王市棉花。每秋航海来贾于市,无虑数十万金,为邑首产"②。

就棉纺织品而言,明代江南地区各类棉纺品中,除紫花布、药斑布、兼丝布等特色布种外,主要以木棉布为大宗。木棉布的品种很多,有小布(扣布)、稀布、飞花布以及三梭、放阔、新改、标寸布等,"各村镇自立名色,不能殚述"③。常熟、嘉定以药斑布、棋花布、斜纹布、兼丝布等为盛。④ 太仓州出产之布,"苎布真色曰腰机,漂洗者曰漂白,举州名名之。岁商贾货入两京,各郡邑以渔利"⑤。名目繁多的棉布种类反映了江南棉纺业生产的普遍和分工的细致。从松江府和太仓州各县镇方志记载看,江南各地以较厚实的标、扣布等的产地最多,生产额也最大。一些高级布种如药斑布、丁娘子布等则体现了当时江南地区较高的纺织水平。

明代与"北花南运"现象相对应的则是江南棉纺品"衣被天下"的全国性销售,一如正德《松江府志》所载,"吾乡所出,皆切于实用。如绫、布二物,衣被天下,虽苏、杭不及也"⑥。其中,标布主要销往西北、

---

① 褚华:《木棉谱》,收入《中国方志丛书·华中地方》第四〇四号,《上海掌故丛书》第 1 集,成文出版社,1983,第 888 页。

② 乾隆《镇洋县志》卷一《风土》。

③ 崇祯《松江府志》卷六《物产》。

④ 正德《姑苏志》卷十四《土产》。

⑤ 弘治《太仓州志》卷一《土产》。

⑥ 正德《松江府志》卷四《风俗》。

华北地区,也被称为"南布北销"。叶梦珠《阅世编》中的记载反映了当时标布销往北方地区之盛况:"上阔尖细者曰标布,出于三林塘者为最精,周浦次之,邑城为下。俱走秦、晋、京边诸路。""前朝标布盛行,富商巨贾操重资而来市者,白银动以数万计,多或数十万两,少亦以万计。"①明中后期正值晋、陕商人活跃于全国各地的鼎盛时期,标布向以厚实、耐用而著称,又较小布为阔,较适合于北方风沙寒冷地区御寒之用,故尤受北方商人的青睐,被大量转贩西北、华北各地。此外,布坊所产的踏光布,也大多行销北方。"布质紧薄而有光。此西北风日高燥之地,欲其勿着沙土,非邑人所贵也。"②

　　明代江南地区棉纺业对棉花的大量需求,刺激了北方地区棉花种植业的发展,从而为北方棉纺业在清代的兴起奠定了基础。同时,随着大量的"南布北销",南方先进的纺织技术也传入了北方地区,带动了北方地区棉纺织业的发展。到清中叶以后,直隶南部及中部地区都已广种棉花,纺织业也遍及各乡。"冀、赵、深、定州诸州,属农之艺棉者十八九,产既富于东南,而其织纴之精,亦遂与松、娄匹。……更以其余输溉大河南北凭山负海之区。外至朝鲜,亦仰资贾贩,以供褚布之用。"③到乾隆、嘉庆年间,北方已出现十多个棉纺区,其产品不仅供应本地区的棉布消费,还有部分外销。山东蒲台县,"户勤纺织","既以自给,商贩转售,南赴沂水,北往关东";④直隶河间府,"景

① 叶梦珠:《阅世编》卷七《食货五》。
② 褚华:《木棉谱》。
③ 方观承:《御题棉花图册跋》,载董诰辑《授衣广训》,收入郑振铎编《中国古代版画丛刊》第 4 册,上海古籍出版社,1988,第 712—713 页。
④ 乾隆《蒲台县志》卷二《物产》。

州之布称龙华，龙华镇所出也。洁白细好比于吴中"①。

北方棉纺业的兴起冲击了江南地区的棉纺业，及至清代，大量的"北花南运"现象不复存在。同时，由于北方各地纺织手工业的兴起，江南地区的棉纺产品市场也大受排挤，明代曾在北方市场雄踞一时、独占鳌头的江南棉织品，到了清代，销售范围缩小。标布的盛行到清代即转衰落，代之而起的是中机布的畅销——主要"走湖广、江西、两广诸路，价与标布等"②。这样，江南地区棉纺品的销售市场也发生了重要变化：从明代以华北、西北等北方地区为主要市场而转向清代江西、两广等南方地区市场。

这一棉花及棉纺织品市场流向的变化在商书中也有所反映。明代《华夷风物商程一览》"两京十三省府州县名及土产"节，内中明确载有生产各类棉纺织品的地区，主要有苏州府（药斑布、苎布）、松江府（药斑布、三梭布）、太仓州（苎布），浙江杭州府（丝）、湖州府（丝、绸、棉）、金华府（葛布），江西南昌府、临江府、吉安府、赣州府、袁州府（葛布、苎布），湖广汉阳府（线布）、承天府（棉花）、长沙府、衡州府（葛布），福建兴华府（苎布、丝布、葛布、绒纺）、南平府（白苎布），四川黎州（花斑布）、播州（□布）、广东（蕉布［指芭蕉纤维所做］、纱布），广西（红蕉布、麻布）；云南永昌（细布），贵州铜仁府、黎平府、平越卫（葛布）。③ 值得注意的是，山东、河北作为清代棉纺织品的主要产区，在明代有种植棉花的记载，但均没有生产棉布的记载。

---

① 乾隆《河间府新志》卷四《物产》。

② 叶梦珠：《阅世编》卷七《食货五》。

③ 陶承庆：《华夷风物商程一览》上栏目录"两京十三省府州县名及土产"。

成书于乾隆年间的《商贾便览》的记载中，显示出清代丝、棉纺织品的生产区域大大增加。其书中明确记载生产棉花的府县主要有：顺天府，直隶省易州、河间府，江南省太仓州，浙江省余姚县，江西省吉安府，湖北省汉阳府、安陆府、武昌府，河南省彰德府，山东省济南府、济宁府、曹州府、莱州府，云南省曲靖府，贵州省镇远府等。① 与此同时，棉纺织品的生产地区较之明代更有明显增加。仅以河北、山东两地为例，明代的《华夷风物商程一览》中两地没有生产棉织品的记载，而清代，两地诸多府州均有丝棉纺织品生产。（见下表）

表一　清代直隶、山东两地的丝棉纺织品产区

省　份	府　州	棉织品	丝、毛织品
直隶省	保定府		绸
	河间府	布、棉花	
	易　州	棉花	
	冀　州		茧绸、绢
	赵　州	布	丝
	深　州		饶阳绸
	定　州		绫
	顺德府	丝布	
	大名府		绵绸、绉绸、长垣绸
	广平府		毡
	宣化府		阿敦绸

---

① 吴中孚：《商贾便览》卷三《各省疆域风俗土产》。

省 份	府 州	棉织品	丝、毛织品
山东省	济南府	棉花、布巾	丝、茧绸
	泰安府		茧绸
	武定府		绢
	兖州府		纹绫
	济宁府	棉花	丝、茧
	沂州府		茧绸
	曹州府	棉	绢
	东昌府	棉	临清绸、张秋毡
	临清州		绸
	青州府	布	绫
	莱州府	棉	

资料来源：《商贾便览》卷三《各省疆域风俗土产》。

从《华夷风物商程一览》与《商贾便览》的比较中,我们可以看到,清代棉纺织品重要产地河北与山东地区,在明代几乎没有出产布匹的相关记载,明代的棉纺织品产地主要是在苏州府、松江府与太仓州,其他如浙江金华府,江西袁州府、南昌府、临江府、吉安府、赣州府,湖广长沙府、衡州府,福建兴化府等主要出产传统的葛布与苎布,体现了明代棉纺织品"南布北销"的流向特点。清代乾隆年间的《商贾便览》,内中所载20省、253个府州的1 800余种土特产,从中可见,多省府州已有生产丝、棉织品的记载,丝、棉纺织品的生产几呈普遍之势。[①] 这与

---

① 吴中孚:《商贾便览》卷三《各省疆域风俗土产》。

学界以往研究所指出的明清棉纺织品的市场变化流向基本相符。

　　需要指出的是,商书中所记丝、棉纺织品产地虽然没有各地方志记载之广、之详,但考虑到商书乃明清商人们的"行业指导书",商书中所青睐的产品更能获得商人们的关注,较之各地方志"物产篇"中所载的各种物产,商书中的物品参与跨区域的贩卖流通的机率要更大些。

（三）　商书中对各地产品的评价

　　商书中对各地农产品、手工业品的质地评价也比较有特色。除前述粮食产品的相关记述外,以丝、棉纺织品而言,《三台万用正宗·商旅门》"纱罗缎匹"一节中记载:

　　　　若论纱缎匹,好歹不同。要知真假高低,略言其旨。南京纱缎虽多,高低不等,只有黑绿出名。镇江缎绢虽少,身份却高,最有大红出色。苏州纱缎有名,或硗或粉,帽料独高。杭州缎绢重浆,少于清水,清罗可也。苏州织手却高,别处织手不及。绒锦贵而丝锦低,潮绢硗而衢绢脆。漳州绢可,四川锦高。嘉兴绢也有高低,王江硗绫亦有好者。松江绫最高,更有抹绒云布。杭州绫在次,湖州绝好绸绵。绵绸之伪,唯怕丝经。丝绵弊情,口藏粉石。山东生绢乃干丝,南京生绢衔浆粉。……潞绸轻佻而禁穿,绵绸轻软而飘逸。[1]

────────────

[1]　余象斗纂辑:《三台万用正宗》卷二十一《商旅门·纱罗缎匹》。

"棉夏布"一节指出,"至于布匹,真正松江,天下去得,但凡别处,去则不同。东重尤墩大布,纵然利重去头微;改阔,四泾本名,纵使利轻百家货"。布匹销售的区域特点各不相同,上海松江之布销售临清一带,"岭南百粤,粗细都行。湖广、四川,细粗都用。山东东路多去斜洛泾,江西西路略去松江货。辽东口外货同河西务。临清、山西、陕西即去汴梁之货。北粗布多去九边,江西布多去岭表。丰年多快,歉年迟脱手,虽难终把稳。收时全凭眼力,卖时最要操心。一到本行,还向别行打听,何行出货,何行价值高低"。至于各处布匹特点,"三林塘身分阔长,胜似南祥(南翔),珠泾(朱泾)差池不多,乌泥泾比江阴而较软,章练塘次常熟而多浆,嘉兴与各行细者,不及松江"①。随后,该书对平机布、夏布、福建葛布、木渎麻布、无锡麻布等布匹的品种特点又有详细分析。这些纺织品专业知识及品质的介绍,既有利于商人买卖时鉴别质量,也为我们今天了解各地物产特点提供了重要史料。在对各地布匹质地的优劣评估中,太仓、松江两地的棉织品占据很大的篇幅,反映出当时江南棉布在商人眼中的重要地位,自然也就成为其异地贩运的重点。

　　明清商书中关于各地物产的记载,与各地方志"物产篇"相关记载异曲同工。明代商书记载较多的是天然出产的物产,如果品、中草药、矿产等,而清代所载各地农副工产品种类大为丰富,其中手工产品数量大增。如明代的松江府,所记物产仅有"盐、药

---

① 　余象斗纂辑:《三台万用正宗》卷二十一《商旅门》。

斑布、三梭布"数项，太仓仅有"苎布"一项，①而清代的太仓州则有"苎布、棉花、大红布、崇明大布、凉鞋"数项，松江府更有"绫、三梭布、花毯、盐、谈笺、锦、顾绣、山茶、鲈鱼、黄雀、天花粉、兰、笋"等十余项；②浙江的杭州府，明代主要有"缎、蟹、藕、（钱塘、富阳）杨梅、（海宁）盐、（余杭、于潜）黄精、冬笋、（昌化）漆"等物产，以农产品为主，清代则有"绫、罗、绸、缎、纱、线、纸、棉布、龙井茶、锡箔、藕粉、杨梅、笋、黄精、铅粉、帽纬、茯苓、麦冬、于潜白术、西湖鳗鱼、鱼、昌化图书石、杭扇、棉"等二十余种，其中半数以上为手工产品。

　　商书所载各地物产从天然的土特产品的汇集到大量的手工业品的增加，反映了明清各地社会经济分工发展的客观进程。在这类比较集中的物产对比方面，明清商书确实为我们留下了非常珍贵的史料。即便同样属自然生产的农牧土特产品，因商书更多地承载了商人们"在商言商"的独特眼光，故而其进入长途贩卖、商品流通领域的可能性，要高于方志中笼统记载的各类产品。

　　综上所述，明清商书中所记载的各类物品的产地与数量，虽然没有各地方志的"风俗""物产"篇记载之广、之详，但是，考虑到商书乃明清商人们的"行业指导书"，较多地承载了独特的商业元素。因此，较之各地方志中所记载的各类物产，商书中所记载的诸种产品更易

① 陶承庆：《华夷风物商程一览》上栏目录"两京十三省府州县名及土产·松江府·太仓"。
② 吴中孚：《商贾便览》卷三《各省疆域风俗土产·江南省·松江府》。

进入商人们的贩卖视野,进而参与商品跨区域的市场流通。此外,商书中对各地同类产品的质量评价,也令人们可以从中解读各类产品的受欢迎程度及该产品可能的市场流向。

第四章 "取财以道,利己利人乃见本": 商书所表现的经商实践

一、"继绍先人，训成后裔": 商人的职业教育

中国古代,商人从商获得具体商业操作的实用知识与技能,主要是师徒式的言传身教以及自身在商场中的体悟。以徽商而言,按徽州习俗,一个人长到 16 岁,如果举业无望的话,就要出门做生意。徽州子弟开始进入商界,大多必须经过一个学生意的阶段,一般为三年时间。有些拥有相当资本的商人,也往往先把子弟送到店中当学徒,目的是使子弟熟悉商业的基层情况,受到一定的锻炼。而商书的出现,则大大改变了这种传统的商业教育模式。商业贸易具体运作过程中诸多的知识与技能、商业经营原则、水陆路程知识等,均可通过商书来传授,从而大大拓展了商业教育的内容、途径和范围。[①] 商书通过介绍与经商相关的专业知识,展示了各地商人、商帮的经营方式

---

① 李琳琦:《从谱牒和商业书看明清徽州的商业教育》,《中国文化研究》1998 年总第 21 期。

和经营特色,有助于我们深入了解明清商人的从商实践。

从明清商书中所体现的商业知识的传授特点来看,公开刊印的商书多以行商所需知识为主,主要介绍交通路线、途程知识、各地商品行情、经营买卖各类商品的专业知识等内容。坐贾方面的商书,因时常涉及店家内部的经营秘密或行业窍门,初以抄本为多,刊印本多出现在清后期。而一些涉及本行业技术秘密、专业针对性较强的商书,主要都是以抄本的形式在业内传授。

(一) 行商心理素质的要求和培养[①]

明代中叶以后,大量刊刻的日用类书中,也容括了部分与经商密切相关的商业知识内容,明代万历年间余象斗的《三台万用正宗》便是其中之一,它既是内容丰富、适合民众日常生活之用的典型的日用类书,又因其卷二十一《商旅门》是针对商人而作,而具有鲜明的商书特色。

严格地说,日用类书与商书并不等同。商书多以商业经营为主要内容,包含商人职业道德、商业经营思想、经营方法、商业知识等方面的内容,日用类书(清代多称之为"万宝全书")更多地是适合民间普通大众的日常生活所用,其内容庞杂,天文、地理、气象、旅游、养生、卜验、交际应酬等均包容其中,属应用性很强的生活百科全书。《三台万用正宗》作为民间日用类书的代表作,也体现了这种内容综合、互相包容的特点。在内容分布上,全书从天文地理、四时季

① 作者按,此处的行商,主要指外出经营类商人,与下文的坐贾相对应。

节、周边关系、拜师从儒、礼仪、音乐、律例、琴棋书画、赌博、体育活动等到医学知识、星相占卜之术、风水营宅、农桑、算法数学、宗教知识等与民众日常生活相关的内容,无不包容其中。该书的卷二十一《商旅门》,则主要偏重于行商经验之谈和商品知识的介绍与经营方法的总结,还有对经商者基本业务素质的要求。其论及行商规范与注意事项的《客商规鉴论》,成为后来商书的必引篇章。从这个角度言之,《商旅门》具有鲜明的商书特征,应被视为明代日用类书中的商书。①

《三台万用正宗》卷二十一的《商旅门》中共有客商规鉴论、船户、脚夫、银色、煎销、秤锤、天平、斛斗、谷米、大小麦、黄黑豆、杂粮、芝麻、菜子、田本(即豆饼等肥料)、棉花、棉夏布、纱罗、缎匹、竹木板枋、鞋履、酒曲、茶、盐、果品、商税、客途、占候、论世情、保摄、论抢客奸弊等近30个专题,分门别类地介绍了经商相关的专业知识、经验之谈及为商处事之道。

《客商规鉴论》是一篇非常典型的商人入门之文,也是现存明代最早的一篇阐述商业经营规范的比较完整的篇章。它非常概括地论述了客商(主要是行商)应有的心理素养、经商的基本原则与要求,从商人出门开始所需注意的财物安全、结伴搭伙之事项,到经商途中的投宿问店、审择牙行,再到节气与物产、买卖时机的把握等,均有涉及。有些经验虽是经商的基本常识,但不少内容饱含经营哲理,反映出商人对于复杂变化的商情的知识积累及对商业伦理的初步建构。

---

① 拙文《日用类书中的"商书"——析〈新刻天下四民便览三台万用正宗·商旅门〉》,载中国明史学会编《明史研究》第9辑,黄山书社,2005。收入本节时有较大删改。

明清后来所出商书中有关商业经营的部分都有与之类似的内容。

原文一气呵成,现按其内容分为几段予以分析,从中可以窥见当时商书的基本概貌。

夫人之于生意也,身携万金,必以安顿为主。资囊些少,当以疾进为先。但凡远出,先须告引。搭伴同行,必须合契。若还违拗,定有乖张。好胜争强,终须有损。重财之托,须要得人。欲放手时,先求收敛。

未出门户,须仆妾不可通言。既出家庭,奔程途,贵乎神速。若搭人载小船,不可出头露面。尤恐船夫相识,认是买货客人。陆路而行,切休奢侈。囊沉箧重,亦要留心。下跳上鞍,必须自掣,岂宜相托舟子车家?早歇迟行,逢市可住。车前桅下,最要关防。半路逢花,慎勿沾惹。中途搭伴,切记妨闲。小心为本,用度休狂。慎其寒暑,节其饮食。

到彼投主,须当审择。不可听邀接之言,须要察貌言行动静。好讼者,人虽硬而心必险,反面无情;嗜饮者,性虽和而事多疏,见人有义;好赌者,起倒不常终有失;喜嫖者,飘蓬不定或遭颠。已(以)上之人,恐难重寄。骄奢者性必懒,富盛者必托人。此二等非有弊,而多误营生。真实者言必忭,勤俭者必自行。此二般拟着实而多成买卖。语言便佞扑绰,必是诳徒;行动朴素安藏者,定然诚实。预先访问客中,还要临时通变。莫说戾家,要寻行户,切休刻剥,公道随乡。义利之交,财命之托,非恒心者,不可实任。

买卖虽与议论,主意实由自心。如贩粮食,要察天时。既走

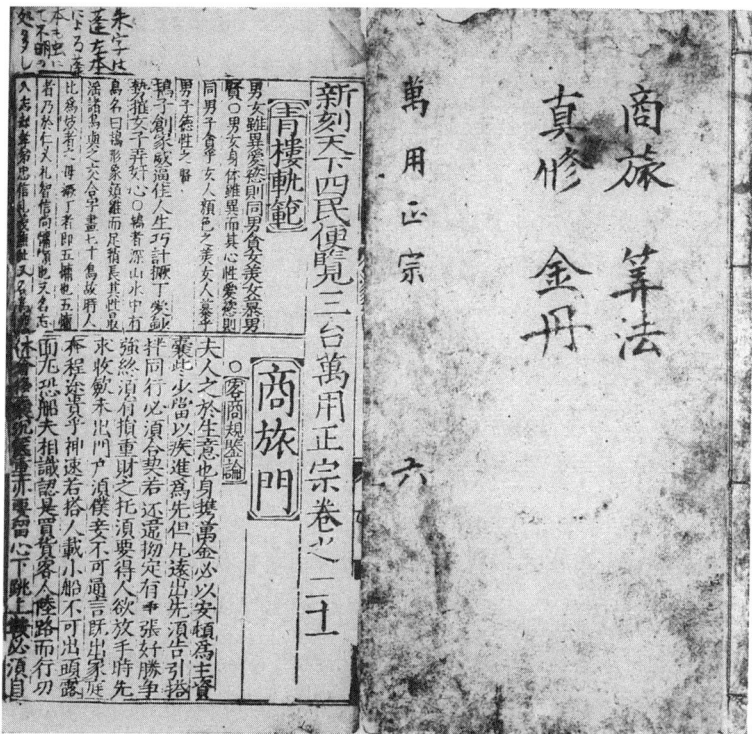

《三台万用正宗·商旅门》内文页

江湖，须知丰歉。水田最怕秋干，旱地却嫌秋水。上江地方，春播种而夏收成。江北江南，夏播种而秋收割。若逢旱涝，荒歉之源。冬月凝寒，暮春风雨，菜子有伤。残夏初秋，狂风苦雨，花麻定损。小满前后风雨，白蜡不收。立夏之后雨多，蚕丝有损。北地麦收三月雨，南方麦熟要天晴。

水荒尤可，大旱难当。荒年艺物贱，丰岁米粮迟。黑稻种可备水荒，荞麦种可防夏旱。堆垛粮食，须在收割之时，换买布匹，莫向农忙之际。须识迟中有快,当穷好处;藏低再看紧慢,决断不可狐疑。货贱极者,终虽转贵。快极者,决然有迟。迎头快者可买,迎头贱者可停。价高者只宜赶疾,不宜久守,虽有利而实不多,一跌便重。价轻者方可熬长,却宜本多。行一起而利不少,纵折却轻。堆货处,要利于水火。卖货处,要论之去头。买要随时,卖毋固执。如逢货贵,买处不可慌张。若遇行迟,脱处暂须宁耐。货有盛衰,价无常例。放账者纵有利而终久耽虚,无力量一发不可。现做者虽吃亏而许多把稳,有行市得便又行。得意者,志不可骄,骄则必然有失。遭跌者,气不可馁,馁则必无主张。买卖莫错时光,得利就当脱手。[①]

文中首先指出,“但凡远出,先须告引。搭伴同行,必须合契”。换言之,外出经商首先要获得官府的批准,要有官府核准的票引,才能整装成行。搭伴同行,也要找性情相投之人。为人要随和,不能过于乖张和争强好胜。出门之前,行程要注意保密,不要随意与妻妾仆人谈论。既出家门之后,路上要谨慎行事,不要轻易抛头露面,以免被船夫认出是买货的客人。无论上船下车,都要尽量自拿行囊,不能随便相托船夫车家。为人要稳重持成,不可轻佻花心,拈花惹草,以免节外生枝。要“慎其寒暑,节其饮食”,处处小心为上,“用度休狂”。

到达目的地,投靠牙行,尤要随机应变,不能莽撞行事。文中将牙行列为“好讼者、会饮者、好赌者、喜嫖者、骄奢者、富盛者、真实者、勤俭者、语言便佞扑绰者、行动朴素安藏者”十种,指出只有真实者、

①　余象斗纂辑:《三台万用正宗》卷二十一《商旅门·客商规鉴论》。

勤俭者、行动朴素安藏者，属诚实可靠之列。要察言观色，审择牙行。"义利之交，财命之托"，因此"非恒心者，不可实任"。

《客商规鉴论》告诫从商者，经商不是简单的买进卖出，要想在变幻莫测、竞争激烈的商海中取胜，必须提高自身的业务素质，丰富自己的信息来源，熟悉相关的商品知识。在进行具体的商品买卖时，更要注意根据季节的变化，了解商品行情，"如贩粮食，要察天时。既走江湖，须知丰歉"。要特别注意各种物产的季节、产地、价格、品质、年成丰歉等信息。"水田最怕秋干，旱地却嫌秋水。上江地方，春播种而夏收成。江北江南，夏播种而秋收割。……冬月凝寒，暮春风雨，菜子有伤。残夏春秋，狂风苦雨，花麻定损。小满前后风雨，白蜡不收。立夏之后雨多，蚕丝有损。北地麦收三月雨，南方麦收要天晴。……荒年艺物贱，丰岁米粮迟。黑稻种可备水荒，荞麦种可防夏旱。堆垛粮食，须在收割之时，换买布匹，莫向农忙之际，须识迟中有快。"这些关于产品行情信息的相关知识，对于初涉商海者准确掌握市场信息和变化规律，把握商品价格涨落的时机，具有非常重要的指导意义。

值得注意的是，这些经商理念在清代商书中也是多有继承，吴中孚在其《商贾便览》中就特别强调，"经商之道，全在熟探市价，逆料行情"，"市价行情，朝更夕改"，应"留心访问，审察机变时宜，合乎情理"。① 在商书编纂者看来，准确把握商品和市场行情，是在激烈的商业竞争中取胜的关键因素。

《客商规鉴论》还指出，进行商品交易时，要善于把握机会，关键

---

① 吴中孚：《商贾便览》卷一《江湖必读原书》。

时刻更应果做决断，"须识迟中有快，当穷好处。藏低再看紧慢。决断不可狐疑"。商海风云，变幻莫测，"货有盛衰，价无常例"，稍有不慎，经营不当，便会倾家荡产，血本无归，因此，商人心理素质的培养也很关键。对此，《客商规鉴论》特别强调，从商者要有坚强的心理承受力，要能够在复杂环境中保持冷静清醒的头脑，得不骄，失不馁，"得意者，志不可骄，骄则必然有失。遭跌者，气不可馁，馁则必无主张"。遇到挫折、失利的情况，要有"宁耐"，不会"慌张"。做事要心中有数，不人云亦云，"买卖虽与议论，主意实由自心"。要善于预测行情，正确判断，"迎头快者可买，迎头贱者可停。价高者只宜赶疾，不宜久守"。要审时度势，把握时机，灵活经营，"买要随时，卖毋固执。如逢货贵，买处不可慌张。若遇行迟，脱处暂须宁耐"；"买卖莫错时光，得利就当脱手"，不能优柔寡断，患得患失。这样才能在激烈的商业竞争中获得利润，从而立于不败之地。

《客商规鉴论》对商人的职业道德要求也非常重视，强调商人要注重自身的修养，戒骄戒奢，勤俭朴素，"用度休狂"，待人"切休刻剥"，要"公道随乡"，商业经营要合乎规范，童叟无欺，并力戒嫖赌，反对酒色。由此体现出，明清商人非常注意以中国传统伦理道德来规范自己的行为。这些对从商者的基本素质要求，至今仍为人们所看重。

（二） 行商基本常识的传授

继《客商规鉴论》有关经商的基本素质要求的阐述之后，《商旅门》其他的内容主要偏重于经商专业知识的介绍。

"船户"一节主要告诫商人外出行商注意之事项,强调从雇船行路到投牙问宿,均要"询彼虚实,切忌爱小私雇,此乃为客之第一要务也"。因为江湖险恶,人心叵测,"虽江湖老奸巨猾,尚难逃其术,何况笃实之人哉"。①

"脚夫"一节揭露了这一行业所存在的以大欺小、不法脚夫中途调包,"大箩交换小箩,大袋交换小袋;箩底明安席片,口袋暗缝倒兜"等欺诈客商等诸种弊端,教导商人在选择雇人方面所应注意之事项,同时也不忘告诫,"间有善良之辈,客人亦不可加之于刻剥也"。

银色、煎销、秤锤、天平、斛斗等五节,介绍了不同地区所用银子的成色特点、天平特点、斛斗大小的不同,以及各地区在秤锤准星、秤杆刻度方面的差异、不法者作弊手法等,传授商人在辨银成色、使用秤锤、天平、斛斗等各种与度量衡有关量器、容器方面的基本常识。"占候"一节,则告知一些辨识天文潮汐、阴晴、风向、河流地理的基本常识。

以贩卖各类手工、农副产品所需掌握的专业知识而言,明代商书均有不同程度的介绍,而尤以《三台万用正宗·商旅门》的介绍最为详尽。《商旅门》专列谷米、大小麦、黄黑豆、杂粮、芝麻、菜子、田本(麻饼)、棉花、棉夏布、纱罗、缎匹、竹木板枋、鞋履、酒曲、茶盐果品、商税等十多个栏目,一一介绍买卖经营这些商品所必需掌握的具体常识,包括各相关商品的产地分布、不同产地产品的各自特点、对新旧品种的识别分辨等等。

---

① 余象斗纂辑:《三台万用正宗》卷二十一《商旅门》。

以"谷米"一节为例,这里既包容了其他商书较为笼统的介绍内容,更增加了不同地域的产品的质量特色区分。如"江南糯米,无糟有酒;江北糯米,有酒有糟。金宝圩、高邮、邵伯湖西高者可也,六合县、湖广、淮西、江右未足称之。胭脂糯米肥而多汁,粉皮糯米长而多糟……无锡白米煮饭虽娇,蒸糕似雪;瓜州晚米作粥多味,舂粉甚缩"。

"纱罗缎匹"一节谈道:"若论纱缎匹,好歹不同。要知真假高低,略言其旨。南京纱缎虽多,高低不等,只有黑绿出名。镇江缎绢虽少,身份却高,最有大红出色。苏州纱缎有名,或硗或粉,帽料独高。杭州缎绢重浆,少于清水,轻罗可也。苏州织手却高,别处织手不及。绒锦贵而丝锦低,潮绢硗而衢绢脆。漳州绢可,四川锦高。嘉兴绢也有高低……"

"棉夏布"一节记载:"至于布匹,真正松江,天下去得,但凡别处,去则不同。东重尤墩大布,纵然利重去头微;改阔,四泾本名,纵使利轻百家货。"布匹销售的区域特点各不相同,上海松江之布销售临清一带,"湖广、四川,细粗都用;山东东路多去斜洛泾,江西西路略去松江货;辽东口外货同河西务,临清、山西、陕西即去汴梁之货。北粗布多去九边,江西布多去岭表。丰年多快,歉年迟脱手,虽难终把稳。收时全凭眼力,卖时最要操心。一到本行,还向别行打听,何行出货,何行价值高低"。至于各处布匹特点,"三林塘身分阔长,胜似南祥(南翔),珠泾(朱泾)差池不多,乌泥泾比江阴而较软,章练塘次常熟而多浆,嘉兴与各行细者,不及松江"。

该节对布匹品种特点如平机布、夏布、福建葛布、木渎麻布、无锡麻布等也有详细介绍。比如,"罗山葛身重,久而变黑;福建葛身轻,新则羊羶；广东慈溪，徒然好看；永新洪郡，终有浆头。木溪麻布，粗而真；六亩麻布，真而细；水潮广生，相类六亩真麻；福生青山，阔狭高低不等；无锡麻布，乃草不堪"。这些专业知识的介绍，非常有利于商人买卖时的质量鉴别。

此外，对于其他商书少见介绍的"竹木板枋""鞋履""酒曲""果品"等内容，书中也有详尽而丰富的信息。"至夫竹木板枋，今则略陈其意：上江竹子，皮薄而软；江南竹子，皮厚而坚。筋竹大于水竹，可以为箍；苗竹大于笹竹，诸般可用。……一般直柳新松白而老坚红，盐井板不如桃花洞。两样花纹，井板大而洞板小。出处不同，节疤平植最要留心。柏木坚而世少，紫檀香而世稀。坚实者，桑、榆、槐、檀、枣、栗；抗烂者，枫、杨、酸枣、山桃。祁门杉木坚似婺源，太平杉木松如婺县。婺源木头稍均而身分长，太平木身分皴而皮多裂……"诸如此类的专业知识均是经营买卖此类商品者所不可或缺的。

"商税"一节详细介绍了淮安、临清、芜湖、南京、荆州、杭州等钞关的征收、免收项目特点。比如，"北京卖货有税钱而又调钱，河西交关有税钱而又船料，临清户部钞、税两兼。若上北京，照引保结而不税；若于他处，四六过税而不饶。淮安抽分杂，油杂、铁杂、麻、竹木板枋、柴炭、香油。处处不抽，亦难免于报税。南京少异，荆州亦差，芜湖止免柴炭，不让黄藤。杭州钞税抽分，无船可免板闸。九江、扬州、许（浒）墅，只干船料，商税无干。正阳、湖广亦是……应有抽分之货，二十里外就可停船。但遇买卖之时，到彼先询上俗，须防船户之奸，凡事自家斟酌"。并告诫商人要遵纪守法，不能偷税漏税，"番货全凭官票引"，强调"既为客旅，要知商税来由，身在江湖，岂可抗违王法"？

"客途"一节介绍了各地的治安情况:"至于客途艰苦,亦当具布其言。巴蜀山川险阻,更防出没之苗蛮;山东陆路平夷,犹慎凶强之响马;山西、陕西崎岖之路,辽东、口外凶险之方。黄河有溜洪之险,闽、广有峻岭之艰,两广有食虫之毒,又兼瘴气之灾。陆路有吊白之徒,船中多暗谋之故。浙路上江西亦多辛苦,中原到云、贵多少颠危。长江有风波盗贼之忧,湖泊有风水渔船之患。川河愁水势涌来,又恐不常之变;闸河怕官军之阻,更兼走溜之忧……"这些记载为当时出行的商人提供了宝贵的沿途资料。①

　　比较同时期的其他商书,《商旅门》中关于贩卖商品所需掌握的专业知识的介绍要详尽得多。以贩卖粮食为例,程春宇《士商类要·杂粮统论》一节,已有关于贩卖粮食的各种常识。在《商旅门》中,《士商类要·杂粮统论》的相关内容,则被细化为"谷米、大小麦、黄黑豆、杂粮食、芝麻、菜子"等节内容,每一节里对于相关商品的产地分布、不同产地产品的各自特点、对新旧品种的识别分辨等等,均有详细的介绍。

　　以"谷米"一节为例,这里既有《士商类要·杂粮统论》中"糙米须看糠之粗细,皮之厚薄,开手软硬,谷嘴有无,再看颗粒饱满,干硬无稻者为高。有瘪碎软、有稻者勿买。饭米最嫌者,老艮身热,稗子拖锵"等内容,更增加了不同地区产品的特色部分。如,"江南糯米,无糟有酒;江北糯米,有酒有糟。金宝圩、高邮、邵伯湖西高者可也,六合县、湖广、淮西、江右未足称之,胭脂糯米肥而多汁,粉皮糯米长而多糟……无锡白米煮饭虽娇,蒸糕似雪;瓜州晚米作粥多味,春粉甚

---

① 　余象斗纂辑:《三台万用正宗》卷二十一《商旅门》。

缩"。因此,在内容上,《商旅门》关于粮食知识的相关介绍,比《士商类要·杂粮统论》要丰富得多。

在 16 世纪,利用区域贸易距离赚取商品差价,是大部分商人获取利润的主要手段。因此,商人们特别需要注意各种物产的季节、产地、价格、品质、年成丰歉等信息。从《商旅门》所列的十余个项目及其相关知识要求来看,其内容介绍是非常详细而专业的,恰好适应了商贾们经商买卖的需要。

综观各部商书,对各类商品知识介绍之如此详尽,也仅见于《三台万用正宗》的《商旅门》,其后所出的各类商书,对于相关商品的专业介绍,多如《士商类要》般之提纲挈领,而再无如此综合全面之作。当然,就商书所论及的专业种类的要求而言,从业者要想全面掌握各类专业知识并娴熟地运用于经营之中,并非易事。以前述"竹木板枋"为例,首先要求经营者了解各类竹木的产地分布,又要熟知各产地竹木的不同特点,还有对各类竹木新旧品种的识别分辨。像这些非常专业的辨识知识,若没有一定时间的实践过程,是难以掌握的。从这个角度可以看出,明清时期对从商者的要求还是比较全面和严格的,如果没有一定的能力及一技之长,很难在如此诡谲多变的商海中立足和发展。

(三) 经营技巧、综合性商业知识的介绍

从传授商业知识的角度而言,明代的《三台万用正宗·商旅门》主要偏重于行商心理素质的要求和培养,并介绍经营买卖各类商品的专业知识,清代的《商贾便览》在内容上更偏重综合性社会知识和商业信息的介绍。

《商贾便览》刊印于乾隆后期，是作者吴中孚根据其自身的经商体会和前人经验所撰。[①]他在自序中直言，其"家世业儒"，他自己也是"年七龄入小学，颇能成诵"，后因身体欠佳，"居学日少，在病日多"，最后只得"弃书而为商贾也"。他从12岁即开始随父兄坐店攻买卖，往来奔波于江西、江苏、浙江之间，历时数十年。该书既是他自己从商经验的总结，也有参照其他书卷的心得。而他编纂此书的原委，特别是新增"工商切要"一节，就是为了给予从商者以方便，"继绍先人，训成后裔"。[②]

从内容上看，《商贾便览》的内容较之此前的代表性商书，如明代后期余象斗《三台万用正宗·商旅门》、程春宇《士商类要》、憺漪子《新镌士商要览》和李留德的《客商一览醒迷》等书要全面得多。卷一"江湖必读原书"，基本上是对余象斗《三台万用正宗·商旅门》、程春宇《士商类要》等商书中"客商规鉴论""为客十要""客商规略""买卖机关""贸易赋""经营说"等章节的归纳总结，主要为商人职业道德规范及行商所需之专业知识。其"工商切要"一节，作者注明是"中孚新增"，内中"学徒称呼须知、学徒任事切要、因人授事，量能论俸"等内容，主要是详细介绍有关学徒、开店、店铺的选择、如何用人等关于坐贾的内容，弥补了前述《士商类要》等商书的不足。[③]

卷二《经营粮食》一节，是吴中孚自己经营的心得体会。"经营粮

---

① 明清时期的商书种类繁多，内中不乏商人自己动笔，根据自己的经商体验及商业的实际需要而编纂的商书，《商贾便览》即属此类。
② 吴中孚：《商贾便览》卷首自序。
③ 吴中孚：《商贾便览》卷一《江湖必读原书》《工商切要》。

食五谷,须兼菜子分辨","余居此业久,略识高底,故附以备参。"其他如"吉凶日期""神诞风暴日期""各省船名样式"等节,则大多汇聚了当时日用类书及各类方志中的相关记载,反映了作者比较广博的知识面。①

卷三《各省疆域风俗土产》等节,详细辑录了 20 个省、253 个府州、1 800 余种各地产品,并附有各府州的风俗民情。②

明清时期,各省府的物产、风俗概况多散见于各省府的地方志中,而如此集中地汇聚于商书中则确属难得。对此,吴中孚自有一番解释:"已(以)上土产,皆志中所载,余录其古今各地所产广而且美者,其所出无多而不美者,则改产于邻府附近之地。此实可为商贩寻根源、觅地道之谱耳。所录疆域,则知何境近于何地,或特往贸易,或便途买卖,皆可预先设计。且录其风俗,虽未其地,而其人之刚柔、俗之美恶,无不修悉,如此则行商之趋避,无不当矣。"③由此可见,他搜录这些风俗物产信息的主要目的,就是为了便于行商者了解各地信息之需要,以规划相应的买卖计划。

关于各府州的物产,书中不仅有上述以往志书中的总结,还增加了 140 余种作者在以往志书中未见到的新品种。④ 此外,"异国口外

---

① 吴中孚:《商贾便览》卷二《经营粮食》。

② 如,"(江南省)江宁府风俗:民物浩繁,士林渊薮。(产)缎、纱、线缎、茅山苍术、雨花台石、鲫鱼、米……太仓州风俗:敦本畏刑,崇文重耻。(产)苎布、棉花、大红布、崇明大布、凉鞋;松江府风俗:士奋于学,民兴于仁。(产)绫、三梭布、花毯、盐、谈笺、锦、顾绣、鹤、山茶、鲈鱼、黄雀、天花粉、莆笋、沙钩"。详见吴中孚:《商贾便览》卷三《各省疆域风俗土产》。

③ 吴中孚:《商贾便览》卷三《各省疆域风俗物产》。

④ 吴中孚:《商贾便览》卷三《新增各省土产》。

土产"一节则记载了日本、高丽、安息、波斯、缅甸、交趾及大、小西洋诸岛国共约 70 余种特产。

"各省买卖码头"一节主要介绍了各省主要买卖码头交易物品种类、流通量大小、用银特点等信息。例如,"奉天府:珠玉、人参、各皮货买卖大。北京:买卖颇大,市中多用库平,每百大老曹砝二两五钱,兑换用足钱,买卖用九九。直隶省上及通州,买卖颇大,冒州及天津等处口外货来聚广。(江南)南京,交易颇大。苏州,聚卖交易甚大,极繁华之地,市用曹砝每百小库平二两五钱,兑换用足钱,买卖各从其例,有用六七、六六之数,近来平,亦有老曹砝、新曹砝,各规不一。太仓州棉花出多,扬州绍北粮食聚卖大。安庆省,兑换用足钱。瓜州、清江浦等处交易俱大。大通镇粮食颇聚,市用曹平,钱市用五六数,豆麦曹平九二"[①]。除却对每一处交易用银、钱的记载比较详细,书中对各码头的物品交易特点尤其关注:江西省吴雄镇杂货聚卖大,景德镇瓷器好,樟树镇药材颇聚,赣州府茶油出多;浙江宁波洋海货多,绍兴及兰溪买卖颇大,长安镇粮食颇聚;福建省近海洋货多,漳州、泉州土产俱多,永春烟交易颇大,崇安茶交易大;湖北省汉口镇天下货物聚卖第一大码头。[②]

"各省关税"一节主要记载各省税关所在:

> 京城,崇文门税,货物由芦沟桥进;直隶地方,张家口税,宣化府属;山海钞关税,永平府属;天津钞关税,即天津府。江南地

---

① 吴中孚:《商贾便览》卷三《各省买卖大码头》。
② 吴中孚:《商贾便览》卷三《各省买卖大码头》。

方，龙江税，江宁府属；西新税，江宁府属；浒墅关税，苏州府属；扬州钞关税，即扬州府；瓜仪关税，常镇道管；淮安钞关税，即淮安府；芜湖关税，大平府属；户工关税，安徽巡道管；凤阳关税，即凤阳府；上海关税，松江府属。江西地方，九江关税，即九江府；大姑塘税，九江府属；赣州关税，即赣州府。浙江地方，北新关税、南新关税，俱杭州属；宁波海关税，即宁波府。福建地方，福建省关税，即省东南沿海。湖北地方，荆州钞关税，即荆州府。山东地方，临清州关税，即临清州；山西地方，杀虎口税，朔平府属。四川地方，打箭炉税，雅安府属。广东地方，粤海钞关税，即在省；韶州太平桥钞关税，即韶州府。

由上，全国各地税关的布局情况一目了然。值得注意的是，像盛京、湖南、河南、甘肃、广西、云南、贵州等地方无关税也一一注明，陕西则是"今无关税，从前潼关有税"。并补充道："外有如江南之各闸，福建之光泽、上杭，广东之梅县、南雄，贵州之贵阳、安顺、普安、普定、白水、交水，云南之赤水鹏等处之税，或税货，或税船，或换脚子税，或讨票税，或抽分及过隘等项，俱录在第六卷水陆路程中，可查。"[①]这些记载的详细程度超过了陶承庆的《华夷风物商程一览》。

应该说，有如此丰富的商业信息与专业知识，对经商者来说确实是非常难得的。但吴中孚对此仍不满足，他仍希望能将相关内容再丰富一些："天下之大，人难遍游，志岂能悉？故各处物产诸事不能多知，况予管测焉，识万一。但经店伙出水，或自目睹，或由耳闻，约略

---

① 吴中孚：《商贾便览》卷三《各省关税》。

附录,恐遗误甚多,企望多识君子,删误补遗,时加裁增,以便于查览,斯为幸也。"[①]

其他如"算法""平秤""弁银""应酬书信""时令佳句""月令别名""族亲称呼"等章节,内容大多撷取于当时流行的各类日用类书、万宝全书,其中尤值得关注的是,同为"算法"与"辨银"知识的介绍,与日用类书相较,该书在应用举例方面更多地是以日常商品交易为例,使其专业知识的传授更具针对性,并且文字通俗易懂,这对那些文化水平不太高的商人尤其适用。

还需值得一提的是,该书的第八卷"天下水陆路程"一节,共记载了全国76条主要的客商行商路线。从数量上看,这76条线路较之黄汴的《一统路程图记》、憺漪子《新镌士商要览》和程春宇的《士商类要》中所记载的线路要少得多,但该书也独有特色。特别是其对沿途地方行政机关如县丞、巡司、户部税关等驻地的记载为以往商书所少见,同时对沿途陆地河流的地理状况、治安情况、物价、商家信用程度等亦多有记载。例如:

"广东省城进京至江西南昌府水陆路程":

> 广东省,乃阴盛阳泄之地,人多湿疾,山多瘴岚,走路宜饱食,出门不宜早,俟瘴岚退方妥。货物行李至南雄府发夫到南安府,雇船下水往南昌,此处多有雇三板船。广东省城南四十里至佛山镇,八十里至官窑,七十里至胥江驿,……樟树镇,大市镇,

① 吴中孚:《商贾便览》卷三《异国口外土产》。

聚卖药材……沙井对河江西省城,沙井有骡马店,可买可雇。①

"湖广省城进京陆路程"路引中,一开始便于"武昌府"后注明。

> 武昌府,出楚石、桃花石,可刻图章。对江便是汉阳府,合流
> 入江处为汉口,极大市镇,各省货物赶聚,川、陕毡毯,药材,白蜡
> 为顶……②

其中,以"广东潮州府由汀州府至赣州府合路程"的记载最具代
表性。

> 潮州府,上水百里至隖隍,百里至高陂……擢滩,大水,险。
> 小池滩、大池滩,水小极险。大田溪口,有塘。小姑滩南蛇渡,有
> 塘。新峰滩,水大极险。长峰头,大水,险。大姑滩,有塘,水小,
> 险。白水磜、黄泥垅,有塘,此处剥上河船至汀。狮子潭,有塘,
> 张滩坝共一百七十里至上杭县,南下货关报税。九洲河口,有
> 塘,查税。赤面石下,有塘。涧头渡紫金山,有塘,出图书石。三
> 潭头、锅峰头,有塘,大水,险。蓝屋驿、官庄回龙,有塘,水大,
> 险。羊牯卵,有塘。磜滩,水小,极险,宜避上岸。小蓝河口,有
> 塘。米筛角,有塘。员当,有塘。水口,有塘。三洲驿、大小潭,
> 有塘。河田,有塘,店有温泉。赤田,有塘。游绳渡,有塘,共二

---

① 吴中孚:《商贾便览》卷八《天下路程》。
② 吴中孚:《商贾便览》卷八《天下路程》。

百一十里至大平桥,船到教场养鱼潭止。至汀州府,十五里至白云铺,有店。青山铺,大店。古城,巡司,大店,有小船至瑞金。隘岭,有关。招坊店共八十里至瑞金县,在此寫船,下水往省。茶湖滩,险,用绞索系扯放下。青埠周坊,有滩。木杨关,可泊舟。茅山滩,险,上水滩有墟市。谢坊,有墟,塘可泊舟。共八十里至会昌县,上手一河至军门岭。芝兰铺,此下滩多。大墀坝,有店,有滩。骆口,有塘,可泊舟。剪刀架百河洋口芝麻塘,可泊舟,有大滩。紫山宁都江口,赣关下水在此报船,上水收票,共有九十里雩都县小溪塘,可泊舟。沙门滩兴国江口,有塘、店,可泊舟,有大滩。信丰、江口、梅林,可泊舟,七里镇共一百二十里至赣州府,有户部在此,货物报税,分东西二关,一日开一关。[①]

如上食宿条件、水陆状况、行走难易、社会治安、风土物产等诸种信息,尤为当时的经商者所必需,同时也是我们今天研究当时沿途各地关税情况、风俗民情的重要资料。

此外,这76条商路显然是经过作者精选过的,从区域分布上看,大多集中于江浙、湖广、广东等南方地区。例如,以江南省(包括江苏、安徽部分)境内为起点的线路达21条,江西省内起点的达12条,福建省10条,广东省7条,浙江省5条,湖广地区5条。而北方地区、西南地区则比较少,总共只有十余条。吴中孚本人坐店江西,常年奔波于江西、江苏、浙江一带,其路程图引偏重于南方地区也不足为奇。不过,这也从另一个侧面反映了当时山西、陕西、贵州等内陆地区与

---

① 吴中孚:《商贾便览》卷八《天下路程》。

江浙、广东等沿海地区在商品流通渠道与流通程度方面的差异。

像以上各方面的综合性论述,在其他商书中是不多见的。因此,《商贾便览》被视为此前所刊印商书的集大成者,被称为明清时期最富代表性的商书。①

(四) 算法、辨银、识布: 各种专门技术的讲解

1."算法,乃买卖之正经"

算法与辨银是经商者必须掌握的专业知识。但就二者的传授而言,又有很大的不同。"至于算法,乃买卖之正经,目有书传心授;银色,实生涯之本领,过眼须要留心。"②除却传统的各类算术专著,到了明中期,算法已然成为各种日用类书不可缺少的篇目。从吴蕙芳《万宝全书:明清时期的民间生活实录》一书的附录《明清时期各版〈万宝全书〉目录》③中可以看出,从明万历年间的《新刻天下备览文林类记万书萃宝》,至清光绪后期的《增补万宝全书》,近七十部日用类书,均列有《算法》篇(或名《算法门》)。

日用类书中的《算法》篇,多记载有算盘的构造和操作要领,不仅有常规的算法知识,如算盘定式、九九八十一总读歌、从"二归"至"九归"歌诀、从"二因还原"至"九因还原"歌诀、混归歌诀、归除歌诀等

---

① 森田明:《〈商贾便览〉について——清代の商品流通に关する觉书》,《福冈大学研究所报》1972 年第 16 号。

② 余象斗刊刻:《三台万用正宗》卷二十一《商旅门》。

③ 吴蕙芳:《万宝全书:明清时期的民间生活实录》,第 641—673 页。

等①,也有与民众日常生活相关的算法知识,如算馒头法、合伙卖姜法、棉花问银法等内容。尤值得关注的是,在一些常规算法知识的换算举例方面,也多是以日常生活中商品数量和价格的计算交易、田亩换算买卖等为主要内容。如《新刻全补天下四民利用便观五车拔锦》卷二十五《算法门》,其《算法式要》篇主要介绍常规的算法知识,而《算法捷径》篇则多是与日常生活相关的买卖交易之例证,有棉纱求布法、银求棉花法、生肉求熟法、棉花问银法、合伙卖姜法、算田亩数等。这说明算法知识当时不唯商人所独需,已成为民间一项比较普及的基本常识。

如较之一般日用类书的记载,《算法》篇在商书中更具有专业针对性。以吴中孚《商贾便览》为例,其《算法摘要》篇除了讲授大数、小数、算盘定式、变算口诀、九上法、九退法、九因合数、九归歌法谱、归因总歌、归除法、乘法等常规的算法知识外,还另有钱钞名数、丈尺、斤两、分别物价乘除法、斤两法歌、截两为斤歌等与经商直接相关的算法知识,内中口诀大多通俗易懂,朗朗上口,更适合经商者之需要。举例如下:

今有金二十五斤,问该两若干?答曰:四百两。法曰:此是斤求两法。置金二十五斤为实,以斤求两法加之,先从尾五斤上加起(五六加三作八),又于二十斤上加二六加一十二,共得四百两。合问,或因十六乘法亦可。

今有银五百六十两,问该斤若干?答曰:三十五斤。法曰:

---

① 《新刻搜罗五车合并万宝全书》卷十七《算法门》。

此是两求斤法。置银五百六十两为实,以截两法通之,先将十六化作三七五,又将五百化作三一十五,得三十五斤。合问,或用一归六除亦同。①

像以上事例,皆源于日常生活实际。只要有相应的生活实践经历,即便没有多少文化素养,也可以较快掌握其中的计算技巧。

2. 辨银:"银色,实生涯之本领"

辨银知识与算法知识的传授又有所不同,它需要有比较准确的定位与把握,因此,实践经验是不可忽视的。《三台万用正宗》之《商旅门》有"银色"节,专门介绍如何辨识银水成色方面的知识,从十足银到五程(成)银的纹路、查口等成色特点均有分析,当属比较早的辨银知识篇。但《商旅门》作为日用类书的组成部分,也仅出现于明代万历年间余象斗《三台万用正宗》和周文焕、周文炜《新刻天下四民便览万宝全书》;清代的日用类书均未设有专门的商旅门,如何辨识银色在各类日用类书中也不再另辟专章,而主要是在各类商书中有篇幅不等的介绍。其中当以清康熙年间冯琢珩的《辨银谱》和乾隆年间吴中孚的《商贾便览·辨银要谱》较为详尽,也最具有代表性。

《辨银谱》是作者冯琢珩根据自己多年的经商体会,于康熙五十五年著成。他在序中写道:"银者,世间之宝,富国足民之物。非银无以为资,银为人之所共赖也,明矣。而不知银水者,往往受害于人。自古及今,著书立说,无文不备,何书不有,惟有银之成色,无人辩论

---

① 吴中孚:《商贾便览》卷四《算法》。

于其间。"他称自己"自幼读书未成，贸易廿载，颇知银水。见银有低、高、真、假之变，大有害于人"。因此，便留心观察，将自己积累所得之经验，编成"辨银小歌"，"凡世间用银者，共知银之质体，使狡者不得诈愚，奸者不得施巧，通功易事，人人可以无憾矣"。[①]

《辨银谱》中对银两成色的辨别有较详细的叙述。仅以查口断银，便有"三十一样查"与"三十样口"之别。

三十一样查：冰凌查（官银）、胶泥查（十成）、粹白查（九九）、灵白查（九八）、猪踪查（九七）、青踪查（九六）、豇豆查（九五）、马牙查（九四）、粉红查（九三）、粗红查（九二）、老红查（九成）、黄红查（八九）、绿豆查（八八）、五花查（八七）、立紫查（八六）、粉黄查（八五）、桃花查（八四）、朱砂查（八三）、菊花查（八二）、土心查（八成）、瓦灰查（七七）、青灰查（七五）、细灰查（七三）、黑灰查（七成）、紫灰查（六五）、蒲灰查（六成）、灰红查（五五）、黑紫查（五成）、黑红查（四成）、细红查（三成）、腻红查（一成）。外有八查：干查硫铜、缩查元铜、黑查熟铁、青查流锡、白查银元、粉查雄汞、土查元汞、紫查铜汞。

三十样口：正白口（十成）、雪花口（九九）、镜面口（九八）、飞矾口（九七）、云白口（九六）、水白口（九五）、淡白口（九四）、粉白口（九三）、食盐口（九二）、淡黄口（九成）、水黄口（八九）、凉黄口（八八）、亮黄口（八七）、鹅黄口（八六）、木黄口（八五）、姜黄

---

① 冯琢珩：《辨银谱》序，康熙年间刊，乾隆五十四年马心恭刻本，收入《四库未收书辑刊》第 10 辑第 12 册，第 419 页。

口（八四）、灰黄口（八三）、青黄口（八二）、正黄口（八成）、直黄口（七七）、薰黄口（七五）、老黄口（七三）、金黄口（七成）、古色口（六五）、枣镶口（六成）、紫黄口（五五）、香色口（五成）、紫红口（四成）、真红口（三成）、猪血口（一成）。

此外，书中还有断银歌、辨查口歌、断杂症谱等口诀，从十成老元宝一正一副辨色歌、正副九九银、正副九八银、正副九七银、正副九六银、正副九五银、正副九四银直到正副一成银色及其查口等，均有相应的辨识口诀。

　　辨查口歌：认银先要辨查口，辨清查口得死手。甚毋妄言胡乱语，歌子班班件件有。歌子要看细处玩，银子不可轻意断。视银不差分毫忽，才称人间真奇见。歌子念留心处看，成色不可差一线。毫忽之间有粗心，当时就有不方便。歌子里找记个好，粗心一点成色倒。些须之间差分厘，从头至尾病不小。

　　十成老元宝一正一副辨色歌：元宝足色纹银称，纳粮使换各处通。行遍天下无转还，火烧锤打并不惊。十成细丝真可夸，六面边栏定无差。但若有些微别病，莫把银子准定煞。

　　正副九九一池水：自来满面是九九，全在宝色定原由。上剪查口要无恙，成色认煞不拖手。九九银子当认真，系浪却是旋到心。莲子蜂窝拥叠楼，宝色从容甚可忻。

　　正副八五黑了头：八五银子皮条系，灰面黑窝仔细忆。若问识者真成色，两处断法查口记。银到八五无有阻，画系矴底要分吐。上剪黄查带粉色，口见木黄再无疑。

正副六成无处等：六成银子古来有，横剪竖剪难在口。若把成色真实定，识者断法不得走。银做六成南方兴，北人少见认不清。金口灰查本然露，六成定法理不空。

断杂症谱：银色至低官银饼，处处越不过人省。十八变化无差样，才得称起歌歌种。

真正官银饼：官银饼子起金华，剪剪火烧是一家。前人留定此等色，玩透歌子永无差。

九三银三不怕白口红查：官银饼子实可恨，无系无底最难认。止在查口取分晓，查色口色要细问。①

这些辨银口诀的最大特点是，既包容了精深的专业知识，又蕴含了丰富的实践经验，并且通俗易懂，朗朗上口，即便是那些文化知识不高的从商者，也比较容易学会。值得注意的是，作者还特地讲明"日本琉球交钱白口查，未断红"，这一记载说明当时日本银钱已在我国民间流行。

《商贾便览·辨银要谱》较之《辨银谱》，其内容要丰富翔实得多，甚至包括当时各地所流行的银色品种，这也是目前所见内容最为详尽的传授辨银知识之作，其专业程度之高，记载之精详令人叹服。内中除了相关的各成色银的鉴别口诀之外，另有《辨银则例》篇，对可能掺假银的各种银色，从三成、四成直至九九成共 27 种成色、50 多个品种，从名称、各色银的刀光色泽、银边特点、银丝粗细走向以及银底的平整光洁度等，均予以详细介绍；对十足成色银的特征也有详细说

① 冯琢珩：《辨银谱》，第 419—425 页。

明，以利商人辨别。

《辨银名色》篇介绍了元宝、鼎银、煤倾、水丝、干丝、瓜纹、真纹等60多个品种的成色、纹路特点和识别方法。如介绍"煤倾"（银）特征："面无铺，丝细，蜂窠无黑点，边薄，刀光白亮，脚紫粉红，是足纹也。倘面黑有铺，丝曲，底下蜂窠内有黑点，只九七八也。""瓜纹"特征："面白，细丝，边高，略带青铺，底下蜂窠细深，脚白色，瓜纹银也。""真纹"特征："面白，无铺，丝细，蜂窠细深，边白亮色，即真纹银也。"

《辨银增要》篇对各成色银的别名、成色特征有详细介绍，并予以排列顺序，如足纹（银）第一，铅丝（九七成色）第二，领丝（九五成色）第三，重硝（九一成色）第四，直至排行第十的假银。还另有《元宝有三假》《银有三难看》《看银有三要》等篇，介绍相关的辨银经验。[①]

准确辨识纹银成色在当时的贸易交往中非常重要。19世纪中叶以后，随着海外市场的拓展，中国商品日益走向世界，"看银师"一度和"买办"一样，成为中外贸易中不可或缺的职业角色。当时到中国内地来收购丝、茶的商人，其放款形式大多数是白银，许多商人就随身携带纹银或银元到茶区。正规的银元在内地很受欢迎，被称为"破钱"的成色不足的银元经常遭到拒绝。而如何鉴别"破钱"便是当时商人经常面临的问题。[②]

《各处倾出高低样式名色》篇，对江西、湖广、山东、广东、福建、广

---

① 吴中孚：《商贾便览》卷三《辨银要谱》。

② 郝延平：《中国近代商业革命》，陈潮、陈任译，上海人民出版社，1991，第163—168页。

西、云南、贵州、四川、苏州、徽州、杭州、河南等地的银色名称、特点均有介绍,对长崎国所出之"洋饼",交趾、红毛等国所出之洋钱,也有涉及。值得注意的是,不同地区所用银锭的不同称谓及特点,如山东主要用"元宝",广东主要用"大、小锭",四川、贵州主要用"一炷香式圆锭",苏州、杭州、绍兴等处主要用"圆丝",亦称"铅丝",徽州主要用"板锭",河南主要用"瓜纹"银等。[1] 这反映了吴中孚作为商人的敏锐意识——最新的商业知识和商业信息载入书中;同时,这些记载也不同程度地折射出当时中国不同地区各自独特的白银消费文化特色,值得引起人们进一步的关注。[2]

类似记载对中国经济史、货币史研究具有重要的文献价值。学界一般认为,19世纪中国和西方普遍的经济发展,要求比以往更经常性地、在更大范围内使用货币。但直至清朝中叶,中国市场上仍然缺乏有效的交换手段。通行的白银(主要是银块或纹银形式)和铜钱的复本位币制有很多缺陷。一方面,这两种货币数量主要取决于两种金属的可得性,政府对此不能实行有效控制;另一方面,这两种货币之间的比价关系由政府规定(1两银相当于铜钱1 000文),但这两者之间的实际兑换率在市场上的波动却很频繁,时常引起经营交易的风险和不稳定性。此外,这种复本位

---

① 吴中孚:《商贾便览·辨银要谱》。

② 关于明清时期中国东南地区的用银文化特色,美国学者 Richard Von Glahn(理查德·冯·格拉恩)曾有专文论述。详氏著"Chinese Coin and Changes in Monetary Preferences in Maritime East Asia in the fifteenth-seventeenth Centuries." *Journal of the Economic and Social History of the Orient*, 57, no. 5 (2014): 629 – 668. 该材料蒙香港中文大学历史系邱澎生教授示知,谨此致谢。

制缺乏一致性,因为白银以缺乏标准化的银块进入流通,其价值由重量和成色确定;货币重量和成色不同,就出现了上百种计算单位。同样的缺陷也存在于当时流通中的铜钱。这种不规范与复杂的计算方式给大宗贸易的货币计算带来了诸多的不便。在这样的背景下,三种新的(标准统一的)货币形式——银元、纸币和一种特殊的商品被引入,并且被越来越多地使用,[①]还对近世以来的中国经济发展产生了重要的影响。明清商书所记载的诸多内容不仅为当时经商所需之基本常识,也成为我们今天研究清代货币流通的重要资料。

3. 识布:看布者须深明布内精奥,秉公无私

关于识布、看布的基本常识,《三台万用正宗·商旅门》有"棉夏布"一节,但这些介绍多偏重于各地的布匹特点、品质优劣,而少有从技术角度识布、产布的教导。对此,清代的《布经》和《布经要览》[②]弥补了这一缺陷。

《布经要览》以看布常识为主,有看布奇诀、白布指示总论(十八条)、复布下缸细辨纱线式、青浅毛布总论(十条)、磨布要诀等篇,专论贸贩棉布时所必须掌握的看布、识布优劣的专业知识。

如《布经要览·白布指示总论》第六条写道:

---

① 郝延平:《中国近代商业革命》,陈潮、陈任译,第37—38页。

② 关于布业经营的相关知识传授,目前已发现数种《布经》抄本。详王振忠:《清代〈布经〉抄本五种之综合性研究》,载唐力行主编《江南社会历史评论》第11期。本著主要依据其中两种:《布经要览》二卷,作者、刊印时间不详,本节据清汪裕芳钞本,收入《四库未收书辑刊》第10辑第12册;范铜:《布经》八卷,撰成于乾隆十六年,钞本,收入《四库未收书辑刊》第3辑第30册。

初买门庄,务要按定神光,任从乡人嚷挤,其心不乱。认定机筘、织手、布色、号数、喝价,则无不服。且买下不吃数亏,又免乡人掉换充冒之误。

又如第八条:布,东、西、南、北四路,布虽一体,筘门各别。东路筘重密实,纱线员活紧结;南路筘轻,纱线细而秀洁;西路筘稀,线毛而不洁;北路筘薄而单,纱胖不实。然四路之布,处处有贤有愚,不宜偏执。而筘门纱线路数之定,然也。

《布经要览·青浅毛布总论》第六条写道:

看布者,要识浅色布,做手不可使他省工、省本。灰布蒸不透者油纱多;碱头蒸不透者,光布无实色。漂头不白,颜色不艳;酸头不透,白花多;摆头不透,鸭屎绿,平石不透,柳条花多。此所以省工、省本之患也。

第十条强调:

看布者,切忌吝小,不可背后而受小惠。倘有苟且私受小惠,上场看布,作手言语必多,若顺情带布,有误公事;若执法不带布即出,不逊之言轻慢自取,人不敬服矣。看布者必以自己名声为重,人品为尊,可不误矣。①

由上可以看出,《布经要览》所强调的不仅仅是技术上的把握,也

---

① 《布经要览》,清抄本,收入《四库未收书辑刊》,第590—591页、第596—597页。

有心理素质上的教导，对从商者实有技术与人品的双重要求。

乾隆年间山西商人范铜所撰《布经》，较之《布经要览》要详细得多。范铜在《自叙》中写道："松之所产，衣被天下，价值低昂悬绝，商贾安可不疏其源哉！旧经叙事甚详，而繁文屡出，使初学者不知其所从来，几茫然莫识其指归也。然历年久远，人更物变，其中讹舛，难辨真赝。偶于长交余闲，潜心旧典，访诸里老，乡落产布优劣，地里、桥梁方向，有革有因，或增或损，皆有据依，纤悉条纲，具载于篇。"由此可见，范铜《布经》也是参考"旧经"而辑成，但这里的"旧经"是否是《布经要览》并不明确。①

《布经》也是目前所见介绍布类生产和销售经验最全面的一部专业手册。全书共有八卷：

第一卷《地理图》，主要有木棉源流，松江府境图，上海县境图，乡落水利图五幅，嘉定县境图，华、娄二县境图，青浦县境图，乡保市镇

---

① 范铜：《布经·自叙》，乾隆十六年钞本，收入《四库未收书辑刊》，第 83 页。范铜《布经》与《布经要览》之间的承袭关系目前尚不清楚。该书卷首张仲在《叙》中谈道："曩者曾著《布经》一册，备载产布之地，与夫织布、染布、踹布之道，相沿已久。凡从事于布之者，罔不奉为楷式焉。吾友西山范子，颖悟凤成，胸藏经济，于书无所不览……取《布经》而细阅之，见夫产布之不一其地，织布之不一其类，与染布之不一其色，踹布之不一其弊。因为之究源探本，而斟酌增损之，汰其繁而使简，补其缺而无遗，详审精密，较诸前人，见愈广、识愈精矣。此书一出，凡后之学者，一览了然，有所依据，庶不至昧昧以从事，则范子之为功，固非浅鲜矣。"（范铜：《布经》，乾隆十六年钞本，收入《四库未收书辑刊》，第 82 页）据此尚不能断定张仲《叙》中所言《布经》一定是《布经要览》，但从内容比对上看，虽然二书所讲内容均涉及江南棉布，《布经要览》亦有江南棉布产地之介绍，但内容以"看布"知识要领为主，而范铜《布经》的内容远较《布经要览》丰富、详细、全面，甚至带有行业规范性的色彩。由此推测，张仲所言《布经》当另有其书，范铜《布经》的成书时间也晚于《布经要览》。

图,海防图,历代建置图等内容,介绍松江产布地区的空间地理概貌。

第二卷《乡落方向》,介绍各县的市镇、桥梁和里至。

第三卷《土产》,共记载木棉布、番布、衲布、斜纹布、紫花布、药斑布、二纱布、太仓州飞花布等 10 个棉布品种,介绍了各种不同的棉布品质,并有《布序赋》《木棉纱诗》等内容。

第四卷《白布经》,共有看布总纲、择友、浆纱刷线论、刷布源流、取材、铁木二锭浆刷大略、产布路道、开庄秘诀、发明布义、本号取用等共 10 项内容,介绍看布、产布所需掌握的专业知识。

第五卷《染色经》,其"染色论"下共有浅色、大深、深色、半深、染色脚底、花布等 12 项内容,介绍染色所需的专业知识。

第六卷《光布经》,共有石光论、光布要言、四季取布法、八把定名、偷工踹法等 7 项内容,介绍如何辨别光布的优劣。

第七卷《总论》,主要是"深浅取用"篇。

第八卷《发货篇》,主要是"各省取货"篇。

《布经》卷四《白布经·看布总纲》开篇强调:"夫布,各处之所产也,松江工妙天下,由来久矣。欲精买者,盖有道焉。**端坐正容,澄心静念**。察坐处之晦明,知移步而改形。忌胶柱而鼓瑟,何吹毛而求疵。勿以喜怒多褒贬,狐疑不决而执迷。"显示出对看布者基本素质的要求。

从《布经》记载可以看出,当时从业者所需掌握的看布、浆纱、染布、光布等知识,程序密集,专业而复杂。"浆纱刷线论"开篇直言:"浆纱者,布业中最难易目力也。若明系浆纱,自然浆纱,取用当无难事。所难者,以仿样浆纱混入刷线,乱人眼目。"以纱线而言,还有刷纱与浆纱不同的工艺流程。《刷布源流》载:"布之经纱,各处俱浆者也,惟松有刷纱之工,不亦异哉?刷者将经纱浆过,牵长路上,二人挟抬竹刷,往来多遍,经纱光细为止,织成匹缎,光紧细结,染踹不变。浆纱环于杆上,以手上浆捋干,故比刷纱有毛头块。但刷浆之日,遇和暖天气方妙;若逢烈日狂风,必致空松。"可见,无论是浆纱还是刷纱,对天气条件、技术操作均有很高的要求,稍有不慎,便易失手出错。

除了介绍看布、产布的技术要领外,《布经》还介绍了各种棉布实际销售工作中所见的实用技巧,如怎样在与对手谈判中占据主动,如何防止受骗,如何检查品质高下,以及如何讲价、杀价等。

例如,生产染色方面,对具体操作者要求很高,一定要手脚麻利,反应灵敏,否则易出次品。"染色者,乃白布之辅弼也。夫色染周到,兼之白胚细洁,另有一番华彩。若经承之人不敏,立即败北,岂儿戏哉!"

如何防止染坊以次充好?书中教导商人用各色样布比对染坊制品,只要发现品质不佳,就立即令其返工覆染。范铜还强调,学习者具备这些技术本领,便可使染匠不敢轻易再犯:"看双天蓝水底,必有样布,比较仿佛即收,或色有憎恶,或出水不清,或线头不洁,或盦徽不法,判明病处,令匠覆染。彼见吾井井有条,自不敢欺,而吾亦当其任矣。"实际上,这本身也是一种气势,从心理上压倒作弊者或以次充好者,从而保证生意的成功。

除了讲授看布、染布、光布的专业知识,针对棉布市场中的谈判交易、讨价还价、棉布品质优劣的判断等情况,《布经》"择友"条专门提出了对看布贾师的要求,如"聘看白布贾师,要秉公无私,方可托此重任。如朝廷之用贤相,运筹帷幄之中,决胜千里之外,深明布内精奥,买者自然络绎。……若误用不肖,情弊难以枚举。将布配低,价值颠倒,兼之目力欠精,布号不均",则不可久远。因此,好的贾师才能凭自身的本领购得货真价实的优质布,否则难免被骗,生意不可久远。①

总体而言,范铜《布经》的八卷内容,从看布、产布(浆纱、刷布、染色、光布)到开庄乃至销售,详细记载了训练指导棉布商人所需掌握的各类专业知识,内容远较《布经要览》全面细致,甚至带有行业规范性的色彩,因此,范铜的《布经》亦被视为明清江南织布技术理论化的代表作。②

此外,还有一部成书于嘉庆、道光年间的《布经》③,被称为清代苏州染布行业的技术规范和标准大全。内中所记载的通过媒染、套染获得的色名高达 90 余种,有详细工艺配方的蓝色以外的杂色达 70 余种。特别是在染色工艺配方中,记载了多种原材料的用量配比。刘基《多能鄙事》只有染料配方 13 种,明宋应星《天工开物》中的染色法虽多达二十五六种,但缺少染料定量,嘉庆、道光年间的《布经》所记载的 70 余种配方都有定量配比,说明当时对色彩的要求已经很高,远远超过历代有关的记载。嘉庆、道光年间的《布经》在染色质量方面,还列有不少评判标准。由此可见,当时在染色工艺上的理性认识已经达到了相当高的程度。④

---

① 范铜:《布经》卷四《白布经》、卷五《染色经》,乾隆十六年钞本,收入《四库未收书辑刊》,第 102 页,第 106 页。
② 余同元:《明清江南织布技术的理论化——以清代三部〈布经〉为例》,余同元《明清社会与经济近代转型研究》,苏州大学出版社,2015;王振忠:《清代〈布经〉抄本五种之综合性研究》,唐力行主编《江南社会历史评论》第 11 期。
③ 该材料蒙南京师范大学历史系范金民教授示知,谨此致谢。
④ 范金民、金文:《江南丝绸史研究》,农业出版社,1993,第 387 页。

（五）"大非容易，真如登天之难"：典当行业的人员培训

就行商、坐贾所需的专业知识而言，经营典当铺的要求可能是最高的。因为当铺负有代管及保护当物的责任，涉及收受当物、盘查当物、取赎及过期不赎的满货出售等事项，这就要求从业人员具有准确鉴定各类当物的能力。然而各类当物成千上万，千姿百态，从绸缎布匹、裙袄裤褂、毛皮毡绒、金银珠宝到古玩彝器、瓷器、法书名画、家具、日用百货等，无所不包。要把握这些林林总总的物件的产地、规格、特征、真伪、时价、成色、质量，然后作出准确的判断，实非易事，非经专业训练，不是见多识广，是断难胜任的，所以业中人称为"大非容易，真如登天之难"①。估价失度，低则影响生意，高则蒙受损失。长久以来，典当业一直是靠师徒之间的口授心传来传授技艺，鲜有文字的东西流传于世。② 后来发掘刊印的，均是抄本，笔者详阅的主要有《典业须知》《典务必要》《当行杂记》《当谱集》《论皮衣粗细毛法》《当谱》《成家宝书》《定论珍珠价品宝石沁头》③《银洋珠宝谱》《玉器皮货

①　《典业须知·保名·其三》。

②　《中国古代当铺鉴定秘籍（清钞本）》出版说明，收入《国家图书馆古籍文献丛刊》，国家图书馆，2001。

③　其中5种抄本都已被影印收入《中国古代当铺鉴定秘籍（清钞本）》。其中《当谱集》书前题有"大清乾隆二十四年春刻增补致誊钞，本刊自置堂"；《论皮衣粗细毛法》书前题有"道光二十三年巧月任城李氏定本，峻山氏重辑"，书末盖有民国二十六年六月十日"袁同礼先生赠"的印记；《当谱》是清抄本，未著年代；《成家宝书》是清抄本，未著年代；《定论珍珠价品宝石沁头》也为清抄本，未著年代，书末盖有民国二十六年六月十日"袁同礼先生赠"的印记。

谱》《至宝精求》①等书，它们也是比较有代表性的传授典当知识的手册。

《典业须知》是传授徽商长期经营典当业的经验之作。② 据作者序中称："吾家习典业，至予数传矣。自愧碌碌庸才，虚延岁月。兹承友人邀办惟善堂事，于身闲静坐时，追思往昔，寡过未能，欲盖前愆，思补乏术。因拟典业糟蹋情由，汇成一册，以劝将来。不敢自以为是，质诸同人，佥以为可，并愿堂中助资刊印，分送各典，使司业后辈，人人案头，藏置一本。得暇熟玩，或当有观感而兴起者，则此册未始无小补云尔。"

书中前半部分主要是有关典铺伙计、学徒行为规范的内容，内中规定了从典业者所需之品德要求，如敦品、勤务、节用、务实、远虑、保名、虚怀、防误、练技、细心、惜福、扼要、体仁、防弊、择交、贻福、达观示、知足等内容，其对学徒品行的培养要求，与清代传授坐贾知识的代表作《生意世事初阶》颇为相似。

例如，《务实》篇强调"做人之道，须存心忠厚，行事谦和，始可致福。切莫卖乖弄巧，多是多非"。《保名》篇劝诫要"守家教，顺师长，睦同班。遇事勤苦稳重，气理宽大。肯吃亏就是便宜，肯巴结就是本

---

① 《银洋珠宝谱》《玉器皮货谱》《至宝精求》3个抄本原藏哈佛燕京图书馆，华中师范大学历史系冯玉荣教授拍照示知，谨此致谢。

② 此书的成书年代当在清咸丰五年至光绪年间，应为反映清后期典当业情况。详王振忠：《清代江南徽州典当商的经营文化——哈佛燕京图书馆所藏典当秘籍四种研究》，刘东主编《中国学术》总第25辑，商务印书馆，2009，第60—100页。封越健：《十八世纪徽商典铺的经营管理与典当制度：以休宁茗洲吴氏典铺为中心》，台湾"中研院"编《近代史研究所集刊》第78期，2012，第29—86页。

事。视一事如己事，是自始至终"。要"务宜守分，莫负荐者"。《虚怀》篇叮咛"尔等趁此少年，认真学习本事。替东家出力报效，东、伙两皆有益。不可过意高傲，不可自大骄人，不可心存自是，而以他人都非。……（要）常将责人之心责己，恕己之心恕人，自然心平气和"。《知足》篇谆嘱要遵"勤、谨、廉、俭、谦、和"六字，因为勤则有功，谨则事事小心，廉则不贪，俭可以养廉，谦则受益无穷，和则外侮不来。而出外谋生，还要守"五戒"：戒性情、戒嬉游、戒懒惰、戒好胜、戒滥交。"守此五戒，是个全人。一生安身立命，皆在于此。"

应该说这些训诫与《客商一览醒迷》《士商类要》《生意世事初阶》和《商贾便览》中对于行商或学徒的劝诫大同小异，其篇中多处反复叮嘱，经营交易过程中，"银钱一毫不可与人苟且，此生意第一件要务"，强调君子爱财，取之有道，反映了当时商人共同推崇的商业伦理。

《典业须知》的后半部分，主要是讲述典铺中各类司职人员的职责、行为规范，这在其他典当业抄本手册中不多见。例如，对"执事者"的要求，"须要择其老诚持重，磊落光明之辈，方可托寄重任。但此缺最繁，事无巨细，皆所应管。倘他人之过失，即自己之失察。且是众同人之表率，一动众目昭彰。故有其身正不令而行之责。外面见之淡然无事，而心故有许多驾驭。且要立法严明，典内同人数十，稽察难周。况人心不一，性情各别，立法严明，众所最服，即不敢作妄为之非，免却许多烦恼。此所谓得人者，昌也"。

"司楼"一职，"须择老诚练达，见识有为之人。因有收货专司之责，乃众学生之领袖。教化子弟，最关紧要。凡典中内缺，即此两缺为最大也"。

此外，还有对管首饰、掌头柜外之大缺、同柜诸友、管钱、副楼、副业、二缺等职务的职责要求。

在前台具体交易方面，书中对学徒从定当票、卷包、记账、算盘、习字等，均有细致的要求。例如：

> 凡写当票，最要细心。虽然中缺，亦是所关非小。倘若粗心大意，将当票用出双张，此乃累及东人大事。官事词讼，害无底止。若将花色写错，口舌争端，赔累银钱，自己固不待言，仍累经手，岂可忍乎哉？

> 卷包，先要查点件数，次看货色值与不值。恐有不值，不可粗率造次。须要请问营楼先生……再要练眼色，是何名目？真假是何办法？学出本事，预备上柜之用，岂可终身卷包乎？至于皮货，有布包，内须衬纸，怕走风虫蛀。取时若有虫蛀伤，非但赔钱，口舌不免。即便此货满下，衣客看价不起，此即东人之亏折也。

《典规择要》篇则细致阐述了典铺日常经营与管理的相关事宜，多达 23 条。例如：

> 典印骑缝，内刻篆字，其旁花纹，内须刻"只印当票，不作别用"，此八个字，断不可少。须知此印长柜内，而同众人良莠不齐，须防其做他处之用。倘若滋生事端，害非轻浅。

> 刷出之当票，或存厨内，或用箱盛，须要关锁。已印过之当票，须收管事先生房内，或存首饰房内。须要可靠之人经营。每日出若干，收回若干，均要记数，一张不能少。此亦关乎大事也。

其他相关的工作规定如："灯笼除夕之外,一概不准上楼";"典中诸同人,无事不得出门闲荡";"诸同事不准在本典当衣物件,察出立辞";"每逢收货,其已满之货,须原包下楼,不准在楼上私自拆看。将自己衣件挑换等情,察出立辞";"柜友不得徇情信当,若经估不值,应削本多寡无辞";"典号不得与人借用,倘同人与外人来,银钱票据,不得私用典号,一经察出,追悔无辞"。

在对典铺人员的日常生活方面,也有诸多要求:

> 诸同人以和为贵,能让一言,即可无事。况同锅吃饭,亦有前缘,何能依自己之性情?……倘不两下相让,争端而起,破口挥拳,成何体统?追究其源,则均系两人不是也。

> 诸同人皆要饮水思源。当初荐生意之时,何等情面?承朋友之情,极力保举,方有今日……断不可温饱而忘其初。倘再有亏空犯典规之事,累及经手,丢工夫,赔银钱,说话此皆称所作所为,于心何忍?即成狗彘不若也。颜面攸关,不可不察。慎之慎之!

另外,还有 14 首典业竹枝词阐述典业经营方面的注意事项。[①]

总体来看,《典业须知》在典当技术的传授方面,主要偏重于学徒品行、日常生活、柜台待人接物规范及典业管理人员的职责范畴,侧重典当行的管理规范,实属非常难得的商书文献。关于如何鉴别典当物品的专业技巧,《典业须知》的记载相对比较笼统。而阐述当物鉴别知识比较详尽而专业的典籍,当属《典务必要》《当谱集》及《当行杂记》等

---

① 《典业须知·典内竹枝词》。

书,其内容主要是技术层面的具体操作,属于非常专业的知识手册。

《典务必要》大致可以推定为徽人辑写的手抄本,所记皆是典当行业经营物品的产地、规格、价目与辨别真伪的法则,文中"所有稽考珠宝贵贱,以及首饰高低,乃至前辈老先生已费一番斟酌,细叙书中,使后学童蒙一目了然,大为简便"。文中开篇《幼学须知》便讲明从典业者必备的敦品、勤务、节用、务实、细心、惜福等相应的品德要求及必须遵守的"典规",其基本要求与前述《典业须知》《生意世事初阶》类同。之后,《典务必要》专列"珠论""宝石论""论首饰""毡绒""字画书籍""布货""皮货""绸绢"等条目,各条目下又有详细的子条目,讲明各类货物的名目种类、产地、价钱、如何辨别真假优劣等,非常详尽和细致。

如"珠论"条目,首先点明珠宝鉴别原则:"珠以圆白为主,先看颜色,次看生相,再估重轻。有广珠、湖珠之不同,所产之地有别。……珠之等第有五:头等为对牌精子,乃圆白兼美,光彩射目,极上品也。二等为拣光,四面收身,与对牌串珠仿佛。三等为光珠,三面光洁,一面稍差。四等为平头,其状如馒首。五等为镶嵌,系鬼脸、松皮,可做镶嵌者。……"

随后,项下又列大小珠目、病珠二十一种、珠筛、湖珠名目、湖珠论、各珠定价规则、湖光一变、明目重辉、长行采浸法、平头珠、时光珠、光白珠、挨精珠、精子珠、湖珠、衔泥珠、水伤、胎惊、嫩色、珠钉、珠价总目等21项子目,详细介绍了各种不同产地珠子的特点,精珠、劣珠、病珠、假珠的特征、鉴别要领及定价规则。

例如:

"病珠二十一种":

皮糙　　无光也。

皮松　皮色松而不收，身轻故也。

蒸饼　每多身轻，看分两，宜存神也。

糖色　即带红色，多是湖珠。如圆珠犯此色，宜作真光上下看。

油黄　即枯糙。如眼内黄入骨，即合药亦无取用。

身麻　门面麻而不平。

鬼脸　门面多低。

色呆　呆色不润。

动锉　修置过者，有锉痕迹。

孤珠　单珠不串，不能成牌对，宜减价。大珠又当别论。

漏脱　皮不藏骨。

腰系　腰有细路如系带，宜防合珠伪造，但看面上是何身分要紧。

惊痕　有损路，形似破裂。

眼大　线眼宽大。

重眼　有双线眼。

顶眼　顶上有眼，其门面无也。

补眼　大眼用蜡补之，宜防壳珠。

荷包口　如腰子口。其嘴敞大，更次之。

鱼目　白而无光，似枯骨色。

犯五彩　如螺甸，青红紫色不一。

含泥　内有黑线，乃受病于胎中。①

---

① 《典务必要》，第42—49页。

这 21 种"病珠"的介绍，基本涵盖了交易中可能出现的各种劣珠、假珠及其特点，而且描述形象细致，这对于初入行者学习相应的鉴别知识非常必要且实用。

另以"绸绢"条目为例，首先讲明对绸绢衣物的总体鉴别原则，例如："凡绸绢衣服，先看身分轻重，再看颜色浅深及样式时古。若身分重者，虽旧亦可拆改之用；颜色浅者，虽旧可以加染。缎以南京者为佳，苏、广次之。绫绸以濮院为上，盛泽次之。且纱绸有粉而轻者，名色非一。软纱似绉纱者贱。大凡绸绫纱绫，其清水者照分两定价，再看丝之贵贱，以定增减耳。洒线装花等衣，若全新无渍，可以嫁妆取用者，价亦不贱；若旧而有渍，止好作戏衣看价耳。女衣对衿，比有大衿者要减价三股之一；滚边镶金者，新可增价，旧亦不贵。大红纱袄，顶好新者可估△两，若旧而料轻，价无几矣。"随后，便将绸缎细分为 11 个品种，用于做袍料、衫料的各色宫宁绸、西纱细分为 7 个品种，另列南京货 9 种、镇江货 14 种、湖州货 7 种、盛泽货 22 种、杭州货 20 种、苏州货 17 种、苏州洋货 7 种等，每一品种的尺寸、价钱等，均有详细的介绍与说明。这种详细讲解对初学者弥足珍贵。[1]

《当谱集》刊于清乾隆二十四年(1759)，作者也是典当业中人士。其《自序》言："余拾有五，入于当行。尝受主司之教曰：'汝等年幼，乘此年纪，不学等何时？'余时侗然无知，或有所见问者，心初草记之人则忘之矣。十日每有所见问者，偶即抄记之，积之渐多，是以乃有耳目见问者，有书中所记载者，经久凑成一本。……余之所抄者，非专在价值之说，重在看物之真假，辨物之时古，评物之高低，知物之土

---

① 《典务必要》，第 79—86 页。

當譜

凡看者各自留神細毛之中先要看其地道看工做牌常油水齊急平整如何

隨看價言不過大概而矣

看貂皮要看核貂羅皮出在阿哩素其色紫黑絨

厚有油水有水浪比別樣貂皮其大膝子發紫此貂皮之中最高者回子貂皮

次貳出紅帽子回民地方其皮花膝子絨厚菊花心有水狼臺皮出關來其皮

花膝子毛短色微紫此回子貂皮次一等高麗貂所出其皮白膝子絨薄再說

貂皮中之最低下者也　厌鼠皮惟梭曜厌鼠最高其皮長絨厚色厌紫

有頭白貳白在脊上貳白亦言毛脊微白亦高有一宗青厌鼠其皮

發青惟有此皮低又一宗高麗厌鼠其皮脊毛紅色亦不貴厌鼠肷皮有貳六

馬有一柱香有凈白肷者高一柱香者次一等淚六馬入次之不過大概而己

要看皮毛好戌做如何也　凡看綢緞先觀其地道後看輕重本工尺頭為準

有內造濰緞長五拾五尺重五拾兩重的價有高低價有好歹不可一概而論

二

《当谱集》（清乾隆二十四年钞本）内文

产、地道、成全、制造，无有不记此。"作者希望其"所抄者，有能习即熟记之，有能抄即可传人"，便是偿其所愿。

《当谱集》中关于当物的介绍非常详尽,列有当行论说、每张之数、看布数、玉器类、宝石类、看素珠价目、看衣规则、看镀金规类、看洋钱规各类、看金规式、银色异名、断银程色歌、辨查口歌、叁十壹样查口、论绣蟒袍朝元类、杭州物类、苏州货类、濮阳货、布帛等类、一说熟皮子、看铜锡类、素缎类等数十条栏目,产品涉及各类毛皮毡毹、绸纱葛布、珠宝玉石等上千条,几乎无所不包,对所涉及产品的产地、品质特点、尺寸和当值估价,均有详细介绍。其描述风格与前述《典务必要》中的例证大体接近。《当谱集》也是目前所见清前期对典当行业人员培训内容最详尽、最全面的商业手册。

《当行杂记》的主要内容是关于清末民初典当业经营物品规格与价目的记录。其篇首"当行论"条目与前述乾隆版"当行论说"条目的内容基本相同,二者应有相应的承袭关系。书中的"看衣规则",对千姿百态的衣料,从衣料产地、质地、做工、花色、领、袖、面料、衬里、新旧程度,到各种衣料的尺寸、价钱,乃至最终的折扣程度,均有详细的介绍。"西藏土产"条目列举了百余种的毡皮类,对其做工、质地、价钱、质量要求均有详细介绍。"看金规则类"有相关识金的基本常识,有"银色异名"条目,介绍外来银币知识;有"辨银名色等数""计银断三十二样查口""又三十查口"等条目,介绍辨别银两的知识。其他如"看珠规则类""看宝石规则""看铜锡类""看磁器规则"等,均有对各类珠宝、磁器的鉴赏能力的要求,据此才能定价。尤值得一提的是"看字画谱"一条,内中列举了自唐朝以来的著名字画家多达百余位,其姓名、籍贯、字画特长甚至官居几品,均有详细交待,也是研究中国古代书法、绘画史的珍贵史料。此外,还有"各省绸缎花样别名"条目,对各类绸缎品种的民间花样别名也同时予以介绍,显示了其丰富的经验与知识。

此外,《论皮衣粗细毛法》《当谱》《成家宝书》《定论珍珠价品宝石沉头》《银洋珠宝谱》《玉器皮货谱》《至宝精求》等手册也多列有"皮货细毛地道规则"、各地珠宝估价名式、珠石评论、看洋钱、辨银等相关条目。从其罗列的数百条目可以看出,当时对于典当行业从业人员的技术要求是相当高的,若非见多识广,经验老到,断难胜任。

二、 清代坐贾的经营理念[①]

由明清商人根据自身的经商实践体会撰写的各类商书,当最能切实反映这一时期商人自身的思想意识及经营理念。在名目繁多的各类商书中,相比较而言,记载水陆路程、行商经营规范、商业道德等行商经验指南的入门书比较多见,专门论及坐贾经营理念,反映坐贾经营形态的商书则为数不多。除了一些专业性比较强的"技术指南"类的商书,如清后期的典当行业的专书《典业须知》《典务必要》和《当谱集》《当行杂记》等各类"当谱"之外,比较有代表性的坐贾入门书,当属清代乾隆年间王秉元的《生意世事初阶》和在此基础上进一步充实发展的《贸易须知》等书。这两部书也是目前笔者所见到的清代商书中,论述最全面、最具代表性的坐贾入门指导书。

---

① 见拙文《从商书看清代"坐贾"的经营理念》,《浙江学刊》2006 年第 2 期。本节有删改。

此外,清代乾隆年间吴中孚的《商贾便览》中的"工商切要"①一节,也有部分介绍有关学徒、开店、店铺的选择、如何用人等关于坐贾经营的内容。

《生意世事初阶》系抄本,署名为句曲王秉元纂集,汪淏增订。从抄本的序中我们得知,汪淏之序作于乾隆五十一年,由此推断,王秉元之成书时间,当在乾隆五十一年以前。此后,在此稿本的基础上,又有刊印本的《贸易须知》。由王秉元序中可知,《贸易须知》的诸多内容,正是王秉元自身从商经验的总结,他将之编写出来,亦是为了便于后来的从商者能从中汲取其有益的经验。这两部书中的许多训诫,生动形象地展示了清代江南地区坐贾的经营形态与经营理念,其对店员(学徒)以德、才为重的严格培训,度情察理、灵活多变的经营方针,诚信为本、顾客为重的经营原则,"宁做一去百来之生意,不做一去不来之生意"的买方市场意识,以及妥善处理劳资关系的指导思想,对我们今天的市场经营仍不无启迪。

(一)"德、才以为本": 对店员/学徒的严格要求与培训

《生意世事初阶》作为坐贾经验之谈的代表作,专门立足坐贾,从师傅和学徒两方面,传授开店者如何培养学徒、如何开店经营,教导

---

① 本节据道光二年刊《重订商贾便览》。其《工商切要》部分,作者注明是"中孚新增"。内中"学徒称呼须知、学徒任事切要、因人授事、量能论俸"等内容,均介绍有关学徒、开店、店铺的选择、如何用人等关于"坐贾"的内容。

学徒如何学习店铺知识、如何应对顾客并兼及为人处世之道等内容，集中强调了对学徒人员在道德人品、专业知识等方面的要求。从中可以看出，对学徒的严格要求与培训，可视为当时店家经营的一条重要原则。

《生意世事初阶》与《贸易须知》开篇第一条都是"学小官，第一要守规矩、受拘束。不以规矩，不能成方圆；不受拘束，则不能收敛深藏"；要求学徒要遵守店规，吃苦肯干，不贪小便宜，不觊觎不义之财。"学小官，清晨起来，即扫地抹桌，添砚水，润笔头，捧水与人洗脸，取盏冲茶"，如果"扫地倘遇失落银钱，须拾取放在账桌上，不可怀藏"；[①]要手脚勤快，谦逊敬业。"学小官，不论有人无人在面前，都要兢兢业业，谨守店规，莫说无大人在面前，就可顽皮，此系你不受拘束，则放荡不成文矣。"[②]

对学徒在人品道德方面的严格要求，可以说是坐贾类商书开篇的共同特点。前述徽人辑写的手抄本《典务必要》，属比较完备的典务方面的"专业技术指南"，其文中开篇《幼学须知》便首先强调学徒者的品行要求。例如，"凡为学生初进店口，习学生理，务须勤俭为本，不可懒惰。当宜早起迟眠，照应门户，谨慎火烛，切勿爱小，苟且丝毫"，并特别强调，"此乃立身之大纲也"。[③] 然后才列"珠论""宝石论""论首饰""毡绒""字画书籍""布货""皮货"等专业技术条目，细述各类珠宝首饰、各类货物的名目种类、产地、价钱、如何辨别真假优劣

---

① 王秉元纂集，汪淏增订：《生意世事初阶》第1、3条。
② 王秉元纂集，汪淏增订：《生意世事初阶》第9条。
③ 丁红整理：《典务必要·幼学须知》，《近代史资料》总71号，第42页。

等专业知识。

《典业须知》开篇也是首先讲明从典业者必备的敦品、勤务、节用、务实、细心、"惜福"等相应的品德及必须遵守的"典规",特别"谨嘱六字":一曰勤,二曰谨,三曰廉,四曰俭,五曰谦,六曰和。①

面对生意之外的各种诱惑,同各类"行商"入门书一样,《生意世事初阶》和《贸易须知》对学徒亦多有训诫,谓"烟、酒最为误事,有损无益,切不可勉强,致坏身体",并称"酒乃杀身鸩毒,色为刮骨钢刀",因此要"戒之慎之",远离风流场所,"切不可嫖赌废荡"。② 当"女子堂客来买东西,切勿笑言戏谑,趣语留连"③。《商贾便览》直接指出:"赌嫖二事,好者无不败家倾本,甚至丧命……二害非小,当自知之",强调要"禁赌遏淫""戒酒保身"。④《典业须知》则告诫要严守"五戒"——第一戒性惰,第二戒嬉游,第三戒懒惰,第四戒好胜,第五戒滥交,并认为"守此五戒,是个全人,一生安身立命,皆在于此"。⑤直至民国年间的《生意经络》,仍反复强调:"最可恨者,嫖、赌、吃、着四字。若犯了一字,即穷之根,贫之源也。看旁人穿好衣,吃好食,切不可照他行事。近来鸦片一项,尤生意中所最忌,万万不可沾染。切

---

① 杨联陞点校编辑:《典业须知》,《食货》月刊复刊第1卷第4期。

② 王秉元纂集,汪淇增订:《生意世事初阶》第70条、第2条。

③ 王秉元纂集,汪淇增订:《生意世事初阶》第33条。王秉元:《贸易须知》第40条。按:《贸易须知》前半部分关于学徒培训的诸多内容,均可在《生意世事初阶》中找到相对应的条目,只是个别字句有所改动。比较而言,《贸易须知》的书面语色彩更浓一些。为便于对比,本节于此忽略其个别字句的改动,主要按其对应的内容标明条目,下同。

④ 吴中孚:《商贾便览》卷一《工商切要》。

⑤ 杨联陞点校编辑:《典业须知》,《食货》月刊复刊第1卷第4期。

记切记。"①由此可见,对学徒在人品方面的要求被视为是至关重要的,与行商规范一样,坐贾的行为准则同样具有深厚的儒家文化与传统道德规范的烙印。

在学徒培训方面,商书中明确规定,扫地抹桌、添砚水、润笔头、端茶倒水等均属学徒分内之事,"学小官,清晨起来,即扫地抹桌,添砚水,润笔头,捧水与人洗脸,取盏冲茶,俱系初学之事"②,这实际上是让学徒从最初的人情世故学起。书中认为,做生意首先在于做人,这种人情世故的训练,尊敬长者、礼貌待客、眼观六路、耳听八方等基本素质的培养,对学徒来说也是非常重要的。例如,"学生意,要照看柜里柜外,看人做生意,听人说甚的话,彼此买卖交易,问答对敌,贯穿流通,必须听而记之","进店学生意者,全在流通活泼。先学眼前一切杂事,谙练熟滑,伶俐精灵。更要目瞧耳听,手勤脚快。大概已定,然后用心学习戥子银水,算盘笔头。次之听人言语,学人礼貌。种种法门,都要学到","如是种种,方入生意之门"。③另一方面,我们也从中看到,对学徒的这些要求已远远超过了其基本技能的训练范围,学徒实际上成为了店内最底层、最廉价的劳动力。

在专业知识方面,店铺学徒主要掌握学官话、学笔头(书写)、学算盘、称戥子、看银水成色等专业知识。"学生意,先要学官话","纵然一时学不像,切不可怕丑"。因为,"若满口乡谈,彼此不懂",是无法做成生意的;④但各种专业知识的学习在时间上是非常有讲究的,

---

① 王秉元:《生意经络》第 96 条,上海宏大天善书局,1922,石印本。

② 王秉元纂集,汪淏增订:《生意世事初阶》第 3 条,王秉元:《贸易须知》第 2 条。

③ 王秉元纂集,汪淏增订:《生意世事初阶》第 4、6 条,王秉元:《贸易须知》第 3、5 条。

④ 王秉元纂集,汪淏增订:《生意世事初阶》第 5 条。

也不是随时随地想学就可学的。像"学字须在饭后闲暇无事"时，"于柜内习学操练或看书消闲"，并告诫"开卷有益"；学算盘"要在晚下无事"时学，"生意之家忌的是白日打空算盘"；称戥子要"将毫理清，拿足提起，勿使一高一低"；"称小戥必平口，称大戥务必平眉，不可恍惚，称准方可报数"；看银水成色，"整锭者，看其底脸，审其路数"以辨出处，"块头者，看其宝色、墙光、底脸、查口。纹银是纹银查口，九五是九五底脸，如底脸不相顾者，必要存神"，以防将假银当作货款收进。① 在这几项专业知识中，辨银一项是难度最大的，它需要有比较准确的定位与把握，以及一定时间的实践经验的积累，学徒们在短时期内往往很难掌握。

此外，书中还教导学徒积累各种社会经验，谨防受骗上当。例如，教导学徒当顾客交完购货银两、钱钞之后，不要马上放入银柜之中，以免顾客不愿购买，前来退货，因银、钱成色问题发生纠纷；如果其所付银钞原封未动，那么顾客自然无话可讲。② 即便是熟人前来购物，也要仔细验过，多退少补。如果是因为彼此熟悉，碍于情面，不加清点，那么对方万一少给，就只能自己吃哑巴亏了。对此，书中特别提醒："人面兽心者多，他既试验你不过数，他下次就安心少你的了，还要拿铜来同你猛充一场。故不论生人、熟人，总要当面过数，方免后悔。"③类似的训诫，书中还有很多，这些训诫对初入生意场的学徒们来说无疑是不可或缺的。

---

① 王秉元纂集，汪淇增订：《生意世事初阶》第12、13、14、15条。

② 王秉元纂集，汪淇增订：《生意世事初阶》第38条。王秉元：《贸易须知》第45条。

③ 王秉元纂集，汪淇增订：《生意世事初阶》第41条。

（二）"度情察理，鉴貌辨色"：随机灵活的经营方针

只有经过一到两年的严格训练、掌握了上述各种基本技能、学徒期满之后，学徒才可以正式上柜经营。"学到周年两载，生意有点眉眼，有点墨线，就要硬着头，恋在柜上，勉力做生意，不可退后。"[①]但独自上柜之后，在怎样与顾客洽谈生意、怎样讨价还价、怎样给顾客看货、怎样处理师徒关系、怎样收款等方面，却仍有不少讲究在内，对此，《生意世事初阶》《贸易须知》又有详尽的指导。

首先，在接待顾客、洽谈买卖之时，要求学徒学会察言观色，礼貌待客。"小官上柜，必须挺身站立，礼貌端庄，言谈响亮，眼观上下，察人诚伪，辨其贤愚，买物之人，自不轻视你了"；[②]要"听他（顾客）出口，探其来意"，"度情察理，鉴貌辨色"，以度成交之机会。[③]"生意过滥则伤本，太紧则无人投奔"，因此，"须要看人活变，如有所图者，作今日不成钱，还有下次扳本，不可不深察也"。[④]要根据顾客的言谈话语，随机应变，判断其是否是真正的买主。"做生意，看人来甚言谈，就要将甚话敌他，切不可嫩弱，总要应对如流。或批评你的货丑，亦不可蠢他；他善批，你亦善解。有道：'褒贬是买主，说话是闲人。'"[⑤]

这中间尤值得注意的是，有些训诫带有一定的技巧，一般商家不

---

① 王秉元纂集，汪淏增订：《生意世事初阶》第 17 条。
② 王秉元纂集，汪淏增订：《生意世事初阶》第 20 条。王秉元：《贸易须知》第 26 条。
③ 王秉元纂集，汪淏增订：《生意世事初阶》第 43 条。
④ 王秉元纂集，汪淏增订：《生意世事初阶》第 49 条。
⑤ 王秉元纂集，汪淏增订：《生意世事初阶》第 50 条。王秉元：《贸易须知》第 63 条。

会公示于人，故而此前公开刊印的商书中很少见到。如教导学徒给顾客看货的次序技巧，就颇有讲究："买主进店，要看你货色好歹，可先将丑的与他一看。彼嫌不好，再把次一宗与他看。彼中意就罢，若还不中意你须先垫一句：'尊驾果要买顶高的货，其价不贱。'买者既合式，自然会高价买去。你若起初便把高货看，他必不信。宁可费点手，省却许多话。"①这些训诫比较典型地反映了商人狡黠赢利的心态，但也不乏心理学揣度方面的知识，通过主动掌握顾客心理，让顾客心甘情愿地掏腰包，这不能不说是一大技巧。

　　与此同时，交易时的谈话技巧也颇讲分寸，须要恰到好处，既不能过多，也不能太少，否则就容易适得其反。例如："交易虽要言谈，却不要太多，令人犯厌，须说的得当。你若多言，不在理路上，人反疑你是个骗子。"②但如果性子太急也不行，例如："性急则生意难成。三言两语，将几句呆话说完，及至结局，没得对答。又道：'生意不成，言谈未到。'"③这中间的诸多技巧，绝非短期培训就能练就的，需要长时间的经验积累。

　　在与顾客讨价还价方面，更是玄妙重重。书中谈道："开口价钱，须留些退步。时下生意老实不得，要放三分虚头，到后奉还，彼是信服的。你若突然说实在价，买者未能全信，决不肯增，只有减的。可不是留点推扳为妙！瞒天说价，就地还钱。"④作者直言："生意不必古时，以老实正派，古古板板。目今若依古时做生意者，鬼也不上门。

① 王秉元纂集，汪溟增订：《生意世事初阶》第51条。王秉元：《贸易须知》第64条。
② 王秉元纂集，汪溟增订：《生意世事初阶》第29条。王秉元：《贸易须知》第39条。
③ 王秉元纂集，汪溟增订：《生意世事初阶》第47条。王秉元：《贸易须知》第59条。
④ 王秉元纂集，汪溟增订：《生意世事初阶》第52条。王秉元：《贸易须知》第65条。

时下需要花苗,言如胶漆,口甜似蜜,还要带三分奉承,彼反觉亲热,买卖相信。……但今世俗,只宜假,不宜真。又道:'一日卖得三石假,三日卖不得一石真。'嗟夫!此乃世俗之变也。"①

对于一些滞销的商品,也需适度地讨价还价,既不能不符实际地漫天要价,也不可随意放过各种机会。"冷货讨价者,须要水马不离桥,不可过于离经。彼闻你讨价没影子,则伸舌而去。即或过路生意,亦只比大市略高昂些。若想一倍两倍,彼不买奈何?"但对于一些比较紧缺的稀奇之货,则无需拘泥于定价,要灵活处置,哪怕高于原先定价的一倍乃至十倍也无妨。"如遇缺货,则不拘定价,虽一倍卖十倍无妨,此乃物自能贵者也。总在见景生情,随机应变",强调了商人见机取利的经营心态。②

对于善于砍价的顾客,如果还价不到本钱,那是不能卖的;假如还过了头,也是不卖的;或者还价虽没有离谱,却犹豫不决,也是不能卖的。"价不到本不卖,是真不卖。他还过了头不卖,是假不卖,何也?犹恐他反悔犯疑,我故意不卖,是拿他一着,令他不能反悔。还价在路上,而游移不决则不卖,亦是假不卖,何也?你若就卖与他,他只管嫌货丑,吹毛求疵,有一点不中意,就不买了。必须缓言相待,将话足了他,使他不能反悔改口,须三收三放,让他站在柜前,有不得不买之势,必须软中泛硬,硬中泛软。总而言之,皆不放他出门之意。"③
总之,讨价还价的目的是不轻易放过每一个顾客,最终促成生意成

① 王秉元纂集,汪淇增订:《生意世事初阶》第 31 条。王秉元:《贸易须知》第 53 条。
② 王秉元纂集,汪淇增订:《生意世事初阶》第 54 条。王秉元:《贸易须知》第 66 条。
③ 王秉元纂集,汪淇增订:《生意世事初阶》第 55 条。王秉元:《贸易须知》第 67 条。

交。"还价不到位，或赚钞无多者，不可轻易放他出门"。① 像类似一语中的、颇带有店门秘笈色彩的训诫，在书中还有很多，这些训诫在清中期以前公开刊印的商书中是不多见的，这也是《生意世事初阶》作为典型的坐贾入门书的与众不同之处。

（三）"宁做一去百来之生意，不做一去不来之生意"：买方市场意识凸显

从《生意世事初阶》《贸易须知》所论及的店员（包括学徒）与顾客的关系来看，书中特别注重对顾客的尊重与宽容，体现了诚信为本、顾客为重的经营原则。从顾客带银进店买货起，直到生意做成发货止，要求店员必须以"谦恭逊让，和颜悦色"的态度对待顾客，所谓"人无笑脸休开店"，②强调"生意人，要如春天气象，惠风和畅，花鸟怡人，才是有脸有戏"③，不允许粗暴待客，最终达到吸引顾客、生意成交之目的，大有顾客至上的色彩。

要善于观察买主的具体表现，是真心买还是只是闲逛问价。不同的顾客要有不同的应对策略。"人问价不处意买者，就是照本就他一着，此所谓请客之法。倘或向我买，我亦卖与他，往后恐有生发拉扯，亦未可定，名为拉主顾也。"④即便最后生意不成，也要给对方留下一个好的印象，争取日后成为回头客。有时"亦要迁就软跌，必须笑

① 王秉元纂集，汪淏增订：《生意世事初阶》第 56 条。王秉元：《贸易须知》第 68 条。

② 王秉元纂集，汪淏增订：《生意世事初阶》第 28、11 条。

③ 王秉元纂集，汪淏增订：《生意世事初阶》第 30 条。

④ 王秉元纂集，汪淏增订：《生意世事初阶》第 53 条。王秉元：《贸易须知》第 65 条。

容相待,推之以理,详之以情,那人自然多寡也添些。此回不赚钞,恐下次又有所图。你若潦草大意,回他去了,则不成生意讲究了"[1]。尤其不能轻易失态发火,否则定会失去顾客,带来生意上的损失。"交易无论大小,须在柜前交易做妥。彼真意不买,方可做别事。切不可三心二意,别处观望打岔,更不可因还价不到本,就抛去不理他,恐买者动气而出。……故须细细揣摩,划算本利,卖得卖不得,不可自误"。[2]

对于店内商品价格的变化,也一定要本着以诚取信的原则,尽可能地向顾客讲明变化原委。如果货物的售价突然上涨,容易引起周边乡亲们的误解,就"必须将货物从地头因何而贵,或是不出,或遭干(旱),或遇水荒,以致缺长,如此分剖明白,买者自然信服,添价买去"。如果遇到物价下跌,也要略微松动一些,适当下降,这样就可以表现出该店做生意的公平诚信,童叟无欺,自然会有更多的回头客。"公道待人,则见你童叟无欺,下次自多投奔。"其最终原则是"宁做一去百来之生意,不做一去不来之生意也"[3],由此体现了作者强烈的买方市场意识。

此外,作者还强调,做生意要一视同仁,不可嫌贫爱富。"柜上做生意,不论贫富贵贱,要一样应酬,不可别其好丑,藐视于人。做生意的人,是无大小上下,只要有钱问我买物,他即是个花子,总可交接。所谓生意人无大小,上至王侯,下至乞丐,都要圆话谦恭,应酬殷勤为

---

① 王秉元纂集,汪淏增订:《生意世事初阶》第 56 条。王秉元:《贸易须知》第 68 条。

② 王秉元纂集,汪淏增订:《生意世事初阶》第 57 条。王秉元:《贸易须知》第 69 条。

③ 王秉元纂集,汪淏增订:《生意世事初阶》第 61 条。王秉元:《贸易须知》第 72 条。

要"。① 对此,《生意世事初阶》还指出,这"哪里是应酬人,不过以生意为重,应酬钱而已"②,这句话实际上直接点出了店家经营的唯利是图的内在特征:表面上是尊重顾客,"不论贫富贵贱,要一样应酬",其背后则实际上是"应酬钱而已",可谓一语中的,入木三分。

(四) 东家与伙计:"信任、体恤、善任"与"忠诚、尽心、尽责"

《贸易须知》的前半部分论及学徒方面的内容多与《生意世事初阶》相同,后面则增加了近七十条新条目,较之《生意世事初阶》,内容大为丰富。后半部分主要增加了对于伙计的诸多要求及如何处理东家与伙计的相互关系、伙计外出置货、店家开店应注意的事项等内容。

在处理伙计与东家的关系方面,《生意世事初阶》的论述比较简单,主要是要求双方要互相信任,东家要体恤伙计,伙计亦要尽职尽责。"东君固须体恤伙计,量材给俸,水深才养得鱼住。为伙计者,亦当尽心竭力。有道:'食人之禄,必当忠人之事。'"③而《贸易须知》则要详细得多。

例如,要求伙计对于东家,要尽职尽责,不可懈怠应付。否则,"不但东家说你没心肠,抑且自己坏了良心。总要向前奋力而做,切勿过后偷安"。对于"做掌权大伙计者,不可自抬身价,切勿目中无人。诸事要有赏有罚,按事提调,即或东家有非礼不是处,亦宜直谏,

---

① 王秉元:《贸易须知》第 56 条。
② 王秉元纂集,汪淇增订:《生意世事初阶》第 44 条。
③ 王秉元纂集,汪淇增订:《生意世事初阶》第 67 条。

不可诒诿。而待同事及待下等人，亦要圆话通融，倘有不是处，亦以理而剖之，则上下欢心，无不服你。你若自以为尊，自夸其能，居然自大，行出坐坛遣将之势，众人不但不服，背后还要唾骂，你执事者，不得不自思也"①。

东家对于伙计，也要多多关心体贴，以情感人，以诚动人，绝对不可仗势欺人。"必须安他之心，他方可赤心替你做生意。"要敢于用人，"疑人莫用，用人莫疑"②。东家支付薪俸要"爽利"，不要拖欠。"（家道）丰余者不在乎此，欠缺者即靠此薪俸顾家。倘或过支些，勿得有吝。你能用情于他，自有赤心等你，而且应急于他，岂不是美事哉？"③总之，东家与伙计双方应该互相尊重，和谐相处，这样才能最大限度地搞好经营。由上也可以看出，当时东家与雇员之间的"劳资"关系并不十分对立和紧张。

在用人方面，东家不仅要敢于用人，还要善于用人，用其所长，避其所短。例如："出门置货之伙计，切莫放在柜上做生意。他在外置货的时候，十分艰难，就是毫厘，行家亦不肯让。及至临到他手里卖，就要如买货之艰难论，则生意费力难成；在家卖货之伙计，柜上生意做惯，无有不活动，无有不推板，临到他买货，则易增易添，岂不内亏？故有'买得卖不得，卖得买不得'之说。"④

《贸易须知》中对店家开店，也有详细的指导性意见。首先，开店要注意打探行情变化，"开行开店之人，三朝五日要在众行走走，讨讨

① 王秉元：《贸易须知》第 103、98 条。
② 王秉元：《贸易须知》第 99 条。
③ 王秉元：《贸易须知》第 100、101 条。
④ 王秉元：《贸易须知》第 105 条。

信息；街上各店坐坐，谈谈各货情形"；其次，初开店要注意自身能力，"自己稍有本钱，转得过就罢了，切不可图好看，扯虚场面，多拉行账在身上"。同时，初开店还要有足够的耐心与准确的判断能力。"暴开店，切不可嫌没生意。开不多时，就要想关。你店才开，远处未必尽知。开下半年十个月来，生意再坏，竟无生色，必须要想方法认真做。又道：'死店活人开。'"还要注意勤俭节约，"店内用度及家内用度，务须量入为出，不可大支大用"，要"安分守己，勤于生意，切不可胡作胡为，颠狂奢侈"。①

对于外出置货之伙计的诸多训诫，多是叮嘱路上投宿、问路、住店等注意事项的。如搭船，若"搭散人之船，舱内切不可倚靠他人之物，亦不可要人烟吃，不但嫌恶，恐有闷烟"。"走路替人带的银信，或自己身边有银钱、首饰之类，行坐总不可离。临卧时，俱要放在身边，不可大意。船舱□□，不可露出。又道：'人前莫露白，露白定伤财。'"至于投宿住店，则特别强调"住饭店犹恐到生处歇店，务要看彼歇人多者方住，然后再看人事若何，看他房屋若何，切不可宿无人住的饭店，恐生歹心。慎之"。走夜路要特别注意安全，"切不可单行独走，须同数人方可夜走。总之，走夜路，不但要防野物，犹恐强人。到底还是'未晚先投宿，鸡鸣早看天'为要"。②

这些训诫在《生意世事初阶》中未见，但在以往公开刊印的商书，如明代程春宇的《士商类要》、李留德的《客商一览醒迷》、清代吴中孚的《商贾便览》等偏重于行商知识的商书中，多有详细的介绍。因为

---

①　王秉元：《贸易须知》第88、89、95、90、94条。

②　王秉元：《贸易须知》第109、111、113条。

出门置货的伙计,虽属坐贾经营之列,但其自身已多有行商性质,故而《贸易须知》中也增加了这方面的相关内容。

明中后期,大量的美洲白银流入中国,并进入流通领域,因而,明清商书中多有章节介绍辨银知识。乾隆年间吴中孚的《商贾便览·辨银要谱》①中对银两成色的辨别以及长崎国所出之"洋饼",交趾、红毛等国所出之洋钱等均有较详细的介绍。嘉庆、道光年间,正值鸦片战争前后时期,西方列强强行打开中国大门后,东西方经贸交流增多,越来越多的西方银币进入流通领域,货币知识的变化在《贸易须知》中也有体现。"近来江浙等省通用洋细,有光毛、真假之分。与看银之法,同而不同,此系钱业专门,外行未必习此。凡收洋钱,务请内教人仔细看明,切勿大意,致有吃亏。洋价照市,或申或否,进出找钱,看货价之多寡,总宜细心核算,勿使有错,转受买主批评。"②这反映了:作者能够敏锐地关注时代变迁的特点,并及时将新的知识补充到商书中去。

比较《生意世事初阶》与《贸易须知》内容方面的变化,我们看到,《贸易须知》较之前者更加详尽,已不仅仅论及培养学徒方面的经验之谈,实际上更多地涉及清代坐贾的经营内幕与运作形态,其所揭示的东家与伙计的关系、东家—大伙计—小伙计—学徒等店内人事结构、如何对付赊账之人、如何追账、讨账等等,形象地揭示了当时坐贾的经营形态,属非常珍贵的商业资料。

《生意世事初阶》与《贸易须知》所展示的清代坐贾的经营理念对

---

① 吴中孚:《商贾便览》卷三《辨银要谱》。
② 王秉元:《贸易须知》第24条。

我们是颇有启迪的。从中我们看到，中国传统"仁、义、礼、智、信"的道德规范，对商人们有着深刻的影响，这些强调修德重于趋利的诸多训诫，以诚信为本的伦理提倡，以顾客为重的经营理念，以及其对学徒在品德修养上的谆谆教诲，通过商书的形式体现出来，让人们看到了商人对自身群体行为的约束与修养要求，有助于改善商人以往见利忘义、唯利是图的负面形象。明清时代民众对商人的态度日趋宽容，乃至"儒商"一说的兴起，与商书中谆谆告诫从商子弟，自觉遵守并践行这些带有浓厚的儒家传统伦理色彩的教诲和训诫，不无关联。

从经济学的角度言之，市场经济的运行是需要一系列社会秩序作保证的，而社会秩序是一个需要多元支撑的系统，缺少其中的任何一个支柱，都会造成经济的畸形发展。一如前文所指出的，中国古代的市场交易始终缺乏完备的法律条文和制度机制的保护，如果再没有信用支撑，那么市场运作的交易成本就会高得难以想象。因此，在法律条文和制度保护成为市场经济中的稀缺资源的情况下，这些带有浓厚儒家文化色彩的经营理念，也成为市场交易中无形的约束规范，对维护传统社会正常的商业运作起到了不可忽视的作用。就此意义而言，中国传统文化中讲信用、重道义等经营精神，对我们现代社会的经济管理与经营也多有助益。

明清各类商书的公开出版，标志着中国商业在经历了数千年的发展之后，商人们日趋成熟，开始形成属于自己的行业准则或指导原则，并进入了一个自身要求知识传授规范化的新阶段。对从商者进行商业经营、商业技能、组织管理之类的教育，以提高他们的心智素养和经商才能，这是明清时期各类商书得以广泛流传的重要原因。此外，从商书中所介绍的各类专业知识来看，要全面掌握这些专业知识,实非易事。因此,明清时期大多数的从商者,还是要透过专门的商书,经由一定的训练过程,由学徒开始正式行走江湖。这种情况直到清后期才有改观。随着开埠后中外通商的增多,洋务运动的开展,"商战"观念与重商思想的兴起,为适应"商战"之国情,一些专业的商业学校相继建立;与此同时,为适应新商情需要的各类专门的商业教材也就应运而生,像长白人桂林、日本鹤江人御幡雅文合著的《生意集话》、张士杰编辑的《(增订)商人宝鉴》、董志坚编的《商人快览》等书在目录和内容的编排方面,已吸收和采纳了新式教科书的格式特点。① 商业知识的传授开始步入了一个新的时代。

---

① 桂林、御幡雅文:《生意集话》,光绪十八年刊本。张士杰编《(增订)商人宝鉴》,商务印书馆,1936。董志坚编《商人快览》,上海锦章图书局,1924。

第五章　从"重农抑商"到"工商皆本"：社会观念的变迁与商业文化的构建

一、关于"重本抑末"：政策源流的思考

自先秦思想家管仲、李悝、商鞅、荀卿、韩非等人把农业定为本业，把工商定为末业以后，[①]"农本工商末"的概念便成为经典性的术语，为历代王朝延续使用。"重农抑商"（又称"崇本抑末""重本抑末"）思想便成为中国古代官方经济政策思想的重要内容。[②]

但是，纵观中国古代历朝政府实际执行的经济政策，抑末并不

---

① 管仲第一次将人们的职业划分为"士、农、工、商"，并推出"四民分业定居"的政策，认为"舍本事而事末作，则田荒而国贫矣"。李悝提出重农"禁技巧"。商鞅认为"能事本而禁末者富"，主张劝农抑商。荀子强调重农抑工商。韩非则首次将"本末"与工商直接"挂钩"，明确提出"农本工商末"的口号，将工商业者列为"五蠹"之一，属当除之列。详见胡寄窗：《中国经济思想史》（上），上海财经大学出版社，1998，第268、389、429、471—473页。

② 一般认为，"重本抑末"或"重农抑商"政策是中国古代官方所奉行的一项传统经济政策，对此以往学界关注较多，并围绕重农抑商思想与政策的产生、发展、演变、具体措施、重农抑商的内涵及重农与抑商的关系、重农抑商政策的作用及（转下页）

始终和重农相提并论。工商业可以致富这一点，统治者无法视而不见。历朝政府在"法令上抑制工商业、污辱工商业者的人格，并不说明他们对工商业利润的漠然无知，而是相反，官商合一就是因为统治者看准了商业活动的巨额利润，统治阶级恃官经商、垄断商业利润，将滚滚钱财纳入自己囊中"①。实际上，从汉代开始，统治者逐渐产生了凭借集权政体的力量，将工商业纳入政府直接控制之下，以此富国的官营工商的政策思想，而这种思想早在《管子》中就有论述。《管子·轻重篇》肯定工商业的社会功能，但主张官营、禁榷的色彩较浓厚，其《海王篇》则直接提出"官山海"的政策。因此，《管子》中"经济思想的主体已由私人转向了国家"，由"自由主义"转变为"干涉主义"，其立足点是要变市场经济为指令经济。②

汉代进一步强化了政府的干预角色，最典型的是汉武帝任用桑弘羊实行盐铁官营、均输、平准等具体措施，垄断工商业，强化国家控制，增加政府收入。桑弘羊提出，"富国何必用本农"③，"农商交易，以利本末"④。但是，这里的"商"强调的是官营工商，而对民间工商业依

（接上页） 评价等问题，展开了深入的探讨。详范红霞：《1980 年以来关于重农抑商
　　思想和政策的研究综述》，《高校社科信息》1997 年第 6 期。此外，王家范《中国历
　　史通论》（增订本，生活·读书·新知三联书店 ，2012）、马敏《商人精神的嬗变——
　　近代中国商人观念研究》（华中师范大学出版社，2001）等论著中亦有详尽分析。
　　本节内容对学界已有成果多有借鉴。
① 张家炎：《试论"重本抑末"的双重悖反特性》，《农业考古》1993 年第 1 期。
② 王家范：《中国历史通论（增订本）》，第 231—232 页。马非伯：《论〈管子·轻重
　　上〉——关于〈管子·轻重〉的著作年代》，《〈管子·轻重篇〉新诠》，中华书局，
　　1979，第 44 页。
③ 桓宽：《盐铁论》卷一《力耕》，中华书局，1992。
④ 桓宽：《盐铁论》卷一《通有》。

然要抑制,"使民务本,不营于末"①,要求"进本退末,广利农业"②。其所推行的盐铁官营、均输、平准等措施,具体做法就是政府直接参与商品的生产和流通,设立盐官、铁官,统一收购和销售食盐和铁器。③ 唐代刘晏和宋代王安石都是典型的官营官管政策的提倡者。刘晏的改革具有较多的市场色彩,他不是单纯依靠提高税收,或直接由官府参与争利,而是发展均输、平准等办法,利用商业经营原则,改革财政,利与税双管齐下,通过向商人提供相应的获利空间,引导工商业在时代变迁的条件下,满足政府收入需要。宋代王安石则把官营工商与专卖垄断同政府利用商业原则调控市场相结合的政策思想,发展到新的历史高度。④

故此,学界大都认为,中国古代统治者"抑工商"政策的本质,并不是真正地限制所有工商业的发展,而主要是对私营工商业的抑制和打压。汉代政府规定"贾人不得衣丝乘车,重租税以困辱之……市井之子孙亦不得仕宦为吏"⑤;西晋时期,则从"抑末"发展到"贱末",甚至政府还颁布侮辱性的法令,业工商者须头戴白巾,上书姓氏及经营商品的种类,脚上一足着白履,一足着黑履;唐代仍规定工商为贱业,不许从商者入仕,士族清流,不许兼营商业。凡此种种,其所抑制的对象主要都是针对私人工商业者,而对国营工商业,历代政府大多

---

① 桓宽:《盐铁论》卷六《水旱》。
② 桓宽:《盐铁论》卷一《本议》。
③ 谢天佑:《秦汉经济政策与经济思想史稿——兼评自然经济论》,华东师范大学出版社,1989,第163页。
④ 叶坦:《富国富民论——立足于宋代的考察》,北京出版社,1991,第152—153页。
⑤ 司马迁:《史记》卷三十《平准书》,第1704页。

采取专卖、垄断、均输、平准的方式加以调控发展，以利于国家财政收支的平衡和统治者的需要。因此，所谓的"抑商"，本质上当是"抑私（商）扬公（商）"①。还有学者指出，历代抑商政策的具体制订者，他们在政治上倡导君主利益高于一切，支配一切，在经济上主张以社会经济服从于中央皇权，主张一切社会财富必须首先满足国家财政的需要。他们所关心的主要是新的政策如何适应朝廷的赋役征缴，而并不太关注社会经济的正常发展。在这样的政策思想主导下，国家机构对工商业管理的有效性职能始终没有得到充分发挥。因此，"重本抑末"政策"只是中央政府利用传统的'重农轻商'思想作为武器，用国家政权的强制力量来达到垄断经济命脉，钳制私营工商，聚敛社会财富目的的一种政治手段而已"②。所谓的"抑商"，则是帝国政府出于财政的考量，以行政手段介入商业，与商人夺利，这才是历代当权者在"抑商"口号下隐藏的真正利益动机。③

仔细考察中国古代历朝政府对民间工商业的严厉打压，其目的主要有二：一是"权益分割方面的利害相交"。因为庞大臃肿的军事—官僚体系需要巨量的财政支撑，政府成员也需要开浚财源以养生送死，他们需要商业这块"肥肉"赖以为生。因此，站在"国家主义"

① 唐任伍：《唐代经济思想研究》，北京师范大学出版社，1996，第208—210页。叶茂：《略论重农抑商的历史根源》，《中国经济史研究》1989年第4期。张家炎：《试论"重本抑末"的双重悖反特性》，《农业考古》1993年第1期。陈长华：《抑商质疑——兼论中国古代的赋税制度》，《史林》1995年第2期。
② 马伯煌主编：《中国经济政策思想史》，云南人民出版社，1997，第547页。
③ 王家范：《中国历史通论（增订本）》，第236页。

的立场上，"抑商"也是势之必然，不得不为之。① 加之中国传统的官本位的习惯心理，巨额的商业利润自然也就成为历代封建统治者所垂涎的对象。另一方面，历代严厉的抑商政策也是出于对"私威积而逆节之心作"的担忧。西汉时，由于私营工商业的发展，使地方豪强权贵的财力、物力、人力迅速膨胀，故助长了他们对抗朝廷的力量，滋生僭越之谋。"今放民于权利，罢盐铁以资暴强，遂其贪心，众邪群聚，私门成党，则强御日以不制，而并兼之徒奸形成也"；"布衣有胸邸，人君有吴王……吴王专山泽之饶，薄赋其民，赈赡穷乏，以成私威。私威积而逆节之心作。"②自此以后，对"私威积而逆节之心作"的担忧，防止任何有可能对统治者构成威胁的社会集团性势力的形成，实际上成为历代统治者禁商、抑商的一个重要心理因素，也是其政治上的深谋远虑。③

因此，在中国古代，重本抑末思想主要是官方意识形态的表达，它是从社会作用的角度所作的理论上的判定。"食出于农，衣出于工，财货出于商。无财货则贫，无衣则寒，无食则死。三者食为急，故农尤重。"④仔细探究历代政府"重农抑商"政策的背后则会发现，政府更多的是要在观念上推行一种轻商的社会导向，并通过这种导向在社会各阶层中提倡一种以务农为上、务农为荣，而业贾为下的官方主流思潮和主导观念。用在思想观念上的提倡贬损利厚之行，来冲销

---

① 王家范：《中国历史通论（增订本）》，第 235—236 页。
② 桓宽：《盐铁论》卷一《禁耕》，第 67 页。
③ 王家范：《中国历史通论（增订本）》，第 237 页。
④ 谢阶树：《约书》卷八《保富》，马天西主编：《中国文化精华全集》卷 16《政治经济卷》，中国国际广播出版社，1992，第 324 页。

人们对于农、商两大行业经济利益畸轻畸重的心理不平衡；用一种官方损誉和褒扬的导向以及一种精神观念上的贵贱观，来抵消实际生活中经济利益上的巨大差异，并且力图由此而达到社会经济资源配置有利于传统生产方式的目的。①

由此我们看到，尽管秦汉以后历代王朝都曾推行过抑商政策，但富商大贾未见减少，官商、皇商更是层出不穷。即便是在商人"不得衣丝乘马"的汉代，也是"富商大贾周流天下，交易之物莫不通，得其所欲"。② 这一系列看似矛盾的现象之所以出现，其奥秘就在于，"重农抑商"作为历代政府的基本经济政策并未得到真正的贯彻执行，其结果往往是"重农（业）而未抑商（人），抑商（业）而未重农（民）"③。而在民间的实际生活中，商业利益的诱惑是不以人们的意志为转移的，官方意识形态的强制引导终究抵不过生活实际。汉代司马迁就一针见血地指出：谋利，"农不如工，工不如商，刺绣文不如倚市门"④。因此，抑工商作为中国古代历朝经济国策而大商人却屡抑不止，且代代有发展，也才会有"今法律贱商人，商人已富贵矣；尊农夫，农夫已贫贱矣"⑤这一中国古代历朝共同存在的社会现象。

---

① 张忠民：《前近代中国社会的商人资本与社会再生产》，上海社会科学院出版社，1996，第 253—255 页。
② 司马迁：《史记》卷一二九《货殖列传》。
③ 张家炎：《试论"重本抑末"的双重悖反特性》，《农业考古》1993 年第 1 期。唐任伍：《唐代"抑工商"国策与"重商"社会观念的对立》，《河北师范大学学报》1995 年第 3 期。
④ 司马迁：《史记》卷一二九《货殖列传》。
⑤ 班固：《汉书》卷二十四《食货志》点校本，中华书局，2003，第 1133 页。

厘清中国古代统治者"重本抑末"政策的这一实质，有助于我们理解明清时期商业的蓬勃发展、商帮兴起乃至商书应运而生的政策背景与社会背景。正因为中国古代所谓的"重农抑商"并未真正彻底实行，而商人又易于积聚财富，特别是那些富于资财的富商巨贾，还往往靠其财力交结官宦，生活富足，他们"甘其食，美其服，……燕姬赵女品丝竹，揳筝琴，长袂利屣，争妍而取容"①的生活方式，不能不引起人们的羡慕。到了清代，这种情况更加突出。例如，"农者自安作息，终岁勤劬，人皆贱其业而不恤。奸商黠贾操其奇赢之数，不劳四体，而利擅王侯，显荣逸乐终身，人皆慕效之，故背本而趋末也"。② 所以，明中叶以后，人们在观念上对商人的看法有了很大改变，所谓"商贾利厚，田亩利薄，弃薄取厚，人情之常"③的观念已广为人们接受，以至出现了"四民异业而同道""新四民论"的思想。由于"背本而趋末"者越来越多，最终推动了明清商帮的兴起，明清时期的商业经济也发展到了一个新的水平。

二、"新四民"论的兴起：明清的变革

（一）对商业作用的新认识

随着社会经济的发展，商业在国民经济发展中的作用不能不引

---

① 张瀚：《松窗梦语》卷四，第 80 页。
② 谢阶树：《约书》卷八《保富》，第 324 页。
③ 方濬颐：《梦园丛说内篇》卷八，清同治十三年（1874）扬州刻本。

起人们的重视。就明代政府管理者的层面而言，明前期曾任户部尚书的丘濬，①就开始注意从流通领域的角度，认识商业的经济作用，将商业视为繁荣市场经济、方便人们生活的重要部门。他说："市肆所陈，虽商贾之事，然而风俗之奢俭、人情之华实、国用之盈缩，皆由于斯焉。"②丘濬认为，食货与农商同等重要，食货为生民之本，而商贾又能使之阜盛。"故商贾阜盛货贿，而后泉布得行。当夫凶荒札丧之际，商贾毕聚，而食货阜盛，亦得以济其乏，苏其困矣"。③ 丘濬坚决反对官府经商，指出："堂堂朝廷而为商贾贸易之事，且曰欲商贾无所牟利。噫！商贾且不可牟利，乃以万乘之尊而牟商贾之利，可乎？"又说："以人君而争商贾之利，可丑之甚也"。④

他从"民用""国用"的角度，支持、鼓励民间的商业活动，如民间集市。"民之于食货，有此者无彼。盖以其所居异其处，而所食所用者不能以皆有，故当日中之时，致其人于一处，聚其货于一所。所致所聚之处，是即所谓市也。人各持其所有于市之中，而相交相易焉，以其所有易其所无，各求得其所欲而后退，则人无不足之用。民用既足，则国用有余也"。⑤ 像丘濬这样从商品经济的法则关注市场作用的官员是很少的，而将市场经济动态与"国用之盈虚"结合起来考察，更是难能可贵。

---

① 丘濬（1419—1495），官至文渊阁大学士，参与机务。《大学衍义补》集中体现了他的经济思想，该书从卷十三至三十五，完全是论述经济问题的。

② 丘濬：《大学衍义补》卷二十五《市籴之令》，收入《传世藏书・经库・经学史》第 1 册，海南国际新闻出版中心，1996。

③ 丘濬：《大学衍义补》卷二十六《铜楮之币》。

④ 丘濬：《大学衍义补》卷二十五《市籴之令》。

⑤ 丘濬：《大学衍义补》卷二十五《市籴之令》。

身居阁臣高位的张居正则从农商互利关系的角度,肯定了商业的社会作用。嘉靖年间,他对周汉浦在荆州"厘宿弊,平物价,恤无赀"的抚商做法十分赞许,指出:"古之为国者,使商通有无,农力本穑。商不得通有无以利农,则农病;农不得力本穑以资商,则商病。故商农之势,常若权衡。然至于病,乃无以济也。"他认为,国家适时适量地征收工商业税,也是完全必要的,"计其贮积,稍取其羡,以佐公家之急",但征税不能过分,"多者不过数万,少者仅万余,亦不必取盈焉",不能忽视商人所能承担的限度。"故余以为,欲物力不屈,则莫若省征发以厚农而资商;欲民用不困,则莫若轻关市以厚商而利农"。[①] 在这里,他已认识到商业与农业在国家经济发展彼此之间相互依赖的关系,并将本末、农商平等对待,无商则"农病"。因此,应"轻关市以厚商而利农","省征发以厚农而资商",体现了其惠商利农的指导思想。

出身商人家庭,曾官至福建副使、兵部左侍郎的汪道昆,提出了商农"交相重"之说。"窃闻先王重本抑末,故薄农税而重征商,余则以为不然,直壹视而平施之耳。日中为市,肇自神农,盖与末稻并兴,交相重矣。耕者什一,文王不以农故而毕蠲。乃若讥而不征,曾不失为单厚。及夫垄断作俑,则以其贱丈夫也者而征之。然而关市之征,不逾什一,要之,各得其所,商何负于农?"[②]可见,汪道昆明确反对传统的"重本抑末"政策,农和商都是国家的基础,应"壹视而平施",平

① 张居正:《张太岳集》卷八,《赠水部周汉浦榷竣还朝序》,上海古籍出版社,1984。
② 汪道昆:《太函集》卷六五《虞部陈使君榷政碑》,收入《四库全书存目丛书·集部》第118册,齐鲁书社,1997。

等看待，"交相重矣"。这实际上已含有了"工商皆本"的思想。

万历年间湖广佥事冯应京在其所编辑的《月令广义》中，提出了百工皆治生之业的观点，[①]他特别关注商业在国民经济中的地位和作用，并从实际生活中体察到商业在当时有"裕国饷而利民用"的职能。例如，"（商贾）阜财通商，所以裕国饷而利民用，行商坐贾，治生之道最重也"。[②] 他在所编辑的《月令广义》中以很大篇幅列出经商之道，大力阐述商业的重要性："士农工商各执一业，又如九流百工，皆治生之事也。……盖弓裘皆从世业，地利各趋所宜，或窑冶驵侩，皆圣谕以各安生理之教。"他将"行商坐贾"提到"治生之道"的高度，把商人与士农百工并列，认为士农工商仅仅是职业上的分工不同，都是以自己所执之一业为社会服务。为此，他在书中专写《客商规略》，阐述经商必备常识，显示出其对商业条规和商业知识的重视。

　　凡远出，必告引结伴，宜同气。赍装慎安顿，托财须得人，搭船勿露面，程途忌奢侈……俱蚤宿迟行，车前椸下，慎防不测。寒暑衣食，不可不谨。勿信中途邀接之主，勿伙好讼淫赌之朋。贩粮石要察天时，放子利须审丰歉。水田畏秋干，高地畏秋水。上江地方，春播种夏收成；江南北，夏播种而秋收。旱涝者荒歉之源，叠丰登饥馑之兆。冬凝寒，春风雨，菜子有伤。夏秋交，狂风雨，花麻必损。小满前后风雨，白蜡不收；立夏之后雨多，蚕丝

---

①　冯应京（1555—1606），万历二十八年任湖广按察佥事，出巡武昌、汉阳、黄州等府。冯应京生于经济发达的长江下游，又任职于经济繁荣的"九省通衢"的武昌，这样的经历使他得以较客观地看待商品经济及工商业的作用。

②　冯应京：《月令广义》卷二《岁令·授时》。

有损。北地麦收三月雨,南方麦熟要晴天。荒年艺物贱,丰岁米粮迟。黑稻种可避水荒,荞麦种可防夏旱。堆垛粮食须在收秋之时,换买布匹莫向农忙之际。粟谷可久积而无虫,豌豆可避荒而耐旱。货贱极必转贵,先易售者必终迟。积货处要妨水火,鬻卖处先察地宜。得利志骄必有失,踬错气馁终无为。贵贱趋时,变通会计。审天利而洽人情,秉公心而安正命。[1]

冯应京的"工商亦本业"的思想因素也被认为是宋代陈耆卿"士农工商皆本业"的论点的继承与发展,[2]开黄宗羲等人"工商皆本"思想的先河。冯本人曾做过湖广佥事等地方官,身处两湖商品经济比较发达的地区,又曾亲历万历时期矿监税吏对地方工商业的掠夺与干扰,故而对商业的发展与地方经济的管理有其独特的体察心得。此外,冯应京与耶稣会士关系密切,他的思想比较开放,当与此不无关联。

值得注意的是,明清时期部分基层地方官员在主政一方时,也注意惠民恤商。光绪《石门县志》记载,隆庆年间浙江崇德知县蔡贵易

① 冯应京:《月令广义》卷二《岁令·授时》。
② 见叶坦:《富国富民论——立足于宋代的考察》,第184页。陈耆卿指出:"古有四民,曰士、曰农、曰工、曰商。士勤于学业,则可以取爵禄;农勤于田亩,则可以聚稼穑;工勤于技巧,则可以易衣食;商勤于贸易,则可以积财货。此四者皆百姓之本业。自生民以来,未有能易之者也。若能其一,则仰以事父母,俯以育妻子,而终身之事毕矣。不能此四者,则谓之浮浪游手之民。浮浪游手之民,衣食之源无所从出,若不为盗贼,即私贩禁物。一旦身被拘执,陷于刑禁,小则鞭挞肌肤,大则编配绞斩,破荡家产,离弃骨肉。方此之时,欲为四民之业,而何可得也?"见陈耆卿:《嘉定赤城志》,上海古籍出版社,2016。

在崇德理政期间，多有惠民恤商之举，使得社会安定，百姓乐业。"贾始安于市，而民始苏于乡"，①以至"邻邑之商悦而藏于侯之市场者，道不绝岁"。明万历六年(1578)，胡宥在其所撰《崇邑蔡侯去思亭记》中直接肯定了商人的作用："然民有四民，以商为末业而最次商。周官治商之政，无不备矣。四民固最次商，此在古民鲜而用简，则然世日降而民日众，风日开而用日繁，必有无相通，而民用有所资，匪(非)商能坐致乎？守令固当可加意于民，商其可不加之意耶！廛法不兼行，使商悦而愿藏其市，此恤商之道可见矣。……然蔡侯来令崇(崇德，即石门县)，其视商无分于民，而未尝夺利以益民，或不能无相竞以求直，侯务得其情而直之。崇自倭寇内犯，用兵几二十年矣。于民常赋之外有所增，而于商亦或不能无所扰，兵渐息而侯悉罢之。故邻邑之商悦而藏于侯之市者，道不绝岁。"②在此，胡宥直言，随着社会的发展，经济和文化交流频繁，"世日降而民日众，风日开而用日繁"，互通有无已成为社会经济生活中不可或缺的一环，只有发挥"有无相通"，才能达到"民有所资"，而这些离开商人是无法实现的。文中肯定了蔡贵易任崇德县令时期，平等待商，不夺商民之利，不对商人过分征税的恤商行为。

由此我们看到，从张居正这样的身居要位的高官，到冯应京等中层地方官吏，及至蔡贵易等基层的县令，均已从社会实际的经济发展

---

① 郭子直：《蔡侯去思碑记》。蔡侯，即指蔡贵易，字尔通，福建同安人，进士。隆庆末任浙江崇德知县，后升南京户部郎中。蔡贵易在崇德理政期间，多有惠商之举，故邑中徽商捐建生祠予以表彰。其调任离邑时，"民相舆壶浆觞侯于道"，后立"四知亭"，以示纪念。有郭子直《蔡侯去思碑记》和胡宥《崇邑蔡侯去思亭记》记载其事迹。详见光绪《石门县志》卷六《官师志·名宦》。

② 光绪《石门县志》卷六《官师志·名宦》。

中认识到商业在国民经济中的影响与作用,具有明确的宽商、恤商思想。他们对商业的这种认识是与明朝以来商品经济的高度发展分不开的,这也是明代社会思想发展演变的经济基础。

当然,从张居正到冯应京,他们"农商并重"的恤商思想言论,与晚明时期矿监税吏的繁苛征税给当时工商业带来的困扰,也不无关联。张居正农商相互依存的看法,更多的是站在国家税收的立场,强调不宜重榷商贾,应"轻关市以厚商而利农";而冯应京自己任湖广佥事时,对苛税扰民有切肤之痛,并因数忤税珰而获罪。而且晚明批评征商的章疏或私人著述,对苛征商税所造成的"商困而四民皆困"的现象,多有痛陈。这种基于"商困则民困"立场出发的薄征商税主张,与其说是明季士大夫"对商业另眼相看"的现象之一,不如说是晚明关市之征日趋繁苛的现实问题开始引起士大夫的广泛注意,使他们对商税、商人与一般民众的依存关系有较实际的认识。[①] 但即便如此,晚明士人对商业与国家经济荣枯与共事实的认知,对商人与农民之间休戚相关的认识,把商人在整个经济体系中的重要性提高到与农人并重的地位,以及由此基础上"爱商恤民""民与商,其实无两"等思想的形成,不啻为"农商皆本"的另一种形式的表达。[②]

这些均说明,明代中后期,人们已从社会经济的发展实践中意识到了商业在国民经济发展中不可低估的作用,这一认知也直接影响

---

① 林丽月:《试论明清之际商业思想的几个问题》,《近代中国初期历史研讨会论文集》,台北"中研院"近代史研究所,1989。林丽月:《商税与晚明的商业发展》,《台湾师范大学历史学报》1988 年第 16 期。

② 林丽月:《试论明清之际商业思想的几个问题》,《近代中国初期历史研讨会论文集》,台北"中研院"近代史研究所,1989。

到时人对本末关系的重新审视。

（二） 本末关系的新诠释与"新四民"论

在中国古代经济思想史的发展过程中,本末观念的演变大体经历了以下几个阶段:一是从战国中期的思想家到韩非,确立了"农本工商末"的概念和"重本抑末"的政策观念。二是东汉王符提出各业并重,农工商业均有本末之分,这是对战国以来传统观念的修正。①三是南宋叶适和陈耆卿提出"抑末厚本,非正论也"和士农工商"四者皆百姓之本业"的主张,并且认为是天经地义、自古就有的常理。②及至明朝,张居正提出"农商互利论"的主张,东林党人由对工商活动的道德肯定进一步深入到经济政策层面的支持,③冯应京"工商亦本业"

① 王符认为,农、工、商各有其本末,并非凡农皆本,凡工商皆末,农、工、商三者都是不可缺少的。他在《潜夫论·务本第二》中指出:"夫富民者以农桑为本,以游业为末;百工者以致用为本,以巧饰为末;商贾者以通货为本,以鬻奇为末。三者守本离末则民富,离本守末则民贫。"详见王符著,高新民、王伟翔释注:《王符〈潜夫论〉释读》,宁夏人民出版社,2009,第12—13页。

② 叶坦:《富国富民论——立足于宋代的考察》第四章《商品经济观念的转化——传统与反传统》,第180—184页。

③ 高攀龙的"薄征商税"说可视为东林党人恤商思想的代表性言论。"今日定乱以人心为本,举朝方惴惴忧加派之失人心,而商税之失人心倍蓰于加派,加派之害以岁计,商税之害以日计。商税非困商也,困民也。商以贵买,决不贱卖,民间物物皆贵,皆由商算税钱"。详见《高子遗书》卷七《罢商税揭》,《四库全书·集部》第1292册,上海古籍出版社,1987,影印本,第460—461页。关于东林党人的恤商、宽商思想,学界多有研究,林丽月的《商税与晚明的商业发展》(《台湾师范大学历史学报》第16期,1988年6月)、《东林运动与晚明经济》(淡江大学中文系主编《晚明思潮与社会变动》,台弘化文化事业股份有限公司,1987)等论文有详细论述。

的思想因素继陈耆卿士农工商"四者皆百姓之本业"的主张之后,成为清初黄宗羲"有限度"的"工商皆本"思想的先河。① 至此,中国古代经济思想领域中传统的本末关系被赋予了新的诠释。

正是基于对商业在社会经济中的重要性及本末关系的重新审视,明清之际人们也开始了对传统的"抑末"政策提出质疑与批判,其批判矛头直指君主政权的贪婪与虚伪。黄宗羲就明确指出,君主"以天下之利尽归于己,以天下之害尽归于人","使天下之人不敢自私,不敢自利",②从而揭示了传统的重本抑末思想的实质,实际上是统治者夺百姓之利为己所有。

---

① 在关注明清时期人们对本末关系的看法时,黄宗羲的下列论述尤为人们所看重,并被视为"工商皆本"思想的代表性言论:"今夫通都之市肆,十室而九,有为佛而货者,有为巫而货者,有为倡优而货者,有为奇技淫巧而货者,皆不切于民用,一概痛绝之,亦庶乎救弊之一端也。此古圣王崇本抑末之道。世儒不察,以工商为末,妄议抑之。夫工固圣王之所欲来,商又使其愿出于途者,盖皆本也"(详见黄宗羲:《明夷待访录·财计三》,中华书局,2011,点校本,第 163 页)。对此,林丽月指出:黄宗羲对"抑末"既未全盘否定,而其所谓"工商皆本"之"本"亦非泛指所有的工商。他赞成有限度的"抑末",凡是"不切于民用"的工商,亦即无关民生必需的手工业生产及不是民生必需的物品之流通,诸如"为佛而货""为巫而货""为倡优而货""为奇技淫巧而货"等类的工商产品,他认为只会助长社会的奢侈浪费之风,主张一概禁绝,才符合古代圣王的"崇本抑末"。换言之,黄宗羲的工商说是有本有末的,民生日用所需的工商是"本",不切于民用的奇技淫巧则是"末"。其"工商皆本"论把"工商"限制在非奢侈品的生产与消费,而不是统而论之的"工商皆本"。林丽月这一观点是对以往学界关于黄宗羲"工商皆本"思想传统看法的一大修正。详见林丽月:《商税与晚明的商业发展》,《台湾师范大学历史学报》1988 年第 16期;《试论明清之际商业思想的几个问题》,《近代中国初期历史研讨会论文集》,台北"中研院"近代史研究所,1989。

② 黄宗羲:《黄宗羲全集》第 1 册《明夷待访录·原君》,浙江古籍出版社,1985,点校本,第 2 页。

在这种背景下,明代社会上为商人辩解的声音日渐增多,出现了士商"异术而同心"之说。明代王现(字文显)墓志铭中的训诫诸子之言即表明了这种思想:"夫商与士,异术而同心。故善商者处财货之场,而修高明之行,是故虽利而不污。善士者引先王之经,而绝货利之经,是故必名而有成。故利以义制,名以清修,各守其业,天之鉴也。如此则子孙必昌,身安而家肥矣。"①汪道昆也提出"商贾虽与时逐,而错行如四时,时作时长,时敛时藏,其与天道,盖冥合也"②的主张,认为商贾行为犹如四季轮替,是符合天道运作的正常行为。晚明的李贽在其《焚书》中更是公开为商人辩护,认为不应对商人采取歧视态度。"商贾亦何可鄙之有?挟数万之货,经风涛之险,受辱于关吏,忍诟于市易,辛勤万状,所挟者众,所得者末。"③他指出,通过正当渠道经商致富是非常艰辛的,并非牟取不义之财,而且商人致富也是上天赋予他们才能,上天认可他们努力的结果。"天与以致富之才,又借以致富之势,畀以强忍之力,赋以趋时之识,如陶朱、猗顿辈,程郑、卓王孙辈,亦天与之以富厚之资也。是亦天也,非人也。若非天之所与,则一邑之内,谁是不欲求富贵者,而独此一两人也邪?"④

这些思想观念的变化,直接影响到社会风气的变化,从明中叶开

---

① 李梦阳:《空同先生集》卷四四《王现传记·明故王文显墓志铭》,伟文图书出版社,1976,影印本。
② 汪道昆:《太函集》卷十六《兖山汪长公六十寿序》。
③ 李贽:《焚书》卷二《又与焦弱侯》,《李贽文集》,北京燕山出版社,张业整理,1998,第70页。
④ 李贽:《李温陵集》卷十八《道古录》。

始，社会上弃儒从商、弃农从商①及"士商渗透"的现象越来越多。史籍中关于这些社会现象的记载，屡见不鲜，在工商业发达的江南地区尤其多见。"缙绅士夫多以货殖为急"，"吴人以织作为业，即士大夫家多以纺织求利，其俗勤啬好殖，以故富庶"。②对此，明人何良俊记载尤为详细："余谓正德以前，百姓十一在官，十九在田。盖因四民各有定业，百姓安于农亩，无有他志，官府亦驱之就农，不加烦扰，故家家丰足，人乐于为农。自四五十年来，赋税日增，徭役日重，民命不堪，遂皆迁业。昔日乡官家人亦不甚多，今去农而为乡官家人者，已十倍于前矣。昔日官府之人有取，今去农而蚕食于官府者，五倍于前矣。昔日逐末之人尚少，今去农而改业为工商者，三倍于前矣。昔日原无游手之人，今去农而游手趁食者，又十之二三矣。大抵以十分百姓言之，已六七分去农……"，"由今日而观之，吾松士大夫工商，不可谓不众矣"。③

作为徽商发源地的徽州，明后期时，徽州人便把商贾说成是徽州

①　需要注意的是，明后期社会上弃农就贾现象的增多，与当时的经济政策的变化——一条鞭法的实行也不无关联。明代江南民间土地赋税繁重，"江南大贾强半无田，盖利息薄而赋役重也"。（谢肇淛：《五杂组》卷四《地部二》，上海书店出版社，2001。）一条鞭法推行后，以田定赋役，无田而经营商业者可不受其累。明史记载："条编法行，富商大贾不置土田，粮无分毫。"（吕坤：《实政录》卷四《民务·编审均徭》）顾炎武也指出："旧法编审均徭，有丁银、门银，而无地银，则以资本产业稳括并论也。今去其门银，而以地银易之，则田家偏累，而贾贩之流，握千金之赀，无垄亩之田者，征求不及焉，此农病而逐末者利也。"（顾炎武：《天下郡国利病书》第3册，《山东备录（上）》，严佐之、黄坤、罗争鸣校点，上海古籍出版社，2012，第1649—1650页。）所以万历以后，社会上弃农就贾者日趋增多。

②　于慎行：《谷山笔麈》卷四，吕景琳点校，中华书局，1997。

③　何良俊：《四友斋丛说摘抄》卷三，中华书局，1997。

的"第一等生业"。徽州人汪道昆曾说道:"新都(徽州)三贾一儒……
贾为厚利,儒为名高。夫人毕事儒不效,则弛儒而张贾;既则身飨其
利矣,及为子孙计,宁弛贾而张儒。一弛一张,迭相为用,不万钟则千
驷,犹之转毂相巡,岂其单厚然乎哉!"①汪道昆的《太函集》中有很多
关于徽人从商的记载,例如,"休、歙右贾左儒,直以九章当六籍","吾
乡左儒右贾,喜厚利而薄名高"。② 所以,"虽士大夫之家,皆以畜贾
游于四方"。③ 这些"从贾""业儒"和"入仕"的徽人,往往"处者以
学,行者以商",业儒求名高,行商取厚利,或"商而兼士",或"仕而经
商",儒、贾"迭相为用",观念上已基本没有儒贵商贱之别。一如《歙
风俗礼教考》所载:"商居四民之末,徽殊不然。歙之业鹾于淮南北
者,多缙绅巨族。其以急公议叙入仕者固多,而读书登第,入词垣跻
朊仕者,更未易仆数,且名贤才士往往出于其间,则固商而兼
士矣。"④

　　这种重商心理,也浸润在徽州人的日常生活之中。在徽州马头
墙上,多筑有一个形似"方印"的东西;而在门框上则雕刻有"商"字图
案。其象征意义是:由商入门,才能得到高悬墙头上的代表科名之
路的方印。它也告诉世人,商人在徽州是受人尊敬的。⑤ 对此,唐力
行研究指出,贾为厚利,儒为名高,"贾与儒的迭相为用,已是徽州宗

① 汪道昆:《太函集》卷五二《海阳处士金仲翁配戴氏合葬墓志铭》。
② 汪道昆:《太函集》卷七七、卷一八。
③ 归有光:《震川先生集》卷一三《白庵程翁八十寿序》,周本淳点校,上海古籍出版
　　社,2007。
④ 许承尧:《歙事闲谭》卷十八《歙风俗礼教考》,黄山书社,2001,点校本,第603页。
⑤ 梁德阔:《"韦伯式问题"的徽商经验研究》,安徽师范大学出版社,2014,第273页。

族社会最高的价值取向。这一价值取向还以文字的形式昭示于徽人的厅堂：'读书好，营商好，效好便好；创业难，守成难，知难不难。'"①

清代，山西商人弃儒从贾的风气也很普遍。时人刘大鹏感叹其乡人，"视读书甚轻，视为商甚重，才华秀美之子弟，率皆出门为商，而读书者寥寥无几，甚且有既游庠序，竟弃儒而就商者。亦谓读书之士，多受饥寒，曷若为商之多得银钱，俾家道之丰裕也。当此之时，为商者十八九，读书者十一二。余见读书之士，往往羡慕商人，以为吾等读书，皆穷困无聊，不能得志以行其道"。②晋商后来更有至今被人赞叹的"宁站七尺柜台，不去衙门当差。生子有材可作商，不羡七品空堂皇"的所谓"重商"之道。③

这些均表明，传统的士农工商的地位顺序，在徽州与山西民间已经发生了颠覆性的变化，以往被视为"末业"的商业不再被人轻视，经商被视为和业儒一样值得尊重。

士人关于士农工商四民关系的讨论，以王阳明、归有光和汪道昆的观点为最具代表性。王阳明（1472—1529）提出"四民异业而同道"之说，肯定了工商业（者）的地位与重要性，认为士农工商之间只是分工不同，不存在职业高低、贵贱之别。④ 稍后的归有光（1507—1571）亦提出类似观点："古者四民异业，至于后世，而士与农、商常相

---

① 唐力行：《商人与文化的双重变奏——徽商与宗族社会的历史考察》，华中理工大学出版社，1997，第29—30页。

② 刘大鹏著：《退想斋日记》，乔志强标注，山西人民出版社，1990，第17页。

③ 此民谣见于佚名的手抄本《俗言杂字》、《断银歌》等民间文献。

④ 王守仁：《阳明全书》卷二十五《节庵方公墓表》，收入《四部备要》，中华书局，1989年，影印本第59册·子部，第363页。

混。……（程氏）子孙繁衍，散居海宁、黟、歙间，无虑数千家，并以《诗》《书》为业。君岂非所谓士而商者欤？然君为人恂恂，慕义无穷，所至乐与士大夫交，岂非所谓商而士者欤？"①汪道昆（1525—1593）更是发出"大江以南，新都以文物著。其俗不儒则贾，相代若践更，要之，良贾何负闳儒，则其躬行彰彰矣"②的感叹，大有把贾、儒并列的意味。

汪道昆是嘉靖初年进士，是嘉靖、万历时期文坛上的"后五子之一"，他与当时文坛巨擘王世贞（江苏太仓人）先后掌兵部，天下称"两司马"。③而汪本人又是富商人家出身，据他自己说："由吾曾大父而上历十有五世，率务孝悌力田，吾大父、先伯大父始用贾起家，至十弟始累巨万，诸弟子业儒术者则自吾始。"④他的父亲汪良彬曾以盐业来往吴越间，后来对权贵不满，弃贾从医。他的叔叔汪良植也从事商贾贸易，而且生意做得比较成功。他的岳父吴氏家族也是一个经商的家族。这一特殊的出身背景以及汪道昆自身的仕宦经历，使他可以从商人与士人的双重立场看待士商关系。汪道昆的《太函集》中传记共有 235 篇，涉及商人及其家族成员的传记和墓志铭达 112 篇，其中徽商达 71 篇，这些均成为我们今天研究徽商的重要资料。汪自身当可谓士商融合的典型，故而才会有"良贾何负闳儒"之叹。

清中期，沈垚（1798—1840）的一段话被后人视为明清时期对商

---

① 归有光：《震川先生集》卷十三《白庵程翁八十寿序》，第 319 页。
② 汪道昆：《太函集》卷五五《诰赠奉直大夫户部员外郎程公暨赠宜人闵氏合葬墓志铭》。
③ 《明史》卷二八七《王世贞传》附《汪道昆传》。
④ 汪道昆：《太函集》卷十七《寿十弟及奢序》。

人看法改变、"新四民"论思想的最直接的论述：

> 宋太宗乃尽收天下之利权归于官，于是士大夫始必兼农桑之业，方得赡家，一切与古异矣。仕者既与小民争利，未仕者又必先有农桑之业方得给朝夕，以专事进取，于是货殖之事益急，商贾之势益重。非父兄先营事业于前，子弟即无由读书以致身通显。是故古者四民分，后世四民不分；古者士之子恒为士，后世商之子方能为士。此宋、元、明以来变迁之大较也。天下之士多出于商，则爇菑之风日益甚。然而睦姻任恤之风往往难见于士大夫，而转见于商贾，何也？则以天下之势偏重在商，凡豪杰有智略之人多出焉。其业则商贾也，其人则豪杰也。为豪杰则洞悉天下之物情，故能为人所不为，不忍人所忍。是故为士者转益爇菑，为商者转敦古谊，此又世道风俗之大较也。①

明清时期人们关于士农工商次序变化的认识以及"新四民说"的思想，构成了当时社会观念变迁的重要组成部分，像庞尚鹏的治家格言便是"民家常业，不出农商"。② 它意味着不仅民间、商人对自身的地位认同发生变化，传统士人对于商人的认识也正在发生变化，文人士子开始转变以往轻商贱商、自视清高、以赢利为贪欲可耻的传统思想，开始将商业与其他各业均视为本业。

---

① 沈垚：《落帆楼文集》卷二十四《费席山先生七十双寿序》。
② 庞尚鹏：《庞氏家训》，收入《丛书集成新编》第33册，中华书局，1985，第193页。

这一切实际上已涉及农商关系和士商关系演变这一重大的社会史主题。① 虽然 19 世纪以后，传统的轻商偏见依然继续存在，但"新四民"说的出现，却有难以抹杀的历史意义。它是社会经济发展、商人身份地位发生变化的客观反映，也是明清时期社会上崇商弃农、"工商亦为本业"的社会思潮互为影响的结果。这些社会观念的变化在明清商书中有清晰的反映，并对明清时期商业伦理与商业文化的构建影响深远。

三、 商书中的商业伦理与商人意识

明清社会观念的变迁，对商人思想意识也产生了重要的影响。但迄今为止，学界关于明清时期（明朝至清鸦片战争前）商人思想的研究，大多侧重于明清时期各区域商帮的商业道德、经营方式、商人的伦理思想、商人形象等方面，尚无专文以明清商书为资料，就明清时期商人群体意识②作总体考察。本节拟从最能体现明清商人意识的商书入手，从社会变迁的角度，关注明清商书所体现的商业伦理与

---

① 马敏：《官商之间：社会剧变中的近代绅商》，天津人民出版社，1995，第 51 页。

② 余英时在其《中国近世宗教伦理与商人精神》一书中指出："在明代以前，我们几乎看不到商人的观点，所见到的都是士大夫的看法。但是在明清士大夫的作品中，商人的意识形态已浮现出来了，商人自己的话被大量地引用在这些文字之中。明清的'商业书'虽是为实用的目的而编写的，其中也保存了不少商人的意识形态，那更是直接的史料了。我们尤应重视商人的社会自觉。"详见该书第 258—260 页。本节主要以商书为视角，关注商书所体现的社会观念变迁以及传统文化对明清商人意识的影响、明清商业伦理的构建。

商业文化的构建。①

（一）"商贾士农咸乐业"：对商人职业角色的新认知

明清大量商书的刊行，反映了社会经商、行商风气之盛，说明了经商者自身对这一职业的认可与重视；同时，商书中关于士农工商关系的诸多表述，也体现了明清社会观念的变迁。明末程春宇《士商类要》中就认为："商贾士农咸乐业，恩波浩荡海天同。"②李留德《客商一览醒迷》中也直言："人生于世，非财无以资身；产治有恒，不商何以弘利？"③可见，他们已开始将商贾与士农并列为业。到清乾隆年间的《生意世事初阶》，则将商贾之理财视为居家之急务，并与为官出仕，"出而裕国"相提并论；而《贸易须知》更是希望学习者"研求温习，玩味熟思"，并能据此"异日有成，出人头地"。可以说，在对商人角色的职业认知方面，《生意世事初阶》和《贸易须知》较之明代商书具有更加鲜明的职业自信和清醒的角色认同。特别是将商贾之理财与为官出仕，"出而裕国"相提并论，并把"异日有成，出人头地"的希望寄托于经商之上，反映了这时社会上"良贾何负宏儒"的崇商意识及从商者自身的职业认同。这种鲜明的通过经商而"出人头地"的强烈意识在此前的商书中是不多见的。这说明，随着时代的发展，经商在人们

---

① 拙文《明清社会变迁与商人意识形态——以明清商书为中心》，复旦大学历史系编《复旦史学集刊》第 1 辑，复旦大学出版社，2005。本节有删改。

② 程春宇：《士商类要》卷二《水路诗》。

③ 李留德：《客商一览醒迷》，收入杨正泰《〈天下水陆路程〉〈天下路程图引〉〈客商一览醒迷〉校注》，第 295 页。

眼中已成为一种顺应时代潮流之举,商人对自身职业的角色认同,也随着时代的发展而凸现新的认知,这也是明清时期社会观念的变迁在商书中最直观的体现。

(二)"四业惟商最苦辛":对经营环境的切身感受

明清商人的思想意识,与其商业经营环境的影响密不可分。明清各类商书中,多处可见著述者对经商不易之感叹。这中间既有对春夏秋冬漂泊异乡之辛劳的感慨,也有对经营途中骗子盗贼之觊觎的提防,更有对官场欺诈勒索的戒惧与痛恨。李留德《客商一览醒迷·附悲商歌》中叹道:"四业惟商最苦辛,半生饥饱几曾经。荒郊石枕常为寝,背负风霜拨雪行。"①这种"宿水餐风疲岁月,争长竞短苦心肠"②的旅途奔波、"披星步峻"之辛苦的背后,还有"一逢牙侩诓财本,平地无坑陷杀人"的强烈的无安全感之担忧。从万历二十七年(1599)《三台万用正宗》中的《商旅门·客商规鉴论》,至清乾隆年间吴中孚的《商贾便览·江湖必读原书》、赖盛远的《示我周行·江湖十二则》,无不多次郑重告诫经商者,从经商外出的结伴搭伙,到路上住店行船等,要时刻注意人身财产安全。程春宇《士商类要·为客十要》的前三要便谈安全问题:

---

① 李留德:《客商一览醒迷·附悲商歌》,收入杨正泰《〈天下水陆路程〉〈天下路程图引〉〈客商一览醒迷〉校注》,第 300 页。
② 程春宇:《士商类要》卷二《陆路诗》。

凡外出，先告路引为凭，关津不敢阻滞。投税不可隐瞒，诸
人难以协制。此系守法，一也。

凡行船，宜早湾泊口岸，切不可图快夜行。陆路宜早投宿，
睡卧勿脱里衣。此为防避不测，二也。

凡店房门窗，常要关锁，不得出入无忌。铺设不可华丽，诚
恐动人眼目。此为谨慎小心，三也。[①]

当时，出行路上的盗匪抢劫是经商安全的重要威胁，对此，《三台
万用正宗·商旅门》记载颇详：

至于客途艰苦，亦当具布其言：巴蜀山川险阻，更防出没之
苗蛮。山东陆路平夷，犹慎凶强之响马。山西、陕西崎岖之路，
辽东口外凶险之方。黄河有溜洪之险，闽广有峻岭之艰。两广
有食虫之毒，又兼瘴气之灾。陆路有吊白之徒，船中多暗谋之
故。浙路上江西亦多辛苦，中原到云贵多少颠危。长江有风波
盗贼之忧，湖泊有风水渔船之患。川河愁水势涌来，又恐不常之
变。闸河怕官军之阻，更兼走溜之忧。[②]

即便号称富庶繁华的江南地区，也多有抢劫勒索之事：

杭有吴江塘上抢客之患，来则十数小船，百余人众，先以礼

---

① 程春宇：《士商类要》卷二。
② 余象斗刊刻《三台万用正宗》卷二十一《商旅门》。

接,顺则狗情,逆则便抢,各持器械,犹强盗一般。虽有武艺,寡岂能敌众哉？将客捉拿,各分货物,客淹禁在家。纵有拨天手段,周回是水,将欲何之！至于数月,方将稀松不堪小布,准算高价,勒写收票,方才放行。虽则屡问军徒,未尝悛改。船户受贿,竟不为客传音！似此之徒,天刑诛民以戮,何足过哉！船户知情,通同作弊,未必无之。还有嘉定、昆山、太仓诸处亦空,亦各有之。①

正是鉴于安全顾虑,《士商类要·买卖机关》中反复告诫,"铜铁忌藏箱簏,重物莫裹包囊","有物不可露房,无事切宜戒步","客商慎勿妆束,童稚戒饰金银","天未大明休起早,日才西坠便湾船",并再三强调,"不论陆路、水行,俱看东方发白,方可开船离店。若东方冥暗,全无曙色,寒鸡虽鸣,尚属半夜,若急促解缆陆行,恐堕奸人劫夺之害,不可不慎。至于日将西坠,便择地湾船投宿。俗云'投早不投晚,耽迟莫耽错'也"。强调"逢人不可露帛",以免"被人瞧见,致起歹心,丧命倾财"。②类似警示之语,在《客商一览醒迷》及《商贾便览》等商书中,多处可见。这些既是商人的经验结晶,同时也反映出当时的经商环境缺少安全感,使得商人们在经商途中,不得不谨慎从事,倍加小心。

如果说客观上的旅途环境令商人缺少安全感,外出经营如履薄冰,那么制度保障上的缺陷则直接影响了明清商人的意识形态。纵观中国古代,历朝政府始终缺乏完整的保护商人利益的法律制度,这

① 余象斗刊刻《三台万用正宗》卷二十一《商旅门》。
② 程春宇:《士商类要》卷二《买卖机关》。

一点到明清时期也未有大的改观。

明朝政府对工商业的态度，黄仁宇的论述颇为深刻。他说："本朝法律的重点在于对农民的治理，是以很少有涉及商业的条文。合资贸易、违背契约、负债、破产等，都被看成私人之间的事情而与公众福利无关。立法精神既然如此，法律中对于这一方面的规定自然会出现很大的罅漏，因而不可避免地使商业不能得到应有的发展。本朝的官僚政治把这种情形视为当然，因为立国以来的财政制度规定了财政收入由低级单位侧面收受为原则，无需乎商业机构来作技术上的辅助。地方官所关心的是他们的考成，而考成的主要标准乃是田赋之能否按时如额缴解、社会秩序之能否清平安定。扶植私人商业的发展，则照例不在他们的职责范围之内。"[①]

虽然清代政府的工商政策趋向宽松，各级官员的"恤商"思想也有所发展，皇帝时有恤商、宽商之诏谕，可以说提供了一种较之前代更有利于工商业发展和提高商人地位的制度环境，但却始终没有明确保护商人利益的相关法律或制度保障机制。明清时期民间的商事纠纷，仍然多由各级地方官员依据具体情况，"酌以情理"[②]断案。这一制度环境对商人意识形态的直接影响，便是明清商书中所表现的商人普遍敬官、畏官及至依赖于官的现象。《士商类要·买卖机关》有一重要训诫：

　　　是官当敬，凡长宜尊。官无大小，皆受朝廷一命，权可制人，

---

① 黄仁宇：《万历十五年》，中华书局，1982，第150—151页。

② 范金民：《明清商事纠纷与商业诉讼》，南京大学出版社，2007，第26—27页。

不可因其秩卑，放肆慢侮。苟或触犯，虽不能荣人，亦足以辱人，倘受其叱挞，又将何以洗耻哉。凡见官长，须起立引避，盖尝为卑为降，实吾民之职分也。不论贫富，或属我尊长，或年纪老大，遇我于座于途，必须谦让恭敬，不可狂妄僭越。设若尔长于人，人不逊尔，尔心独无憾怨乎?①

　　这是教育人们对官吏和年长者要尊敬，比较强调中国传统的长幼有序的伦理规范。但在这里，"官无大小，皆受朝廷一命，权可制人，不可因其秩卑，放肆慢侮。苟或触犯，虽不能荣人，亦足以辱人，倘受其叱挞，又将何以洗耻哉"的训诫是值得关注的，它告诫人们，官吏们均属朝廷命官，尤其是得罪不起的，比较突出地反映了商人们对官府以及官吏的一种敬畏心态。明清时期各部商书对"是官当敬"这一训诫的重视与关注，也说明在当时的制度环境下，敬官、畏官倾向在明清商人中是普遍存在的，商人们始终走在权力与经济交织的钢丝绳上，既要忍受政府的政策性苛税，又时常受到官吏的多种勒索，受尽盘剥，不得不对当权者谦卑恭敬。②

　　商书中对经商人员的告诫也让我们看到，中国古代商人时常处于一种矛盾的两难之中：一方面，传统的伦理道德轻视附炎趋势、倚官仗势之辈，尤其将那些附炎趋势之辈视同小人，"若见人有财有势，锦上添花，益加趋奉，此为彻小人也"。③ 另一方面，"官无大小"，"权

① 　程春宇《士商类要》卷二《买卖机关》。
② 　此条训诫多被日后商书如《客商一览醒迷》《商贾便览》等所注引，由此也可以看出明清商人对此条训诫的重视。
③ 　李留德：《客商一览醒迷·警世歌》，第312页。

可制人",他们根本无法掌控自己命运的现实,又令他们不得不"是官当敬",谨小慎微,甚至委曲求全。"时诸同贾(徽商),递废递兴,犹潮汐也。不戢者犯禁,不羁者作荒,不覆则败。"①因此,在传统的"学而优则仕"的社会环境中,商人们最终仍多有"明明捡点,万般惟有读书高"②之感慨。在这样的制度环境下,正如余英时所指出的,"传统的官僚专制体系有如天罗地网,'良贾'固然不负于'闳儒',但在官僚体制之前,却是一筹莫展了",③商人们也只能在权力束缚的夹缝中艰难而顽强地发展。

(三)"心底敦厚,以义行商": 传统伦理观念与明清商业伦理的构建

商业作为社会所不可或缺的一种行业,其行为的本质是讲求利益的,不可避免地会带有唯利是图的属性。义、利之辨是商业伦理之核心,中国古代的传统伦理受儒家思想影响,在义、利关系问题上,强调的是以义取利,赤裸裸的损人利己、见利忘义是要受到谴责的。而中国古代商人大多是"求利无不营""卖假莫卖诚"的唯利是图的贪婪形象,因此,如何协调"利"与"义"的关系,也是明清时代从事经营活动的商人们难以回避的问题。

明中后期开始,随着商品经济的繁荣,社会上拜金主义、重商思

---

① 汪道昆:《太函集》卷五三《处士吴君重墓志铭》。
② 程春宇:《士商类要》卷二《贸易赋》。
③ 余英时:《中国近世宗教伦理与商人精神》,第263页。

潮有所发展，出现了"士好言利"的社会氛围。人们对商人的地位及态度开始有所转变，"四民异业而同道"①的观念开始为人们所接受，并出现了"新四民说"和士人"弃儒从贾"的社会现象。但总体而言，社会风气导向仍然是传统伦理中的以义为重，利为轻，反对见利忘义。这一传统的"义利观"对明清时期的商人具有深刻的影响，并在商书中非常鲜明地体现出来。

从商书记载来看，在利、义关系问题上，特别重视宣诫不能见利忘义。商书要求商人重信义，守然诺，不刻剥；主张君子之财，取之有道。从明代程春宇的《士商类要》、李留德的《客商一览醒迷》，到清代吴中孚的《商贾便览》，王秉元的《生意世事初阶》《贸易须知》，乃至清末杨树棠抄本《杂货便览》，这些训诫在明清两代一直相沿传承。商书宣传"恣欲刻剥，非良客所为"，"利而义，便可通财"的观点，认为"钱财物业，来之有道，义所当得者，必安享永远。若剥削贫穷，蒙昧良善，智术巧取，贪嗜非义，虽得之，亦守之不坚。非产败，儿必招横祸"。②

《客商一览醒迷·警世歌》中再三强调，"自古富从宽厚得"，认为"修桥砌路虽为福，建寺斋僧固是仁。未似理财无刻剥，宽些利息让些贫"。特别是"经营贸易及放私债，惟以二三分利息，此为平常无怨之取。若希七八分利者，偶值则可，难以为恒。倘存此心，每每欲是，怨丛祸债，我本必为天夺而至倾覆矣"。③

---

① 王阳明：《阳明全书》卷二十五《节庵方公墓表》。
② 李留德：《客商一览醒迷·警世歌》。吴中孚：《商贾便览》卷一《江湖必读原书》。
③ 李留德：《客商一览醒迷·警世歌》。吴中孚：《商贾便览》卷一《江湖必读原书》。

《杂货便览·为商十要习》中特别告诫："取财以道,利己利人乃见本。上可以事父母以报养育之恩,中可以携弟兄以全手足之情;下可以顾妻子,可保老来之根。即遇三亲六眷,亦可以扬眉吐气。"

吴中孚的《商贾便览·工商切要》开篇尤其强调:"习商贾者,其仁、义、礼、智、信,皆当教之焉,则及成自然,生财有道矣。苟不教焉,而又纵之其性,必改其心,则不可问矣。虽能生财,断无从道而来,君子不足尚也。"清代重刊的《贸易须知》亦认为:"商亦有道,敦信义,重然诺,习勤劳,尚节俭。此四者,士农工皆然,而商则尤贵,守则勿失。"

各类商书均不忘告诫商人们要以中国传统伦理道德来规范自己的行为。

《典业须知》对学徒有六字要求:一曰勤,"做事须向人前,不可偷懒";二曰谨,"谨则事事小心,不敢妄为";三曰廉,"廉则不贪,可以守分安身";四曰俭,"俭可以养廉";五曰谦,"谦则受益无穷";六曰和,"和则外侮不来"。要求学徒要"牢记在心,存于行箧。不时敬读一遍,终身受益不浅"。此外,还要求学徒要"五戒":第一戒性情,"性情宜温柔,待人和气,则事事讨便宜,人亦肯与你交好,受益匪浅";第二戒嬉游,"嬉则废正事,放荡心性,游则荒荡,近小人,为君子所不齿";第三戒懒惰,"终日悠悠忽忽,不肯操习正事,则一生成为废材,到老不成器,晚矣";第四戒好胜,"凡好勇斗狠,有伤身体,皆不可为。言语好胜,最易吃亏耳";第五戒滥交,"朋友为五伦之一,人固不能无友,益友损友,心中需要看得明白。友直、友谅、友多闻,益矣;友便僻、友善柔、友辩佞,损矣"。并强调,"守此五戒,是个全人,一生安身立命,皆在于此"。

在商人的职业道德和道德规范方面,商书倡导艰苦创业,节俭为本。《士商类要·贸易赋》告诫："贸易之道,勤俭为先,谨言为本。"同时,勤俭亦"为治家之本","为士者勤则事业成,为农者勤则衣食足,为工者勤则手艺精,为商者勤则财利富"。[1]《客商一览醒迷》则云:"不勤不得,不险不丰。"强调"财物必由勤苦而后得,得之必节俭而后丰","和能处世,俭能治家",认为"处人和则无争,家和则道昌,国和则治强,四海和则万邦宁矣。其治家之道,犹在节俭"。应"常将有日思无日,莫等无时思有时","若不俭省爱恤,则动渠劳碌,何益哉"。《商贾便览》亦言:"若谓贫富,各有天定,岂有坐可致富,懒可保贫哉?""吾衣食丰足,未必不由勤俭而得。观彼懒惰之人,游手好闲,不务生理,即无天坠之食,又无他产之衣,若不饥寒,吾不信矣。"[2]

《客商一览醒迷》中一再强调:"钱财物业,来之有道,义所当得者,必安享永远。若剥削贫穷,蒙昧良善,智术巧取,贪嗜非义,虽得之,亦守之不坚。"程春宇《士商类要》也倡导"致中和"之道,认为"人过者,满则必倾,执中者,平而且稳",指出"凡人存心处世,务在中和。不可因势凌人,因财压人,因能侮人,因仇害人。倘遇势穷财尽,祸害临身,四面皆仇敌矣。惟能处势益谦,处财益宽,处能益逊,处仇益德。若然,不独怀人以德,足为保身保家之良策也"。[3]可见,明清时期的商人非常注重传统的伦理道德观念,试图以传统伦理道德中的有益成分规范和引导一代一代的后来者。

由于商业经营的特殊性,商人大多在财利场中应付周旋,无时不

---

① 程春宇:《士商类要》卷四《立身持己》。
② 吴中孚:《商贾便览》卷一《江湖必读原书》。
③ 程春宇:《士商类要》卷二《买卖机关》。

受风流场所"酒池肉林"的诱惑。因此,在个人修养方面,商书反复告诫人们要洁身自好,不能贪图奢侈的生活享受。《士商类要·醒迷论》直言:"楚馆秦楼非乐地,陷井之渊薮矣乎!歌姬舞女非乐人,破家之鬼魅乎!颠鸾倒凤非乐事,妖媚之狐狸乎!"并特书《戒嫖西江月》以强调之。①《客商一览醒迷》强调要"锐志坚持,必不堕于勾引",应"宁甘清淡,不以利禄关心,正大光明,惟求洁白,虽大食峨冠置前,不能移其志也"。②《杂货便览》中《为商十要习·当戒》节则指出,"戒之在心,守之在义",将出外偷赌、寻花问柳、奸淫有夫之妇等事列为丢人而羞耻之事。

《生意世事初阶》对学徒亦有远离烟酒之训诫,谓"烟酒最为误事,有损无益,切不可勉强,致坏身体",并称"酒乃杀身鸩毒,色为刮骨钢刀",因此要"戒之慎之",更要远离风流场所,"切不可嫖赌废荡"。③《商贾便览·工商切要》更是直接指出:"赌嫖二事,好者无不败家倾本,甚至丧命……二害非小,当自知之。"直至民国年间的《生意经络》,仍反复强调:"最可恨者,嫖、赌、吃、着四字。若犯了一字,即穷之根,贫之源也。看旁人穿好衣,吃好食,切不可照他行事。近来鸦片一项,尤生意中所最忌,万万不可沾染。切记切记。"④

在经营理念方面,中国传统伦理中所提倡的"诚者,天之道也;诚

---

① 程春宇:《士商类要》卷二《醒迷论》。

② 李留德:《客商一览醒迷·警世歌》。

③ 王秉元纂集,汪淏增订:《生意世事初阶》第70条、第2条。

④ 王秉元:《生意经络》第96条,上海宏大善书局,1922,石印本。该书卷首序中谓此书为"句容王秉元先生原著",但将其与乾隆五十一年汪淏所增订王秉元纂集的手抄本《生意世事初阶》对照,内容大为丰富。本条"鸦片一项"即是新增。

之者,人之道也"的信用为本的诚信观尤受重视。① 商书反复强调在商业运作过程中,不仅要公平交易,光明正大,而且要诚实无欺,重恩守信。《士商类要》《客商一览醒迷》《商贾便览》等商书均提及双方买卖交易时,"好歹莫瞒牙侩,交易要自酌量","货之精粗,实告经纪,使彼裁夺售卖,若昧而不言,希图侥幸,恐自误也"。而"买卖既已成交,又云价贱不卖,希望主家损用增补,此非公平正大人也"。告诫商贾"宁甘清淡,不以利禄关心,正大光明,唯求洁白","凡处财治事,须宽弘大度","怀人以德","恩德之债,尤当加倍奉偿"。②

同时,传统伦理观念中匡的扶正义、扶弱济贫的思想也深深影响着商书的编辑者,商书中不时可见"救困扶危存博济,莫因倾倒共推人""轻炎拒势,谓之正人;济弱扶倾,方为杰士""趋显者防败,附势者必危""倚官势,官解则倾"的训诫,告诫人们不要附炎趋势。"出外经商,或有亲友,显宦当道,依怙其势,矜肆横行,屏夺人财,拈为臧否,阴挟以属,当时虽拱手奉承,心中未必诚服。俟官解任,平昔有别故受谮者,蓦怀疑怨于我,必生成害,是谓务虚名而受实祸矣。"警示人们"权利之途,人争趋赴。彼轻躁不识保身家者,见人富贵势要,必求亲灸而依倚之,或假势以凌人,或梯头而进步,务为目前之计,不复将燃之虑。直权败势倾,祸害波及,身无所寄矣"。③

综观明清时期的商书,《客商规鉴论》《士商类要》《客商一览醒迷》《商贾便览》《生意世事初阶》《贸易须知》等代表性商书,基本上构建了明清商业伦理的基本内容。从其内容可以看出,商书非常注重对商人以诚信为本的商业道德的培养,传统的伦理道德思想对其影响至深。《客商一览醒迷·警世歌》中有"三纲废则勿亲,五伦明则可友"之训诫,也有"慈能致福"之倡导。在商业的行为方面,反复告诫要诚信无欺,心底敦厚,以义行商,"盖慈善存心端正,动履庄严,所作所为,不由岐险,是以多获平坦福也"。否则,必将"陷于不道"而遭报应:"处世为人做一场,要留名节与纲常。古来倾险奸臣辈,国未亡兮身已伤。"① 程春宇的《士商类要》第四卷,辟有《人伦三教》《起居格言》《省心法言》《养心穷理》《居官莅政》等近 30 小节,阐述"立身持己""和睦宗族""孝顺父母""敬兄爱弟""君子知恩""勤劝读书"等事理。光绪五年刊刻的乾隆年间王秉元《贸易须知》一书的《序》中,仍称:"商亦有道,敦信义,重然诺,习勤劳,尚节俭。此四者,士农工皆然,而商则尤贵,守则勿失。"② 总之,以诚信为本,当是当时商书中尤为强调的为商之道。

值得注意的是,传统道德、伦理规范对商人的约束训诫,不仅仅体现于商书之中,更是在族谱、家谱中多有所见。道光年间佛山《霍氏族谱》康熙时霍春洲《家训》中即载有"商贾三十六善":

> 出入公平,不损人利己。粗衣淡饭,无过分。等秤平色,勿昧本心。率妻子以勤俭朴实。交易一味和气,不成则已。买卖先计子母。不卖违禁私货。衣帽本分,不刻意求行伍。不进香

---

① 李留德:《客商一览醒迷·警世歌》,第 319、315、332 页。
② 王秉元:《贸易须知》序。

赴会。不交结营兵衙役为护身符。三朋四友不良游。兢兢业业，做守法良百姓。见官长谨饬小心，不敢放肆。使唤老实苍头。敬读书人。不因一时货缺，便高抬时价。遇横逆之来，从容理直，勿斗勿争。不漏税。远行不夜饮。无事时捡点货物，经营账目。量力施舍孤贫。和睦街邻，早起晚睡。不入赌博场。供子弟读书。不借债妄为。不信邪说浪费。不宿娼饮酒。不看戏，不看曲书。与老成本分人往来。不扳援贵介。家常不衣绅绢等物。见人谦恭有礼。不罗织衙门事。像个生意买卖人。人有遗失金钱，及数目算讹，价值溢出，即与退还。接引寒士。敬重父母官。修补桥梁道路。不轻改祖宗坟墓。婚葬不给者，量力周济。入里门下车拱揖。不忘穷措大模样。①

在这里，前述商书中所强调的重义轻利、勤俭朴实、公平竞争、重信守诺、遵纪守法、施舍孤贫、戒贪赌财色、严于律己等职业素养与品德要求，在此多有提及。因此，透过商书的训诫我们可以看到，中国传统文化、人伦道德的规范作用，在明清商人的思想意识及商业文化的构建中已刻下了深深的烙印。

（四）"广行方便广施仁"，"要留名节与纲常"：商人形象的新塑造

在中国古代，商人给人们的印象以负面居多。唐朝元稹的《估客

---

① 道光佛山《霍氏族谱》，收入广东省社会科学院历史研究所中国古代史研究室等编《明清佛山碑刻文献经济资料》，广东人民出版社，1987，第479—480页。

乐》对商人那种"求利无不营"的唯利是图,"卖假莫卖诚"的利欲熏心,"鍮石打臂钏,糯米吹项璎"的假货坑人,"所费百钱本,已得十倍赢"的高额利润等描述给人们留下了深刻的印象。[①] 以至在民众看来,"商"与"奸"密不可分,民间甚至有"无奸不商"之说。因此,除却政府意识形态层面的"贱商"意识的宣传,中国古代商人在人们心目中这种利欲熏心、唯利是图的负面形象,使得人们在道德上对商人不认同——这也是民间轻商的一个重要原因。

商书的出现,对明清商人而言意义重大。它标志着中国商业在经历了数千年的发展之后,商道日趋成熟,商人们形成了属于自己的行业准则和指导原则,开始提升其自身素质,并构建了带有浓厚儒家文化色彩的商业文化。

在明清商书所展现的职业教育理念中,伦理道德教育被放在非常重要的地位。通过这种教育,居于主流意识形态的儒家思想深入到了商人的内心深处。像商书中所宣示的重信义,守然诺,"取财以道,利己利人乃见本","诚者,天之道也;诚之者,人之道也"的商业伦

---

① 元稹《估客乐》中记道:"估客无住着,有利身则行。出门求火伴,入户辞父兄。父兄相教示,求利莫求名。求名莫所避,求利无不营。火伴相勒缚,卖假莫卖诚。交关但交假,本生得失轻。自兹相将去,誓死意不更。一解市头语,便无邻里情。鍮石打臂钏,糯米吹项璎。归来村中卖,敲作金石声。村中田舍娘,贵贱不敢争。所费百钱本,已得十倍赢。颜色转光净,饮食亦甘馨。子本频蕃息,货贩日兼并。……经游天下遍,却到长安城。城中东西市,闻客次第迎。迎客兼说客,多财为势倾。客心本明點,闻语心已惊。先问十常侍,次求百公卿。侯家与主第,点缀无不精。归来始安坐,富与王者勍。市卒醉肉臭,县胥家舍成。岂唯绝言语,奔走极使令。……"唐元稹撰,冀勤点校:《元稹集》卷二十三《乐府》,中华书局,2010,第307页。对商人那种利欲熏心、唯利是图、官商勾结、利益均沾的形象描述得入木三分,栩栩如生。

理,以及勤俭朴实、公平竞争、遵纪守法、施舍孤贫、洁身自好,戒贪赌财色、严于律己等职业素养与品德教育,让人们看到了这一时期商人们对自身群体行为的约束与修养要求,有助于改善商人以往见利忘义、唯利是图的负面形象。

明清商书中不时可见"救困扶危存博济,莫因倾倒共推人"和"轻炎拒势,谓之正人。济弱扶倾,方为杰士"的警示①,以及"抱德怀才岂惮贫,广行方便方施仁。光明正大无荣辱,留此心田荫后人""处世为人做一场,要留名节与纲常。古来倾险奸臣辈,国未亡兮身已伤""强争田地强争山,岂在些微尺寸间。有志广营天下业,无能衣寝不曾完"②等之类的劝诫,教导从商者应行事磊落,志向远大,要有救困扶危,济弱扶贫的社会责任感,要广施仁义,留善名于世间。

这些教诲既是对从商者的期望与要求,也是明清时期众多商人在经商致富后,热心致力于慈善事业的实际写照。这一时期的商人们已经意识到,不能只是一味追求私利,还应当追求公义,承担一些社会责任。明清各地方志及商人族谱有大量的资料记载,很多商人在从贾致富后,将资金投向家乡或经商所在地的公益事业。他们"急公趋义,或输边储,或建官廨,或筑城隍,或赈饥恤难,或学田、道路、山桥、水堰之属,且输金千万而不惜,甚至赤贫之士,黾勉积蓄十数年而一旦倾囊为之"③。

以徽商而言,在徽州,"贾以厚利,儒为名高"已成为民间崇尚的

---

① 李留德:《客商一览醒迷》。
② 李留德:《客商一览醒迷·警世歌》。
③ 康熙《徽州府志》卷十五《人物志·尚义》。

价值取向,民间将这些慈善公益行为称为"儒行"。明代,徽商创办义学已蔚然成风,①入清以后,徽商创办的义学更是遍布城乡。由于徽商的大力倡建、捐输,宋元以来,徽州成为全国书院最多的地区之一。据李琳琦统计,明清时期徽州所建书院78所。②徽商在外地所建书院也很多,如景德镇新安书院也是徽州会馆,饶州紫阳书院、杭州崇文书院、汉口紫阳书院、扬州江甘学宫等均为徽商所建。

此外,徽商还在江南等各经商地设有大量的慈善机构,参与各地的公益事业,"济饥馁以粥,掩暴骼以棺,还券以慰逋负,散财以给窭乏。至于修道路,造亭桥,诸所善果靡不仗义为之,不少吝",③并以此为荣。④

商人们的各种"义行",也成为时人对其社会价值评判的重要依据。明清徽州家谱、方志和文人笔记等文献为徽商立传,绝大部分不是记载他们的商业经营如何成功,而是记载他们经商过程中的各种义行,以及经商致富后如何报效家族、乡里和国家。"在明清徽州的

---

① 义学,又称义塾、义馆,旧时由私人集资或用地方公益金创办的教育机构,不仅不收束脩,还提供膏火之费。

② 李琳琦:《明清徽州书院的官学化与科举化》,载《历史研究》2001年第6期;《徽州书院略论》,《华东师范大学学报(教育科学版)》1999年第2期。

③ 休宁:《方塘汪氏宗谱·周德堂记》,张海鹏、王廷元主编《明清徽商资料选编》,黄山书社,1985,第347页。

④ 范金民:《清代徽州商帮的慈善设施——以江南为中心》,《中国史研究》1999年第4期。张海鹏、王廷元:《徽商研究》,安徽人民出版社,1995。卞利:《明清时期徽商对灾荒的捐助与赈济》,《光明日报》1998年10月23日。卞利:《徽商与明清时期的社会公益事业》,《中州学刊》2004年第4期。唐力行:《唐力行徽学研究论稿》,商务印书馆,2014。许强:《明清时期徽商与江南地区的善会善堂建设研究》,硕士学位论文,西南大学历史系,2016。

各类徽商传记中,大体可以发现这样一种记述模式:因生计贫困弃儒业贾——经商时以义制利,以义取利——经商成功后以义化利、以义践利——显亲扬名和振大家声。不难看出,在这种徽商传记模式中,恪守和弘扬儒家的伦理道德成为一条主线和事功评价的标准。"①在这里,各类"儒行"已成为徽州民间评判商人德行的一个重要指标。

与徽商齐名的晋商也同样注重以儒家之伦理教育后辈。像晚清著名的晋商各大家族,强调诚信经营、严守承诺、修身正己、勤俭致富、好德重义、造福百姓,并教育后辈遵循儒家之道。晋商群体继承并发扬了传统文化中诚贾廉商的精神,实现了儒家思想与商业精神的创造性结合。②

仔细翻阅明清时期的各类商书,我们会发现,这些商书内容非常丰富,既有与商业有关的商业知识,还包容旅游、交通、气象、养生、卜验、交际应酬、安全、文化娱乐等天文地理和日用常识,以及各种历史知识、典章制度等,其实用性、应用性很强。

如明代程春宇的《士商类要》,除记载江南、江南水陆路程及各类经商常识与训戒之外,另有"选择出行吉日""四时占候风云"等内容。卷三还记载南、北直隶及山东、山西等十三布政使司的府、州、县辖域和官置概况,并有"运粮船数""各省王府""亲王、郡王子孙授受官职俸禄""诸夷国名""历史帝王姓氏建都图""帝王源流""历代历数歌"

① 徐国利:《明清徽州新儒贾观内涵与核心价值取向的再探讨》,陆勤毅主编《安徽文化论坛 2013:徽商与徽州文化学术研讨会论文集》,安徽大学出版社,2014,第373 页。

② 王帅:《从士商互动到儒商形成——中国传统社会商人地位嬗变的文化解读》,《理论探索》2015 年第 3 期。

"历代国号诗""汉麒麟阁十一人歌""晋竹林七贤诗""国朝配享功臣十二人歌""文官服色""武官服色""科举成式"等条目。卷四则有"乾坤定位""人伦三教""起置诸物""先贤名士""丧礼古制""起居格言""起居杂忌""起居之宜""阳宅宜忌""人事防闲""四时调摄""随时避忌""饮食杂忌""立身持己""省心法言""思虑醒言""养心穷理""居官莅政""孝顺父母""敬兄爱弟""和睦宗亲""勤读书史""谨戒戏谑""戒浪饮酒""禁作无益""雾验阴晴""四季杂占""警世歌词""历科及第""文职公署""武职公署""为政规模切要论""金科一诚论"等条目。全书涉及经济史、历史地理、政治制度、社会史、文化史等诸多领域。这些丰富多彩的内容,自然是为了帮助商人了解当时社会状况,进而提高知识文化素养。

明清商书对从商者进行商业技能培训和富有浓厚儒家文化色彩的商业伦理教育,展示了明清商人提升自身素质的渴望与追求。固然这一时期商人群体中仍有很多唯利是图、坑蒙拐骗、见利忘义之辈,也不否认有些商人对社会公益和慈善事业的慷慨捐助有时与自身利益密切关联,或有一定的利益输送,[1]但总体而言,明清商人的综合素质大有提高。清代山西举人刘大鹏曾感慨:"商贾之中,深于学问者亦不乏人。余于近日晋接周旋遇了几个商人,胜余十倍,如所谓'鱼盐中有大隐,货殖内有高贤',信非虚也。自今以往,愈不敢轻视天下人矣。"[2]

---

① 卞利:《利益攸关:明清徽商捐助社会公益慈善事业的目的和动机》,《中国社会经济史研究》2017年第4期。
② 刘大鹏著:《退想斋日记》,乔志强标注,山西人民出版社,1990,第48页。

另一方面，这个群体较之过去还有一种显著改变：他们不再像以往朝代的特权商人那样依赖特权致富，他们中的大多数人，主要是依靠自己的吃苦耐劳、努力经营发财致富，普通商人已成为这个群体(商帮)的主流。众多商人的慈善行为，符合儒家思想中重义轻利、乐善好施的伦理要求，显示了商人们奉献社会的公益之心，他们也因此而获得了"贾而好儒""儒商"的名声。

所有这些，均有助于改善和提升明清商人的社会形象，使他们更多地融入社会，为社会所接受。

下编　明清『商书现象』的时代背景

第六章 "商业革命"：商业化、商帮与大众教育

　　早在明清之前的战国和宋代，中国也曾出现过商业化高潮，宋代的商业繁荣就被称为商业革命，[①]但是那时并未出现商书的大量出版与广泛传播的"商书现象"。"商书现象"出现于明清时期，有其深刻的社会背景，它与明清时期的社会变迁密切相关。"十六世纪晚期，明朝似乎进入了辉煌的顶峰。其文化艺术成就引人注目，城市与商业的繁荣别开生面，中国的印刷技术、制瓷和丝织业发展水平

[①]　例如，斯塔夫里阿诺斯曾指出："除文化上的成就外，宋朝时期值得注意的是，发生了一场名副其实的商业革命，对整个欧亚大陆有重大的意义。"详斯塔夫里阿诺斯：《全球通史——1500 年以前的世界》，吴象婴、梁赤民译，上海社会科学院出版社，1999，第 438 页。费正清也认为，宋朝制度和文化有了重大的发展，"隐藏在这一发展后面的是中国经济的大发展，特别是商业方面的发展，或许可以恰当地称之为中国的'商业革命'"。详见费正清、赖肖尔：《中国：传统与变革》，陈仲丹、潘兴明、庞朝阳译，江苏人民出版社，1992，第 134 页。刘毓庆则明确指出："在中国历史上有过三次商业革命浪潮，这三次浪潮皆发生在中国社会的重大变革时期，即战国、两宋和近现代。"他认为，战国商业浪潮之所以称之为革命，是因为货币经济出现，摧毁了旧的经济结构，而这场革命的推动者，是当时迅速兴起的青铜货币和黄金货币。宋代商业革命的实质是从自然经济转向商品经济，从单一种植经济过渡到多种经营，从基本上自给自足转向专业分工有所发展，从主要生产使用价值转为生产交换价值，从习俗取向变为市场取向，从封闭经济走向开发经济。详见刘毓庆：《中国历史上的三次商业革命浪潮及其启示》，《山西大学学报（哲学社会科学版）》2017 年第 3 期。

更使同时期的欧洲难以望其项背"。①这些经济和文化方面的进步
与发展,引发了明代社会政治、经济和文化各个层面的新变化。对
此,有学者将其称之为"晚明大变局",②有学者将其视为中国社会
转型的时期,③还有学者认为这是"中国早期近代化的开端"时期。④
在这种纷纭复杂的社会变迁中,明清商业经济的繁荣、商人组织的
形成、大众教育的普及等,成为"商书现象"赖以出现的重要促成
因素。

一、"资本主义萌芽":
商业化与市场经济

明清时期的经济发展在中国经济史上具有重要的地位。明中叶
以后,社会经济出现了许多新现象、新变化,商业经济空前繁荣,以致

① 史景迁:《追寻现代中国:1600—1912 年的中国历史》,黄纯艳译,上海远东出版社,2005,第5—6页。
② 樊树志:《晚明大变局》,中华书局,2015,第1页。
③ 万明认为,晚明时期,"以货币为引擎,以市场经济萌发为背景,晚明整个社会形成了连锁反应——经济、政治、社会、思想、文化等多元因素综合影响下的传统向近代的社会转型"。详见万明:《晚明史研究七十年之回眸与再认识》,《学术月刊》2006 年第10 期。另见商传:《走进晚明》,商务印书馆,2014。张显清主编《明代后期社会转型研究》,中国社会科学出版社,2008。万明:《晚明社会变迁:问题与研究》,商务印书馆,2005。陈宝良:《明代社会转型与文化变迁》,重庆大学出版社,2014。余同元:《明清社会与经济近代转型研究》,苏州大学出版社,2015。
④ 张显清:《晚明:中国早期近代化的开端》,《河北学刊》2008 年第1 期。

众多学者认为此时中国出现了"资本主义萌芽"——这点甚至"成为几代中国学者坚定不移的信念",①更有学者将这一时期繁荣的商业发展称之为"商业革命"。② 尽管说法不一,但也说明,明中后期和清前期,中国经济确实经历了一个与以往不同的发展时期,即商业化快速发展的时期。

明代经济较之前代有许多新的发展。其突出表现是,传统的农业结构发生了一系列重大变化,农产品商业化程度进一步提高。粮食生产方面,玉米、番薯等高产新品种的引进和普及,对明代以后的

---

① 李伯重:《中国经济史学中的"资本主义萌芽情结"》,载李伯重《理论、方法、发展、趋势:中国经济史研究新探(修订版)》,浙江大学出版社,2013,第5—19页。

② 关于明清商业革命,学界并没有一个明确的定义。唐文基对明清时期的商业化评价甚高,称之为"商业革命"。他说:"16至18世纪,中国发生了一场未完成的商业革命。其表现是国内大宗商品远距离贸易的发展和全国性市场的形成,以及海外贸易的扩张。中国是其时世界范围内商业革命的重要组成部分。中国商业革命的社会经济效应是:一、导致中国城市化新进程;二、商人社会地位发生历史性变化;三、诱发资本主义萌芽。但这是一场未完成的商业革命。不能完成的原因是:一、东西部经济发展失衡;二、封建势力的阻挠;三、商业资本控制生产之路狭窄;四、没有发生资本原始积累。资本主义萌芽和近代工业化,是资本主义发展的不同阶段。"郝延平在其《中国近代商业革命》中认为,"在19世纪20年代到80年代之间,市场结构、商业的金融方面、贸易中心、航运以及经营方式等变化如此广泛、显著和迅速,以致从总的后果来看,似乎是革命性的。这些变革既在结构方面又在功能方面,它们造成一种与多少世纪以来存在于传统中国的商业活动明显不同的经济形态"。详见唐文基:《16至18世纪中国商业革命和资本主义萌芽》,载《中国史研究》2005年第3期。郝延平:《中国近代商业革命》,陈潮、陈任译,上海人民出版社,1991,第1页。笔者个人认为,明清时期中国商业出现的巨大变化,诸如市场扩大和结构转变、货币与信用手段创新、大商人集团出现、贸易中心大量增加等,均可视为明清商业革命的重要表现。

社会经济产生了深远的影响。它不仅使当时日益严重的人口危机得以缓解,也不同程度地有助于各类经济作物种植的扩大与发展。① 粮食生产以外,棉花、麻、苎的生产也极普遍,各种染料成为农家的一大收入,烟、芋、蔗等作物成为明清的新兴行业,其他如果树、花草、药材、茶、油料作物以及林木等,也都因地制宜,得到了较快的发展。随着经济作物种植的扩大,不仅江南地区,在全国其他地区如福建、广东、四川、山东等地均出现了不同程度和不同类别的经济作物种植区。② 各地不同规模经济作物种植区的出现,为市场经济的繁荣奠定了基础。

明代全国还形成了众多的手工业品生产中心。除苏、杭、嘉、湖地区的丝织业、松江地区的棉纺业外,还有广东的粤纱,福州的绸纱,漳州、泉州的纱绢、倭缎、天鹅绒等丝织品的生产;江西景德镇、广东石湾、福建德化、浙江处州的陶瓷业,福建延平、广东佛山的冶铁业,浙江温州的漆器业,江西铅山、江苏常州的造纸业,安徽歙县的制墨业等均有很大的发展,其产品远销全国各地,乃至海外。

明代全国区域间远距离商品贸易较之前代有很大的发展。如

---

① 例如,番薯在福建的种植曾很大程度地缓解了福建地区因烟草、果品、靛蓝等经济作物的种植而引起的粮食(稻米)短缺问题。

② 唐森、李龙潜:《明清广东经济作物的种植及其意义》,广东历史学会编《明清广东社会经济形态研究》,广东人民出版社,1985,第 1—21 页;李华:《明清时代广东农村经济作物的发展》,中国人民大学清史研究所编《清史研究》第 3 辑,第 135—149 页。许檀:《明清时期山东商品经济的发展》,中国社会科学出版社,1998。张海英:《明清江南地区与其他区域的经济交流及影响》,《社会科学》2003 年第 10 期。

棉花,自北鬻于南,江南仰给于山东、河南,而广东又仰给于江南。蚕丝,广东取之浙江湖州。著名的湖丝主销杭州和江宁,甚至远销山西潞安。江西所需的蚕丝必于浙、松等处收买,木棉则从湖广等处取得。嘉靖《河间府志》的一段记载形象地说明了当时各类产品异地交流的景况:"河间行货之商,皆贩缯,贩粟,贩盐、铁、木植之人。贩缯者至自南京、苏州、临清。贩粟者至自卫辉、磁州并天津沿河一带,间以岁之丰歉,或籴之使来,粜之使去,皆辇致之。贩铁者,农器居多,至自临清、泊头,皆驾小车而来。贩盐者至自沧州、天津。贩木植者至自真定。其诸贩磁器、漆器之类,至自饶州、徽州。至于居货之贾,大抵河北郡县,俱谓之铺户。货物既通,府州县间,亦有征之者。其有售粟于京师者,青县、沧州、故城、兴济、东光、交河、景州、献县等处,皆漕挽;河间、肃宁、阜城、任丘等处,皆陆运,间亦以舟运之。其为市者,以其所有易其所无也。日中为市,人皆依期而集。在州县者,一月期日五六集;在乡镇者,一月期日二三集。府城日一集,江南谓之上市,河北谓之赶集,名虽不同,义则一也。"①

　　明代国内交通的发展为全国性的长距离贸易奠定了基础。明初,政府就十分重视全国水陆交通驿站的建设。永乐年间,明成祖迁都北京。为保证北方京师用粮,使南粮北运顺利完成,朱棣派人分段疏通京杭大运河。至此,明朝的河运交通开始兴盛起来。从洪武年间完成的《寰宇通衢》来看,明初全国水陆交通网络

---

① 　嘉靖《河间府志》卷七《风俗》。

已基本成形。① 宣德之后,明政府继续保持对水陆交通线的维护及驿站的增设修葺,在边远地区恢复和新添了许多驿站,使其交通闭塞的情况大为改观。据隆庆年间黄汴所著《一统路程图记》和天启间刊刻的程春宇所著《士商类要》记载,包括漕运,其时全国已有100余条水陆商路。黄汴还对明代两京至十三省、两京十三省至所属府州的水陆交通,各边路交通,江南、江北水陆路的交通状况、驿站里程作了详细介绍。从中可以看出,北起辽东,南达福建、广东,东到上海、山东,西至陕西、宁夏,全国已形成了比较完善的四通八达的商品流通网络,而北京与南京则成为全国最大的商贸集散地。

明代交通发展的另一值得注意的现象是私邮业的出现。邮驿通信,自古有之,就其性质而言,属中央政府设置的"官邮"。明永乐年间出现了商办的"私邮",打破了以往"官邮"的垄断地位。当时私邮主要有创设于浙江宁波的民信局和起源于湖广麻城的"麻乡约"。民信局以通信为主,兼及货物、银汇;"麻乡约"则以远寄货物为主,捎带信件为辅。私邮主要为商贾和官宦、幕友服务,也面向平民百姓。私邮不能利用官置驿站,又要降低成本,加快投递速度,经营者必须择

① 据《明实录·明太祖实录》卷二三四(台湾"中研院"历史语言研究所,1966,第3423页。)记载:"洪武二十七年九月庚申,修《寰宇通衢》书成。时上以舆地之广,不可无书以纪之,乃命翰林儒臣及廷臣以天下道里之数编类为书。"此外,《四库全书总目提要·〈千顷堂书目〉》中亦提道:"《寰宇通衢》一卷,洪武二十七年九月书成。先是,上以舆地之广,不可无书以纪之,乃命翰林儒臣及廷臣以天下道里之数编类为书,其方隅之目有八。"由此,一般认为,《寰宇通衢》成书于洪武二十七年,但所记内容并未以洪武朝为断限。书中数次出现设于永乐初的北京会同馆,但未出现永乐十一年才设的贵州布政司。故人们也推测,该书改定于永乐十一年之前。详见杨正泰:《明代驿站考(增订本)》,第135页。

优选定交通路线。因此,私邮的发展不仅加强了商品信息的传递,而且促进了水陆交通路线的开辟,使得商人更加重视收集路引和程图。[①]

随着交通条件的改善,国内市场发生了很大变化,农村和城市中以集市为基本形式的初级市场已比较普遍,在商品经济发达的地区,相继出现了商业集镇,成为当地交换中心,并与国内其他地区相联系。各地重要的交通沿线出现了众多商业城市,连接着产销地,起到地区间商品流通的中转地或集散地的作用,商品贸易中心大量增加。[②]

明代黄汴在其《一统路程图记》中,详细记载了140余条当时由南北二京至各地、十三布政司至各地及各布政司之间的水陆交通线路,有许多传统驿路或曾经的经济、军事通道,成为明代商路的重要依托。如由扬州经泰州至通州(治今江苏南通)的水路,由高邮经妙沟至庙湾场的水路,由淮安经老鹳亭至赣榆县的水路,是两淮盐场的运盐路线;由淮安经海州(治今江苏连云港市西南)至胶州(治今山东胶县)的水陆路,是隆庆年间通胶莱运道的漕运路线。由南京经淮安、登、莱三府至辽东的水陆路,是明初接济辽东军需的海运路线。[③]这些商路为各地区间的商品流通提供了便利。

---

① 杨正泰:《略论明清时期商编路程图记》,《历史地理》第 5 辑,上海人民出版社,1987,第 274 页。

② 吴承明:《论明代国内市场和商人资本》,吴承明《中国的现代化:市场与社会》,生活·读书·新知三联书店,2001,第 111—143 页。

③ 杨正泰:《明代国内交通路线初探》,《历史地理》第 7 辑,上海人民出版社,1990,第 98 页。

清代,商品生产专业化的程度不断增强。各地植棉业、丝织业、苎麻业、果品种植业等进一步发展,不仅传统的丝织品、棉布和瓷器等进入大规模流通领域,烟、茶、水果、粮食等农产品也都成为商品,进入了长距离的贩运行列,日常生活中的小商品生产也趋于兴旺发达,如南京折扇、徽墨纸砚、贵阳皮具,驰名各地的浙江"五杭"——浙江杭州的杭扇、杭粉、杭烟、杭剪、杭线等,均行销四方。另一方面,商品的需求量也不断增大,特别作为生产资料的需求量日益增多。如苏州织作的丝绸,则需到浙江的杭、嘉、湖三府采买丝,江宁的毛纺织业需到陕西购买粗毛。"江宁机工为天下最,江宁本不出丝,皆买丝于吴越,而秦淮之水宜染。……江宁人又买氄毛于陕西而织为毯"。[①]

市场网络方面,随着交通条件的改善,全国性的市场运输网络进一步完善,保证了商品流通渠道的畅通,国内市场突破区域性地方市场进一步向全国性市场发展。经济上最为发达而且在长江水系、大运河和沿海水运系统中处于中心地位的江南地区,已然成为全国市场的中心。[②]

与此同时,边疆少数民族地区也得到不断开发,经济发展加速,加强了中原地区与边疆地区的经济联系。除长江、赣江、珠江、运河、海运及传统陆路线路外,边疆地区的交通触角已伸得很远。从归化城向西达新疆的经济中心古城(在乌鲁木齐东侧),再向北达伊犁、塔

---

① 光绪《江宁府志》卷十一《风俗·物产》。

② 李伯重:《中国全国市场的形成,1500—1840 年》,《清华大学学报(哲学社会科学版)》1999 年第 4 期;《十九世纪初期中国全国市场:规模与空间结构》,《浙江学刊》2010 年第 4 期。

城;向南可抵和田。四川的打箭炉可通西藏、青海达玉树。甘肃西宁的丹噶尔厅则是内地与青海、西藏的交易中心。从云南也有数条路线通往西藏。出山海关经锦州、沈阳、吉林城,达于双城堡,是商人往来的商路。从营口通过辽河航运可抵通江口。由吉林城经水路,可达松花江支流嫩江上游的卜魁(齐齐哈尔),经吉林向东可达宁古塔。① 江宁的绸缎,"商贾载之遍天下","舟车四达,悉贸易之所及","北趋京师,东并辽、沈,西北走晋、绛,南越五岭、湖湘、豫章、七闽、沂、淮、泗,道汝、洛"。② 如果没有比较顺畅的交通运输,这种情况是无法实现的。

明清时期的商品贸易较之前代有诸多新的特点:首先,贸易路线作为商品流通的载体,十分庞大,及至清代,这一交通体系已经达到了传统农耕社会条件下可能达到的最高水平;其次,清代进入商品流通的品种大量增多,商品量急剧扩大,各类生产、生活用品及包装用料、运输工具的零件,均进入了长距离的商品流通行列;第三,商品流通中需要的各种服务,如运输、转运、储存、保管、食宿、纳税、保安等日益增多,为商品流通服务的各种设施如旅店、货栈、铺房、亭廊等也日益完善。③

据对清代 18 个省的 118 个府的 126 个县和 2 个府的地方志所记载的商品进行抽样统计,商品种类达 155 种。这 155 种商品虽然不能涵盖所有商品,但基本上反映了清代全国商品种类。从直观考察,

---

① 刘秀生:《清代商品经济与商业资本》,中国商业出版社,1993,第 163—226 页。

② 光绪《江宁府志》卷十一。

③ 邓亦兵:《清代前期全国商贸网络形成》,《浙江学刊》2010 年第 4 期。

除矿冶类外,基本上是农业品、农家手工业品(布)、农村手工业品(草纸、陶器)、城市手工业品(铁、银、铜诸器)。在这 126 个县中,主要产品分布面占 50％以上的商品有棉花、棉布、靛蓝、蜂蜜、麻类、蜡,占 25％以上的有丝、食油、茶、纸、丝织品、烟草、木炭、糖。分布面最广的商品主要是农产品,如棉、麻、靛等,以及农民手工业产品,如棉布、丝织品等。① 到 19 世纪中叶,随着欧美市场对中国茶叶需求的日益增长,茶叶开始出口,而且数量巨大,增长速度迅猛,将农产品商业化推到了一个新的高度。②

明清时期农产品商业化程度的提高及市场网络的完善,于商书中也有所反应。从成书于清代乾隆年间的《商贾便览》一书中所记载的商品流向可以看出,清代粮食市场网络是从长江中游的湖广流向华南、江南,盐市场网络则是从沿海向西北延伸,茶市场网络是从皖、浙、闽向东北、西北延展,丝绸市场网络是江南向全国各地贩运,棉花是河南、山东向江南运销,棉布从江南向北方各地运销,五金是从西南向东南各地倾销,药材则从川、云、贵、赣向全国销售,皮货则从西北、东北入关向华中、华东销售,海货洋货从粤、闽、浙向各地转销。③

因此可以说,明清时期,从农村集市的增多、城镇市场的繁荣,到区域性市场的发展、全国性市场的出现,全国已经形成了一个比较完

① 董书城:《中国商品经济史》,安徽教育出版社,1990,第 268—270 页。

② 郝延平:《中国近代商业革命》,第 154—182 页。

③ 吴中孚:《商贾便览》卷三《各省疆域风俗土产·新增各省土产·异国口外土产》。

整的交通、市场网络体系。① 如此发达的水陆交通网络,也是明代众多介绍交通路线的路程图引、地图类图书不断涌现的重要原因。

明清时期的这些商贸新特点,其商业化所达到的深度与广度,都是战国时期和宋代的商品经济所不能比拟的,这些商贸新特点也给明清商人带来新的挑战。李和承指出:在前近代的中国,"国家向无专门规范商业的法律,再者,即使经济规模日渐扩大,国家对商人的私人财产和商业活动的保障,也并未有任何加强","因此,商人在从事经济活动时,不得不借助传统的联系方式,即自发结成区域性伙伴(Fellow-regionalship),巩固内部的凝聚力,用以保护和扩张事业"。② 换言之,商人经商,必须利用商人组织的资源与信息优势,通过团体内成员的互助行为,协助个体商人更好地适应陌生的生活环境,保障个体商人及商人群体的相关利益。这种需要是促成明清时期区域性商人组织(商帮)兴起的重要原因。

二、 商帮: 地域性商人组织的兴起

商人及其商业活动在中国自古即有,源远流长。传说神农之时,

---

① 姜守鹏、刘慧文:《明清时期的国内市场》,《史学集刊》1995 年第 2 期。李伯重:《中国全国市场的形成,1550—1840 年》,《清华大学学报(社会科学版)》1999 年第 4 期。许檀:《明清时期城乡市场网络体系的形成及意义》,《中国社会科学》2000 年第 3 期。吴承明:《中国的现代化:市场与社会》,生活·读书·新知三联书店,2001,第 144—167 页。

② 李和承:《明清传统商人区域化现象研究》,博士学位论文,台湾师范大学历史研究所,1997。

就已"日中为市,致天下之民,聚天下之货,交易而退,各得其所"。[①]
春秋战国时期,各地物资交流活跃,商业繁荣发展,出现了像范蠡这
样历史上著名的大商人。秦汉及至宋元,随着社会经济的发展,商品
市场更加繁荣,商业都市不断涌现,海外贸易日益扩大,外商来华者
络绎不绝,全国也不乏著名的商业城市。但大体而言,在明代以前,
商人的经商活动多是以个人或者家族为基础的分散行为,没有出现
大型的、有特色的商人集团,因此是有"商"而无"帮"。到了明代,方
有"商帮"出现。[②]

所谓"商帮",是以地域为中心,以血缘、乡谊为纽带,以"相亲相
助"为宗旨,以会馆、公所为其在异乡的联络、计议之所的一种既亲密
而又松散的自发形成的商人群体。商帮在明代兴起,至清代,更是全
国性地发展壮大。

明代商帮的兴起发展,是这一时期商品经济发展、国家政策的调
整以及民众社会观念转变等各种因素综合影响的结果,其背后蕴含
着社会变迁的多重内涵。[③]

---

① 《周易·系辞下》,详见黄寿祺、张善文撰《周易译注》(修订本),上海古籍出版
　　社,2001,第 572 页。
② 明后期,全国范围内号称有十大商帮:山西以晋中为中心的晋商;歙县、婺源等徽
　　州地区的徽商;与晋商同时兴起、亦被称为晋商小兄弟的陕商;临清、济宁、聊城、
　　烟台等地的鲁商;以龙游县为中心(包括常山、衢县和江山五县)的龙游商;西洞庭
　　山(今江苏吴县的东山镇和西山镇)的洞庭商;江西由人口流动形成的江右商;以
　　浙江宁波为中心的浙商;以福建沿海为中心的闽商;以广州、佛山一带为中心的粤
　　商。至清代,商帮更是全国性地发展壮大。详见张海鹏、张海瀛主编:《中国十大
　　商帮》,黄山书社,1993。
③ 详见张海英:《明中叶以后"士商渗透"的制度环境——以政府的政策变化为视
　　角》,《中国经济史研究》2005 年第 4 期。

明清时期农业生产的最大特点是农业生产的商品化和经济作物种植形成专门的生产区域。以棉花为例，棉花种植在明代由江南推向江北，到清代更是普遍盛行，甚至东北也成为重要的产棉地。"棉则方舟而鬻诸南，布则方舟而鬻诸北"是当时非常普遍的现象。稻米生产也是如此：福建之米，取给于台湾；浙江、广东之米，取给于广西、湖广等地。这种商品产销的格局，促进了明清时期区域间远距离的长途贩运贸易。

明代以前，商人的远距离贸易多是依赖于各地农工产品剩余或是土特产、特色产品的互通有无，还有一些地区人多田少或地瘠不足食用，人田矛盾较为突出，出于谋生需求，人们外出经商。① 明代，随着农业生产的商品化和经济作物种植专业区的出现，粮食、棉花、棉布、丝绸、瓷器等各种大宗商品长途贩运，开始建立在区域生产专业化与分工的基础上，它进一步巩固与繁荣了全国性商品市场的发展，也使得徽商、闽商、洞庭商人等商帮的发展建之于稳固厚实的经济基础之上。

明代中后期交通条件的改观，有利于大规模、远距离的商品贩运。明代商人的活动触角已达边陲，如王士性《广志绎》所记，"商贩入（滇、黔、川等西南诸省）者，每住十数星霜，虽僻远万里，然苏、杭新织种种文绮，吴中贵介未披而彼处先得。妖童姣姬，比外更胜，山珍海错，咸获先藏，则钱神所聚，无胫而至，穷荒成市，沙碛如春，大商缘

---

① 如康熙《徽州府志》卷八《蠲赈》记载徽商源地的徽州府，"郡邑处万山，如鼠在穴，土瘠田狭……其势不得不散而求食于四方，于是乎移民而出"；产生洞庭商帮的洞庭东山、西山也是"土狭民稠"之地，"民生十七八，即挟资出商，楚、卫、齐、鲁，靡远不到，有数年不归者"。载蔡昇、王鏊：《震泽编》卷三《风俗》。

以忘年,小贩因之度日"①。清代,商人的活动更是跨省越区,多为远距离活动。清初,洞庭商人"商游江南、北,以追齐、鲁、燕、豫,随处设肆,博锱铢于四方"②。雍正间,广州府东莞县商人,走珠江水系的西江,"渡岭峤,涉湖湘,浮江淮,走齐、鲁间","往往以糖、香牟大利"。③江西商人"无论秦、蜀、齐、楚、闽、粤,视若比邻;浮海居夷,流落忘归者十常四五"④。这些走南闯北、长途跋涉的商人们,迫切需要路程图引作指导,这一市场需求促进了明清商编水陆路程图引的大量涌现,使其广为流传成为可能。

明代社会风气与传统观念变化对商帮形成的影响值得关注。随着商品经济的发展,从明中叶开始,社会各阶层对商人和从事商业活动的看法也发生了变化。士人们讲求实际,并不以"谋利事功"为可耻。在徽州,人们更把商贾说成是徽州的第一等生业,徽州许多人"执技艺或负贩就食他郡","左儒右贾,喜厚利而薄名高","直以九章当六籍",以至于民俗中"以商贾为第一生业,科第反在次着"。⑤ 总之,民间社会思潮及价值观念上对商人和经商的宽容,使得社会上弃儒从商、弃农从商成为常态,从商者愈来愈众,在很大程度上促进了商帮的发展。

不同地域商人组织(商帮)的形成,意味着该地区从商人数已经

① 王士性:《广志绎》卷五《西南诸省》,第 107 页。
② 顾炎武:《天下郡国利病书》第 5 册,《苏州备录(下)》,严佐之、黄坤、罗争鸣校点,上海古籍出版社,2012,第 538 页。
③ 雍正《东莞县志》卷二《风俗》。
④ 万历《新修南昌府志》卷三《风土》。
⑤ 汪道昆:《太函集》卷五四、卷七七、卷一八。

具有庞大的规模,并已有一批积累了大量资本的巨商作为中坚力量。商人以群体的力量参与商业竞争,从区域市场向全国大市场进军,他们活动的舞台更加广阔,并且有相当的商业影响力——如明代陕西商人对江南棉布市场的影响。[1] 同时,商帮内部所经营的各类商业之间,既相互渗透,又相互促进,从而形成一个庞大的贸易体系。各商帮在经营、制度、文化等方面也存在不同的特点,如徽商借助宗法制,强调各管理层次对商人的忠信,晋商在重视乡土宗亲关系的同时,则又创立发展了诸如伙计制、联号制、经理负责制、学徒制、股份制等一系列制度。[2] 其中一些行之有效的经商方式和制度创新,也成为其他商帮学习和仿效的对象。

商帮的兴起,带动了商书市场需求的形成。商帮的形成及其经营管理新变化所带来的影响,远非此前个体商人所能比拟,因此商人需要更多的专业知识。随着运输、储存、保管、食宿、货栈、铺房等与经商密切相关的各行业的发展日趋繁荣,分工越来越细,其对经营者的专业知识及综合素质要求亦越来越高。此时,单凭以往的父子相传、师徒相授的个体传播从商经验的传统模式,已难以适应这一新的社会群体的要求。

换言之,商帮的出现,表明商人作为一个群体已经有了自己的文化需求,他们需要一些专门讲授经商知识的阅读物,这也使得明清时期的商书有了一个相对固定而且日益扩大的阅读群体。在这种背景

---

[1] 从《阅世编》所载明代西北商人购买松江标布的情形来看,确是盛况空前。"富商巨贾,操重资而来市者,白银动以数万计,多或数十万两,少亦以万计。"叶梦珠:《阅世编》卷七《食货五》,中华书局,1997。

[2] 唐力行:《商人与中国近世社会》,商务印书馆,2003,第58—65页。

下，以市场导向为主要宗旨的书商们敏锐地捕捉到了这一商机，纷纷编纂、出版了许多经商经验和经营知识的小册子以及程图路引等，于是，专门讲授各类从商之道及专业知识的商书便应运而生。各类商书的序中多有"宦辙之所巡，商泊之所趋，访屐之所涉，庶此编之为旌导"等意向的表述，也说明商书的出现正是为了满足这种市场需求。而就商人群体而言，"大批的徽州商人怀揣几两碎银，挟着《士商要览》《天下路程图引》，呼朋引类地外出经商"[①]的景象，成为当时商人与商书之间相互联系的生动写照。

三、 从精英到庶民： 大众教育的普及

商人通过商书来获取商业知识的需要不断扩大，是明清商书大量出现的基本原因。但是，"商书现象"要能够出现，还必须有一个重要的前提，即商人能够读商书，否则他们仍然只能沿用先前的传统，通过口耳相传来获取这些知识。而在明清时期，随着社会经济的发展，民众基础教育较之前代亦有良好的发展，"基础教育的发展，又培育出了一个数量庞大的读书或识字人群，这些人后来就成了消费类图书的市场主体"，[②]也使很多普通商人具备阅读书籍的能力。

首先，明代已有比较完整的教育机构体系。明朝洪武二年（1369），明太祖朱元璋即诏谕中书省："朕惟治国以教化为先，教化以

① 王振忠：《斜阳残照徽州梦》，《读书》1994 年第 9 期。
② 陈力：《中国古代图书史》，社会科学文献出版社，2017，第 568 页。

学校为本。京师虽有太学,而天下学校未兴。宜令郡县皆立学校,延师儒,授生徒,讲论圣道,使人日渐月化,以复先王之旧。"[1]此后,历代统治者也都比较重视学校教育。因此,有明一代,从南北二京的国子监到地方上的府学、州学、县学、书院、社学(义学),官办与私兴的各级学校,衔接形成了一个全国性的教育网。[2]"盖无地而不设之学,无人而不纳之教。庠声序音,重规叠矩,无间于下邑荒徼,山陬海涯。此明代学校之盛,唐、宋以来所不及也。"[3]基层学校教育的发展,有助于民间读书氛围的形成。晚明书院讲学之风盛行,基层的书院尤其是明清政府教化民众的重要途径,明清各级官员(特别是府、县级地方官吏)上任之初,均要显示其对地方文教事业的重视——兴建学校,修葺书院便是重要内容之一,不仅"严立规条督课之",而且时常要"课诸生,亲为之授",以示表率。[4]

明清江南各大市镇多有书院及各类形式的社学,并且常常得到官府的支持,甚至由官府出面兴办。嘉靖时的嘉定知县李资坤、青浦知县卓钿等,都在治下的乡镇兴办学校多所。[5]到了清代,从梁其姿所作的 1644 至 1829 年间江南社学、义学的统计来看,苏、松、常、镇、

① 《明史》卷六九《选举一》,中华书局,1974,第 1686 页。

② 曹国庆:《明初的学校教育》,载《江汉论坛》1986 年第 6 期。毛礼锐、沈灌群主编《中国教育通史第三卷》,山东教育出版社,1987,第 324—549 页。

③ 《明史》卷六九《选举一》,第 1686 页。

④ 《清史稿》《清史列传》中关于"循吏"事迹多有类似记载,各级官吏在任职期间,新建、拓展、修葺书院是其重要的政绩之一。

⑤ 乾隆《续外冈志》卷二《小学》。顾传金辑《蒲溪小志》卷二《小学》,王孝俭、金九牛、陆益明标点,闵行区区志办公室整理,上海古籍出版社,2003,第 31 页。

宁、杭、嘉、湖八府和太仓州，全都有民办和官办的社学和义学。① 康熙时苏州巡抚汤斌更发出告谕，苏南"城乡村镇，宜设社学一处，延聘学问纯正之士为师。本乡子弟八岁以上及家贫无资者，州、县官量为设处廪谷，概送入学"。② 遍及各镇的书院及各类形式的社学，也成为江南市镇特色鲜明的文化景观。

在这个兴办教育的潮流中，商人们通过捐资助学和创办学校，直接参与民间的教育活动。明清时期大量的史料记载表明，商人中支持教育事业发展的风气十分盛行。他们或直接出钱在家乡、寄住地资助官办的府学、县学，修复或创设书院、义塾、义学等各类学校，或通过捐钱、捐田用于学校开支及学生的生活费用等形式，资助家乡或所住地的教育事业。③ 明清时期，徽州的家塾、族塾、义塾、义学等遍布城乡各地，而这些大多是徽商出资兴建的，其目的是为宗族和邑里的贫困子弟提供接受教育的机会。这方面的材料在徽州的谱牒、方志中可谓俯拾可得。④

这些不同类型、不同层次的教育机构，担负着不同性质的教育职

---

① Angela Leung, "Elementary Education in the Lower Yangtze Region in the Seventeenth and Eighteenth Centuries", *Papers in Social Sciences* (Taipei), No.94 - 5.

② 袁景澜：《吴郡岁华纪丽·吴俗箴言》，甘兰经、吴琴校点，江苏古籍出版社，1998，第4页。

③ 王新田、汪立祥：《明清商人与教育》，载《教育评论》1993 年第 4 期。张明富：《明清商人投资文化教育述论》，载《西南师范大学学报（哲学社会科学版）》1997 年第 4 期。

④ 李琳琦、王世华：《明清徽商与儒学教育》，载《华东师范大学学报（教育科学版）》1997 年第 3 期。李琳琦：《明清徽州的蒙养教育述论》，载《安徽师范大学学报（人文社会科学版）》2000 年第 3 期。

责。官方的各级府学、县学、书院等，其核心任务是精英教育(科举应试)，科举功名是其追求的最高目标。各类私塾(家塾、族塾)、义学(义塾)、蒙馆等则成为大众教育，特别是学童启蒙教育的重要依托。大众教育的主要对象是普通民众，它一方面为官学输送大量受过启蒙基础教育的学子，鼓励学子继续读书攻举业；另一方面，这种教育也鼓励部分学子为便于习艺谋生而读书。从大量的明清史籍中我们看到，许多人读书已不全部是为功名，而是为以后从事工、商、医(生)、幕(友)、讼(师)等工作做准备。正如张岱《夜航船序》中所载余姚风俗："后生小子无不读书，及至二十无成，然后习为手艺。"[1]因此，读书识字、基本计算等技能便成为大众教育学习的重要内容。特别是蒙馆，其教育目的是使受教育者获得起码的阅读能力，以便日后从事工商业等活动，并在工商业等活动中接受职业培训。经过两三年的启蒙教育，学童在认识 1 000—2 000 个汉字的同时，也学会了进行简单的加减运算，从而也就获得了独立从事一般经济活动所需要的读、写、算的基本能力。[2] 当然，这种基础教育并不能提供从商所需要的专门知识。从许多清代商书的记载来看，许多学徒(小官)进店

---

[1] 张岱著，夏威纯校点《张岱诗文集·琅嬛文集·夜航船序》卷一，上海古籍出版社，1991，第 132 页。

[2] 李伯重：《八股之外：明清江南的教育及其对经济的影响》《清史研究》2004 年第 1 期。严雄飞：《清代民间教育的特点及其社会地位》，载《北京理工大学学报(社会科学版)》2002 年第 4 期。刘永华认为 2000 字的识字门槛过高。他通过对闽西开支账和徽州排日账的分析证实，在清代，一个人虽然只是粗通笔墨，但只要掌握区区四五百至七八百字，便有能力处理记账、借贷乃至记事等文字工作。详见刘永华：《清代民众识字问题的再认识》，载《中国社会科学评价》2017 年第 2 期。

后,仍要学习写字、算盘、理秤(称戥子)等相关的从业必备知识。[1]

以江南地区而言,明清时期江南的大众教育非常普及,史称江南"人皆知教子读书","家有弦诵之声,人有青云之志","田野小民,生理裁足,皆知以教子读书为事","虽乡愚村僻,莫不置句读师以训童蒙"。[2] 在时人眼里,江南人好读喜学,蔚然成风,整体文化素质较高。15 世纪末,途经江南的朝鲜人崔溥这样记述道:"且江南人以读书为业,虽里闾童稚及津夫、水夫皆识文字。"[3]

这一时期童蒙教材数量与种类的剧增,也反映了大众教育的普及。就教材而言,除了各类《三字经》《百家姓》《千字文》等传统的识字教材外,[4]还有《日用俗字》、《农庄杂字》(《绘图农庄杂字》)、《算学启蒙总括》、《筹算蒙课》及医学、天文、舆地等传授专门知识的启蒙教材。这些实用性的教材内容,与应试童蒙教育的内容完全不同,是专门为大众教育编写的。这一切大大丰富了童蒙教育的内容与形式,促进了大众教育的发展。[5]

---

[1]　参见王秉元纂集,汪淏增订:《生意世事初阶》第 12、13、14 条。

[2]　嘉庆《松江府志》卷五《风俗》,乾隆《金山县志》卷十七《风俗》。

[3]　崔溥:《漂海录——中国行记》,葛振家点注,社会科学文献出版社,1992,第 194 页。

[4]　另有《增补三字经》《广三字经》《节增三字经》《重编百家姓》《御制百家姓》《新编百家姓》《续千字文》《再续千字文》《增广千字文》等。

[5]　关于明清时期的大众教育及民众识字问题,Evelyn S. Rawski(罗友枝)、梁其姿、熊秉真、李伯重等学者均有研究。详见 Evelyn S. Rawski, *Education and Popular Literacy in Ching's China*,(Ann Arbor: University of Michigan Press,1979)。梁其姿:《〈三字经〉里历史时间的问题》,载黄应贵主编《时间、历史与记忆》,台湾"中央研究院"民族学研究所,1999。熊秉真:《童年记忆——中国孩子的历史》,麦田出版股份有限公司,2000。李伯重:《八股之外:明清江南的教育及其对经济的影响》,载《清史研究》2004 年第 1 期。

大众教育的普及带来的直接社会效应，便是大众识字率的上升，普通民众因此具备了一定的阅读能力——他们可以读懂并进一步掌握商书所阐述的各类专业知识，也可以掌握日后从事商业活动（记账、算账）所要求的读、写、算等基本能力。与之相关联的，则是商书的市场需求越来越多。因此，民间大众教育的普及是明清商书得以传播的文化基础。

第七章 "出版革命"与商书

　　历史上的中国是一个文化大国。在近世以前,用中文记载的文献数量比任何其他文字记载的文献都要多。1948 年 2 月,最早担任牛津大学汉学教授的英国汉学家德和美曾说:"至少到 1750 年为止,中国的书籍的数量超过世界其他所有国家的总和。"[1]而在一个处于前工业社会的世界里,书籍无疑属于信息和思想传播最重要的载体,"它具有流通商品和文化载体的双重属性,既能够将它作为生产出来用以交易和谋利的商品来研究,又可以将它作为通过图像和文本传递多重意义的文化符号来研究"。[2] 就明清商书的性质而言,它是商人们实践经验的总结,是应明清时期商业发展之需要而产生的。因为商业的发展需要一种知识传播的载体,为从业者提供有用和可靠的知识,或进行职业技能的传授,而商书恰好符合这种知识载体的要求。另一方面,商书又是面向大众的通俗读物,它的问世,是这一时期实用知识图书(农书、工匠书、兵书、医书、日用类书、法律用书、科举用书、识字读本[如《三字经》]、日历等)兴起刊印的一部分,是明清时期大众文化蓬勃繁荣的缩影。从书籍史与阅读史的角度,关注明清时期的"商书

---

① 刘海峰:《简评〈明代科举文献研究〉》,载《光明日报》2009 年 12 月 12 日。
② 洪庆明:《从社会史到文化史:十八世纪法国书籍与社会研究》,载《历史研究》2011 年第 1 期。

现象",可以蠡测其背后所折射的社会变化——如图书印刷技术的进步、刊印系统的变化、传统印刷品格局的改变及新兴读者群的兴起等。①

一、 出版印刷业的变化

印刷术的技术发展及由此引发的传播革命对欧洲近现代历史产

① 张仲民在其《从书籍史到阅读史——关于晚清书籍史/阅读史研究的若干思考》(载《史林》2007年第5期)一文中,介绍了法国年鉴学派学者 Lucien Febvre(费夫贺)、Henri-Jean Martin(马尔坦)、Franlois Furet(孚雷)、Albert Dupront(杜普隆)、Roger Chartier(夏特里埃)和 Daniel Roche(罗切)及美国学者 Robert Darnton(罗伯特·达恩顿)、Natalie Zemon Davis(娜塔莉·泽蒙·戴维斯)、L. Eisenstein(艾森斯坦)等人的研究成果,诠释了书籍史与阅读史研究相关概念的联系与区别,指出:书籍史研究的范围比较广泛,涉及书籍的生产、印刷、排版、装帧、成本、运作、地理分布、书籍制度、发行、消费、社会影响以及相关环节的情况,还有其背后的经济情况,既有对书籍技术层面的考察,又可以从社会的角度来讨论书籍与人、书籍与社会的关系,包括采用统计学、教育史、文化社会学等方法来研究。阅读史则重点关注书籍在社会各层面的传播与阅读,注意对书籍的物质形式的研究与对读者的反应研究相结合,重视考察阅读与文化、政治及社会、生活的关系,研究读者群的构成和变化,关注读者在阅读中所扮演的角色,包括读者的阅读习惯、阅读方式及阅读大众集体心态的变化、社会诸阶层之间文化互动的关系等方面。此外,梅尔清、刘宗灵、鞠北平《印刷的世界:书籍、出版文化和中华帝国晚期的社会》(载《史林》2008年第4期)、涂丰恩《明清书籍史的研究回顾》(载《新史学》2009年第1期)、洪庆明《从社会史到文化史:十八世纪法国书籍与社会研究》(载《历史研究》2011年第1期)、罗伯特·达恩顿:《拉莫莱特之吻:有关文化史的思考》(萧知纬译,华东师范大学出版社,2010)、王一樵《近二十年明清书籍、印刷与出版文化相关研究成果评述》(载《明代研究》第26期,2016年6月)等论著对此也有所论及。本书的"书籍史"与"阅读史"的概念即借于此。拙文《明清商业书的刊印与流布——以书籍史/阅读史为视角》,载唐力行主编《江南社会历史评论》第8期,商务印书馆,2016,第32—46页。本节有删改。

生过重大影响，"欧洲史里的中世纪研究、文艺复兴研究、近现代史研究、宗教改革研究、近代科学研究都必须以机器印刷为主要参照系，舍此会造成时代错乱"。① 同样，明清出版印刷技术的进步，对明清社会发展带来的影响不容忽视——明清商书的兴起与广泛流布，便与印刷技术的进步密切相关。

这一时期，出版业有两大值得关注的特点：一是出版印刷业出现了重要的技术进步，印刷成本大大降低；二是这些技术被大量用于民间坊刻，推动了民间书坊的蓬勃发展，由此带来了民间出版业，特别是商业出版的空前繁荣，而明清时期大量商书的刊印出版，全部由民间书坊完成。

明代以前，书籍刊印本的字体都是手书的楷体，刊刻成本较高。明代，人们在模仿宋代浙江刻本的过程中形成了一种新字体——宋体字。新形成的宋体字脱离了自然书写，书法意味较少，字体方正，横平竖直，棱角分明，更近于印刷体，易于工匠刊刻，可以提高刻板速度。明代民间出版业使用宋体字，始于弘治年间的苏州，正德时期发展到苏州附近的常州、松江地区，嘉靖年间基本成型，为全国大部分地区的出版业所采用。② 新字体的采用大大降低了印刷成本，促进了明后期民间印刷业的繁荣。

此外，明代在印刷工艺上还力图有所突破，主要是活字印刷和彩色印刷方面的探索。活字印刷方面尝试了木活字、泥活字、铜活字、铅活

---

① 伊丽莎白·爱森斯坦：《作为变革动因的印刷机——早期近代欧洲的传播与文化变革》，译序，何道宽译，北京大学出版社，2010，第 3 页。
② 李开升：《明代书籍文化对世界的影响》，载《文汇报》2017 年 9 月 1 日。

字。彩色印刷方面有三色套印、五色套印，还有饾版、拱花等。但是，出于印刷成本的考虑，雕版印刷以其版式灵活、生产方便，投资相对较少，书商所承担的风险也较小等原因，较之活字印刷更具竞争力。[①] 加上明代很多书坊规模通常都不大，是作坊式生意，雕版印刷比较切合于这种经营方式。[②] 因此之故，雕版印刷始终成为明代以及清代出版业的主要印刷方式。但活字印刷在明代已有一定程度的应用，目前可以查知的约有一二百种书籍，[③]尤其是在江南还得到比较广泛的应用。[④]

明代首创蓝印（即用靛青代黑墨印书），是印刷技术上的重大突破。同时，明代还创造出了饾版、拱花等印刷方法。明代发明的彩色套印方法，对出版业意义重大，像商书、日用类书、戏曲、医书、堪舆等大众读物印刷品的技术要求比较高，也比较复杂——时常要图文并茂，版式上亦追求更为精致活泼与多样化。这时，套印、彩印技术的发展便提供了技术保证，使得精美插图得以在书中刊印。饾版与拱花的应用令书籍中印制的图案更为鲜活生动。这些新技术的应用使印制的图书更加富有情趣，增强了可读性，进而吸引更多的读者，其市场需求不断扩大。[⑤]

---

① 李伯重：《挑战与应对：明代出版业的发展》，载《中国出版史研究》2017 年第 3 期。
② 王志毅：《文化生意——印刷与出版社札记》，浙江大学出版社，2015，第 52 页。
③ 缪咏禾：《明代的出版事业》，载《出版科学》1999 年第 2 期。
④ 李伯重：《明清江南的出版印刷业》，载《中国经济史研究》2001 年第 3 期。
⑤ 刘天振：《明代通俗类书研究》，齐鲁书社，2006，第 88—95 页。张献忠：《明代商业出版的历史定位及启示》，载《贵州社会科学》2014 年第 2 期。张海英：《明清商业书的刊印与流布——以书籍史/阅读史为视角》，载唐力行主编《江南社会历史评论》第 8 期。李伯重：《挑战与应对：明代出版业的发展》，载《中国出版史研究》2018 年第 1 期。

作为出版业的主要原料,纸张生产在明代也有重大进展。明代在造纸的原料、设备、技术和加工等方面都集历史上之大成。较之前代,明朝的纸张来源优,产量高,质量佳,用途广。浙江、福建、江西等地都有大量造纸作坊,称为槽房,有的槽房规模很大。技术方面,用石灰蒸煮纸浆,提高了纸浆的质量;用水碓破碎原料,提高了功效。[①] 明代还出现了专门论述造纸技术的插图本专著,为前代所没有。这些进步使得纸张价格不断降低,为印刷业的发展提供了条件。

就印刷体系而言,明清时期的刻书系统主要有官刻、私刻与坊刻三大类。官刻是官府从事的刻书活动,以官书、制书、律令、经史著作为主要内容,以传道教化为宗旨,商业色彩比较少。私刻又称"家刻",以私人文集、传播本家著作为主,虽然也有经史著作及通俗作品,但大多数私刻也不以赢利为主要目的。坊刻则是以市场为导向的纯粹的商业行为,它在明清时期成为民间商业化印刷出版业的主体。[②] 因为坊刻属市场化经营,其生存完全取决于社会需求,其刻书的种类、选题主要以市场需求为导向,能够敏锐地反映市民大众的需求,所以民间书坊也是明清时期文化传播中最具活力的因素,它的兴盛反映了明清印刷业刻印系统的新变化。

在刊印内容方面,官方国子监及地方各省布政衙门等官刻之书主要为制书、官书及经史、诸子等所谓经典图书,其受众对象主要是

---

① 潘吉星编著:《中国造纸史话》,商务印书馆,1998,第 74—82 页。
② 张献忠:《明中后期商业出版的大众传播属性与文化的下移》,载《求是学刊》2013年第 2 期。

士大夫阶层,远不能满足社会其他阶层的需要。坊刻图书编纂的内容虽然包括经、史、子、集各部类,但因为其自身所特有的市场化经营的特点,普通大众所需的各类时文、通俗文艺作品、通俗实用读物、童蒙课本、年画、日历、生活、科技、商书、医学用书等品种的书籍,便多由各地民间书坊承担起来。以明代颇负盛名的建阳书坊而言,"建阳书商擅长出版的医药、堪舆、蒙学、小说、日用类书,主要服务对象是普通士人和一般大众","明代建本中数量最多的三类书籍是医书、日用类书和经部书,接下来依次是别集、总集和小说"。而为避开同行同质竞争,杭州书坊则较多地偏重于建本中不太常见的史志、子书和戏曲,政书、地方文献和医书也成为杭州官刻本的热门选题。① 由此,商书、日用类书、通俗文艺作品及实用读物等为代表的平民读物的出现,也使出版业传统的刊印内容发生了很大的变化,原有的以官僚、士大夫为阅读主体的印刷品格局被打破。商书在社会中下层的传播与流布,标志着书籍读者群的社会组成发生了新变化,其中以商人为主体的新阅读群体已然形成。

在刊印成本方面,宋元以降,随着印刷技术的改进和造纸技术的进步,雕版图书的页均印造价、页均书板价和页均刊刻成本呈现下降趋势,到明代已比前代下降了九成。② 周绍明(Joseph McDermott)也指出:由于字体改良和规范、刻字工作流程模块化,

① 祁晨越:《明代杭州地区的书籍刊印活动》,博士学位论文,新加坡国立大学中文系,2010。该材料蒙北京大学讲座教授李伯重先生示知,谨此致谢。

② 周生春、孔祥来:《宋元图书的刻印、销售价与市场》,载《浙江大学学报(人文社会科学版)》2010 年第 1 期。

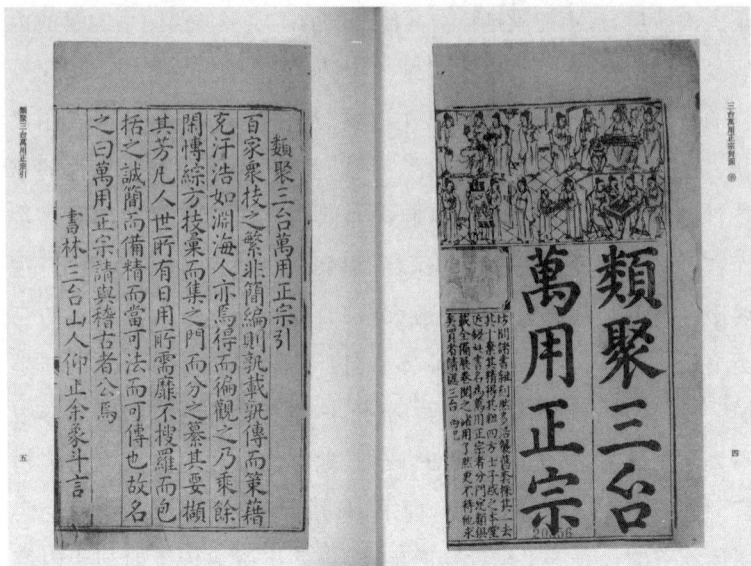

余象斗《三台万用正宗》内页

在出版业最发达的江南地区，刊刻每百字的价格，比前代下降了九成。[①] 由于成本下降，书籍变得更为低廉。日本学者大木康在《明末江南的出版文化》一书中谈道："明代书籍不仅出版自由，而且刊刻费用极其便宜，刻写一部古注《十三经》花费仅百余两银子。"他在书中列有明代各类书籍价格，如一套《封神演义》"每部定价纹银贰两"，《万宝全书》(书林存仁堂版)每部价银一钱，像《黄氏画谱》等通俗类书籍每部实价纹银五钱。[②] 周启荣在对明代中晚期书价和当

① 周绍明：《书籍的社会史》，北京大学出版社，2009，第28页。
② 大木康：《明末江南的出版文化》，日本研文出版(山本书店出版部)，2004，第121—128页。

时的各类职业收入水平及货币购买力进行较为全面的比较分析之后,指出买一卷书所需的钱(0.2两纹银)大概相当于买一张新椅子、一只鹅或一把折扇的钱,这是连普通城市工人都可以承受的书价。① 这样,一般图书已不再属于奢侈品,就连普通市民也可以购买,这就扩大了大众读物的市场需求,使得印刷品的阅读主体悄然变化,最大的读者群已不再是上层社会和文化精英,而是蒙童、普通士人、普通市民和商人,以中下层普通大众为主体的阅读群体日渐形成。

此外,明后期出版印刷业的兴盛,与这一时期相对宽松的政治环境也有很大关系。明政府实行文化专制政策,对图书内容多有限制,像有关天文图谶、"妖言"之书,"亵渎帝王圣贤"之戏曲、小说,触犯儒学之书,以及"奸党"之书,均在禁刻之列。② 但另一方面,为了巩固其皇权秩序,教化民众,明政府又鼓励官、私雕刊各类礼制、政教、法律、鉴戒等方面的图书,并免除书籍税,推行出版免税制度。③明代后期,城市市民阶层兴起,社会流动相对自由,思想文化呈多元发展,政府关于图书出版的各种禁令也难以严格实行。因此,晚明图书市场上不仅有畅销的日用类书、童蒙读物、科举类读物、医药图书、小说和戏曲图书,甚至出现了一些畅销书屡遭政府禁止而不绝

---

① 李伯重:《挑战与应对:明代出版业的发展》,载《中国出版史研究》2018 年第 1 期。

② 谢彦卯:《明代图书市场初探》,载《图书馆理论与实践》2006 年第 3 期。

③ 张琏:《明代专制文化政策下的图书出版情形》,载《汉学研究》第 10 卷第 2 期,1992 年 12 月。

的现象。①

晚明出版印刷领域的这些变化,对官方文化资源垄断权形成了强烈的冲击,也被学者称之为"国家文化专制的松懈和文化权力的下移"。② 晚明商书得以大量刊印,亦是得益于此。

二、 图书市场的兴旺

印刷技术的进步,造纸技术的发展,降低了书籍的刊印成本,书籍越来越便宜。商业出版的兴盛,必然带动民间图书市场的发展。"出版业的发展使那些过去不能或者很少接触书籍的底层乡村社群成为书籍的消费者和受益者",至清代,"出版业从中心城市向外扩展到清朝的各个角落和地区"。③

晚明至清前期,民间书坊发展迅猛,北方主要是北京,而南方则

---

① 像被称为"异端之尤"的李贽,其作品屡遭封禁,却依然风行海内。甚至他所评点或假托其名的小说、戏曲、经史读本等都是畅销书。详见孙文杰:《明代畅销书述略》,载《编辑之友》2016 年第 9 期;郭孟良:《晚明商业出版》,中国书籍出版社,2010,第 200 页。

② 郭孟良:《晚明商业出版》,第 200 页。

③ 包筠雅:《17 到 19 世纪中国南部乡村的书籍市场及文本的流传》,载许纪霖、朱政惠编《史华慈与中国》,吉林出版集团有限责任公司,2008,第 466 页。包筠雅另有专著《文化贸易:清代至民国时期四堡的书籍文化》,刘永华、饶佳荣等译,北京大学出版社,2015。该书对清代至民国时期四堡的印刷出版史进行了细致的描述和深入的分析,内容涉及四堡出版业的起源与结构、书籍的生产与销售,所分析的书籍种类涉及教育、礼仪、医药、占卜指南、小说和纯文学等类,但没有涉及商业书。

以南京、杭州、苏州、建阳、徽州为盛，它们在嘉靖至万历时达到顶峰。甚至有学者认为，晚明时期，整个南方的图书贸易已经是一个统一的市场，并将苏州、杭州、南京以及建阳整合在了一起。明代书坊中，尤以福建建阳最多。① 建阳的府治在建安，管辖8个县：建安、瓯宁、建阳、崇安、浦城、松溪、政和、寿宁。建安和瓯宁合称"建瓯"。这一地区的版刻业主要集中在建阳县的麻沙街和崇化坊。建宁附近有一座芝山，建阳又名大潭城，建安在历史上曾被王延政占有，称富沙。所以，芝城、潭城、潭邑、富沙等又成为那里的别称，其版本泛称建本、闽本、麻沙本。② 据嘉靖《建阳县志》载："书籍出麻沙、崇化两坊，麻沙书坊毁于元季，惟崇化存焉。"至嘉靖时，麻沙刻书有所恢复，而崇化更盛。"（崇化）比屋皆鬻书籍，天下客商贩者如织，每月以一、六日集。"③这种每个月有两天专门出售书籍的集市，为国内其他地方所没有，它吸引着全国书商络绎不绝地去批发。

① 张秀民：《明代印书最多的建宁书坊》，载《文物》1979年第6期；《明代南京的印书》，载《文物》1980年第11期。张秀民：《中国印刷史》，上海人民出版社，1989，第348、351、365、372、383、554页。Lucille Chia, Printing for Profit—The Commercial Publishers of Jianyang, Fujian（11th - 17th Centuries）（Havard University Press），p.150.方彦寿：《建阳刻书史》，中国社会科学出版社，2003，第367页。章宏伟：《论明代杭州私人出版的地位》，载中国明史学会等编《明太祖与凤阳》，黄山书社，2011。张献忠：《明代杭州民营出版业述略》，载《明代杭州研究》（上册），杭州出版社，2009。大木康：《明末江南的出版文化》第一章"明末江南书籍出版状况"，上海古籍出版社，2014，第1—29页。王志毅：《文化生意——印刷与出版史札记》，浙江大学出版社，2015，第62页。
② 缪咏禾：《中国出版通史第五卷（明代）》，江苏人民出版社，2000，第164页。
③ 嘉靖《建阳县志》卷三《封域志》。

除建阳外,明代苏浙一带也形成了专门的书业市场,杭州城内约有30余家固定书肆、书坊,流动书摊、书贩更多。明代杭州的刻书业虽不如其在宋代执全国出版业之牛耳,但在全国出版业中仍有举足轻重的地位。据不完全统计,明代杭州府的私人刻书机构至少有229家。① 与此同时,杭州也是全国著名的图书市场,它和北京、苏州、南京一起,被称为明代四大图书聚散地。② 杭州的图书市场上除了本地刻书外,还有私人藏书和全国其他地区的图书,而苏州、南京的图书市场上流通的主要是本地所刻图书。

值得一提的是,徽州作为明清徽商发源地,其深厚的文化底蕴也推动了印刷业的发展。其时民间所称文房四宝,宣州笔为其一,徽州拥纸、墨、砚三宝。尤其是徽墨,制作精良,为天下一绝,由此也带来了徽州民间刻书业的发展。据徐学林研究,明清两代徽州府的家刻、

---

① 关于明代杭州私人刻书机构的数量,学界说法不一。张秀民《中国印刷史》著录为24或25家,罗树宝认为有23家,顾志兴认为有29家,叶树声、余敏辉认为有37家,缪咏禾认为有36家,张献忠认为有89家。本节从章宏伟杭州府共有229家之说。详见章宏伟:《明代杭州私人刻书机构的新考察》,载《浙江学刊》2012年第1期;张秀民:《中国印刷史》,上海人民出版社,1989,第365—366页;张秀民著,韩琦增订:《中国印刷史》,浙江古籍出版社,2006,第257页;罗树宝编著:《中国古代印刷史》,印刷工业出版社,1993,第345—346页;顾志兴:《浙江出版史研究——元明清时期》,第126—137页、第184—199页;叶树声、余敏辉:《明清江南私人刻书史略》,安徽大学出版社,2000,第46—53页。缪咏禾:《明代出版史稿》,江苏人民出版社,2000,第91—92页。张献忠:《明代杭州商业出版述略》,载《北京联合大学学报(人文社会科学版)》第11卷第4期,2013年10月。

② "今海内书,凡聚之地有四,燕市也、金陵也、阊阖也、临安也。"胡应麟:《少室山房笔丛》卷四《经籍会通四》,点校本,上海书店出版社,2009,第41页。

坊刻就超过 800 家,刻书品种达数千种。① 时称明代徽板、杭板、苏板与闽板齐名。② 当时徽州商业经济比较繁荣,商人很多,因经商需要,书坊为他们刻了不少书。如《水陆路程宝货辨疑》《程君房墨谱》等,内容涉及交通、辨货、托运、广告等方面。③ 明清徽商留存众多商书典册,与此不无关联。

湖州等地则出现了刻书专业市镇或村庄,如晟舍、汇沮就是著名的刻书之地。织里人则以贩书为业,他们驾着一叶书舟,利用江南水乡的便利交通,贩销于各地。"书船出乌程、织里及郑港、淡港诸村落,吾湖明中叶如花林茅氏,晟舍凌氏、闵氏,汇沮潘氏,雉城臧氏,皆广储签帙。旧家子弟好事者,往往以秘册镂刻流传。于是织里诸村民以此网利,购书于船。南至钱塘,东抵松江,北达京口,走士大夫之门,出书目袖中,低昂其价,所至每以礼接之。客之末座号为书客,间有奇僻之书,收藏家往往资其搜访。"④ 大小各异的流动贩书船,形成了江南地区流动的图书市场,也反映了江南经济文化的繁荣。⑤

明清江南地区图书市场的繁荣、民间书坊的兴盛有多重原因:经济发展的因素自不待言,晚明大众教育的普及和识字率的增长,书籍生产成本、销售价格的降低,大众购买力的提升,大大拓展了民间潜在的读者群;明中后期开始的社会文化思潮的变化,文人与书商的

---

① 徐学林:《明清时期徽州府刻书业》,载中国出版科学研究所编《第二届全国出版科学研究优秀论文获奖论文集》,中国书籍出版社,1997,第 679 页。
② 张秀民:《中国印刷史》,第 375 页。
③ 叶树声:《明代南直隶江南地区私人刻书概述》,载《文献》1987 年第 2 期。
④ 光绪《乌程县志》卷二十九《物产》引《湖录》。
⑤ 陈学文:《论明清江南流动图书市场》,载《浙江学刊》1998 年第 6 期。

合作，通俗文学作品的出现等，迎合了市民社会的需求，成为民间书坊勃兴的思想文化基础；明代纸、墨、笔、砚的制作数量与技术，皆较前代有极大的发展，这为民间书坊的发展提供了直接的技术支持。此外，明清时期江南地区多有书院学社，无论是莘莘学子皓首穷经，还是饱学宿儒引经据典，都离不开书籍，精刻珍本尤被看重。这种文风昌盛的人文底蕴营造了藏书、刻书、贩书的客观环境，明清江南多有藏书楼、刻书家，图书市场、民间书坊自然兴盛。①

民间坊刻虽也刊印官方宣传推崇的正统文化产品，但因书坊多是业主自行投资、以牟利为目的出版活动，商业气息浓厚，因此其更多的产品是面向广大中下层社会民众，刊刻适合民众日常生活需求的大众通俗实用读物，如各类"通书"、农书、尺牍、旅行指南等皆属此列。② 这些图书当时在民间拥有大量的读者，所谓"农工商贩，抄写绘画，家蓄而人有之"。③ 明代万历年间，像《三台万用正宗》《五车拔锦》《妙锦万宝全书》《万书渊海》《五车合并万宝全书》《万用正宗不求人》等各类商书、实用日用类书、万宝全书④的大量刊刻出

---

① 叶树声：《明代南直隶江南地区私人刻书概述》，载《文献》1987 年第 2 期。杨军：《明代江南民间书坊兴盛的社会背景透析》，载《图书与情报》2006 年第 5 期。陈学文：《论明清江南流动图书市场》，载《浙江学刊》1998 年第 6 期。郭孟良《晚明商业出版》，第 173—184 页。

② 李伯重：《明清江南的出版印刷业》，载《中国经济史研究》2001 年第 3 期。

③ 方彦寿：《宋明时期的图书贸易与书商的利益追求》，载韩琦、米盖拉编《中国和欧洲：印刷术与书籍史》，商务印书馆，2008，第 42—57 页。

④ 详见《中国日用类书集成》；商传主编《明代通俗日用类书集刊》，西南师范大学出版社、东方出版社，2011；《域外汉籍珍本文库》，人民出版社、西南师范大学出版社，2011。

版，即是为了满足民间社会的此类需求。

三、 民间书坊与商书的刊印

明清时期出版发行的商书主要出自于民间坊刻：黄汴的《一统路程图记》由明代杭州著名的胡文焕文会堂于隆庆四年出版；陶承庆的《新刻京本华夷风物商程一览》由福建书林坊主刘大易于万历年间刊印；程春宇的《士商类要》由金陵著名的唐氏书坊"文林阁"主人唐锦池于天启六年出版；李留德的《客商一览醒迷天下水陆路程》由金陵李潮聚奎楼（又作书林李潮[少泉]，又作秣陵聚奎楼）于崇祯八年刊印；《新镌士商要览》的作者憺漪子是侨寓杭州的徽州书商（祖籍休宁）；①吴中孚的《商贾便览》，初刻本是乾隆五十七年由扬州徽商经营的书坊务本堂刊刻，道光二年又由三益堂、同文堂重订再版。② 而像清代刊印的《示我周行》一书，更有英德堂藏板、灵兰堂藏板、金闾文雅堂刻本、宝善堂藏板、富春堂、两仪堂等多种版本。

出于迎合市场需要的目的，为了方便商人们出门携带，有些商业

---

① 憺漪子其人，据柳存仁先生考证，是明末清初的汪淇，又自署汪象旭，钱塘人。而据王振忠先生研究，汪淇字憺漪，明末人，是侨寓杭州的徽州书商（祖籍休宁）。详见王振忠：《稀见清代徽州商业文书抄本十种》，《华南研究资料中心通讯》第20期。

② 陈国栋先生研究指出，道光二年（1822）同文堂藏版实应为三益堂藏版之误。亦参见邱澎生：《由〈商贾便览〉看十八世纪中国的商业伦理》，载《汉学研究》2015年第3期）。

书还被印成可以放在搭肩袋里的袖珍本。① 壮游子的《天下水陆路程》便被印成这种袖珍本。其序中谈道:"余暇日搜集数家,究其异同,反复校雠,刻成袖珍,便于行李收携,俾展卷。"

有些刊印商书的书坊主人,他们本人便是当时的坊刻名家。被视为日用类书中的"商书"——《三台万用正宗》的刊刻者余象斗,是晚明时期著名的刊刻者与书坊主人(号称建阳刻书世家)。他曾自称:"辛卯之秋,不佞斗始辍儒家业,家世书坊,锓籍为事,遂广聘缙绅诸先生,凡讲说、文籍之裨业举者,悉付之梓。"② 辛卯之秋为万历十九年(1591),可知余象斗是在这一年专心从事书业的。他身为三台馆主人,经营祖传的刻书业,所刻之书均以三台为记,自称"书林三台馆山人",或用"文台""象斗"名字并刻,有时又用"仰止"之字。余象斗经营有方,一生刻印书目甚多,其所经营的双峰堂(又称"余文台双峰堂",亦称"潭阳余氏三台馆"),在明万历时期达到鼎盛,仅万历十九年一年就刻印十几种书。双峰堂刊刻的《水浒志传评林》被视为是现存最早的《水浒传》完整刻本之一。此外,他自己还编印了《万锦情林》《北方真武祖师玄天上帝出身志传》《列国志传》《列国全编十二朝传》等书。③

再如,明代万历年间刊刻、载有《商旅门·客商规鉴论》的另一部

---

① 文人雅称这种搭肩袋为"巾箱",故而这种袖珍本也称巾箱本。

② 余象斗:《新锲朱状元芸窗汇辑百大家评注史记品粹》卷首,万历十九年双峰堂刻本。

③ 参见萧东发:《建阳余氏刻书考略》(上、中、下),载《文献》1984年第3、4期,1985年第1期。霍艳芳:《余象斗刻书考略》,载《图书馆学刊》2007年第6期。

日用类书是《新刻天下四民便览万宝全书》，①其编纂者周文炜也是明代金陵著名的坊间刊刻家，经营有"光霁堂""大业堂""醉耕堂"等书坊。②

万历年间新喻县丞陶承庆所辑《商程一览》的刊印者为福建书林坊主刘大易。据道光《建阳县志·刘龙田小传》载，刘大易，字龙田，书林人。生于嘉靖三十九年（1560），卒于天启五年（1625）。"初业儒，弗售。挟策游洞庭、瞿塘诸胜，喟然曰：'名教中有乐地，吾何多求！'遄归侍庭帏，发藏书读之。纂《五经绪论》《昌后录》《古今箴鉴》诸编。"③刘大易与其兄刘大金继其父之号名堂开肆刻书，明万历至天启年间以"乔山堂""乔山书舍""乔木山房""龙田刘氏忠贤堂""书林刘大易"等名号刻印伤寒本草类医书、《千家姓》、《百家巧联》、《文房备览》、《万物皆备类纂》、《三国志传》等各类医书、类书、小说等通俗实用之书数十种。刘大易死后被追赠户部广东清吏司主事。崇祯间，祀乡贤祠。④

黄汴《一统路程图记》的刊印者胡文焕是明代著名文学家、藏书

① 《新刻天下四民便览万宝全书》三十二卷，明周文焕、周文炜辑，明万卷楼刻本。上下两栏，上栏14行，下栏12行，字无定数，四周双边。存三十一卷（一至二十二，二十四至三十二）。嘉兴市图书馆藏。

② 许振东、宋占茹：《明代金陵周氏家族刻书成员与书坊考述》，载《河北大学学报（哲学社会科学版）》2011年第2期。陆林：《周亮工参与刊刻金圣叹批评〈水浒〉、古文考论》，载《社会科学战线》2003年第4期。

③ 道光《建阳县志》卷十二《人物志·孝友》。

④ 参见方彦寿：《建阳刻书史》，第319—324页；郭孟良、张继红：《明清商书的出版传播学考察》，载《史料》2009年第10期。陈国代、徐俐华：《建阳书乔山堂刘龙田刊刻书考略》，载《飞天》2009年第22期。张秀民：《中国印刷史》，第379、386页。

家、刻书家。胡文焕，字德甫，一字德父，号全庵，一号抱琴居士。祖籍徽州婺源，居于仁和（今浙江杭州）。据丁申《武林藏书录》载，他于万历间购文会堂，为藏书、刻书之所，后又在南京设"思莼馆"，刻书仍以"文会堂"名之。著有《文会堂琴谱》《古器具名》《胡氏粹编》《诗学汇选》《文会堂诗韵》《文会堂词韵》等文集。

胡文焕所经营的杭州文会堂，号称是明代杭州书肆中刻书最多的，明人称其书为胡文焕版。他收辑古今考证名物的各种专著以及文学、训诂、艺术等书，刻有《格致丛书》《寿养丛书》《大明一统图书》《全庵胡氏丛书》等，内容除了传统的经、史、子、集外，还包括时令、农事、医学、戏曲、小说、绘画等，涉及当时大部分的自然科学和社会科学门类。他一生刊刻图书多达 600 余种，特别是《格致丛书》，号称初刻 186 种、449 卷，所收多为秘册珍函，都属罕有珍本。[①]

程春宇的《士商类要》由唐氏书坊"文林阁"主人唐锦池于天启六年（1626）出版。

唐锦池，字鲤跃，明代金陵唐氏书坊"文林阁"主人，平生刊刻了大量书籍精品，特别是其版画刊刻著称于时。唐锦池文林阁又有"唐鲤耀文林阁""唐鲤耀文林堂""集贤堂唐锦池""唐鲤耀集贤堂"等名号，为明代金陵著名书肆，仅万历年间就刊印《皇明奏疏》（六卷）、《新刻全像高文举珍珠记》（二卷）、《重刻全像包龙图权案袁文正还魂记》（四卷）等各类文本 31 种。唐氏文林阁除刻医书、经书、文集、尺

---

① 张秀民：《中国印刷史》，第 367 页。李玉安、黄正雨：《中国藏书家通典》，中国国际文化出版社，2005，第 269 页。石海霞：《胡文焕〈群音类选〉研究》，硕士学位论文，南京师范大学文学院，2009，第 1 页。

牍、类书外,尤喜刻戏曲题材的版画,如《胭脂记》、《易鞋记》、金陵派版画《新镌女贞观重会玉簪记》等。明代富有代表性的商书——程春宇的《新安原版士商类要》(四卷)为其天启六年所刊印。①

李留德的《客商一览醒迷天下水陆路程》,由明代金陵李潮的聚奎楼于崇祯八年刊印。李潮,字时举,号少泉,金陵人,其所经营的聚奎楼又作"秣陵聚奎楼",是明代金陵著名书肆,其在万历年间刊刻《新镌明诗十二家类钞》(八卷)、《诗经百家问答》(不分卷)、《鼎镌京本全像西游记》(二十卷一百回)等各类文本 23 种,崇祯八年刊印《新刻合并客商一览醒迷天下水陆路程》。②

清代,部分商人民间组织也加入了刊印商书的行列。清代最具代表性的商书——商人吴中孚编写的《商贾便览》,初刻本是乾隆五十七年由扬州徽商经营的书坊务本堂刊刻,③道光二年又由三益堂、同文堂重订再版。

值得注意的是,务本堂并不是书坊,它是以徽商为主体的两淮盐商在乾隆年间设立的商人组织。"务本堂为淮商办公之所,一切出入费用皆聚于此,有堂商司其事",司理两淮盐务"一切出入费用"。④ 在清代前期,务本堂主要是办公办贡,支解各官养廉、应酬

---

① 叶树声:《明代南直隶江南地区私人刻书概述》,载《文献》1987 年第 2 期。叶树声、余敏辉:《明清江南私人刻书史略》,安徽大学出版社,2000,第 38—39 页。张献忠:《明代南京商业出版述略》,载《明史研究论丛》第 10 辑,故宫出版社,2012,第 57—58 页。

② 张献忠:《明代南京商业出版述略》,载《明史研究论丛》第 10 辑,第　　页。

③ 《商贾便览》题作"务本堂梓行"。明清徽商在徽州和他们侨寓的两淮地区设立了若干务本堂。扬州的务本堂与徽州的务本堂有着密不可分的渊源。

④ 谢元淮:《养默山房诗录》卷三《碓言三十二首·第五首》。

抽丰游客等事务,还要办理"扶孤恤贫、发放济急周乏的'月折'"。①
"务本"被视为从事谋生的根本工作,徽州黟县西递村有副对联写作:"读书好,营商好,效好便好;创业难,守成难,知难不难。"在"八山一水一分田"的徽州,外出"营商"也是"务本"。扬州的盐商,徽州商人占了一大半,他们垄断了两淮盐业的产、运、销的各个环节。②务本堂出资刊印由江西商人吴中孚编著的《商贾便览》,可见其对经商知识普及的重视。

由上我们看到,商书的刊印者中,既有像杭州胡文焕的文会堂(刊印《一统路程图记》)、金陵唐氏书坊文林阁(刊印《士商类要》)、金陵李潮聚奎楼(刊印《客商一览醒迷·天下水陆路程》)这样的名家书坊,也有像扬州务本堂这样的徽商经营机构(刊印《商贾便览》),还有像金阊文雅堂、福建英德堂、灵兰堂、宝善堂等刊印《示我周行》的大众书坊。

明清时期商书的出版与广泛流布具有重要的经济史、社会史与文化史内涵。从书籍的社会经济史角度言之,它体现了明清时期出版印刷业的繁荣和民间图书市场的形成与发展。从社会史的角度言之,大量商书的刊印者均是以商业利益为主要导向的民间书坊,而民间书坊的兴盛,反映了出版主体(刻书系统)的新变化,改变了以往以官刻为出版主体的局面。从书籍的社会文化史意义而言,随着商书、日用类书、通俗文艺作品及实用读物等在中下层社会的传播与阅读,原有的以官僚、士大夫为阅读主体的印刷品格局被打破,书籍读者群

---

① 谢元淮:《养默山房诗录》卷三《醵言三十二首·第五首》。
② 王振忠:《明清徽商与淮扬社会变迁》前言,生活·读书·新知三联书店,1996。

的社会组成发生了新变化，其中以商人为主体的新阅读群体已然形成。这一切也为我们研究明清时期的社会文化史提供了一个新的视角。

第八章 "商人已富贵矣"：商人社会地位的提高

　　明清"商书现象"的历史意义在于——它是该时期社会思潮变化、商人社会地位提高的产物，是社会变迁的缩影。"经济上的商业化也许是 16 世纪最引人注目的变化了……经济机会的扩大强烈地冲击了社会结构，这既扰乱了传统的等级秩序，也加剧了阶级间的紧张关系。最值得注意的是商人地位的上升。尽管商人被儒家的社会观定位在社会的底层，但随着这一时期商业的发展和金钱作用显而易见的增长，他们实际上势力膨胀，受人尊敬。富商可以轻而易举地与士绅联姻，与官宦结成政治和经济联盟。他们开始购置地产，采用乡绅们的生活态度和习惯，摹仿他们的兴趣和爱好。"他们"通过置买地产和地方慈善行为得到乡里认同"，也可以"通过捐纳获得生员或监生的资格，通过巨额捐助国家财政，或者从破落的士绅家庭那里购买族谱等更便捷的途径，使自己成为士绅的一员"。[①] 在这一背景下，民众对商人和从商行为的日益宽容，社会上弃儒从商、弃农从商乃至士商渗透渐成风气，从商者愈来愈众，最终促成了商帮的形成。

---

① 包筠雅：《功过格：明清社会的道德秩序》，杜正贞、张林译，浙江人民出版社，1999，第 3—4 页。

另一方面，政府工商政策的宽松趋向，"有市籍者"得以参加科举考试的科考新规，以及捐纳制度的实施，都拓宽了商人入仕的途径，提高了商人的社会地位。这也使得明清时期的商书有了一个相对固定而且日益扩大的阅读群体，商书市场已然形成，"商书现象"应运而生。

一、"虽终日做买卖，不害其为圣为贤"：
社会思潮的转变

明清时期市场经济的发展，带来了社会思潮的变化，这又直接影响着商人思想意识的发展。明清商书的大量涌现，也是这一时期市场经济发展与社会思潮新变化的产物。

（一）"奢能致富"与"士好言利"：新社会风气的形成

在中国历史上，与重农抑商、重义轻利思想并行不悖的是勤俭节约、崇俭黜奢的传统消费观念。历朝政府在"足食在于禁末作，足衣在于禁华靡"的思想支配下，把勤俭节约当作富国足民的前提，而奢靡浮华，则往往被视为败家误国的起因，"厚生之道在于务本而节用，节用之道在于从实而去华"。① 可以说，以奢侈为致贫之源的崇俭黜奢思想根深蒂固。但是，明中叶以后社会生产与经济的发展，促使当

---

① 　嘉庆《吴门补乘》卷一《风俗补》引乾隆上谕。

时的社会风气产生一系列的转变,传统的节俭保富观念也受到新的挑战,最典型的莫过于人们对社会上日益盛行的"奢靡"(或曰奢侈)之风认知上的变化。①

大量的文献资料表明,明代正统以后,奢风始炽,这从朝廷屡下奢僭禁令可见一斑,而正德、嘉靖之后尤甚,②至万历中叶后,奢侈之风在许多地方习以为常。相关记载在当时的官方文献、野史笔记、文集乃至地方志中俯拾即是。顾起元引明人王丹丘《建业风俗记》曰:"嘉靖十年以前,富厚之家,多谨礼法,居室不敢淫,饮食不敢过。后遂肆然无忌,服饰器用,宫室车马,僭拟不可言。又云正德已前,房屋矮小,厅堂多在后面,或有好事者,画以罗木,皆朴素浑坚不淫。嘉靖末年,士大夫家不必言,至于百姓有三间客厅费千金者,金碧辉煌,高耸过倍,往往重檐兽脊如官衙然,园囿僭拟公侯。下至勾阑之中,亦多画屋矣。"③张瀚记载浙江"灯市绮靡,甲于天下,人情习为固然。当官者不闻禁止,且有悦其侈丽,以炫耳目之观,纵宴游之乐者"④。松江地区"隆、万以来……纨绔豪奢,又以榉木不足贵,凡床厨几棹,皆

① 陈学文:《明中叶"奢能致富"的经济思想》,载《浙江学刊》1984年第4期;常建华:《论明代社会生活消费风俗的变迁》,载《南开学报》1994年第4期;钞晓鸿:《近二十年来有关明清"奢靡"之风研究述评》,载《中国史研究动态》2001年第10期;林丽月:《禁奢与崇奢:明清消费观念的思想文化史考察》,载林丽月主编《近代国家的应变与图新》,唐山出版社,2006;钞晓鸿:《明清人的"奢靡"观念及其演变——基于地方志的考察》,载《历史研究》2012年第4期。

② 林丽月:《明代禁奢令初探》,《台湾师范大学历史学报》第22期,1994年6月。

③ 顾起元:《客座赘语》卷五《建业风俗记》,谭棣华、陈稼禾点校,中华书局,1997,第170页。

④ 张瀚:《松窗梦语》卷四《百工纪》,中华书局,1997,第79页。

用花梨、瘿木、乌木、相思木与黄杨木,极其贵巧,动费万钱,亦俗之一靡也"。①

而奢靡之风往往与从事工商互为因果,弘治《句容县志》记载:"因地窄人稠,于勤农之外,商贾工艺尤众,家多富饶,而文物颇盛,人皆以京畿首县称之。"②福建晋江地区也是"自逐末风胜,而敦本意衰。婚嫁颇尚侈观,而巧匠导其流,割裂缯帛,彰施彩绣,雕金镂玉,以相夸竞"。③

对于这种愈来愈烈的奢侈之风,传统的思想观念自然是忧虑、不满,认为奢侈必导致家庭败落,导致部分人贫困,甚至导致整个社会的经济衰退。"则奢僭一事,实生众弊,盖耗民财之根本也。"④

像顾起元就对南京奢侈风尚颇有微词:"是以生计日蹙,生殖日枯,而又俗尚日奢,妇女尤甚。家才儋石,已贸绮罗;积未锱铢,先营珠翠。每见贸易之家,发迹未几,倾覆随之,指房屋以偿逋,挈妻孥而远遁者,比比是也。"⑤何良俊坚持以农富国的传统思想,认为奢侈之风亦会致贫。"荀子曰:'士大夫众则国贫,工商众则国贫,无制数度量则国贫。'由今日论之,吾松之士大夫工商不可谓不众矣,民安得不贫哉?"⑥

---

① 范濂:《云间据目抄》卷二《记风俗》。

② 弘治《句容县志》卷一《风俗》。

③ 乾隆《晋江县志》卷一《舆地志·风俗》。

④ 何瑭:《民财空虚之弊议》,载《明经世文编》第 2 册卷一四四《何柏斋先生文集》,中华书局,1962,影印本,第 1440 页。

⑤ 顾起元:《客座赘语》卷二《民利》,中华书局,1997,第 67 页。

⑥ 何良俊:《四友斋丛说》卷十三,谭棣华、陈稼禾点校,中华书局,1997。

范濂更是上升到纲常伦理的高度来予以谴责:"吾松素称奢淫黯傲之俗,已无还淳挽朴之机。兼以嘉、隆以来,豪门贵室,导奢导淫;博带儒冠,长奸长傲。日有奇闻叠出,岁多新事百端。牧竖村翁,竞为硕鼠;田姑野媪,悉变妖狐。伦教荡然,纲常已矣。"①

但在明清士人的文集中,也有不少人认为奢侈现象的出现是正常的,它是经济发展、生活水平提高的具体体现。其中,最具代表性的便是明人陆辑的"禁奢辨"。②

明代松江人陆楫一反传统的节俭致富的观点,认为奢俭与贫富之间的因果关系比较复杂,二者并没有直接的必然联系——奢侈并不会直接导致贫穷,而节俭也未必会直接带来富有。而实际情况大多则是"先富而后奢","先贫而后俭"。"今天下之财赋在吴、越,吴俗之奢,莫盛于苏、杭之民,有不耕寸土而口食膏粱,不操一杼而身衣文绣者,不知其几何也。盖俗奢而逐末者众也。""若今宁、绍、金、衢之俗最号为俭,俭则宜其民之富也;而彼诸郡之民,至不能自给,半游食

---

① 范濂:《云间据目抄》卷二《记风俗》。

② 陆楫(1515—1552),字思豫,上海人。编有《古今说海》一百二十卷,著作有《蒹葭堂稿》,其中部分内容以《蒹葭堂杂著摘抄》之名收入明人沈节甫所编《记录汇编》卷二〇四刊行,"禁奢辨"即刊于内。有些学者误以《蒹葭堂杂著摘抄》为陆楫文集,也有人则误以《蒹葭堂稿》与《蒹葭堂杂著摘抄》为陆楫两种不同之著作。经林丽月考辨,"禁奢辨"原始出处为《蒹葭堂稿》卷六《杂著》。陆楫原文并无"禁奢辨"篇名,系赵靖于1985年于其主编《中国古代经济思想名著选》首先题此文为"禁奢辨",并称陆楫"著有《蒹葭堂杂著摘抄》,并辑有《古今说海》一百二十卷"(见赵书第546页。北京大学出版社,1985)。详见林丽月《陆楫(1515—1552)崇奢思想再探——兼论近年明清经济思想史研究的几个问题》,《新史学》(台北)第5卷第1期,1994年3月;林丽月《〈蒹葭堂稿〉与陆楫"反禁奢"思想之传衍》,张珣主编《明人文集与明代研究》,台北,明代研究学会,2002,第121—134页。

于四方。凡以其俗俭而民不能以相济也。要之，先富而后奢，先贫而后俭，奢俭之风，起于俗之贫富，虽圣王复起，欲禁吴越奢难矣。"

他特别指出，就节俭与奢侈而言，其对象不同，所产生的效果也不同。个人、家庭性的节俭与全社会的低消费性节俭，其社会意义是不一样的。"论治者类欲禁奢，以为财节则民可与富也。噫！先正有言，天地生财，正有此数，彼有所损，则此有所益，吾未见奢之足以贫天下也。自一人言之，一人俭则一人或可免于贫；自一家言之，一家俭则一家或可免于贫。至于统计天下之势，则不然。""治天下者，欲使一家一人富乎，抑将欲均天下而富之乎？余每博观天下之势，大抵其地奢则其民必易为生，其地俭则其民不易为生者也。何者？势使然也。"这里，他实际上已涉及生产与消费的辩证关系，把社会的生产与消费作为一个整体来看待，此处有消费，另处有生产，消费可以刺激生产和服务业的发展，"彼有所损，则此有所益"，从而使整个社会经济得以发展。因此，他反对禁奢。至此，他的眼光已超出了小农经济一家一户的范围。

他肯定部分富有者的奢侈消费，认为这对扩大就业、增加他人收入方面具有重要作用，提出了"奢易为生"的观点。"只以苏、杭之湖山言之，其居人按时而游，游必画舫肩舆，珍馐良酿，歌舞而行，可谓奢矣。而不知舆夫、舟子、歌童、舞妓，仰湖山而待爨者不知其几。故曰：'彼有所损，此有所益。'若使倾财而委之沟壑，则奢可禁。不知所谓奢者，不过富商大贾、豪家巨族，自侈其宫室、车马、饮食、衣服之奉而已。彼以粱肉奢，则耕者、庖者分其利；彼以纨绮奢，则鬻者、织者分其利。正孟子所谓'通功易事，羡补不足'者也。"这里实际上又涉及消费与社会分工的社会效益问题。在陆楫看来，表面上纯属消费的旅游业如游船、画舫、车马等，对解决当时人的就业问题却有不少益处。换言之，正是由于部分人的高消费，产生了"通功易事，羡补不足"的社会效果，从而带来了这些地区的富庶。因此，"其地奢，则其民必易为生"。

陆楫尤其肯定工商业致富所带来的发展机遇，认为不是市易致奢，提出了"奢致市易"说。"苏、杭之境，为天下南北之要冲，四方辐辏，百货毕集，故其民赖以市易为生，非其俗之奢故也。噫！是有见于市易之利，而不知所以市易者，正起于奢，使其相率为俭，则逐末以归农矣，宁复以市易相高耶？……然吴越之易为生者，其大要在俗奢，市易之利，特因而济之耳。"换言之，社会需求高（俗奢），就会刺激商品生产的发展，进而进一步促进商品流通（市易），因此，高消费会对生产有促进作用。这种"奢能致富"的经济思想的出现，是很有意义的。它已初步认识到社会生产与消费、商品生产与流通的内在关系，把整个社会经济作为完整体系来考虑，摆脱了传统的重本抑末、重俭轻奢的思想，不是盲目崇尚"奢侈"，是比较深刻的。[①]

除陆楫外，明清也有不少士人反对传统的禁奢论，对经商致富及社会风俗的转向奢侈，持比较积极的态度。

王士性关注到增加消费对扩大就业的作用，认为杭城的嬉游习俗给贫民增添了生计："游观虽非朴俗，然西湖业已为游地，则细民所借为利，日不止千金，有司时禁之，固以易俗，但渔者、舟者、戏者、市

---

① 陈学文：《中国封建晚期的商品经济》，湖南人民出版社，1989，第306—310页。林丽月：《陆楫（1515—1552）崇奢思想再探——兼论近年明清经济思想史研究的几个问题》。林丽月：《〈兼葭堂稿〉与陆楫"反禁奢"思想之传衍》。

者、酤者咸失其本业,反不便于此辈也。"①

清代的魏世效认为奢比俭对社会经济有促进作用。他尤其区分了奢侈对个人家庭与对社会的不同功用,否定一味惜财的节俭行为,肯定部分人提高消费对繁荣经济的作用,他说:"奢者之靡其财也,害在身;吝者之积其财也,害在财。害在身者,无损于天下之财;害在财,则财尽而民穷矣。今夫奢者割文绣以衣,壁柱琢珠玉而饰其用器,倡优饮酒,日费百万,然必有得之者,其财未始不流于民间也。而暴殄天物,僭礼逾法,害身而丧家。或则其子孙受之,饥寒流离,以至于死,故曰:'害在身。'今夫吝者,菲衣恶食,吊庆之节,不修于亲戚;杯酌干糇之欢,不接于邻里。惟以积财为务,有入而无出,甚则坎土穴墙以藏埋之。是故一人小积,则受其贫者百家;一人大积,则受其贫者万家。……夫天下之财,不之此,即之彼,周而复者,势使然也。"②

顾公燮也认为"奢"能养贫,能给贫者带来生机。"有千万人之奢华,即有千万人之生理。若欲变千万人之奢华而返于淳,必将使千万人之生理亦几于绝。此天地间损益流通不可转移之局也。""金阊商贾云集,宴会无时,戏馆数十处,每日演剧,养活小民,不下数万人。"顾公燮还特别提到陈宏谋、胡文伯治苏时,禁香市、封戏馆,结果使数万人生计无着,民间"怨声载道",最后不得不弛禁。所谓"治国之道,第一要务在安顿穷人",不无道理。③

---

① 王士性:《广志绎》卷四《江南诸省》,第 69 页。
② 魏世效:《奢吝说》,载《清经世文编》卷五三《户政》,中华书局,1992,第 1340 页。
③ 顾公燮:《消夏闲记摘抄》卷上。

由此可以看出，"奢能致富"的思想，在明清时期已开始为人们所接受。① 晚明至清初时期，为江南奢靡之风说话的主要还是江浙一带的"小儒"，如陆楫、田汝成、王士性、魏世效等。清初康熙年间，朝廷屡诏"去奢返朴"，雍正继位之初亦是诏谕崇俭。但到乾隆三十三年（1763），从乾隆皇帝谕令两淮盐政尤拔世撤回要求两淮商人不要奢靡的命令来看，似也反映了从晚明到盛清，"反禁奢"观念有渐由儒生议论扩及于国家政策的若干空间。②

　　从经济学的角度看，奢侈并不完全是什么败德行为，而节俭也不完全是美德。因为经济是一个循环的系统，生产与消费构成了这个系统的两个环节，没有生产固然不能进行消费，但若没有消费也不会有生产的发生。比如消费不旺，生产就会萎缩，生产的萎缩会使百姓收入下降，收入的下降会进一步抑制消费，百姓生活日益恶化，这是一个恶性循环。明清时期太湖地区的奢侈之风解决了城市人口就业，推动了商品经济，刺激了手工艺技术进步与特色产品的产生，甚

---

① 值得注意的是，陆楫的奢侈论，在晚明至盛清的士人之间转抄流衍。其中以隆庆五年（1571）刊刻的李豫亨的《推篷寤语》影响深远。李本人未亲见《蒹葭堂稿》，但抄录了一段"闻诸长者"的"禁奢辨"提要，其后又分别为法式善（1753—1813）的《陶庐杂录》与魏源（1794—1857）的《默觚》所抄录或改写。后人多未注意它们之间的传承关系，而直接视为李豫亨、法式善等人之观点，实则有误。详见林丽月：《陆楫（1515—1552）崇奢思想再探——兼论近年明清经济思想史研究的几个问题》，载《新史学》第5卷第1期，1994年3月；林丽月：《〈蒹葭堂稿〉与陆楫"反禁奢"思想之传衍》，载张璉主编：《明人文集与明代研究》。

② 林丽月：《禁奢与崇奢：明清消费观念的思想文化史考察》，载林丽月主编《近代国家的应变与图新》，唐山出版社，2006，第29—53页。

至为启蒙思潮的产生开辟了道路。① 而在思想上，"奢能致富"，也是对工商业致富的一种肯定。从这个角度言之，明清时期出现的"奢能致富"的经济思想有其积极的意义。

明清时期，社会风气发生的另一变化是，随着商品经济的蓬勃发展，拜金主义、重商思潮有所发展，传统的重义轻利的"义利观"发生了很大变化。对此，晚明李贽的表述入木三分，他主张直接用商品交换关系去考查一切社会关系，所谓"天下尽市道之交也"，甚至连历来被视为神圣的孔门师徒关系在他眼里也不过是一种交换关系："七十子所欲之物，唯孔子有之，他人无有也；孔子所可欲之物，唯七十子欲之，他人不欲也。……以身为市者自当有为市之货，固不得以圣人而为市井病。身为圣人者自当有圣人之货，亦不得以圣人而兼市井。"② 李贽之所以产生这种被视为是极端的思想，与他反对儒学礼教的叛逆精神有关，同时与他生长于商业发达的泉州以及其累世为商的家庭背景也有极大关系。

黄宗羲公开为"私利"辩护。他以人人生而自私自利的人性论作为自己的理论基础，断言人们追求利益是合乎人类本性的行为。"有生之初，人各有私也，人各自利也。天下有公利而莫或兴之，有公害而莫或除之。"因此，实际上"人各得自私也，人各得自利也"。他批判君主专制制度——只许君主本身自私自利，而不许全国其他人自私自利；只许君主将全国视作自己的财产，而不许全国其他人追求和拥

---

① 王卫平：《明清时期江南城市史研究——以苏州为中心》，人民出版社，1999，第315—317页。

② 李贽：《续焚书》卷二《论交难》，载《李贽文集》第1册，张业整理，北京燕山出版社，1998，第427页。

有自己的产业,君主"以天下之利尽归于己,以天下之害尽归于人","使天下之人不敢自私,不敢自利"。他明确指出,统治者不是不要利,而是要垄断天下之利,是要"以我之大私为天下之大公"。[①] 这里,黄宗羲实际上已使中国古代统治者所宣扬的重义轻利的"义利观"的虚伪性昭然若揭。

这些观点为反对重本抑末、贵义轻利的传统说教准备了理论前提:既然与自私自利不可分割的财产私有制是合情合理的,那政府就应当保护私营工商业者的利益,抛弃传统的轻视工商业的教条。[②]

(二)"治生"思想的影响——弃农从贾、弃儒从贾的实践 意义

"治生"一词出于《史记·货殖列传》"天下言治生祖白圭",原指白圭式的"乐观时变","人弃我取,人取我与"的商业经营而言。尽管荀子早在汉代就提出了"仓廪实而知礼节,衣食足而知荣辱"的思想,但是,中国古代的儒学传统,所强调与思考的主要是"无恒产而有恒心",不仕则"贫而无谄",仕则"富而无骄"的信念,并不过分追求士人经济之自足进而支撑其人格之独立。

学者以治生为急,为元代儒生许衡所首倡,他提出"为学者,治生

---

① 黄宗羲:《黄宗羲全集》第 1 册《明夷待访录·原君》,浙江古籍出版社,1985,点校本,第 2 页。

② 蒋建平等编著:《中国商业经济思想史》,中国财政经济出版社,1990,第 285—286 页。

最为先务"。① 当时主要缘于元代废除科举,任用文史,儒士们"无祠禄可食",故"许鲁斋先生有治生为急之训"。② 明代开始恢复了科举制,儒士们重又获得了各类以往的"祠禄"特权。因此,明清时期"治生"思想的出现,带有更复杂深刻的经济、文化背景。一方面,明清时期社会经济的发展,特别是商品经济的发展,给传统社会的思想意识领域带来了很大的冲击;另一方面,这一时期,儒士群体自觉的需要及独立意识的觉醒也是一不可忽视的原因。

明中后期,心学的兴起及其所强调的以己心为衡量是非标准的价值观,导致了儒士对外在的道德规范、圣贤偶像、儒家经典乃至政治权威的怀疑和批判,产生了追求个体道德自觉意识的思想。而要想做到这一点,就必须要求有自己独立自足的经济基础,这便为儒士们改变言义不言利的教条,重视"治生"提供了理论契机。

对此,最为学者们所例引的便是王阳明与其弟子的对话。王阳明讲学时,其弟子屡次问到许衡"治生"的问题。"许鲁斋言学者以治生为首务,先生以为误人,何也?岂士之贫,可坐守不经营耶?"对此,王阳明回答:"但言学者治生上,尽有工夫则可。若以治生为首务,使学者汲汲营利,断不可也。且天下首务,孰有急于讲学耶?虽治生亦是讲学中事,但不可以之为首务,徒启营利之心。果能于此处调停得心体无累,虽终日做买卖,不害其为圣为贤。何妨于学?学何贰于治生?"③

在这里,王阳明虽仍不赞成"以治生为首务",但也认为,如果调

① 苏天爵:《元名臣事略》卷八《左丞许文正公》,中华书局,1996,第 175 页。
② 沈垚:《落帆楼文集》卷九《与许海樵》。
③ 王阳明:《王阳明全集》卷三十二《补录》,吴光、钱明、董平、姚延福编校,上海古籍出版社,1992,第 1171 页。

停得当,虽然整天做生意,也可以不妨碍为圣为贤。这段对话值得关注:作为明代儒学领域的领袖型人物,王阳明在学者治生方面观念的改变,已不仅仅是他个人之事,它实际上代表了明后期儒学伦理观念上的一种变化。而王自己身为当时的思想大儒,其思想影响更是非同凡响。例如,这一尊商立教之说颇得徽州人认同,后来,王阳明的学生王艮、钱德洪等均在徽州讲学,对王学的发扬光大起了非常重要的推广和普及作用,一时间徽州民间纷纷"崇尚《传习录》"。①

许衡的"治生"思想得到后来诸多儒士的认可。明末清初的陈确在其《学者以治生为本论》中便提出"治生尤切于读书"的观点。

> 学问之道,无他奇异,有国者守其国,有家者守其家,士守其身,如是而已。所谓身,非一身也。凡父母、兄弟、妻子之事,皆身以内事。仰事俯育,决不可责之他人,则勤俭治生洵是学人本事。而或者疑其言之有弊,不知学者治生,绝非世俗营营苟苟之谓。……确尝以读书、治生为对,谓二者真学人之本事,而治生尤切于读书。……不能读书、不能治生者,必不可谓之学;而但能读书、但能治生者,亦必不可谓之学。唯真志于学者,则必能读书,必能治生。天下岂有白丁圣贤、败子圣贤哉!岂有学为圣贤之人而父母妻子之弗能养,而待养于人者哉!鲁斋此言,专为学者而发,故知其言之无弊,而体其言者或不能无弊耳。②

① 《紫阳书院志》卷十六《会纪》,载赵祈生、薛正兴主编《中国历代书院志》,第9册,江苏教育出版社,1995,影印本。
② 陈确:《陈确集》卷五,中华书局,1979,点校本,第158—159页。

在陈确看来,经济自立,仰事父母,俯育妻儿,已成为学者必不可少之生存条件。若连父母、妻子都不能养活,则属"白丁圣贤""败子圣贤"一类,徒有虚名,无用而可怜。这里,陈确的理念实际上已与儒家传统的"万般皆下品,唯有读书高"的传统思想大不相同,反映了这一时期传统儒家伦理的新变化。

明清时期"治生"思想的内容是比较丰富的,它包含了农业、手工业和商业各个领域的经营与管理。万历年间湖广佥事冯应京在其所编辑的《月令广义》中,就提出百工皆治生之业的观点。[①] 冯应京非常重视多种经营的商品性农业生产,在《月令广义》中,他按照《月令》的物候,详细介绍了农作物的播种、收获、贮藏的知识,并注意到棉花种植中选种、培苗、除草、田间管理等知识。他还详细介绍了如何利用隙地发展经济作物,如种植竹木、果树、药材、蔬菜等,并注意到畜牧、矿冶等农林畜牧工等各个方面。在他看来,士农工商各执一业,而"九流百工皆治生之事也"。[②] 他归纳"生财之术有五:曰农田、树艺、菜蔬、药苗之需,曰蚕桑、麻枲、纺织、茜红之事,曰畜牲、五字、蜂蜡、禽鱼之息,曰五酝、烹煎、脯腊、蔬果之业,曰经营、贩籴、煮海、冶山之务,其他渔猎、樵牧、工役、圉屠并陶铸安生之道,咸有恒功"。[③] 这种对农业生产的重视,体现了封建政府劝农、重农政策的传统影响;而他对多种经营的商品性农业生产的关注,特别是

[①] 冯应京的经济思想在其所编撰的《月令广义》中有充分表述。全书分政教、事文、名数、节令、物候、司权、日次、祀典、授时、摄生、事宜、避忌、阴阳、占候、杂纪等细目,对于明代中叶的政事、科技,特别是生产知识与民情风俗记载尤详。

[②] 冯应京:《月令广义》卷二《岁令·授时》。

[③] 冯应京:《月令广义》卷二《岁令·授时》。

将蚕桑、麻枲、纺织、畜牲、烹煎、脯腊、蔬果、煮海、冶山、渔猎、樵牧等经营均列为生财之术,则反映了明清时期商品经济发展的客观趋势。

明末浙江桐乡儒生张履祥在其《补农书》①中,从《逐月事宜》篇中的每月劳作,《运田地法》篇中的稻麦经营、田地保墒及雇佣长工、资本投入到《蚕务》篇、《家常日用》篇中的养蚕之法、农畜副酿酒业的多种经营等农业生产经营的各个方面,都做了详尽的探讨,强调针对不同的土壤施用不同的肥料,注重选择品种,精耕细作,合理密植,多种经营,综合管理,等等。其《总论》篇更是详细记述了当时江浙地区农村经济作物多种经营的具体情况及投资、收益情况,对水稻增产提出了不少有益的见解,内中不乏他自己的经营之道和心得体会。作为当时的儒士型经营地主,他已清醒地意识到,只有经济上独立自主了,才能维护士人的人格尊严和独立。"人须有恒业,无恒业之人,始于丧其本心,终于丧其身。"换言之,必须以恒业、恒产保证恒心,否则是难以言独立之意志、自由之精神的。"许鲁斋有言:'学者以治生为急。'愚谓治生以稼穑为先。能稼穑则可以无求于人,无求于人,则能立廉耻;知稼穑之艰难,则不妄求于人,不妄求于人,则能兴礼让。廉耻立,礼让兴,而人心可正,世道可隆矣。"②由此,张履祥也被视为"治生唯稼穑"论的代表。③

明末清初的唐甄(1630—1704)对商业及商业性农业非常关注。

① 张履祥:《杨园先生全集》卷四十九、卷五十、陈祖武点校,中华书局,2002。
② 《清史稿》卷四八〇《列传二六七·儒林一》,中华书局,2003,第13119页。
③ 赵靖:《中国经济思想史述要》,北京大学出版社,2000,第516页。

唐甄原承王阳明之学，曾在山西长子担任过 10 个月的知县，因与上司意见不合而被革职。后曾经商，因经营不善而流寓江南。唐甄提出因其自然之利，发展多种生产的富民主张，并在任职山西长子县令期间教导当地民众种桑养蚕。他说，"海内之才，无土不生，无人不生"，只要"因其自然之利而无以扰之，而才不可胜用矣"。① 他不认同"农本商末"的传统观念，认为养民、富民首要在于大力发展农业，同时也要全面发展商业和手工业，"为政之道，必先田、市"。② 他在《潜书》中列举善政 18 条，其中"劝农丰谷，田土不荒芜，为上善政一"，而桑肥棉茂，麻苎勃郁；山林多材，池沼多鱼，园多果蔬，栏多羊豕；廪畜不私敛，发济不失时，水旱蝗螽不为害等，则紧随其后。这其中不乏商品性农业、畜牧业的综合经营。在唐甄看来，商业作为一种重要的"治生"手段，其社会地位并不低人一等。他把"居货不欺，商贾如归"③列为中善政一。特别要指出的是，他甚至把君子与商人并举，认为君子与商人都在"争长短，讼是非，虽义利不同，其争一也"④。由此可见，在他的心目中，商人的地位已不像往日那样被人轻视，而"以贾为生"更是保全其自己人格尊严的一种形式。"我之以贾为生者，人以为辱其身，而不知所以不辱其身也。"⑤

　　明清时期儒士们"治生"思想的再认识，反映了士大夫群体内部

------

① 　唐甄：《潜书·富民》，中华书局，1955 年。
② 　唐甄：《潜书·普施》。
③ 　唐甄：《潜书·达政》。
④ 　唐甄：《潜书·格定》。
⑤ 　唐甄：《潜书·格定》。

初步的自我觉醒。① 就其对农商思想关系的影响而言，它使得人们对由来已久的漠视商业与商人的传统观念予以重新审视。对此，余英时更是从儒家伦理对商人影响的角度，对之加以肯定。他在其《中国近世宗教伦理与商人精神》一书中指出，由于明清儒者对"治生""人欲""私"都逐渐发生了不同的理解，"他们对商人的态度也因此有所改变，而且十六世纪以后的商业发展也逼使儒家不能不重新估价商人的社会地位"②。在这种"治生"思想的影响下，明清时期出现像张履祥式的经营地主和唐甄式"弃儒从贾"的儒者也就不足为怪了。

在重视治生观念、"农商交相重""工商亦本业""士好言利"等社会思潮的驱动下，明清不少儒士注意研究农业、手工业和商业的技术知识。王毓瑚《中国农学书录》一书中著录古代农书 487 部，明清（前期）就有 283 部，占 57%。明清农书超过了过去历代农书数量的总和。③ 其中像徐光启的《农政全书》、宋应星的《天工开物》、包世臣的《齐民四术》等均为人们所熟悉。像明代黄汴的《一统路程图记》、陶承庆的《商程一览》、余象斗的《三台万用正宗》、程春宇的《士商类要》、憺漪子的《士商要览》、清代陈其楫编辑的《天下路程》、王秉元的《生意世事初阶》、吴中孚的《商贾便览》和赖盛远的《示我周行》等大量商书面世，也是这一背景下的产物。它是明清社会思潮变化促进明清商人自身意识觉醒的结果。

---

① 马敏：《官商之间：社会剧变中的近代绅商》，天津人民出版社，1995，第 51 页。
② 余英时：《中国近世宗教伦理与商人精神》，第 198 页。
③ 见王毓瑚：《中国农学书录（修订版）》，农业出版社，1964。

二、"士商渗透"：制度环境的变迁

"弃儒从商""士商渗透"是明中叶以后非常引人注目的社会现象，表明商人的社会地位在人们心中已发生很大的改变。明清时期的"商书现象"与此不无关联，其对明清时期商业文化的构建影响深远。关于这一问题，既有研究或从社会经济发展带来的社会风气的变化等角度分析，或从儒家思想、宗教伦理的影响变化等角度探讨，[①] 尚未见有从政策变化、制度因素等角度做综合而全面的分析研究。但在"士商渗透"的实际发展过程中，明清政府相关政策调整变化的制度因素不容忽视。本节拟从政府政策变化的角度，探讨这一时期"士商渗透"的制度环境因素及其对商人地位的影响。[②]

（一）工商政策的逐渐宽松

"重本抑末"思想既是中国传统经济政策思想的重要内容，重农

[①] 前者如吴仁安、陈学文的研究，后者如余英时的论著。详见陈学文：《中国封建晚期的商品经济》，湖南人民出版社，1989。陈学文：《明清社会经济史研究》，台北稻禾出版社，1991。吴仁安：《明清江南望族与社会经济文化》，上海人民出版社，2001。余英时：《中国近世宗教伦理与商人精神》，安徽教育出版社，2001。余英时：《士商互动与儒学转向——明清社会史与思想史之一面相》，载《儒家伦理与商人精神》（《余英时文集》第三卷），广西师范大学出版社，2004。

[②] 拙文《明中叶以后"士商渗透"的制度环境——以政府的政策变化为视角》，载《中国经济史研究》2005 年第 4 期。本节有删改。

政策也就成为历代统治者的基本经济政策。但是,这并不意味着统治者要全部放弃或者取消商业,商业可以致富这一点,统治阶级无法视而不见。① 仔细考察历代政府的经济政策,透视其"重农抑商"的背后,可以看到,历代政府抑商政策的重点多在抑制商人的社会地位与从商人口的数量,加强对商人"获利"的管制乃至与商人"争利",并将"抑商"政策当成调整商业和其他行业(如农业)矛盾的手段,但并未实质性地限制商品流通。② 重农抑商思想作为官方的主流意识形态,更多的是在价值观方面提倡"士农工商"的阶层等级与"崇本抑末"的传统观念,而在实际生活中,对于民间工商业,只要不妨碍统治者的政治、经济利益,一般也就采取相对宽松的政策。

明初的商业政策较之元朝严重倒退。③ 洪武十九年(1386)三月,朱元璋谕户部:"我国家赋税,已有定制,撙节用度,自有余饶。减省徭役,使农不废耕,女不废织;厚本抑末,使游惰皆尽。"④洪武二十年(1387)规定:"农家许着绸纱绢布,商贾之家,止许着绢布。如农民之家,但有一人为商贾者,亦不许穿细纱。"⑤明政府还规定,行商须领

① 例如,宋元时期的商业政策就相对宽松。特别是元代,被认为是中国封建政府中最"重商"的时代,其历任的财政长官如阿合马、桑哥、卢世荣等都是商人出身或精于商业。详见陈高华、吴泰:《宋元时期的海外贸易》,天津人民出版社,1981。陈高华:《元史研究论稿》,中华书局,1985。

② 林丽月:《试论明清之际商业思想的几个问题》,载《近代中国初期历史研讨会论文集》,1988。郭蕴静:《谈谈清代的重商政策》,载《社会科学辑刊》1990 年第 2 期。

③ 王兴亚:《明代抑商政策对中国经济发展的影响》,载《郑州大学学报(哲学社会科学版)》2002 年第 1 期。

④ 余继登撰,顾思点校:《典故纪闻》卷四,中华书局,1981,第 74 页。

⑤ 田艺蘅:《留青日札摘抄》卷二《我朝服制》,收入《丛书集成初编》第 337 册,中华书局,1985。

取官府印制的路引，才可外出经营。洪武末年制定的《大明律》规定：
"凡无引文私渡关津者，杖八十。"①凡没有路引者，将被视为非法经
营，军以逃军论，民以私渡关津论，"重则杀身，轻则黥窜化外"。直到
正德年间，明政府仍维持这种立法以控商的指导思想。武宗正德元
年（1506），"禁商贩、仆役、倡优、下贱不许服用貂裘"②。在这里，"商
贩"与"仆役""倡优""下贱"居然被视为同一等次。

但即便如此，明政府也并没有一味抑商，在具体作为上仍有不少
维护商人利益之举动。如洪武初规定，"凡商税，三十而取一，过者以
违令论"③。洪武八年（1375）三月，"南雄商人以货入京，至长淮关，吏
留而税之。既阅月而货不售。商人谓于官，刑部议吏罪当纪过。上
曰：'商人远涉江湖，将以求利，各有所向，执而留之，非人情矣。且纳
课于官，彼此一耳。迟留月日而使其货不售，吏之罪也。'命杖其吏，
追其俸以偿商人"④。洪武九年（1376），山西平遥主簿成乐任官期满，
州府考核结果以其"能恢办商税"为由，褒其进京朝见皇帝。结果遭
到皇帝的批评，"（帝曰）税有定额，若以恢办为能，是剥削下民，失吏
职也。州考非是"，反而"命吏部移文以讯"。⑤永乐时，明政府进一步
放松了对民间税收的管制，"嫁娶丧祭时节礼物、自织布帛、农器、食
品及买既税之物、车船运己货物、鱼蔬杂果非市贩者，俱免税"⑥。永

---

① 《大明律》卷一五《兵律三·关津·私越冒渡关津》。
② 《明史》卷六七《舆服三》，中华书局，1979，第 1650 页。
③ 《明史》卷八十一《食货五》，第 1975 页。
④ 《明太祖实录》卷九八，洪武八年三月。
⑤ 《明史》卷八十一《食货五》，第 1975 页。
⑥ 《明史》卷八十一《食货五》，第 1975 页。

乐二年(1404),山东临清县会通税课局奏:"比岁市镇经兵,民皆流移,兼连年蝗旱,商旅不至,所征课钞不及,请减旧额。"户部以闻,上曰:"兵旱之余,尚可征税耶!其悉免之。候岁丰百姓复业,商旅通行,然后征之。"①

明中后期,随着商品经济的发展,全国市场规模的扩大,因商品流通量扩大而带来的商税剧增,也使得国家财政对工商业的依赖性日益增强。在这种背景下,统治者也开始调整部分经济政策,在一定程度上为工商业的发展创造条件,以适应经济发展的新需要。嘉靖三十七年(1558)三月,"诏恤京师铺商。会估衙门不许抑减时值,经收衙门不许需索分例。其未发商价,以太仓银次第给补"②。隆庆四年六月,"工部复大学士高拱所陈恤商事,言贫商困累,惟多给预支银可以拯之。……诏可"③。万历九年(1581),"一条鞭法"在全国范围内推行,更使那些"操资无算"的富商大贾得以无田而免差。

对于清朝的工商政策,虽然有学者指出,清代政府通过官营商业、专卖制度、榷关制度、牙行制度、行会制度及至行商制度等对国内商业和对外贸易加以干预,④但一般认为,在总的倾向上,清朝政府对商人资本所采取的态度较之前代是相对宽容的,基调也是

---

① 《明太宗实录》卷三一,永乐二年五月丙辰。
② 《明世宗实录》卷四五七,嘉靖三十七年三月乙亥。
③ 《明穆宗实录》卷四六,隆庆四年六月庚申。
④ 萧国亮:《清代封建国家干预商业经济的历史特点及后果》,载《中国社会科学院研究生院学报》1989年第1期。

积极的。①

清初屡见减轻商人负担的谕旨，严禁关吏滥征。顺治初年，针对满洲贵族倚仗特权欺行霸市，"勒价强买，公行抢夺"等诸种不法行为，政府谕令禁止，并要求户部严加查办。"如有不遵法纪者，俱行治罪。传谕各处抚、按、道、府、州、县各官，不论满洲及满洲家汉人，若有违法犯罪者，即拿送来京……若地方官不能稽查，即属庸懦溺职；刑部官有所徇纵，即属挟私误公。国法具在，断不轻饶。但不许听无据虚词，妄行具奏。满汉买卖人俱从公交易，不许争斗启衅，致误生理。"②为防止管关官吏对商人的非法勒索，顺治八年（1651），皇帝谕令吏部，"榷关之设，国家借以通商，非以苦商。关税原有定额，差一司官已足，何故滥差多人？忽而三员，忽而二员，每官一出，必市马数十匹，招募书吏数十人……包揽经纪，任意需索。量船盘货，假公行私，沿河一带公然与动夺无异，商贾恐惧不前，百物腾贵"。着令各关只能"设官一员，其添设者悉行裁去，以后不得滥差"。③

康熙时进一步提出"利商便民"之策，明令"严禁各关违例征收"，④从康熙五年（1666）开始，着令各地关口刊税例木榜，"并商

---

① 参见何本方：《清代户部诸关初探》，载《南开学报（哲学社会科学版）》1984 年第 3 期。郭蕴静：《略论清代商业政策和商业发展》，载《史学月刊》1987 年第 1 期。许檀、经君健：《清代前期商税问题新探》，载《中国经济史研究》1990 年第 2 期。陈东有：《明清"抑商"二分说》，载《南昌大学学报（社会科学版）》1996 年第 2 期。邓亦兵：《清代前期的民商》，载《中国经济史研究》1997 年第 4 期。何泉达：《清实录江浙沪地区经济资料选·前言》，上海社会科学院出版社，1989。

② 《清世祖实录》卷十五，顺治二年四月辛巳。

③ 《清世祖实录》卷五四，顺治八年闰二月乙卯。

④ 《清朝文献通考》卷二六《征榷》。

贾往来之孔道，遍行晓谕。或例内有加增之数，亦明白注出，杜吏役滥征之弊"。通过"多刊木榜，昭示商民，照额征收。如有不肖官吏，于定额外，私行滥收者，令该督抚不时查察，据实题参，依律治罪"。① 李煦奏折中多次表示，"至于不扰累商人，非特奴才当体圣心，凡系属员，理应共为钦遵者也"②，也反映了康熙本人对"恤商"的关注。

雍正初年下谕，"凡商贾贸易之人往来关津者，宜加恩恤。故将关差归之巡抚，以巡抚为封疆大吏，必能仰承德意，加惠商旅也。但各关皆有远处口岸，所委看管家人，难免额外苛求及索取饭钱等弊。嗣后着将应上税课之货物遵照条例，刊刻详单，均给各货店。其关上条例木榜务竖立街市，使人共见。申禁关役报单不实之弊，严放关迟滞之禁"。③ 并一再下令，"所有刊刻则例之木榜务令竖立街市，人人其见，不得藏匿屋内或用油纸掩盖"。④ 雍正时在全国大规模推行摊丁入亩，将全部人役负担归入地亩之中，使无地和少地的工商业者的负担更进一步减轻。

明朝法律创立牙行专条，清承明制，进一步健全牙行制度。法律规定："凡城市乡村，诸色牙行及船埠头，并选有抵业人户充应，官给印信文簿，附写客商船户住籍、姓名、路引、字号、货物数目，每月赴官查照。"并一步规定："凡诸物牙行人评估物价，或以

---

① 《清圣祖实录》卷十八，康熙五年四月辛亥。
② 康熙五十六年三月十一日《苏州织造李煦奏请饬禁盐行口岸地方官员借端抑勒折》，载《康熙朝汉文朱批奏折汇编》第 7 册。
③ 《清朝通典》卷八《食货八》。
④ 《清朝文献通考》卷二六《征榷》。

贵为贱,或以贱为贵,令价不平者,计所增减之价,坐赃论,一两以下,笞二十,罪止杖一百,徒三年。入己者,准窃盗论,查律坐罪,免刺。"①有时地方大小衙门所需用品,或令牙行向铺户索取,或派胥役硬拿赊取。为了防止地方官滥征无度,累及商民,雍正十一年(1733),皇帝再谕内阁:"各省商牙杂税,额设牙帖,俱由藩司衙门颁发,不许州县滥给,所以防增添之弊,不使贻累于商民也。"并指出:"集场多一牙户,商民即多一苦累,甚非平价通商之本意。"因此,下令各"直省督抚饬令各该藩司,因地制宜,着为定额,报部存案,不许有司任意增添",②并再次强调,"凡诸物牙行人评估物价,或以贵,或以贱,令价不平者,计所增减之价坐赃论。入己者,准窃盗论"。③

乾隆时期,整顿税关,裁革吏员,核定税关经费,并在江西省九江、赣江二关采取发放三联单的方法,即商人将应纳银自行投柜,收银后发三联单,一联给商人,一联交巡抚衙门,一联存税署,以"免需索侵隐之弊"。④ 规定凡私添税口、苛征勒索的税官,一律严查究审,绳之以法。由于执行严格,收到了舟车络绎,货物流通,税自足额的效果。

清政府还时常放宽经济政策,鼓励商人资本的发展,这在粮食政策方面表现得尤为灵活。为了平衡各地区粮食储量,政府常以大范围的免征、减征关税、垫付资本、赏赐顶戴等鼓励办法,招徕商人

① 《大清律例》卷一五《户律·市廛》。
② 《清世宗实录》卷一三六,雍正十一年十月甲寅。
③ 光绪《大清会典事例》卷七六五《刑部·户律市廛》。
④ 光绪《大清会典事例》卷二三七《关税》。

长途贩运粮食。[1] 对此,《清实录》,康、雍、乾三朝《汉文朱批奏折汇编》中也多有反映。如康熙三十二年(1693)二月,康熙谕大学士:"西安米价,尚尔翔贵。户部可招募身家殷实各省富商,给以正项钱粮,并照验文据,听其于各省地方,购买粮米运至西安发粜,所得利息听商人自取之。如此往来运贩,待西安米价得平之日,但收所给原银,于地方大有裨益。"[2]这里,由国家拨出"正项钱粮"招募"各省富商",运贩粮食,且"所得利息听商人自取之",而国家只回收原银,这可以说是对商人资本的莫大鼓励。由此我们也可以看到,只要民间工商业的发展在政府的掌控之内,政府的政策还是比较宽松的。

值得注意的是,乾隆二十六年至四十一年(1761—1776),清政府编制了《钦定户部则例》,其中"关税"五卷,"税则"二十九卷,占整个法典的 1/3 还多。内中对税关的设置、每个税关的税额和税率以及有关事项作了详尽的规定,体现了清政府对商税、关税的重视,但其中的诸多规定却给具体执行者以较大的灵活余地,也就不可避免地产生了相应的寻租空间。如税则规定各关每年按时解送其定额于中央,"关税短缺,令现任官赔缴",若在限期内不能赔偿,则免职,以其所有财产抵赔;仍有不足时,则子孙担责;如能超额上缴,给予奖励、超升。各关官弁往往利用这些规定以苛征为能事,附加税往往多达正税数倍,使商人临钞关税卡如赴法场,心惊胆颤,[3]对商业的发展带

---

① 吴建雍:《清前期的商品粮政策》,载《历史档案》1986 年第 3 期。葛贤慧:《乾隆时期的粮食调剂》,载《历史档案》1988 年第 4 期。

② 《清圣祖实录》卷一五八,康熙三十二年二月乙亥。

③ 蒋晓伟:《中国经济法制史》,知识出版社,1994,第 247 页。

来了负面影响。

（二） 恤商法令的具体形式

有学者指出："中华帝国的官僚机构尽管精致繁复,但她从未确立过几项有助于经济发展的基础性政策。她从未发展私人投资于国债的制度,以使财富与土地相脱离;她从未制订过全面的商业法规,也未确立过旨在保护私人财产的司法制度;她也从未发展一种可用以减轻商业风险的保险体系。"[①]

的确,中国古代缺乏完整的保护商人利益的法律制度。政府对商人的法律,主要为市场的管理,是为了保障国家对商品流通的总体控制,以利政府的财政收入。明清时期民间的商事纠纷,多由各级地方官员依据具体情况,"酌以情理"断案,[②]政府在实施经济政策时也很少顾及法律程序,但这并不意味着政府在法律制度方面的无所作为。《弘治问刑条例》中就明确规定:"各处客商辐辏去处,若牙行及无籍之徒,用强邀截客货者,不论有无诓赊货物,问罪,俱枷号一个月。如有诓赊货物,仍监追完足发落。"[③]

入清以后,针对不断涌现的侵犯商人利益的各类案件,清政府及各级地方政府多有相应指令,保护商人利益。地方政府多以立碑示禁的形式,向社会颁布实施。如顺治七年(1650)《松江府为禁修葺官

① 费维恺:《从比较看中国经济史》,载罗溥洛主编,包伟民、陈晓燕译《美国学者论中国文化》,中国广播电视出版社,1994,第 236 页。

② 范金民:《明清商事纠纷与商业诉讼》,南京大学出版社,2007,第 26—27 页。

③ 黄彰健著《明代律例汇编》卷十《户律七·市廛》,台湾商务印书馆,1979,第 577 页。

府横取赊买竹木油麻材料告示碑》、十三年(1656)十月《嘉定县为军兴需用物料严禁铺户当官告示碑》、顺治十七年(1660)正月《松江府为严禁巡船抢掠竹木告示碑》、康熙十二年(1673)十一月《松江府为禁奸胥市狯私勒茶商陋规告示碑》、康熙三十九年(1700)二月《江南布政司为禁竹木商行轮值当官告示碑》①等等,类似的禁止扰商告示碑在江南地区至今仍有不少留存下来。②

中央政府则大多直接颁布相关法令予以禁止。如直隶"潘桃口木植所经之地,路僻水险,沿河匪类,或因水发木漂乘机盗窃,或结党截道拦阻木筏,或暮夜上筏砍绳乘机捞抢",雍正八年(1730)议准:"一经商人呈告,该监督即会同永平府审讯明确,照白昼抢夺律治罪。"③雍正九年(1731)的法律规定:"商船在洋遭风落浅,巡哨汛守兵丁不为救护,抢夺财物,拆毁其船,以致商人毙命,或未致毙命,皆照例分别首从治罪。"④

从大量的明清档案资料可以看出,明中叶以后,随着各地区域性商人集团——商帮的不断兴起,商人在全国各地的活动范围越来越广泛,各种旅途遇盗以及本地牙行中介商人欺骗外来客商的案件也日益增多。为此,清政府陆续颁布实施了一些有关规范牙行并保障

---

① 上海博物馆图书资料室编《上海碑刻资料选辑》,上海人民出版社,1980。
② 详见江苏省博物馆编《江苏省明清以来碑刻资料选集》,生活·读书·新知三联书店,1959。《上海碑刻资料选辑》,苏州博物馆、江苏师范学院历史系、南京大学明清史研究室合编《明清苏州工商业碑刻集》,江苏人民出版社,1981。
③ 昆冈等编光绪《钦定大清会典事例》卷九四二《工部·关税》。
④ 昆冈等编光绪《钦定大清会典事例》卷六二九《兵部·绿营处分例·海禁》。

客商财货的法令,①与此同时,不少地方官员与民间商人也不得不因面对商业带来的新挑战而在某些制度创新方面作出尝试,政府也更积极地提供法律协助。例如,为了防止不法牙行危害交易安全,乾隆初年,江西按察使凌燽和其同僚设计了"合同联票",以保护客商的交易安全。其具体做法是:

> 为设立行店联票之法,以杜侵骗,以恤商贾事。照得:一应客商载货投伢、凭牙发店、评价归账,皆借牙行于中交易。客人与店家,别无执据,以致不法牙行往往侵吞客本、贻累客商。今本司特立联票之法,详奉抚宪,通颁各属……嗣后,各(牙)行照式设立合同联票,凡客货到行,行家代为发店后,即将客货若干、议价若干,中用本客、本店图记花押,将联票裁分,一付本客收执,一存本店查对。至日清账,店家合票发银,如无合同对验,店家概不许发银;如有无票私给者,概不作准,仍照客执联票清追其银;或不能一次全还,即将陆续还过完欠数目,填明票内。如有拖欠,任客同经手牙行执票鸣官。尔行家,务宜公平立票,以彰信实;尔商贾,务宜收票作凭,以免私侵;尔店家,务宜凭票发银,以免重索。牙行如有匿示不挂,不遵设立合同,即属存心存骗。察出,即行追帖革

---

① 主要内容多集中在明清两代律例中的《户律·市廛·私充牙行埠头》与《户律·市廛·把持行市》等章节。对这方面立法演变的分析,详见邱澎生:《由市廛律例演变看明清政府对市场的法律规范》,邱澎生《当法律遇上经济:明清中国的商业法律》,五南图书出版公司,2008,第9—54页。

牙,不许复充。①

　　这种官员主动介入预防商业债务纠纷的做法,并不是当时的特例。邱澎生研究指出,整体来看,由16到18世纪之间,无论是牙行制度的改革,市场管理法规的演变,乃至各种会馆、公所商人团体以及票号、钱庄等金融组织,都不是独立于当时法律体系之外的经济组织,在当时的经济与法律之间,的确产生了许多有意义的制度创新。②换言之,政府已开始注意从法律角度来维护商人的合法权益。虽然在主观上,清政府维护扶持商人的目的,是出于维护社会安定,调解官与商、商与商、商与客之间在经济活动中的矛盾,但政府的"恤商"政策及政策法规等制度安排方面的诸多变化,客观上有利于商品经济的发展和商人社会地位的提高,并具有极大的社会示范效应,这是清代商人地位提高不可或缺的制度环境。

　　纵观清初至乾隆150余年间,政府三令五申的恤商令,虽然在具体执行过程中掺杂有很大的水分,胥役额外苛征、商民嗟怨、百货阻滞的现象也时有发生,但总体上,从政府颁布的各项整顿税关、减免商税、禁止乱征商税等恤商政令以及放宽对商人资本的限制等各项政策来看,其工商政策渐趋宽松,确实体现了政府对商人的一种宽容和扶助。当然,明清两代(如明中后期)重重关卡、重税杂捐、税外之

---

① 凌燽:《西江视臬纪事》卷四《设立行票示》。该书刊于乾隆八年,但此条法令则发布于乾隆元年,据见《西江政要》(布政司本)卷二。详见邱澎生:《审视明清中国市场与政府关系的演变》,载《台湾大学历史学报》第26期。

② 邱澎生:《十八世纪中国商业法律中的债负与过失论述》,载复旦大学历史系编《复旦史学》第1辑,2005。

税非常繁重，私役科派与陋规摊派多有发生，民间商人资本遭受压抑也是事实，但是，这些弊端较多地存在于工商政策执行过程中——各级地方官吏的徇私舞弊、贪得无厌。另一方面，问题的关键在于，中国古代社会始终存在着官民争利的现象。因为庞大臃肿的军事官僚体系需要巨量的财政支撑，加之中国传统的官本位的习惯心理，巨额的商业利润自然也就成为历代封建统治者所垂涎的对象，因而重税困商之事就在所难免了。

此外，正如前节所指出的，历代严厉的抑商政策也是出于对"私威积而逆节之心作"的担忧，因此，防止任何有可能对自身统治构成威胁的社会集团性势力的形成，实际上成为历代统治者禁商、抑商的一个重要心理因素，也是其政治上的深谋远虑。因为从本质上说，历代抑商政策的具体制订者，他们所关心的主要是新的政策如何适应朝廷的赋役征缴，而并不太关注社会经济的正常发展。[①] 因此，每当商业资本发展到一定程度时，政府往往又会加重关税以分商人之肥，放任管关税吏的侵渔，使大部分商业利润变成朝廷的国帑或流入贪官污吏的私囊。

（三）　入仕途径的开放：　科举、捐纳制度与商人

明清时期，人们已从"恤商"思想发展到公开在政治上为工商业争地位，为商人争科考之权利。如万历时的谢肇淛，明确主张工商者亦应享受同等权利参加科举，反对"冒籍"。"国家取士，从郡县至乡

---

① 马伯煌主编：《中国经济政策思想史》，云南人民出版社，1997年，第547页。

试俱有冒籍之禁,此甚无谓。当今大一统之朝,有分土无分民,何冒之有?即夷虏戎狄犹当收之,况比邻州县乎?且州县有土著人少而客居多者,一概禁之,将空其国矣。山东临清,十九皆徽商占籍,商亦籍也,往年一学使苦欲逐之,且有祖父皆预山东乡荐而子孙不许入试者,尤可笑也。余时为司理,力争之始解"。[①] 而且随着商人数量的不断增多及其社会影响的不断增大,明清时期工商业者的社会自觉也在不断提高,许多商人以及商人世家的人都为商人地位的提高而大力疾呼。

应该说他们的努力还是卓有成效的,明清商人社会地位的提高有目共睹。在制度方面最主要的体现便是,从明代开始,秦汉以来遵循的"有市籍者不得宦"的古训被打破,商人子弟参加科举考试的诸多限制进一步放宽。为笼络利用商人,明政府还特意制订一些特殊政策,如特定商、灶两籍,专为商人子弟在科举中保留应试特权,使他们可以在本籍之外的经商地区参加科举考试。[②] 以江南为例,凡经商扬州的山西、陕西盐商子弟,经商杭州的徽商子弟,都能在当地应举。[③] 据嘉庆《两淮盐法志·科举志》记载,明代两淮共取进士137名,其中徽、晋、陕籍106名;共取举人286名,内中徽、晋、陕籍213

---

① 谢肇淛:《五杂组》卷十四《事部二》,第 289 页。

② 许承尧《歙事闲谭》卷二十九《吴宪》篇载:"明制设科之法,士自起家应童子试必有籍,籍有儒官民军医匠之属,分别流品,以试于郡,即不得就他郡试。而边镇则设旗籍、校籍;都会则设富户籍、盐籍,或曰商籍;山海则设灶籍。士或从其父兄还役,岁岁归就郡试不便,则令各以家所业闻著为籍,而就试于是郡。"

③ 详见王振忠:《明清徽商与淮扬社会变迁》,生活·读书·新知三联书店,1996 年,第 58—65 页。

名,均占 70％以上,盖皆商人子弟。[1] 应试登第政策的变化为商人进入儒生的阵营提供了直接通道,促进了士商的渗透融合。

另一方面,随着这一时期科举入仕竞争的日趋激烈,大批士人对传统科举入仕失望,转而经商——士人弃儒从贾,进而成为士商渗透的另一重要渠道。

自古士列四民之首,唐宋以来沿行科举取士制度,儒生便成为官吏的后备队伍,被当政者作为辅政和教化民众的特殊阶层,享有诸多特权。如果再通过科举进而得中举人、进士后,就可以被授官职,食官俸,自然是富贵荣华,阶次而得。因此,绝大多数士人一生的最高目标便是入仕做官、光宗耀祖。明清两代,士大夫拥有比前代更为优惠的特权,一入黉门,便优免粮差,时称"身无赋,产无徭,田无粮,物无税"。[2] 还可存养奴婢,本人犯罪时也能减免刑罚及至获得特赦,等等。读书为士即有如此辉煌的前程,在此世风之下,越来越多的人便拥挤到读书与科举的道路上来。

但是,从入泮到出仕是一条极其艰难的狭长之路。明代的科举名额,包括贡生、举人和进士,并未因人口增长而相应增加,士人获得功名的机会越来越小,竞争可谓之惨烈。[3] 以晚明而言,一场乡试入举的

---

① 吴承明:《中国的现代化:市场与社会》,生活・读书・新知三联书店,2001 年,第 36 页。

② "尝见青衿子,朝不谋夕,一叨乡荐,便无穷举人,及登甲科,遂钟鸣鼎食,肥马轻裘,非数百万则数十万,试思此胡为乎来哉? ……彼且身无赋、产无徭、田无粮、物无税,且庇护奸民之赋徭、粮税,其人之正未艾也。"计六奇:《明季北略》卷十二《崇祯九年丙子・陈启新疏三大病根》,魏得良、任道斌点校,中华书局,1984 年,第 194 页。

③ 余英时:《中国近世宗教伦理与商人精神》,第 213 页。

无出百名,殿试一场济济三榜,也大致在二三百名,这对全国 50 万生员而言,①无异杯水车薪。从明至清,成千上万的举子士人在这条路上疲惫地耗掉了大半生,最终却大多难圆凤愿。如大名鼎鼎的画家文徵明 10 次乡试不中,其曾孙文震孟 11 次会试才登第;海宁陈其元,乡试 15 次才勉强中举;更有甚者,成名后"海外诸国争走重金购诗集"的沈德潜,"历岁科试凡三十余次,乡试十有七次",直到 68 岁方成进士。② 嘉、道年间颇负时誉的包世臣曾"六赴秋闱"而后方成举人,继之又既韧且拗地 13 次入都会试,等到最后歇手的时候已是 61 岁了,而进士一阶,仍可望而不可即。"六赴秋闱"和 13 次入都会试,是数十年漫长而且困顿的岁月。半生羁旅的包世臣以他自己的劳累疲倦和憔悴困乏,生动地反映了功名社会中的读书人上坡时的沉重和踌躇。③

问题远不止此。随着社会经济的发展,生活费用呈日益上升的趋势,使得"业儒成本"不断提高。明末缪昌期就被赶考的花销折腾得"家日益落",以至于不得不向朋友借钱以凑足赴京赶考的盘缠。"予为诸生二十余年,乡举十余年,不营产业,公车之费不赀,家日益落。至癸丑,无以治装,谋之虞山诸友,得三十金以行,其困苦如此!

---

① 据顾炎武估计,明末时全国生员的人数约为 50 万人。见顾炎武:《顾亭林诗文集》卷一《生员论上》,华忱之点校,中华书局,1983 年,第 21 页。

② 钱陈群:《赠太子太师大宗伯沈文悫公德潜神道碑》,《碑传集》卷三十二,扬州古籍书店,1984 年,第 994 页。范金民:《明清江南进士数量、地域分布及其特色分析》,《南京大学学报(哲学·人文·社会科学版)》1997 年第 2 期。夏维中、范金民:《明清江南进士研究之二——人数众多的原因分析》,《历史档案》1997 年第 4 期。

③ 杨国强:《百年嬗蜕——中国近代的士与社会》,上海三联书店,1997 年,第 4—5 页。

幸博一第,已五十三矣。"①家境富裕的王世贞的记载更令人瞠目:
"余举进士不能,攻苦食俭,初岁费将三百金,同年中有费不能百金
者。今遂过六七百金,无不取贷于人。盖赘见大小座主,会同年及
乡里,官长酬酢,公私宴酬,赏劳座主仆从与内阁吏部之舆人,比旧
往往数倍,而裘马之饰,又不知省节。"②短短的几十年间,赶考的花
销增加了一倍。及至清代,各项费用猛涨,赶考没有数千两银子,恐
怕应付不了。③ 在这种情况下,如果缺乏一定的财力支持,一般的
读书人就难以真正走完仕途之路。就这样,科举入仕一路的拥挤,
天梯之路的艰难,读书人经济上的窘境,令当时众多的文人业儒无
门、走仕途之路心有余而力不足。于是,为了生存,也为了致富,越
来越多的士子们走上了"弃儒从商"之路,从而加速了士商渗透的
步伐。

仅以时人对科举仕途的失望,也难以解释明中后期开始出现的
大量"弃儒从贾"的社会现象。因为,在中国古代社会,官方传统的重
农抑商思想及士农工商的等级制在士人阶层中是根深蒂固的。传统
的"贱商"观念在民间的主要代表者,便是以承载圣贤之道为己任,以
重义轻利为价值准则的士人。"他们自恃居四民之首的优越地位,享
有社会特权,并有入仕发达的可能,所以他们至少可以从道德上居高
临下地鄙视商人。"并且,这种"贱商"观念也正是通过他们的教化,对

---

①　中国历史研究社编:《东林始末·碧血录·缪西溪先生自录》,上海书店出版
　　社,1982年,第119页。
②　王世贞:《觚不觚录》,《影印文渊阁四库全书》第1041册,台湾商务印书馆,1983
　　年,第438页。
③　夏维中、范金民:《明清江南进士研究之二——人数众多的原因分析》。

于普通民众的观念具有相当的影响。① 与前朝的元代相比,元代的商业政策也很宽松,特别是元代前期取消了传统的科举取士的制度,应该说更是一个儒士没有出路的时代,②但是我们并没有看到16世纪以后那种大量的"弃儒就贾"的现象,更看不到商人那份"良贾何负闳儒"的自负。因此,仔细探究明中叶以后"弃儒就贾"现象的深层原因,我们不能不注意到明清时期与商人利益密切相关的另一重要制度——捐纳制度的直接影响。③

所谓的捐纳,通俗地说,就是政府允许除"贱民"以外各等级的

---

① 李长莉:《晚清上海社会的变迁——生活与伦理的近代化》,天津人民出版社,2002年,第180页。

② 元朝统治者实行民族歧视政策,主要官职由蒙古贵族和色目人上层分子担任,做官的途径主要是所谓的"根脚"(即社会出身)。因此,自元朝建国至仁宗延祐元年,一直没有实行科举,科举停废达半个世纪之久。此后恢复,却时兴时废,极不正常。元朝总共才举行了16次科举,取士1135人。且进士名额分配极不公平,蒙古、色目人分为一科,汉人、南人另分一科。前二者人口只占全国3%,其分配名额却占总数50%。详见王炳照、徐勇主编:《中国科举制度研究》第六章"科举制度与官学教育",河北人民出版社,2002年。杨国勇:《元代教育的几个特点》,《山西大学学报(哲学社会科学版)》1985年第1期。

③ 一般认为,捐纳或捐输所授官爵,导源于汉代的纳粟拜爵,其后各代均有援用。明代景泰初年(1450),始开纳监(生)之例,"凡生员纳粟上马者,许入监,限千人而止"(黄瑜:《双槐岁钞》卷九《援例入监》,魏连科点校,中华书局,1999年,第183页),故"捐纳之称事例,始于明景泰,至清沿袭不改"。最初,作为一项解决或缓解财政拮据与匮乏的经济手段,多限于捐虚衔和捐出身之例。自康熙时平定三藩,遂开捐纳实官之例。其后范围日广,名堂很多,可以捐实官(京官至郎中,外官至道员,武职千把总起至参将),捐复、捐免;还可以捐虚衔,捐出身,捐封典,捐顶戴。详见许大龄:《清代捐纳制度》,氏著《明清史论集》,北京大学出版社,2000年。另见刘凤云:《康熙朝的捐纳制度及其对铨制的影响》,朱诚如、王天有主编《明清论丛》第4辑,紫禁城出版社,2003年。

人,用钱财从政府那里买取官职的一项政策。从制度建设的角度而言,明清捐纳制度的实行对于科举制的冲击是巨大的,最致命的是,它使得传统科举取士制度的合理性及至神圣性由于金钱的侵蚀而受到削弱。张仲礼曾研究并指出:"从理论上说,文生员和平民不得捐官。因为文生员是在学的学生,理应努力进取更高的荣誉,并由此而谋'正途'出身。平民不应平步青云,一跃而为上层绅士。然而在实际上,生员和平民都允许捐监生和贡生衔,他们可由此再进而捐官。其中有的人从未真正称为监生和贡生,因为他们捐官时,将监生或贡生捐银和官职的捐银同时缴纳。因此在官员们的奏报中,往往将捐官者的出身分别为官吏、绅士、商人或富豪。"①而捐纳中的"捐免"一项,既有"免考"(免考试),又有"免保"(免保举),从而令以往选官制度中对官员知识与道德方面的要求形同虚设,最后的结果便是谁有钱谁就可以当官。至康熙中期,捐纳名目日见繁多,已趋于冗滥,几致中级以下所有官吏都有捐纳之例,甚至有由白丁捐至知府者。②

这种大量通过金钱捐纳而获得官职的做法,使得兢兢业业地遵守科举正途的士子们产生一种强烈的失落感,甚至被剥夺感。特别是作为读书人取得功名、晋身为"士"的标识——"生员"一项也可捐纳,更让士子们寒心。③这也使众多的普通民众对于传统功名的尊重感大大减弱,转而对财富和拥有财富的人表现出仰慕。而商人作为富有阶

---

① 张仲礼:《中国绅士:关于其在 19 世纪中国社会中作用的研究》,李荣昌译,上海社会科学院出版社,1991 年,第 30 页。

② 刘凤云:《康熙朝的捐纳制度及其对铨制的影响》,朱诚如、王天有主编《明清论丛》第 4 辑。

③ 据统计,降及晚清,捐纳生员者几占生员总数的 50%。详见注②引文。

层,可以说是捐纳政策的最大受益者,它为商人直接开启了入仕之路。

捐纳制度对明清士人弃儒从贾行为的影响不可低估。既然经商致富后可以捐纳入仕,那么,试举不畅转而从商,业贾致富后捐纳"买官",又何尝不可?对士子来说,经商致富,捐资纳官,与科举入仕可谓异曲同工、殊途同归。而"对于商人来说,求得官位,是一种社会荣誉,是他的事业成功的装饰,同时,对于现实的商业活动,也可以带来有形或无形的利益",因为对"政治体制的依存和寄生,是支持他们的营业活动的基础"。① 因此,读书做官不成,与其务农,还不如经商,再谋求仕途之路,在当时是一种很普通的想法和常见的做法。于是我们便看到了众多的商人子弟转向科举入仕,无数的落拓士人转而从商,更有为数不少的商人直接捐钱纳官。特别是晋商、徽商中弃儒从商,商人们获利致富后重新业儒、入仕的更是不乏其人。②

明朝万历年间,歙县富商吴养春为国捐输了 30 万两银子,明廷一天之内就授他家五人为中书舍人。③ 山西蒲州商人展玉泉在山东经商,数次上交数百金,终于当上了归德府商丘驿丞;蒲州商人韩

---

① 寺田隆信:《山西商人研究》,张正明等译,山西人民出版社,1986 年,第 278、280 页。

② 详见张海鹏、王廷元:《明清徽商资料选编》,黄山书社,1985 年;张海鹏、王廷元:《徽商研究》,安徽人民出版社,1995 年;张海鹏、张海瀛:《中国十大商帮》,黄山书社,1993 年;张正明:《晋商兴衰史》,山西古籍出版社,1995 年;寺田隆信:《山西商人研究》,张正明等译,山西人民出版社,1986 年;藤井宏:《新安商人研究》,《江淮论坛》编辑部编《徽商研究论文集》,安徽人民出版社,1985 年;陈宝良:《明代的致富论——兼论儒家伦理与商人精神》,《北京师范大学学报(社会科学版)》2004 年第 6 期。

③ 吴士奇《征信录·货殖传》载:"近(万历时)国有大役,宗人(吴养春)有持三十万缗佐工者,一日而五中书之爵下。"(据万历刻本)

某（弘治元年［1488］至嘉靖年间），经商成功后，通过向边仓交纳粮食，当上了义官。①清代类似的记载更是不计其数，徽商、晋商，除以"急公议叙""捐纳"和"读书登第"攫取官爵而跻身缙绅之林外，还往往利用"同乡之谊""男女婚盟"等，结交各级官僚，提高自己的身份地位，形成"士商渗透""官商融合"之情形。

以上诸种现象也是明清时期商人社会地位提高的突出表现，并直接影响到商人群体的言行、思想，影响到社会民众对商人的认知与定位，明清时期的"新四民论"的兴起，清代沈垚"古者四民分，后世四民不分；古者士之子恒为士，后世商之子方能为士"的感慨，②与这一现象不无关联。

总体而言，政府在工商政策方面的宽松趋向，商人被准予参加科考等应试政策的变化，捐纳制度的影响，这些均成为明中叶以后出现"士商渗透"重要的制度因素。而"弃儒就贾""士商渗透"的普遍趋势造成了大批士人沉滞在商人阶层的现象，客观上也提高了商人阶层的文化素养，他们的需求不仅成为明清商书的庞大市场，而且他们自身也有人成为商书的编辑者。明清一些有代表性的商书，有许多便是商人自己编辑而成的。③这些商书内中所载多是他们自身经营活动的记录与经验总结，直接地反映了商人自身倡导的基本准则、经营理念以及对官府的态度，使我们所了解到的明清商业文化与商业伦理更加接近当时的历史实态。

---

① 寺田隆信：《山西商人研究》，第 278 页。
② 沈垚：《落帆楼文集》卷二十四《费席山先生七十双寿序》。
③ 如明代《一统路程图记》的作者黄汴、《士商类要》的作者程春宇，清代《商贾便览》的作者吴中孚、《示我周行》的编辑者赖盛远等，均有从商的亲身经历。

余　论

全球史视野中的明清商书

　　"商书现象"是商业化的产物，同时也是商业化的推手。明清时期出现"商书现象"，其原因和作用正在于此。如果把"商书现象"放到全球史中来看，我们可以发现，这一现象并非中国明清时期所独有，近代早期欧洲也出现了类似的"商书现象"。

一、近代早期欧洲商书（商人手册）的出现与流传[①]

　　14 至 18 世纪的欧洲社会，与中国明清社会同期，正处于商业经

---

① 本节关于近代早期欧洲商书的出现与流布所参考的西文资料主要有：Daniel A. Rabuzzi, "Eighteenth-Century Commercial Mentalities as Reflected and Projected in Business Handbooks", *Eighteenth-Century Studies*, Vol.29, No.2 (Winter, 1995/1996), pp. 169–189. Donald J. Harreld, "An Education （转下页）

济快速发展时期。随着 16 世纪起欧洲印刷业的发展,欧洲也有大量
的商人手册和从商指南(包括流传手稿和出版物)面世,为新老商人
提供经商经验及市场状况的信息。据沃尔夫冈·凯泽(Wolfgang
Kaiser)估计,1470 至 1700 年间,欧洲出版商大约生产了 3 200 多部
商业手册及印刷刊物。① 丹尼尔·阿·拉布齐(Daniel A. Rabuzzi)则
认为,1470 年到 1820 年之间,欧洲大约有 12 000 部类似的手册发

(接上页)　in Commerce: Transmitting Business Information in Early Modern
Europe", *Information Flows: New Approaches in the Historical Study of
Business Information*, Edited by Leos Muller and Jari Ojala, SKS/Finnish
Literature Society Helsinki, 2007, pp. 63 – 83. Donald J. Harreld, "Trading
Places: the Public and Private Spaces of Merchants in Sixteenth-Century
Antwerp", *Journal of Urban History*, Vol. 29, No. 6 (2003), pp. 657 – 669.
Alison Hanham, "A Medieval Scots Merchant's Handbook", *The Scottish
Historical Review*, Vol. 50, No. 2 (Oct., 1971), pp. 107 – 120. Alison G.
Olson, "The Virginia Merchants of London: A Study in Eighteenth-Century
Interest-Group Politics", *The William and Mary Quarterly*, Vol. 40, No.
3 (Jul., 1983), pp. 363 – 388. Charles Boxer, *The Dutch Seaborne
Empire(1600 –1800)*, Penguin, 1965. Lewes Roberts, *The Merchants Mappe of
Commerce*, London, 1638. Thomas Watts, *An Essay on the Proper Method for
Forming the Man of Business*, London, 1716. N. A., *The Exact Dealer's Daily
Companion*, London, 1721. Wyndhan Beawes, *Lex Mercatoria Rediviva: Or,
the Merchant's Directory*, London, 1752. John Browne, *The Merchant's Avizo*,
London, 1616. First published in 1589. S. Thomas, *The British Negociator*,
London, 1765.

　　上述资料的搜集得到北京大学讲席教授李伯重先生、复旦大学历史系林炫
羽博士、英国伦敦国王大学刘畅博士的帮助。本章资料中涉及较多的德语、法
语、拉丁语书名及俚语,承蒙复旦大学历史系张巍教授相助翻译,谨此致谢。

① Donald J. Harreld, "An Education in Commerce: Transmitting Business
Information in Early Modern Europe", p. 65.

表。它们大多为"伟大的中世纪和文艺复兴时期的意大利贸易公司内部使用的书面备忘录的产物"。①

这种现象,可以称之为"欧洲的商书现象"。

(一) 商业手册的种类及主要内容

欧洲近代早期的商人手册,很多是由商人自己编写或者编辑的,为自己或其徒弟、代理人乃至公司的代理人所用。著名的《彼哥罗蒂商人手册》,②可以追溯到14世纪的意大利。佛罗伦萨商人彼哥罗蒂(Francesco Balducci Pegolotti)最初打算要编写的这本手册,是为佛罗伦萨的巴蒂公司的学徒所用,但其扉页中的词语表明:全世界从事长距离贸易的商人均可从中发现有用的信息。大约在15世纪20年代后期,安特卫普商人威廉姆·凡·德·莱昂(Willem van de Lare),在里斯本花费数年,写出了他的袖珍手册《经商规则》。③虽然这本书从来没有公开印刷,但已以手抄本形式流传。其主要内容可以帮助参与长途贸易的年轻商人学习计算、交流,它也被视为欧

---

① Daniel A. Rabuzzi, "Eighteenth-Century Commercial Mentalities as Reflected and Projected in Business Handbooks", *Eighteenth-Century Studies*, Vol. 29, No. 2 (Winter, 1995/1996), p. 171.

② *The Book of Descriptions of Countries and of Measures Employed in Business*, 通常简称为 *Practice of Commerce* 或者 *Merchant Handbook*,一般译为"商业手册"或"商人手册")。意大利原文书名为 *Libro di divisamenti di paesi e di misuri di mercatanzie e daltre cose bisognevoli di sapere a mercatanti*,简称为 *Pratica della Mercatura*.

③ Willem van de Lare, *Regula Transporti*.

洲最早的商人手册之一。①

15世纪到16世纪,会计学有了迅速发展,复式记账的概念从意大利扩展开来,出现了不少与此有关的手册,这些手册都建立在卢卡·帕西奥里(Luca Pacioli)的《算术大全》(1494)②的基础之上。这些主要以商人为阅读对象的早期会计手册,起初在16世纪欧洲的商业中心安特卫普出版,其后,多种会计手册在德国的奥格斯堡、法兰克福和纽伦堡等商业中心出版。

16世纪晚期,私人写作的商人手册开始在欧洲大量出现。布里斯托尔(Bristol)的商人约翰·布朗(John Browne)撰写的《商人指南》,③据说最初的目的就是为他当学徒的儿子④而作。后来他听从了朋友们的建议,同意出版。还有一些商人是为了促进自己的商业发展而编写手册,如英国东印度公司的商人莱威斯·罗伯特(Lewis Roberts),1618年开始编写手册,以"促进和帮助我自己在海外的商业"。⑤当时,人们把这类使用手册,当作训导有志向的商人和培育更多有经验商人的一种方式,同时,商人们也通过汇编和印刷其专业知识的读本来分享信息。

16、17世纪时,欧洲各大公司时常为他们公司的年轻商人制作

---

① Donald J. Harreld, *An Education in Commerce: Transmitting Business Information in Early Modern Europe*, pp. 68 - 69.

② Luca Pacioli, *Summa de Arithmetica*, Venice, 1494.

③ John Browne, *The Marchant's Avizo.*, London, 1616.

④ 也名约翰·布朗,1575至1582年间是一个商人的学徒。

⑤ Lewes Roberts, *The Merchants Mappe of Commerce* (London, 1638), Introduction.

在公司内部使用的各种手册,有些手册 17 世纪开始公开出版。像 17
世纪的荷兰东印度公司,出版了《综合指南》(*General Instructions*)以
指导公司的海外代理;劳瑞兹·麦迪尔(Lorenz Meder)所撰写的著
名的《贸易手册》(1558),①其出版说明书中坦陈该书直接面向德国,
特别是纽纶堡的商人们。②

当时很多作者通常将其商人手册与其家乡联系起来,给从商者
以更多的机会了解当时各地的风土人情、经济特点与交流准则。如
菲尼特·奥伯提(Finetto Oberti)所著的《羊毛、丝绸、亚麻衣物之重
量与尺寸的转换》(1643),③从热那亚商人的角度,展示介绍商品重
量、尺寸与货币转换。《大银行家、外国货币转换法国货币便览》
(1677)④是数学家弗兰克斯·勃瑞姆(François Barrême)所写的数种
手册之一,从法国商业的角度谈交易货币。雅安·德烈·波蒂
埃(Jacques André Bottier)的《贸易实践》(1773),⑤具有更广泛的全
球性视野,因为它讨论的度量衡与货币交换,不仅在欧洲范围内,而
且涉及亚洲、非洲与美洲的商业中心。⑥

---

① Lorenz Meder, *Handel Buch*, Nuremberg, 1558.

② Donald J. Harreld, *An Education in Commerce: Transmitting Business
Information in Early Modern Europe*, pp. 69 – 70.

③ Finetto Oberti, *Agiustamento universale di pesi, e Misure de panni di Lana,
Seta, Lino & Vittouaglie*, Turin, 1643.

④ François Barrême, *Le Grand Banquier ou le Livre des Monnoyes Etrangères
réduites en monnoyes de France*, Paris, 1677.

⑤ Jacques André Bottier, *Pratique du commerce*, Turin, 1773.

⑥ Donald J. Harreld, *An Education in Commerce: Transmitting Business
Information in Early Modern Europe*, p. 71.

16世纪早期,一些商人手册开始涉及长途跨国贸易商人可能会在国外遇到的各种关税和通行费问题。17世纪是欧洲各国实行重商主义政策时期,为帮助商人了解各国规章制度,17世纪晚期至18世纪开始出版的商业手册,其主要内容也从货币与度量衡、汇率转换转到聚焦通行税与关税制度,并更多地关注商人所在国家的商业规章,指导商人。如理查德·斯考恩(Richard Score)的《收税员实用手册》(1699),是此前比较复杂的《吨税与镑税法令、税率表及其他若干关税法则》(1689)一书的阅读指南。另外一些类似书籍主要有托马斯·朗汉姆(Thomas Langham)的《纯税、税率表所列所有货物税率减少与折扣之后》(1717),内中包括禁止进口到英国的物料栏目表。①

17世纪的商人手册中,雅克·撒瓦瑞(Jacques Savary)所著的《完美的商人》很有名。② 据唐纳德·哈瑞德所言,撒瓦瑞曾在法国政府部门承担修订商业法律,他早期的各种工作就是用法语解释各类相关的商业规则。《完美的商人》在1675年初版,随后于1676年用法语和德语两种语言于日内瓦出版。从1676年到1800年,这本书用荷兰语、英语和拉丁语等公开印刷超过30版次,它也因此被视为

---

① Richard Score, *A Guide to the Customers and Collectors Clerks: Or A New Index to the Book of Rates*, London, 1699. *The Act of Tonnage and Poundage and Book of Rates with Several Statutes at Large in relation to Customs*, London, 1689. Thomas Langham, *The Neat Duties (all discounts and abatements deducted) of all Merchandize specified in the Book of Rates*, London, 1717. 详 Donald J. Harreld, *An Education in Commerce: Transmitting Business Information in Early Modern Europe*, p.74.

② Jacques Savary, *Le Parfait Négociant*, 1675.

近代早期法国标准的商人手册。撒瓦瑞的儿子,雅克·撒瓦瑞·布鲁斯朗斯(Jacques Savary de Bruslons)曾以巴黎海关检查长的身份为政府服务,他编著的《贸易通用词典》,[①]在他死后于 1723 年出版。[②]

近代早期欧洲商人也使用小型商业字典,内中包括商业用语的解释、界定商业中心与产品,通常也列出货币与度量衡。这些书籍的种类在 17 世纪的后半期增加很快,18 世纪后更加普遍。比较著名的有奥诺雷·拉孔波·德·普来泽尔(Honoré Lacombe de Prezel)的《公民辞典:关于贸易的历史、理论与实践细要》(1761),[③]让·巴伽努奇(Jean Paganucci)所著的《批发商实用手册:历史、地理与政治》(1762)。[④] 还有一些作者在商业手册后附加字典以扩展手册内容的外延。例如,戈特弗里德·克里斯蒂安·伯恩斯(Gottfried Christian Bohns)的《新开张货栈》(1763)[⑤]是一部讨论商品性质的字典,他此前较早撰写的《经验老到的商人:各类商业信息总汇》(1762),[⑥]则提供了欧洲最重要的商业中心的信息,此外还包括契约

[①] Jacques Savary de Bruslons, *Dictionnaire universel de commerce*, 1723.

[②] Donald J. Harreld, *An Education in Commerce: Transmitting Business Information in Early Modern Europe*, p.74.

[③] Honoré Lacombe de Prezel, *Dictionnaire du citoyen, ou Abrégé historique, théorique et pratique du commerce*, Paris, 1761.

[④] Jean Paganucci, the *Manuel historique, géographique et politique des négocians*, Lyons, 1762.

[⑤] Gottfried Christian Bohns, *Neueröffnetes Waarenlager*, Hamburg, 1763.

[⑥] Gottfried Christian Bohns, *Wohlerfahrener Kaufman, Oder Umständliche Nachricht*, Hamburg, 1762.

与商业技巧的内容，等等，但是这部巨著仍以宏大的商业字典而结束。①

到了18世纪，出现了专门提供商业城市信息、类似于城市指南的商业书籍。汉斯·豪克（Hans Holk）编辑的《丹麦贸易大全》（1766），②提供了贸易地点的信息和每一个镇上参与贸易的著名商人的名字。尤根·爱尔特·克鲁斯（Jurgen Elert Kruse）的两卷本《通用商务手册：尤其适用汉堡》（1762），③其中一卷提供重要商业城市的信息，包括对每一个城市货币、度量衡进行预报性的讨论。④与其他大多数的商业手册相似，由佚名作者著述的《商人日用手册》（1721），⑤有相当内容是给在英国境内的商人提供多种非常有帮助的贸易信息和一些常规的建议，也提供各商业城市之间的运输比率表、英国城镇之间的距离，以及运货马车的出发时间与地点，其内容颇像明清时期的水陆路程书。该书作者认为，许多时候掌握这些商业知识与地理知识意味着更易赚钱。

随着欧洲商人全球性贸易的日益发展，到17、18世纪之交，许多商人手册的重点转向世界各地选定地点的商业往来。如《阿姆斯特

---

① Donald J. Harreld, *An Education in Commerce: Transmitting Business Information in Early Modern Europe*, pp.72‒73.

② Hans Holk, *annemarks Handels Spiel*, Sorøe, 1766.

③ Jurgen Elert Kruse, *Allgemeiner und besonders hamburgischer contorist*, Berlin, 1762.

④ Donald J. Harreld, *An Education in Commerce: Transmitting Business Information in Early Modern Europe*, p.73.

⑤ N. A., *The Exact Dealer's Daily Companion*, London, 1721.

丹指南》(1701)，①其写作与旅游指南相似，只是内容包括庞大的表格项目与数字巨大的商品出口关税。早几年的雅克·莱蒙·德·伊斯潘(Jacques le Moine de l'Espine)的《阿姆斯特丹的批发商》(1694)，②被认为是一本非常出色的贸易手册，其目标是直接指导想去阿姆斯特丹和与荷兰相关的世界各地贸易的商人们。该书的法语版与荷兰语版于同一年问世。这本商业手册不仅包括在阿姆斯特丹经商实践的广泛讨论，并且涉及荷兰语世界范围内的贸易对象。③

18 世纪后期，商人手册内容所涉及的区域也日益扩大。像托马斯(S. Thomas)的《大英批发商》(1765)，④尽管超过一半的内容聚焦于英国与荷兰的贸易，但内中不乏与亚洲、非洲和西印度贸易交换的表格与规章。前述波蒂埃(Jacques André Bottier)的《贸易实践》(1773)⑤聚焦于欧洲，但也涉及亚洲、非洲与美洲的最重要的商业中心。罗伯特·斯蒂文斯(Robert Stevens)的《东印度贸易的最新完整指南》(1775)，⑥包括度量衡表格、贸易汇率及重要商品的表格。而加耐特·得·奥尼斯(C.F. Gaignat de l'Aulnais)所著的《贸易指南》(1764)，⑦涉及中国、秘鲁与美国的商业，特别是非洲几内亚沿海

---

① *Le Guide d'Amsterdam*, Amsterdam, 1701.

② Jacques le Moine de l'Espine, *De Koophandel van Amsterdam*, Amsterdam, 1694.

③ Donald J. Harreld, *An Education in Commerce: Transmitting Business Information in Early Modern Europe*, pp. 74 - 75.

④ S. Thomas, *The British Negociator*, London, 1765.

⑤ Jacques André Bottier, *Pratique du commerce*, Turin, 1773.

⑥ Robert Stevens, *The New and Complete Guide to the East-India Trade*, London, 1775.

⑦ C.F. Gaignat de l'Aulnais, *Guide du Commerce*, Paris, 1764.

的奴隶贸易,其内容独特之处尤在于,不仅有对如何管理宏观贸易的细节描述、商业手段的例证,还包括一些非常实用的管理货物的信息,以及奴隶贸易所需要的具体记录的细节例证。①

18世纪以后,欧洲许多商人手册也日渐成为商业教育制度化的专业知识的一部分,变成课堂教授的教科书,并充满了"系统"和"理论"。其中被认为比较有代表性的是1706年在德国莱比锡和罗斯托克出版、长达186页的商人手册《施佩兰德手册:兢兢业业的批发商与货币兑换商》(本节简称《施氏手册》)。②

从内容上看,《施氏手册》是一个综合的手册,除前言与题词外,主要章节有:汇票(长达65页)、各种各样的建议(25页)、对各种商品的描述(22页)、货币制度(20页)、会计记账(16页)、船运保险(9页)、信函与契约格式样品(6页)、账户款项和货币(5页)、1639年汉堡银行相关规定(5页)、贸易地理知识(3页)。

由以上目录可以看出,这部商人手册在技术层面上,基本涵盖了当时商业贸易的各个方面。其面对的读者群体,已不再是小商贩或

---

① Donald J. Harreld, *An Education in Commerce: Transmitting Business Information in Early Modern Europe*, p.75.

② *Speranders Sorgfiiltiger Negotiant und Wechsler: Speranders Careful Mer-chant and Exchanger; hereafter Speranders Negotiant* 是1706年出版的德国商人手册。详 Daniel A. Rabuzzi, "Eighteenth-Century Commercial Mentalities as Reflected and Projected in Business Handbooks", *Eighteenth-Century Studies*, Vol. 29, No. 2 (Winter, 1995/1996), pp.169–189. 丹尼尔在文中以《施氏手册》为主要个案,分析18世纪欧洲商业手册所展现与实践的商业思想。其文中涉及较多的德语、法语、拉丁语、荷兰语书名及俚语,承蒙复旦大学历史系张巍教授相助翻译,谨此致谢。

从事地方贸易的商人,而是从事长途的商人,特别是那些文化水平不高、从事长距离批发贸易的商人。手册中相当部分的内容与那一时代跨国范围的国际贸易、特别是越境付款有关,像关于"汇票"的内容最多,长达 65 页。《施氏手册》针对的第二个读者群体,是那些起草和解释商业法规的律师和主要管理者。在近代早期的欧洲,法理学家和商人时常争论如何将传统的商业习俗规范为法律,而近代欧洲早期商业手册的作者中,也不乏数学家与律师乃至政府官员。《施氏手册》严厉批评了当时商业法律的不足和律师的蒙昧,试图帮助政府官员了解商业惯例,以减少法院案件的数量。

《施氏手册》曾一度很流行,经历了 4 次印刷(1706、1712、1729、1772)。不过,《施氏手册》也有被人诟病之处,因它内中列举的一些商品清单距该书出版时已超过 20 年,故其具体商业信息的时效性较差。但总体而言,人们更多的是在技术知识层面上接受它。正如丹尼尔·拉布齐(Daniel A. Rabuzzi)所指出的那样,一个商人关于市场信息的主要来源,是在咖啡馆的交谈和信件,到 18 世纪晚期更有报纸,但是商业经营技术方面的知识则总是要求来自实践的训练,这也是《施氏手册》的意义之所在。[①]

总体来看,近代早期欧洲的商人手册大致可以分为两种类型:一类是关于商业贸易的事实性知识(propositional knowledge)的手册,一类是为实施贸易提供规范性知识(prescriptive knowledge)的手

[①] Daniel A. Rabuzzi, "Eighteenth-Century Commercial Mentalities as Reflected and Projected in Business Handbooks", *Eighteenth-Century Studies*, Vol. 29, No. 2(Winter, 1995/1996), pp.173 – 175.

册。但也有很多兼顾两种类型信息的商业手册。绝大多数早期的商业手册包含各地的度量衡、货币交换信息，而且几乎特别聚焦于这种类型的信息。它们与算术、会计类手册一样，在数量上占据很大部分。（见下表）

1500—1700 年间商人手册数量(按内容分类)

类别＼年代	1500—1549	1550—1599	1600—1649	1650—1699
知识类手册(How to)				
算术、会计类	207	409	209	522
技术、价格类	12	119	93	262
职业训练类	0	5	3	11
信息类手册(What is known)				
度量衡、汇率等	217	539	310	767
地理、贸易路线等	6	41	37	170
法律、伦理等	16	80	52	159

资料来源：Donald J. Harreld, "An Education in Commerce: Transmitting Business Information in Early Modern Europe", *Information Flows: New Approaches in the Historical Study of Business Information*, Edited by Leos Muller and Jari Ojala, SKS/Finnish Literature Society Helsinki, 2007, p.71.

这些种类繁多的商人手册，确保了各种类型的商业信息、商业技巧能够被各种类型的商人获得，满足了各种类型的商人需求。就绝大部分情况而言，经验丰富的商人们与年轻的初学者所需不尽相同，所以他们并不总是携带与年轻商人们同样的手册。

综上所述，大致可以这样认为：就内容而言，近代早期欧洲的商书主要不是应对宏观经济或公共政策问题，它们大多是提供概略的商业数据(例如度量衡、关税表、通行税),指导怎样推销商品、筹措资金和会计记账技巧等内容。①

从形式上看,这些商书有私人编纂的商人手册,编纂者有商人、数学家、律师乃至政府官员,此外,还有各个公司自行编制和内部发行的商业手册。当时欧洲许多大公司都有公司内部保密的笔记、代理人的报告、业务通讯以及其他信件。公司往往把这些笔记与报告汇编成商业手册,为公司提供组织内部的工作程序和商业惯例。一些超大型的跨国股份公司,非常倚赖他们分布海外的公司人员提供的市场信息,这些信息也成为这些公司的商业手册中的重要内容。②

在时代特点方面,欧洲16至17世纪流行的商书,其内容要点主要是货币转换与度量衡指南。到17世纪末至18世纪,内容更为丰富的商业字典流行甚广,包括商业用语的解释、商业中心与产品的界定规范、契约与商业技巧、欧洲重要的商业中心的信息,甚至还有各类城市指南及贸易大全,等等。17世纪,随着欧洲各国开始实行重商主义政策,为有针对性地指导商人把握各国规章制度,关于贸易规定章程的商业书开始出现。至18世纪时,公开出版发行的商业手册的主要内容,更是从货币与度量衡、汇率转换,转而聚焦通行税与关税制度等内容。

---

① Daniel A. Rabuzzi, "Eighteenth-Century Commercial Mentalities as Reflected and Projected in Business Handbooks", *Eighteenth-Century Studies*, Vol. 29, No. 2(Winter, 1995/1996), p. 171.

② Donald J. Harreld, *An Education in Commerce: Transmitting Business Information in Early Modern Europe*, pp. 67 - 68.

(二) 商书对各类从商者的教育与要求

16至17世纪,随着商人手册的陆续公开出版,欧洲社会的商人们开始教授职业初学者。当时的商人手册"不只是传输技术资料,也规定指导读者如何表现自己是一个商人。它们还讨论了不同于技术的素质,并认为它是商业贸易成功所必需的"。① 但这时从商者具体应学什么内容却并不十分明晰。格拉德·德·马利纳斯(Gerard de Malynes)在他的《古法商人》②中言及,除了通常所提及的与商业相关的论题如会计/记账、交易、商品、商业法律之外,年轻的商人还需要知道数学、几何学与宇宙学等各方面的知识。③ 托马斯·瓦特(Thomas Watts)在他的《论培养商人之良法》的目录中,附加了写作与现代语言的要求。④

唐纳德·哈瑞德(Donald J. Harreld)的研究认为,16世纪晚期布朗的《商人指南》和17世纪撒瓦瑞的《完美的商人》是明确面向年轻商人的两部商人手册。当时面向学徒的商人手册,主要为各自公司或组织所用,而撒瓦瑞则突破了这一限制,他在书中直言,他的手册

---

① Daniel A. Rabuzzi, "Eighteenth-Century Commercial Mentalities as Reflected and Projected in Business Handbooks", *Eighteenth-Century Studies*, Vol. 29, No. 2(Winter, 1995/1996), p. 171.

② Gerard de Malynes, *The Ancient Law-Merchant*, London, 1622.

③ Donald J. Harreld, *An Education in Commerce: Transmitting Business Information in Early Modern Europe*, p. 76.

④ Thomas Watts, *An Essay on the Proper Method for Forming the Man of Business*, London, 1716, Preface.

是所有"有志于自学成材、从事商贸职业的年轻人，能轻而易举地习得并记忆相关知识的最适宜的教材"；布朗也希望他的工作将对各类商人皆有用，同时，他还希望他的手册可以给人们带来更多的智慧。

在《完美的商人》中，撒瓦瑞极力主张父母们不要强迫孩子们从事商业，相反地，父母们应该关注孩子们有可能从事这一职业的相应素养。其中两个最重要的品质是好奇心与健壮的体魄。一旦确定其有商人潜质，撒瓦瑞建议可以在 17 至 18 岁开始训练他们，让他们学习写作、计算、会计与语言。有志向的商人同样也应该有阅读历史、贸易和旅行文学作品的愿望与爱好，以便他们对远方民众的习俗和传统获得相当程度的了解。撒瓦瑞建议做父母的要避免诱惑，不要将初露头角的商人送到学校学习拉丁语、哲学、修辞学，以此抬高孩子的地位。他认为，学院的环境并不有助于商人的培养，从这里出来的孩子经常不尊重商业贸易。

撒瓦瑞在书中不仅提出学徒应该学习的专业内容，而且还提出对学徒的品德要求。他认为，学徒要有爱心并对上帝忠诚。学徒要注意他的宗教职责，包括参加每周日的大聚会，要忠诚并服从他的主人，尊重并保守主人的事业秘密。学徒要学习商品标记与价格，学习度量衡知识，学习各类商业买卖、经营等商业贸易的专业知识。撒瓦瑞还提供了几乎所有的商家都需要知道的、有关欧洲经济的各类商业机构，并介绍了这些机构的大部分职责。①

约翰·布朗(John Brown)的《商人指南》不是一个对学徒的具体

---

① Donald J. Harreld, *An Education in Commerce: Transmitting Business Information in Early Modern Europe*, pp. 77 – 78.

的全部教程,而主要是为初涉国外贸易的年轻商人们提供一些指导。布朗的许多建议回应了撒瓦瑞的教导,强调注意宗教职责的重要性,以及保守主人的事务秘密及服从主人的指令。《商人指南》一书包括各种商业城市及主要产品的信息,同样也提供现行的各种通信信件样本和其他商业交往书的书写格式。布朗的书深受年轻商人的青睐,1589 年于意大利初版后,随后即于 1590、1591、1607、1616 和 1640 年再版。①

佚名的《商人日用手册》适用对象非常广泛,包括批发商、店主、年轻商人、跨国贸易商人、小镇上的买卖者等各种经商者,甚至还有勤奋的自耕农及其他农民。书中对年轻商人提出一些富有实践意义的忠告,告诫他们要专心于商业目标且不要沉湎于"幻想生活",要善于从有经验的商人那里获得指导。但实际上作者的目的远不仅仅是为年轻商人而作,他还意图为在跨国贸易中迅速成长的商人们提供所有贸易和沟通的艺术与秘密,提供所有需要知道的重要事情。书中还指出,经验丰富的商人,无论他们是作为个体,或是为一个很大的企业工作,或是作为新的合股公司的公职人员,都需要面对陌生的市场与新产品的信息。②

在名目繁多的各类商人手册中,怀得海姆·比威尔斯(Wyndham Beawes)所著的《最新商业指南》(或称《商人字典》)值得注意。此书内容浩繁,信息丰富,不仅仅是针对初涉商场的年轻人,而是试图涵

---

① Donald J. Harreld, *An Education in Commerce: Transmitting Business Information in Early Modern Europe*, pp. 78 - 79.

② N. A., *The Exact Dealer's Daily Companion*, London, 1712, Preface.

盖每一个与商人相关的可能的话题。正如比威尔斯在书中的前言称，他写作的目的是希望它能够"对许多想进入商业领域可能需要一些帮助与指导的人有用"，书中涉及各类商人、承运人、船主、保险公司、股票经纪人、各种代理人等各类从商者所需要的各个领域的专业知识。①

关于商人品德修养等基本素质的要求，欧洲商书也提供了诸多的信息。

18世纪，欧洲传统的宗教禁欲主义思想影响还很大。这一时期出版的商人手册倾向于从宗教荣誉的角度去理解"人类的世俗理性"。它们在读者（经商从业者）中所寻求培养的许多美德，包括忠诚、诚实、坚贞、勤奋、禁欲主义、谨慎等。在这方面，《施氏手册》颇具代表性。

《施氏手册》在伦理与行为上对读者提出了诸多劝导。这些劝导主要集中在其引用的谚语以及关于实践技艺的陈述中，有的也通过书信来表达。例如，该书转述了一位当时在什切青（Stettin）做生意的商人给他在伦敦从事贸易的侄子的一份长达10页的信，信中写道："如果大胆与鲁莽战胜了智慧与协商，事物的正确顺序将分崩离析且奠定的基础较差"；"如果是真诚的语言，产生信任和信念，它没有被私心和情感玷污，它就是真诚的"；"美德是不能被金钱收买的"；"知识必须通过勤奋与实践才能获得。自我节制、诚实与公平作为结果而被训练，这是美德"；"交易开始要求良好的沟通理解，有耐心的

---

① Wyndham Beawes, *Lex Mercatoria Rediviva: Or, the Merchant's Directory*, London, 1752, Preface.

执行，但它的结局要求好的良心和安静的性格：谁不从上帝开始，也将不从上帝结束"。① 在这里，《施氏手册》通过商人的信件，表达了其认为不应压制或抑制传统的"激情"，利己主义与对金钱的欲望应被宽容地理解等思想。

近代早期欧洲商书的宗教色彩十分突出。在《施氏手册》中，宗教意象被用来为商业活动进行辩解或美化，给予贸易以神圣的起源，提出商人权利为天授，认为"商人服务通过提供多种商品让人类有衣穿，有饭吃"，声称商业是世界的灵魂，赞扬商人将世界人民联系在一起，有效地创造财富，减少需求。

《施氏手册》和其他相似的德国商人手册中均运用了宗教意象，这与荷兰、法国和英国的商业手册有所不同，但这只是形式上的差别，反映了这种风格被认为更适合于德国读者尊重教义，而并未涉及民族精神。《施氏手册》无论使用何种技术术语，其所传递的都是商业的合理与诚实的信息，只是尊重教会教义，而不是企图融合宗教理想与商业活动。

《施氏手册》强调要注重培养商人准时守信的品德。以"汇票"一章为例，它不断强调票据要准时承兑与付款，几乎到了过度紧张的地步。在长达 65 页的"汇票"一章的最底部，它特别警告，即使是最迟钝的学徒也必须理解：散漫带来失败，时间就是金钱。这样明确描述时间的见解，在当时人们还习惯于传统农业节奏的背景下，是比较

---

① Daniel A. Rabuzzi, "Eighteenth-Century Commercial Mentalities as Reflected and Projected in Business Handbooks", *Eighteenth-Century Studies*, Vol. 29, No. 2 (Winter, 1995/1996), p.175.

新颖的,体现了新型的商业社会的节奏。

《施氏手册》还特别强调理性对欲望的约束。其"谨慎的商人"一节,阐明商人应该是一个精明、守时,而且首先是一个理性的人,强调理性必须在感情之上,并且能在适当的时间驯服感情。保持理性对感情的控制是十分必要的,这是因为财富的诱惑是巨大的,特别是海外贸易具有更多失败的可能性。理性的资本主义必须处理无止境的欲望与贪婪,减少非理性的冲动。①

近代早期欧洲的这种"商书现象"意义重大。首先,种类丰富、数量庞大的商人手册,提供了商业教育的有效手段。它们以专业的方式教授从商者必需的从商技巧,对学徒以及有经验的商人予以指导,并为"他们在贸易过程中可能出现的任何困难提供解决方案"。② 有些商书的作者本身即是商人,书中的诸多教诲与专业知识大多源自于他们自身的经商实践,是他们自身经验的结晶。因此,这些商书对各类从商者专业技术培训的指导意义不言而喻。

商人手册在信息传递方面的意义同样不容忽视。在商书出现以前,商人获得信息的主要渠道是通过信件或一些诸如小旅馆、咖啡馆、市场集市等特定地点的口头交流,从外地或者外国来的商人、旅行者那里获得信息,也还要咨询当地人或政府官员,因此获得的信息

---

① Daniel A. Rabuzzi, "Eighteenth-Century Commercial Mentalities as Reflected and Projected in Business Handbooks", *Eighteenth-Century Studies*, Vol. 29, No. 2 (Winter, 1995/1996), p. 175 – 177.

② Wyndham Bewes, *Lex Mercatoria Rediviva: Or, the Merchant's Directory*, London, 1752, Preface.

量有很大局限。

随着商人手册的出现和扩散，商人获得信息的途径日益拓展。他们可以从多个方面获得信息，比通信、口头沟通所获得的更多、也更全面。商人手册可以提供商业公司和商人组织收集的各种类型的大量信息，远远超过商人个体的信息来源。商人手册在传统的方式之外，为商人提供了一种能以更低的成本来获取商业知识的新媒体，使得商人们无须面对面的接触、无须外出旅行便可得知有关行业、各商业中心乃至外国市场的消息。

内容丰富的商人手册也为我们提供了当时欧洲主要国家的货币、度量衡、汇率、股票、通行税、关税制度，欧洲各商业中心的基本情况，各国的商业规章，进出口货物种类，各类商业规则的法律解释，早期欧洲商人的培训规程、职业要求、经营环境、商业伦理、商人心态等各个层面实际状况的重要资料，是我们研究近代早期欧洲商业史、经济史、社会史不可或缺的历史文献。

二、 中西商书的比较

14—18 世纪，位于欧亚大陆两端的中国和欧洲都差不多同时出现了"商书现象"，这是一个非常重要的历史事件。对比明清时期的商书与同时期欧洲的商人手册（商业手册），可以发现诸多相同和相异之处。这些异同表现了这个时期中西商业发展的特点。

就相同之处而言，中西商书一个最大的共同之处是，它们的大量出现乃至形成"商书现象"绝非偶然，而是这一时期中西商业化蓬勃发展所导致的"商业革命"的产物。

商业化的发展，需要大量的商业信息。如何获得充分而且正确有用的商业信息，是商业活动能否顺利进行和扩大的关键。明清商书和近代早期欧洲商业手册的出现和激增，既为商业迅速发展提供了必要的信息，同时其自身又是商业迅速发展的产物。

在欧洲，航海事业日新月异，各类跨国海外贸易公司如雨后春笋，蓬勃发展。在中国，明清时期的商业发展也是日益繁荣。且随着明清社会风气的变化，民众对商人和从商行为日益宽容与接受，从商者越来越多，形成了区域性的商人组织——商帮。而商业的飞速发展和市场变化导致了商业知识的创新，且专业分工也日益细致复杂。这样，原有的商业知识传授模式及信息传递方式已难以适应这一新的社会群体的要求，他们需要一些专门讲授经商知识及相关领域专门知识的阅读物，这也使得明清时期的商书及早期欧洲的商业手册有了一个相对固定而且日益扩大的阅读群体。在这种背景下，专门讲授各类经商之道及专业知识的商书便应运而生。而15世纪欧洲印刷技术的革命、明清时期大众教育的普及、民众识字率的提高、图书印刷技术的进步等，降低了图书成本，推动了商书受众面的进一步扩大，从而在欧亚大陆的两端形成了共同的"商书现象"。

其次，商业化的发展，需要一大批从事商业活动的专业人才，即受过商业教育、拥有必需的商业知识和商业经营能力的商人。明清商书和近代早期欧洲商业手册都是当时商业教育的主要材料，为社会提供了商人培训的主要教材。这一点，也具有非常重要的意义。

例如，在从商者的培养方面，中世纪晚期欧洲教育从商的年轻人的传统方式，是让他们成为几年的学徒与店员。这一点与明清时期中国的商业教育几无区别。

欧洲商业手册特别强调对从商者品德的要求。如《施氏手册》指出，一个完美的商人，仅仅会"账目报表，测量尺寸，过磅称重，有娟秀的笔迹，会流畅地写信，能轻松地与客户周旋讲价"是不够的，"经验丰富的商人应是成熟与可靠的，在商务方面形成诚实与善良的美德，然后他们才可以被称为商人"。①

明清时期的商书也同样注重经商能力和品德的培养。其中，伦理道德教育，被放在了非常重要的地位。吴中孚《商贾便览·工商切要》开篇直言："习商贾者，其仁、义、礼、智、信，皆当教之焉，则及成自然，生财有道矣。"《贸易须知》也强调："商亦有道，敦信义，重然诺，习勤劳，尚节俭。此四者，士农工皆然，而商则尤贵，守则勿失。"《典业须知》对学徒有"勤、谨、廉、俭、谦、和"等六字要求，同时还有"戒性情、戒嬉游、戒懒惰、戒好胜、戒滥交"等五戒，并认为守此五戒，是一生安身立命的根本。总之，明清商书特别强调勤俭朴实、公平竞争、遵纪守法、施舍孤贫、洁身自好、戒贪赌财色、严于律己等职业素养与品德教育。这些要求与欧洲商书的要求具有异曲同工之处。

另一方面，由于中西在商业文化和历史传统方面的不同，明清商书和近代早期欧洲商业手册在内容上也各具特色。这些特色深刻地反映了两个地区在商业化发展的历史进程中的差异。

从内容上看，近代早期欧洲的商业手册大多是概略的商业数

---

① 详 Daniel A. Rabuzzi, "Eighteenth-Century Commercial Mentalities as Reflected and Projected in Business Handbooks", *Eighteenth-Century Studies*, Vol. 29, No. 2 (Winter, 1995/1996), pp. 169–189.

据(例如,提出度量衡、关税表、通行税)、指导怎样推销商品、筹措资金和会计记账技巧等内容。[①] 由于近代早期欧洲的商业贸易基本上是跨国贸易,因此绝大多数早期手册面对的对象不是小商贩或地方贸易,而是当时欧洲的长途商人,特别是文化层次不高的长距离批发商人,很多手册相当部分的内容与那一时代跨国范围的国际贸易、特别是越境付款有关。因此,手册内容包含各地的度量衡、货币交换信息、关税表、通行税、它与算术、会计类手册一样,在数量上占据很大部分。

此外,近代早期欧洲的商业手册还有一些属公司严格保密的笔记及其代理人的报告,以及业务通讯和其他信件。公司使用这些笔记与报告,汇编成商业手册,成为组织内部的传递程序和商业惯例。像东印度公司这类非常大型的股份公司,就非常倚赖他们分布海外的公司人员提供的市场信息。

明清商书主要是针对从事国内贸易的个体商人。明清时期(前期),即便是从事海外贸易的民间铺商与船商,也没有出现类似欧洲的跨国贸易公司。明清时期中国沿海最大的海上贸易集团当属郑氏(郑成功)集团,但郑氏集团带有鲜明的亦商亦官的特征。在海外贸易的组织与管理方面,郑氏海商集团是以其显赫的权势、众多的商船及其雄厚的资本,建立起以"五行"和"五常"为名号的山、海两路各五大商行。这种贸易的组织形式,实际上是对明代后期以来民间海

---

① Daniel A. Rabuzzi, "Eighteenth-Century Commercial Mentalities as Reflected and Projected in Business Handbooks", *Eighteenth-Century Studies*, Vol. 29, No. 2 (Winter, 1995/1996), p. 171.

外贸易中的铺商和船商组织的继承和发展，但是，其整个管理模式仍是带有明代官方的传统管理色彩。此外，其五大商行还是集贸易、军事及情报等多功能为一体的秘密组织。[①] 这一切与近代早期欧洲的跨国贸易公司的性质不可同日而语。郑氏集团的官商关系在某些方面与西欧国家非常相似，如以军事支持商人发展武装贸易，以政治外交手段为自己的商人开拓市场、维护商人的利益等，它实际上属于那种具有公权力背景的商业组织。[②]

在传授从商知识的内容方面，明清商书和近代早期欧洲商业手册也有很大的不同。欧洲的商业手册除了通常所提及的与商业相关的论题如会计/记账、交易、商品、商业法律之外，还要求年轻的商人掌握数学、几何学与宇宙学等各方面的知识。[③]

写于大约 13 世纪初的斯堪的纳维亚的教育专著《国王的镜子》(佚名)一书，对成功商人所必备的知识和人格作了很好的阐述："商人必须非常勇敢，要对在海上和异教徒的土地上遭遇的危险有所准备。他必须彬彬有礼、平易近人，而且要小心谨慎，在购买货物前要先检查它们的质量和状况。在国外时，他应该生活讲究，去最好的酒馆，但也不能一味铺张。作者同时建议他远离饮酒、妓女、争吵和赌博。他还应尽可能地学会外语，特别是法语和拉丁语。他还应该

---

① 聂德宁：《明清之际郑氏集团海上贸易的组织与管理》，《南洋问题研究》1992 年第 1 期。

② 刘强：《海商帝国：郑氏集团的官商关系及其起源，1625—1683》，南开大学经济学院博士学位论文，2012 年，第 18—21 页。

③ Donald J. Harreld, *An Education in Commerce: Transmitting Business Information in Early Modern Europe*, p. 76.

学习法律并遵守当地习俗。该作者还认为算术和天文学知识也是应该必备的。因为商人必须懂得如何计数并在导航时会通过看天空来了解天气。他要尽快以合理的价格卖出商品，因为货物的快速周转能刺激贸易。如果他拥有一条船，他应该每年秋天给船身涂抹焦油，妥善保管索具和船具，在春天航行，并确保在夏季末返回。他应只购买状况良好的船只的份额。如果获得成功，他可以将他所赚的利润投资做合伙生意，但应该十分谨慎地选择合伙人。这条原则可以最终使他结束自己在外的奔波，转而资助更年轻的商人从事贸易。随着利润的不断增长，他不应将资金完全投在商业上。更明智的做法是将大部分钱投资购买土地。（购买）土地是最安全的投资方式，可以为他及他的后代提供生活保障。"①由此可以看出，该书对商人的素质要求几乎是全方位的。

明清商书的内容同样丰富多样。除了谈及经商所必备的专业知识及经商素质，如经商理念、职业道德、市场行情、船户脚夫、各地关税、路程图引、交易技巧、银色辨别、防盗杜骗之外，日常生活常识如天文地理、风俗禁忌、医药养生、应酬书信、待人接物、文官武职、吉凶出行等也是商书的重要内容之一。与此同时，明清时期的商书大多注重经商能力和品德要求，特别强调从业者要能言善辩，善于察言观色，善于处理好各方面的人事关系，并将此视为经商成败与否的关键。《客商规鉴论》《士商类要》《客商一览醒迷》《商贾便览》和《生意世事初阶》《贸易须知》等主要代表性商书，莫不如此。像程春宇在

---

① M. M. 波斯坦、E. E. 里奇、爱德华·米勒主编：《剑桥欧洲经济史》第3卷《中世纪的经济组织和经济政策》，周荣国、张金秀译，经济科学出版社，2002年，第40页。

《士商类要》中,即把眼力、口才、心智作为商人的基本素质。他指出:"有眼力者识人识物;有口才者辨是辨非;有心智者知成知败,为人身之至宝,实贸易之真宗。三者贤,江湖散诞之仙;三者拙,途路奔忙之子。"①

也就是说,在当时商人眼中,诸种纷繁复杂的人事关系的处理,是商业经营管理之道的重要内容,其重要性甚至远胜于经营过程中的技术管理。

在文化影响因素方面,欧洲商书的宗教影响比较浓厚。在近代早期的欧洲,直到 18 世纪,宗教禁欲主义思想影响仍然非常大。这一时期出版的商业手册大多要求经商从业者培养忠诚、诚实、坚贞、勤奋、禁欲、谨慎等品德。特别要一提的是,因为财富对人诱惑巨大,而经商(特别是海上贸易)又充满风险,因此这些商业手册强调要用理性约束欲望。②

与之相对应的,则是中国儒家传统文化对明清商人影响至深。中国的商书偏重以儒家的思想伦理来要求、培养商人,要求商人重信义,守然诺,不刻剥。在"利""义"关系问题上,宣诚商人不能见利忘义,主张君子之财,取之有道。在商人的职业道德和道德规范方面,商书倡导艰苦创业,节俭为本,洁身自好,严于律己,戒贪赌财色。要求商人不仅要公平交易,光明正大,而且要诚实无欺,重恩守信。商

① 程春宇:《士商类要》卷二《贸易赋》。
② 即如拉布齐所归纳的那样:"理性的资本主义不得不处理无止境的欲望与贪婪,减少非理性的冲动。"见 Daniel A. Rabuzzi, "Eighteenth-Century Commercial Mentalities as Reflected and Projected in Business Handbooks", *Eighteenth-Century Studies*, Vol. 29, No. 2 (Winter, 1995/1996), pp. 175 – 177.

书还鼓励商人施舍孤贫,捐助公益。明清时期有众多的商人热心于地方慈善事业,符合儒家思想中重义轻利、乐善好施的伦理要求,他们也因此而获得了"贾而好儒""儒商"的名声。

在商书的传播与留存方面,明清公开刊印的商书在当时行销颇广,传抄甚多,但由于其刊印粗糙,内容浅疏,且其阅读对象主要是文化水平不高的商人,对于当时的收藏家而言,收藏意义不大,并不为当时的藏家所看重。故而明清时期的商书虽然行销一时,但其收藏与传播则没有西方印刷的商业手册流布之广泛。①

用全球史的眼光来看,15—18世纪是早期经济全球化的时代。早期经济全球化的动力,是商业化,是商业的大发展,而承担这一重任的主角就是商人。时势造英雄,英雄造时势。商业的发展和商人的成长,彼此相辅相成。而要造就商业的发展和商人的成长,就需要商业知识和技能在商人中的普及。明清中国和近代早期欧洲的"商书现象"就是早期经济全球化的产物,同时又积极推动了早期经济全球化的进展。因此,只有把"商书现象"放到早期经济全球化的大背景中进行研究,才能认识其历史必然性。明清中国和近代早期欧洲的"商书现象"绝不是偶然出现的,它们的出现和发展,从一个方面深刻地反映了早期经济全球化这个史无前例的大变局的出现和发展。

在早期经济全球化时代到来之前,中国和欧洲分别在各自的发展轨迹上行进了数千年,形成了非常不同的历史传统。到早期经济

---

① 明清商书与近代早期欧洲的商业手册在诸多方面可以比较,拟另撰文论述。本节限于篇幅,兹从略。

全球化时代到来时，这些历史传统依然在发挥作用，从而使得两个地区的商业和商人发展也显现出各自的特色。两地"商书现象"的异同，为我们揭示了历史比较研究的重要性。各自的历史传统使得早期经济全球化进程在不同的地方各有其特色。这一点清楚地告诉我们：经济全球化的普世进程和世界各地的地方特点（例如"中国特色""欧洲特色"）是携手并进的。撇开二者中任何一方，都不能正确认识历史的演进。因此，从比较研究的角度来对比明清商书和同时期欧洲的商业手册，可以为我们提供研究同一时期东西方不同的商业发展路径与商人培养模式的新视角。

主要征引书目

一、商书与日用类书

明代商书

程春宇：《士商类要》六卷，天启六年刊。

憺漪子：《新镌士商要览》三卷，崇祯年间刊。

黄汴：《一统路程图记》八卷，隆庆四年刊。载《四库全书存目丛书》
《史部》第 166 册，地理类，齐鲁书社，1996 年。另见杨正泰《明代驿
站考》（增订本），上海古籍出版社，2006 年。

江湖散人辑：《士商必要》（三种）：《新刻水陆路程便览》八卷、
《择日便览》二卷加一卷附录、《占验书》一卷。《北京图书馆古
籍珍本丛刊》影印本，子部，丛书类，第 82 册。书目文献出版
社，1988。

李留德：《新刻客商一览醒迷天下水陆路程》，崇祯八年刊。

商浚：《水陆路程》八卷，万历四十五年刊。

陶承庆增辑：《华夷风物商程一览》二卷，万历年间刊。

延陵处士编：《商贾指南》，刊印年代不详。

壮游子：《水陆路程》，万历四十五年刊。

佚名：《（鼎刻）江湖历览杜骗新书》四卷，明万历间刊。存仁堂陈怀
轩梓影印本，载《古本小说集成》第 3 批，上海古籍出版社，1990 年。

清代商书

陈其楫:《天下路程》三卷,乾隆六年刊。

崔亭子:《路程要览》二卷。本著所用版本刊印时间不详。

范铜:《布经》八卷(乾隆十六年钞本),《四库未收书辑刊》第 3 辑
　　第 30 册。

冯琢珩:《辨银谱》,康熙年间刊,乾隆五十四年马心恭刻本,《四库未
　　收书辑刊》第 10 辑第 12 册。

(长白)桂林、(鹤江)御幡雅文合著:《生意集话》,光绪十八年刊本。

(长白)桂林校阅,(鹤江)御幡雅文译述:《燕语生意筋络》,日本明治
　　三十六年(光绪二十九年,1903)刊行,御幡氏藏版。

赖盛远:《示我周行》全三卷附续集,乾隆三十九年刊,灵兰堂藏版。

赖盛远:《士商便览示我周行》,乾隆五十二年刊,宝善堂藏版。

宁寿堂:《银谱》,乾隆六年。

王秉元纂集,汪淏增订:《生意世事初阶》,乾隆五十一年抄本。

王秉元:《贸易须知》,光绪五年刊本。

《贸易须知(炳记)》,本著所用版本刊印时间不详。

王秉元:《生意经络》,民国十一年,上海宏大善书局石印本(内称《贸
　　易指南》)。

吴日法:《徽商便览》,民国八年铅印本。

吴中孚:《商贾便览》八卷,乾隆五十七年刊。

吴中孚:《重订商贾便览》六卷,道光二年(1822)刊。

杨树棠:《杂货便览》,清末抄本。

佚名:《布经要览》二卷,清汪裕芳钞本:《四库未收书辑刊》第 10
　　辑 12 册。

英德堂藏板：《示我周行　天下路程》，乾隆三年刊本。

日用类书

商传主编：《明代通俗日用类书集刊》，西南师范大学出版社、东方出版社，2011年。

酒井忠夫监修、坂出祥伸、小川阳一编：《中国日用类书集成》，日本汲古书院1999年至2004年陆续出版。具体见下：

《新刻全补天下四民利用便观五车拔锦》，万历二十五年刊本。《中国日用类书集成》，日本汲古书院，1999年。

《新刻天下四民便览三台万用正宗》，余象斗纂，万历二十七年刊本。《中国日用类书集成》，日本汲古书院，2000年。

《新刻全补士民备览便用文林汇锦万书渊海》，万历三十八年刊本。《中国日用类书集成》，日本汲古书院，2001年。

《新板增补天下便用文林妙锦万宝全书》，万历四十年刊本。《中国日用类书集成》，日本汲古书院，2003年。

《新刻搜罗五车合并万宝全书》，万历四十二年(1614)刊本。《中国日用类书集成》，日本汲古书院，2000年。

龙阳子编，谭阳余文台刊本：《鼎锲崇文阁汇纂士民万用正宗不求人》，万历三十五年(1607)刊。该版本与日本汲古书院编《中国日用类书集成》中余文台本《新刻天下四民便览三台万用正宗》完全相同。收入《域外汉籍珍本文库》第2辑，子部，第11册。人民出版社、西南师大出版社，2011年。下同。

武纬子补订：《新刊翰苑广记补订四民捷用学海群玉》，万历三十五年(1607)潭阳熊氏种德堂刊本。载《域外汉籍珍本文库》第2辑，子部，第12册。另见商传主编《明代通俗日用类书集刊》收录本。

朱鼎臣编:《新刻邺架新裁万宝全书》,万历四十二年(1614)刊。载
《域外汉籍珍本文库》第2辑,子部,第12册。

《鼎镌崇文阁汇纂士民捷用分类万用正宗不求人》,作者不详。万历
三十七年(1609)刊本。收入《域外汉籍珍本文库》第2辑,子部,
第11册。

《龙头一览学海不求人》,作者、刊印时间不详。载《域外汉籍珍本文
库》第2辑,子部,第13册。

《新刻天下民家便用万事全书》,作者不详,万历年间刊本。载《域外
汉籍珍本文库》第2辑,子部,第12册。

徐会瀛编:《新锲燕台校正天下通行文林聚宝万卷星罗》,万历间刊
本。收入《中国历史地理文献辑刊·类书类地理文献集成》第8
编,第17册。上海交通大学出版社,2009年。

陈允中编:《新刻群书摘要士民便用一事不求人》,万历书林种德堂
本。载商传主编《明代通俗日用类书集刊》。

《新刻人瑞堂订补全书备考》,崇祯年间刊本。载商传主编《明代通俗
日用类书集刊》。

《新刻艾先生天禄阁汇编采精便览万宝全书》,万历间三槐堂王泰源
刊本,关西大学图书馆藏本。

毛文焕纂:《增补万宝全书》,乾隆四年(1739)刊。日本关西大学图
书馆所藏道光八年重刊本,贵文堂梓行。

二、各种民间抄本、刻本(部分抄本作者及刊印时间不详)

《客商规略》,清抄本,不分卷,安徽省图书馆藏。

《客孤思乡》,咸丰二年抄本,不分卷,安徽大学徽学研究中心藏。

《商情杂览》,清抄本,不分卷,安徽师范大学图书馆藏。

《商贾格言》,谢光燧辑,光绪间刊,安徽省图书馆藏。

《商贾启蒙　商贾格言》,徽州王鸣时,清抄本,安徽省图书馆藏。

《商贾指南》,佚名,抄本,安徽省图书馆藏。

《生意经传》,清抄本,不分卷,江敷五传抄,安徽省图书馆藏。

《(徽州绩溪经商)生意经》,清抄本,点校稿。

《杂录便览》,佚名,抄本,安徽省图书馆藏。

《自汉口至西安路程》,抄本,一册,京都大学人文科学研究所藏。

《当行杂记》,抄本,齐思整理,载中国社会科学院近代史研究所近代史资料编辑部编《近代史资料》总 71 号。中国社会科学出版社,1988。下同。

《当谱》写本四种(道光 2 种,同治 1 种,清末 1 种),载赵金敏点校整理:《当铺鉴别珠宝文玩秘诀》,北京燕山出版社,1991。

《成家宝书》,载《中国古代当铺鉴定秘籍(清钞本)》,国家图书馆古籍文献丛刊。全国图书馆文献缩放复制中心出版,2001。下同。

《当谱》,载《中国古代当铺鉴定秘籍(清钞本)》。

《当谱集》,乾隆二十四年钞本。载《中国古代当铺鉴定秘籍(清钞本)》。

《论皮衣粗细毛法》,道光二十三年李氏定本,峻山氏重辑,载《中国古代当铺鉴定秘籍(清钞本)》。

《定论珍珠价品宝石沉头》,道光二十三年李氏定本,峻山氏重辑载《中国古代当铺鉴定秘籍(清钞本)》。

《典务必要》,抄本,丁红整理,载《近代史资料》总 71 号。

《典业须知》抄本,美国哈佛燕京图书馆藏。本著亦参考杨联陞点校编辑本,刊于《食货》月刊复刊第 1 卷第 4 期。

《银洋珠宝谱》，抄本，美国哈佛燕京图书馆藏。

《玉器皮货谱》，抄本，美国哈佛燕京图书馆藏。

《至宝精求》，抄本，美国哈佛燕京图书馆藏。

三、地方志

光绪《宝山县志》，《中国方志丛书》，华中地方，第 407 号。成文出版
　　社有限公司，1983，影印本。下同。

嘉靖《常熟县志》，上海图书馆藏本。

康熙《常熟县志》，《中国地方志集成》，江苏府县志辑，第 21 册。上海
　　书店、江苏古籍出版社、巴蜀书社联合出版，2006，影印本。下同。

顺治《长兴县志》（上海图书馆藏本）。

光绪《长兴县志》、光绪《长兴志拾遗》，《中国地方志集成》，浙江府县
　　志辑，第 28 册。

光绪《常昭合志稿》，《中国地方志集成》，江苏府县志辑，第 22 册。

光绪《慈溪县志》，《中国方志丛书》，华中地方，第 213 号。

嘉靖《德清县志》（上海图书馆藏本）。

民国《德清县新志》，《中国地方志集成》，浙江府县志辑，第 28 册。

正德《姑苏志》，《天一阁藏明代方志选刊》第 11—14 册，上海古籍书
　　店，1981 重印。

天启《海盐县图经》，《中国方志丛书》，华中地方，第 589 号。

乾隆《海盐县续图经》（华东师范大学藏本）。

康熙《杭州府志》（上海图书馆藏本）。

民国《杭州府志》，《中国地方志集成》，浙江府县志辑，第 1—4 册。

嘉靖《河间府志》，《四库全书存目丛书》，史部，第 192 册。

乾隆《湖州府志》(华东师范大学藏本)。

同治《湖州府志》,《中国方志丛书》,华中地方,第 54 号。

康熙《徽州府志》,《中国方志丛书》,华中地方,第 237 号。

万历《嘉定县志》,《中国方志丛书》,华中地方,第 421 号。

光绪《嘉定县志》,《中国地方志集成》,上海府县志辑,第 8 册。

光绪《嘉兴府志》,《中国地方志集成》,浙江府县志辑,第 12—15 册。

嘉靖《建阳县志》,《天一阁藏明代方志选刊》,第 31 册。

乾隆《金山县志》,《中国方志丛书》,华中地方,第 405 号。

光绪《江宁府志》,《中国方志丛书》,华中地方,第 1 号。

乾隆《晋江县志》,《中国方志丛书》,福建省,第 82 号。

弘治《句容县志》,《天一阁藏明代方志选刊》,第 11 册。

光绪《菱湖镇志》,《中国地方志集成》,乡镇志专辑,第 24 册。

光绪《罗店镇志》,《中国地方志集成》,乡镇志专辑,第 4 册。

道光《昆新两县志》,《中国地方志集成》,江苏府县志辑,第 15 册。

民国《南通县图志》,《中国地方志集成》,江苏府县志辑,第 53 册。

嘉庆《南翔镇志》,《中国地方志集成》,乡镇志专辑,第 3 册。

道光《南浔镇志》,《中国地方志集成》,乡镇志专辑,第 22 册(上)。

咸丰《南浔镇志》,《中国地方志集成》,乡镇志专辑,第 22 册(下)。

民国《南浔志》,《中国地方志集成》,乡镇志专辑,第 22 册(上)。

道光《平望志》,《中国地方志集成》,乡镇志专辑,第 13 册。

道光《蒲溪小志》,上海古籍出版社,2003 年。

民国《濮院志》,《中国地方志集成》,乡镇志专辑,第 21 册。

乾隆《绍兴府志》,《中国地方志集成》,浙江府县志辑,第 39 册。

光绪《石门县志》,《中国地方志集成》,浙江府县志辑,第 26 册。

正德《松江府志》,《天一阁藏明代方志选刊续编》第5—6册。

嘉庆《松江府志》,《中国方志丛书》,华中地方,第10号。

光绪《苏州府志》,《中国方志丛书》,华中地方,第5号。

弘治《太仓州志》(复旦大学藏宣统本)。

嘉靖《太仓州志》,《天一阁藏明代方志选刊续编》第20册。

崇祯《太仓州志》,广陵书社,2014年影印本。

光绪《塘栖志》,《中国地方志集成》,乡镇志转辑,第18册。

光绪《通州直隶州志》,《中国方志丛书》,华中地方,第43号。

崇祯《外冈志》,《中国地方志集成》,乡镇志专辑,第2册。

乾隆《续外冈志》,《中国地方志集成》,乡镇志专辑,第2册。

光绪《乌程县志》,《中国地方志集成》,浙江府县志辑,第26册。

康熙《乌青文献》(华东师范大学藏本)。

光绪《孝丰县志》,《中国方志丛书》,华中地方,第187号。

民国《萧山县志稿》,《中国方志丛书》,华中地方,第84号。正德《新
市镇志》(又名《仙谭志》)(清抄本),《中国地方志集成》,乡镇志专
辑,第24册。

万历《秀水县志》,《中国方志丛书》,华中地方,第57号。

万历《兖州府志》,《天一阁藏明代方志选刊续编》,第53—56册。

乾隆《震泽县志》,《中国地方志集成》,江苏府县志辑,第23册。

嘉庆《朱泾志》,《中国地方志集成》,乡镇志专辑,第1册。

光绪《上虞县志校续》

四、文集笔记类

元稹撰,冀勤点校:《元稹集》,中华书局,2010年。

陈士矿：《明江南治水记》，载《丛书集成新编》第 91 册。台湾新文丰
　　出版公司，1985 年。

崔溥：《漂海录》，北京，社会科学文献出版社，1992 年。

董斯张：《吴兴备志》，四库（文渊阁四库全书）提要本，商务印书
　　馆，1986 年。

范濂：《云间据目抄》，《笔记小说大观》第 6 册，江苏广陵古籍刻印
　　社，1995 年。

冯应京：《月令广义》，《四库全书存目丛书》，史部，164 册，济南，齐鲁
　　书社，1997 年。

高攀龙：《高子遗书》，《四库全书》集部第 1292 册，上海古籍出版
　　社，1987 年。

顾起元：《客座赘语》，中华书局，1997 年。

顾炎武：《顾亭林诗文集》，中华书局，1983 年。

顾炎武：《天下郡国利病书》，上海古籍出版社，2012 年。

归有光：《震川先生集》，上海古籍出版社，2007 年。

海瑞：《海瑞集》下编，中华书局，1981 年。

何良俊：《四友斋丛说摘抄》，中华书局，1997 年。

黄宗羲：《明夷待访录》，中华书局，2011 年。

黄宗羲：《明夷待访录》，《黄宗羲全集》，浙江古籍出版社，1985 年。

胡应麟：《少室山房笔丛》，上海书店出版社，2009 年。

黄瑜：《双槐岁钞》，魏连科点校，中华书局，1999 年。

计六奇：《明季北略》，中华书局，1984 年。

李梦阳：《空同先生集》，台北伟文图书出版社，1976 年。

李贽：《李贽文集》，北京燕山出版社，1998 年。

李贽：《李温陵集》，济南，齐鲁书社，1997年。

陆楫：《蒹葭堂杂著摘抄》，中华书局，1985年。

庞尚鹏：《庞氏家训》，《丛书集成新编》第33册，北京，中华书局，1985年。

丘濬：《大学衍义补》，《传世藏书·经库·经学史》第1册。海南国际新闻出版中心，1996年。

屈大均：《广东新语》，中华书局，1997年。

田艺蘅：《留青日札摘抄》，《丛书集成初编》第337册，中华书局，1985年。

汪道昆：《太函集》，《四库全书存目丛书》集部，118册，齐鲁书社，1997年。

蔡昇、王鏊：《震泽编》，陈其弟点校，古吴轩出版社，2015年。

王锜：《寓圃杂记》，中华书局，1997年。

王士性：《广志绎》，中华书局，2006年。

王世贞：《觚不觚录》，《影印文渊阁四库全书》第1041册，台湾商务印书馆，1983年。

王阳明：《王阳明全集》，吴光、钱明、董平、姚延福编校，上海古籍出版社，1992年。

吴士奇：《征信录·货殖传》，明万历年间刻本。

谢肇淛：《五杂组》，上海书店出版社，2001年。

徐光启著，陈焕良、罗文华校注：《农政全书》，岳麓书社，2002年。

徐献忠：《吴兴掌故集》，《丛书集成续编》第231册。

余继登：《典故纪闻》，中华书局，1981年。

于慎行：《谷山笔麈》，中华书局，1997年。

张瀚：《松窗梦语》，中华书局，1985年。

张居正：《张太岳集》，上海古籍出版社，1984 年。

朱国祯：《涌幢小品》，《明代笔记小说大观》，上海古籍出版社，2005 年。

陈确：《陈确集》，中华书局，1979 年。

法善式：《陶庐杂记》，中华书局，1997 年。

方观承：《御题棉花图册跋》，(清)董诰辑《授衣广训》。郑振铎编《中国古代版画丛刊》第 4 册，上海古籍出版社，1988 年。

方濬颐：《梦园丛说内篇》，清同治十三年(1874)扬州刻本。

顾公燮：《消夏闲记摘抄》，江苏古籍出版社，1985 年。

顾祖禹：《读史方舆纪要》，《续修四库全书》，第 598—612 册。

刘大鹏：《退想斋日记》，乔志强标注，山西人民出版社，1990 年。

刘献廷：《广阳杂记》，中华书局，1997 年。

沈垚：《落帆楼文集》，《丛书集成续编》第 195 册，上海书店出版社，1994 年。

唐甄：《潜书》(附诗文集)，中华书局，2009 年。

谢阶树：《约书》。载马天西主编《中国文化精华全集》卷 16，《政治经济卷》，中国国际广播出版社，1992 年。

谢元淮：《养默山房诗录》，清道光二十八(1848)年刻本(影印)。

叶梦珠：《阅世编》，中华书局，1997 年。

姚世锡：《前徽录》(不分卷)，《笔记小说大观》第 9 册，江苏广陵古籍刻印社，1995 年。

袁景澜：《吴郡岁华纪丽》，江苏古籍出版社，1998 年。

张履祥：《杨园先生全集》，中华书局，2002 年。

詹元相：《畏斋日记》，中国社科院历史所编《清史资料》第四辑，中华书局，1983 年。

郑光祖：《一斑录》，中国书店，1990年。

褚华：《木棉谱》，《上海掌故丛书》卷一。成文出版社有限公司，
　　1983年。

五、政史档案类

桓宽：《盐铁论》，中华书局，1992年。

司马迁：《史记》，中华书局，2013年。

班固：《汉书》，中华书局，2000年。

申时行、赵用贤等纂：《大明会典》，《万有文库》本，商务印书馆，
　　1936年。

陈子龙、徐孚远等编：《明经世文编》，中华书局，1997年。

黄彰健编：《明代律例汇编》，"中研院"历史语言研究所，1983年。

《明实录》，"中研院"历史语言研究所，1966年。

张廷玉等编：《明史》，中华书局，1979年。

席裕福纂：《皇朝政典类纂》，成文出版社，1969年。

中国第一历史档案馆编：《康熙朝汉文朱批奏折汇编》，档案出版
　　社，1985年。

中国第一历史档案馆编：《雍正朝汉文朱批奏折汇编》，江苏古籍出
　　版社，1991年。

《(光绪)钦定大清会典事例》，新文丰出版社，1976年。

《清朝文献通考》，浙江古籍出版社，1988年。

《清朝通典》，浙江古籍出版社，1988年。

《清经世文编》，中华书局，1992年。

《清实录》，中华书局，1986年。

《清史稿》，中华书局，2003 年。

六、近人论著、论文

著作

包筠雅（Cynthia J.Brokaw）著，杜正贞、张林译，赵世瑜校：《功过格：明清社会的道德秩序》，浙江人民出版社，1999 年。

包筠雅（Cynthia J.Brokaw）著，刘永华、饶佳荣等译：《文化贸易：清代至民国时期四堡的书籍文化》，北京大学出版社，2015 年。

陈宝良：《明代社会生活史》，中国社会科学出版社，2004 年。

陈宝良：《飘摇的传统——明代城市生活长卷》，湖南人民出版社，2006 年。

陈宝良：《明代社会转型与文化变迁》，重庆大学出版社，2014 年。

陈锋主编：《明清以来长江流域社会发展史论》，武汉大学出版社，2006 年。

陈锋、张建民主编：《中国财政经济史论稿——彭雨新教授百年诞辰纪念文集》，长江出版传媒、湖北人民出版社，2012 年。

陈高华、吴泰：《宋元时期的海外贸易》，天津人民出版社，1981 年。

陈高华：《元史研究论稿》，中华书局，1985 年。

陈江：《明代中后期的江南社会与社会生活》，上海社会科学院出版社，2006 年。

陈力：《中国古代图书史》，社科文献出版社，2017 年。

陈学文：《明清时期商业书及商人书之研究》，洪叶文化事业有限公司出版，1997 年。

陈学文：《中国封建晚期的商品经济》，湖南人民出版社，1989 年。

陈学文：《明清社会经济史研究》，稻禾出版社，1991年。

陈永发主编：《明清帝国及其近现代转型》，允晨文化实业股份有限公司，2011年。

董书城：《中国商品经济史》，安徽教育出版社，1990年。

董志坚编：《商人快览》，上海锦章图书局，1924年。

范金民、金文：《江南丝绸史研究》，农业出版社，1995年。

范金民：《明清江南商业的发展》，南京大学出版社，1998年。

范金民：《明清商事纠纷与商业诉讼》，南京大学出版社，2007年。

范金民主编：《江南社会经济研究·明清卷》，中国农业出版社，2005年。

樊树志：《江南市镇：传统的变革》，复旦大学出版社，2005年。

樊树志：《晚明大变局》，中华书局，2015年。

费正清（John King Fairbank）著，张理京译：《美国与中国》，世界知识出版社，1999年。

费正清（John King Fairbank）、赖肖尔（Edwin Oldfather Reischauer）著，陈仲丹、潘兴明、庞朝阳译，吴世民、张子清、洪邮生校：《中国：传统与变革》，江苏人民出版社，1992年。

方彦寿：《建阳刻书史》，中国社会科学出版社，2003年。

傅衣凌：《明清时代商人及商业资本》，人民出版社，1956年。

傅衣凌：《明清社会经济变迁论》，人民出版社，1989年。

王符撰著，高新民、王伟翔释注：《王符〈潜夫论〉释读》，宁夏人民出版社，2009年。

广东省社科院历史所中国古代史研究室等编：《明清佛山碑刻文献经济资料》，广东人民出版社，1987年。

郭孟良：《晚明商业出版》，中国书籍出版社，2010年。

韩大成：《明代社会经济初探》，人民出版社，1986年。

韩大成：《明代城市研究》，中国人民大学出版社，1991年。

黄仁宇：《万历十五年》，中华书局，1982年。

郝延平著，陈潮、陈任译，陈绛校：《中国近代商业革命》，上海人民出版社，1991年。

何泉达选辑：《清实录江浙沪地区经济资料选》，上海社会科学出版社，1989年。

何晓明：《世界眼光与本土特色——中国资本主义萌芽研究》，河南大学出版社，2010年。

胡寄窗：《中国经济思想史》，上海财经大学出版社，1998年。

吉尔伯特·罗兹曼(Gilbert Rozman)主编：《中国的现代化》，江苏人民出版社，1995年。

蒋建平等编著：《中国商业经济思想史》，中国财政经济出版社，1990年。

江苏省博物馆编：《江苏省明清以来碑刻资料选集》，生活·读书·新知三联书店，1959年。

蒋晓伟：《中国经济法制史》，知识出版社，1994年。

酒井忠夫著，刘岳兵、何英莺译：《中国善书的研究》，国书刊行会，1972年。凤凰出版传媒集团、江苏人民出版社，2010年。

李伯重：《中国的早期近代经济——1820年代华亭——娄县地区GDP研究》，中华书局，2010年。

李伯重：《理论、方法、发展、趋势：中国经济史研究新探》(修订版)，浙江大学出版社，2013年。

李长莉：《晚清上海社会的变迁——生活与伦理的近代化》，天津人民出版社，2002年。

李琳琦：《徽商与明清徽州教育》，湖北教育出版社，2001年。

李琳琦：《徽商会馆公所征信录汇编》（上、下），人民出版社，2016年。

李龙潜：《明清经济探微初编》，稻香出版社，2002年。

李玉安、黄正雨编著：《中国藏书家通典》，中国国际文化出版社，2005年。

梁德阔：《"韦伯式问题"的徽商经验研究》，安徽师范大学出版社，2014年。

林丽月：《奢俭·本末·出处：明清社会的秩序心态》，新文丰出版公司，2014年。

刘秋根：《江西商人长途贩运研究——〈江西商人经营信范〉解读》，河北大学出版社，2017年。

刘天振：《明代通俗类书研究》，齐鲁书社，2006年。

刘秀生：《清代商人与商业资本》，中国商业出版社，1993年。

陆勤毅主编：《安徽文化论坛2013：徽商与徽州文化学术研讨会论文集》，安徽大学出版社，2014年。

罗伯特·达恩顿（Robert Darnton）著，萧知纬译：《拉莫莱特之吻：有关文化史的思考》，华东师范大学出版社，2010年。

罗溥洛（Paul S. Ropp）主编，包伟民、陈晓燕译：《美国学者论中国文化》，中国广播电视出版社，1994年。

马伯煌主编：《中国经济政策思想史》，云南人民出版社，1997年。

马洪路：《人在江湖——古代行路文化》，江苏古籍出版社，2002年。

马敏：《官商之间：社会剧变中的近代绅商》，天津人民出版社，

1995 年。

马敏：《商人精神的嬗变——近代中国商人观念研究》，华中师范大学出版社，2001 年。

缪咏禾：《中国出版通史第五卷（明代）》，江苏人民出版社，2000 年。

缪咏禾：《中国出版通史（明代卷）》，中国书籍出版社，2008 年。

毛礼锐、沈灌群主编：《中国教育通史》，山东教育出版社，1987 年。

潘吉星：《中国造纸史话》，商务印书馆，1998 年。

祁晨越：《明代杭州地区的书籍刊印活动》，新加坡国立大学中文系博士学位论文，2010 年。

秦宗财：《明清文化传播与商业互动研究》，学习出版社，2015 年。

邱澎生：《当法律遇上经济——明清中国的商业法律》，五南出版社，2008 年。

全汉昇：《明清经济史研究》，联经出版事业公司，1987 年。

商传：《走进晚明》，商务印书馆，2014 年。

上海博物馆图书资料室编：《上海碑刻资料选辑》，上海人民出版社，1980 年。

施坚雅（G. William Skinner）：《中国农村的市场和社会结构》，中国社会科学出版社，1998 年。

施坚雅（G. William Skinner）：《中国封建社会晚期城市研究》，吉林人民出版社，1990 年。

史景迁（Jonathan Spence）著，黄纯艳译：《追寻现代中国：1600—1912 年的中国历史》，上海远东出版社，2005 年。

斯塔夫里阿诺斯（Leften Stavros Stavrianos）著，吴象婴、梁赤民译：《全球通史——1500 年以前的世界》，上海社会科学院出版社，

1999 年。

寺田隆信著，张正明、道丰、孙耀、阎守诚等译：《山西商人研究》，山西人民出版社，1986 年。

宋承先主编：《西方经济学名著提要》，江西人民出版社，2001 年。

苏州历史博物馆等合编：《明清苏州工商业碑刻集》，江苏人民出版社，1981 年。

谭其骧主编：《中国历史地图集》，地图出版社，1982 年。

唐力行：《商人与文化的双重变奏——徽商与宗族社会的历史考察》，华中理工大学出版社，1997 年。

唐力行：《商人与中国近世社会》，商务印书馆，2003 年。

唐力行：《唐力行徽学研究论稿》，商务印书馆，2014 年。

唐任伍：《唐代经济思想研究》，北京师范大学出版社，1996 年。

万明：《晚明社会变迁：问题与研究》，商务印书馆，2005 年。

王炳照、徐勇主编：《中国科举制度研究》，河北人民出版社，2002 年。

王尔敏：《中国近代思想史论》，社会科学文献出版社，2003 年。

王尔敏：《明清社会文化生态》，广西师范大学出版社，2009 年。

王家范：《中国历史通论（增订本）》，生活·读书·新知三联书店，2012 年。

王卫平：《明清时期江南城市史研究——以苏州为中心》，人民出版社，1999 年。

王燕玲：《商品经济与明清时期思想观念的变迁》，云南大学出版社，2007 年。

王文楚：《古代交通地理丛考》，中华书局，1996 年。

王毓瑚：《中国农学书录》（修订版），农业出版社，1964 年。

王毓铨：《王毓铨史论集》，中华书局，2005 年。

王振忠：《明清徽商与淮扬社会变迁》，生活·读书·新知三联书店，1996 年。

王振忠：《徽州社会文化史探微——新发现的 16 至 20 世纪民间档案文书研究》，上海社会科学院出版社，2002 年。

王振忠：《社会历史与人文地理：王振忠自选集》，中西书局，2017 年。

王志毅：《文化生意——印刷与出版史札记》，浙江大学出版社，2015 年。

吴承明：《中国的现代化：市场与社会》，生活·读书·新知三联书店，2001 年。

吴承明：《中国资本主义与国内市场》，中国社会科学出版社，1985 年。

吴承明：《市场·近代化·经济史论》，云南大学出版社，1996 年。

吴蕙芳：《万宝全书：明清时期的民间生活实录》，台湾政治大学出版社，2001 年。

吴仁安：《明清江南望族与社会经济文化》，上海人民出版社，2001 年。

吴志宏：《明代旅游图书研究》，南开大学博士学位论文，2012 年。

谢天佑：《秦汉经济政策与经济思想史稿》，华东师范大学出版社，1989 年。

许大龄：《明清史论集》，北京大学出版社，2000 年。

许承尧著，李明回等校点：《歙事闲谭》，黄山书社，2001 年。

许檀：《明清时期山东商品经济的发展》，中国社会科学出版社，

1998 年。

晏智杰主编：《西方市场经济理论史》，商务印书馆，1999 年。

杨国强：《百年嬗蜕——中国近代的士与社会》，上海三联书店，1997 年。

杨正泰：《明代驿站考》，上海古籍出版社，2006 年。

杨正泰：《〈天下水陆路程〉〈天下路程图引〉〈客商一览醒迷〉校注》，山西人民出版社，1992 年。

叶树声、余敏辉：《明清江南私人刻书史略》，安徽大学出版社，2000 年。

叶坦：《富国富民论——立足于宋代的考察》，北京出版社，1991 年。

伊丽莎白·爱森斯坦（Elizabeth L. Eisenstein）著，何道宽译：《作为变革动因的印刷机——早期近代欧洲的传播与文化变革》，北京大学出版社，2010 年。

余同元：《明清社会与经济近代转型研究》，苏州大学出版社，2015 年。

余英时：《中国近世宗教伦理与商人精神》，安徽教育出版社，2001 年。

余英时：《余英时文集·儒家伦理与商人精神》（第三卷），广西师范大学出版社，2004 年。

张海鹏、王廷元主编：《明清徽商资料选编》，黄山书社，1985 年。

张海鹏、王廷元：《徽商研究》，安徽人民出版社，1995 年。

张海鹏、张海瀛主编：《中国十大商帮》，黄山书社，1993 年。

张海英：《明清江南商品流通与市场体系》，华东师范大学出版社，2002 年。

张士杰编：《（增订）商人宝鉴》，商务印书馆，1915 年。

张秀民：《中国印刷史》，上海人民出版社，1989 年。

张正明：《晋商兴衰史》，山西古籍出版社，1995 年。

张仲礼：《中国绅士》，上海社会科学院出版社，1991年。

张忠民：《前近代中国社会的商人资本与社会再生产》，上海社会科学院出版社，1996年。

赵国华、刘国建主编，郭孟良编译：《从商经》，湖北人民出版社，2006年。

赵金敏点校整理：《当铺鉴别珠宝文玩秘诀》，燕山出版社，1991年。

赵靖：《中国经济思想史述要》，北京大学出版社，2000年。

郑昌淦：《明清农村商品经济》，中国人民大学出版社，1989年。

郑振铎编：《中国古代版画丛刊》第4册，上海古籍出版社，1988年。

中国历史研究社编：《东林始末》，上海书店，1982年。

周绍明（Joseph McDermott）著，何朝晖译：《书籍的社会史》，北京大学出版社，2009年。

论文：

包筠雅（Cynthia Brokaw）：《17到19世纪中国南部乡村的书籍市场及文本的流传》，载许纪霖、朱政惠编《史华慈与中国》，吉林出版集团有限责任公司，2008年。

本田精一：《〈三台万用正宗〉算法门：商业算术》，《九州大学东洋史论集》1995年第23期。

卞利：《明清时期徽商于灾荒的捐助与赈济》，《光明日报》1998年10月23日。

卞利：《徽商与明清时期的社会公益事业》，《中州学刊》2004年第4期。

卞利：《从〈生意手册〉看徽商的育人之道》，《徽商》2008年第2期。

卞利：《利益攸关：明清徽商捐助社会公益慈善事业的目的和动机》，

《中国社会经济史研究》2017 年第 4 期。

曹琳：《明代商人职业素养与技能论略》，《北方论丛》2009 年第 1 期。

曹国庆：《明初的学校教育》，《江汉论坛》1986 年第 6 期。

常建华：《论明代社会生活消费风俗的变迁》，《南开学报》1994 年第 4 期。

钞晓鸿：《近二十年来有关明清"奢靡"之风研究述评》，《中国史研究动态》2001 年第 10 期。

陈宝良：《明代的致富论——兼论儒家伦理与商人精神》，《北京师范大学学报（社会科学版）》2004 年第 6 期。

陈宝良：《明代的商贸旅游》，《中州学刊》2007 年第 5 期。

陈长华：《抑商质疑——兼论中国古代的赋税政策》，《史林》1995 年第 2 期。

陈东有：《明清"抑商"二分说》，《南昌大学学报》1996 年第 2 期。

陈国代、徐俐华：《建阳书乔山堂刘龙田刊刻书考略》，《飞天》2009 年第 22 期。

陈联：《徽州商业文献分类及价值》，《徽学》第二卷，安徽大学出版社，2003 年。

陈圣宇：《周亮工研究》，南京大学博士学位论文，2007 年。

陈学文：《明中叶"奢能致富"的经济思想》，《浙江学刊》1994 年第 4 期。

陈学文：《从〈士商类要〉来看明代徽商经商之道》，《学术界》1994 年第 6 期。

陈学文：《明清时期江南的商品流通与水运业的发展——从日用类书中商业书有关记载来研究明清江南的商品经济》，《浙江学刊》1995 年第 1 期。

陈学文：《论明清江南流动图书市场》，《浙江学刊》1998 年第 6 期。

陈忠平：《明清时期江南地区市场考察》，《中国经济史研究》1990 年第 2 期。

从翰香：《试述明代植棉和棉纺织业的发展》，《中国史研究》，1981 年第 1 期。

邓亦兵：《清代前期的民商》，《中国经济史研究》1997 年第 4 期。

邓亦兵：《清代前期全国商贸网络形成》，《浙江学刊》2010 年第 4 期。

段江波、朱贻庭：《试论明清社会的变迁及其商业伦理的发育》，《江苏社会科学》2011 年第 6 期。

段战戈：《书商余象斗和明代通俗小说》，《现代语文（学术综合版）》2007 年第 2 期。

范红霞：《1980 年以来关于重农抑商思想和政策的研究综述》，《高校社科信息》1997 年第 6 期。

范金民：《明清江南进士数量、地域分布及其特色分析》，《南京大学学报（哲学社会科学版）》1997 年第 2 期。

范金民、夏维中：《明清江南进士研究之二——人数众多的原因分析》，《历史档案》1997 年第 4 期。

范金民：《明代嘉靖年间江南的门摊税问题——关于一条材料的标点理解》，《中国经济史研究》2002 年第 1 期。

范金民：《清代徽州商帮的慈善设施——以江南为中心》，《中国史研究》1999 年第 4 期。

范毅军：《市镇分布与地域的开发——明中叶以来苏南地区的一个鸟瞰》，《大陆杂志》第一○二卷第四期，2001 年。

范毅军：《明中叶以来江南市镇的成长趋势与扩张性质》，《"中央研究院"历史语言研究所集刊》，第七十三本，第三分，2002年。

范毅军：《明代中叶太湖以东地区的市镇发展与地区开发》，《"中央研究院"历史语言研究所集刊》第七十五本，第一分，2004年。

方彦寿：《宋明时期的图书贸易与书商的利益追求》，韩琦、（意）米盖拉编《中国和欧洲：印刷术与书籍史》，商务印书馆，2008年。

费维恺（Albert Feuerwerker）：《从比较看中国经济史》，罗溥洛主编，包伟民、陈晓燕译《美国学者论中国文化》，中国广播电视出版社，1994年。

封越健：《十八世纪徽商典铺的经营管理与典当制度：以休宁茗洲吴氏典铺为中心》，台湾"中央研究院"《近代史研究所集刊》第78期，2012年12月。

高建立：《明清之际士商观念的转变与商人伦理精神的塑造》，《江汉论坛》2000年第1期。

高寿仙：《从〈杜骗新书〉看晚明的商业经营与商业风险》，《北京工商大学学报》2003年第7期。

郭孟良、张继红：《明清商书的出版传播学考察》，《编辑之友》2009年第10期。

郭蕴静：《略论清代商业政策和商业发展》，《史学月刊》1987年第1期。

郭蕴静：《谈谈清代的重商政策》，《社会科学辑刊》1990年第2期。

葛贤慧：《乾隆时期的粮食调剂》，《历史档案》1988年第4期。

韩大成：《明代徽商在交通与商业史上的重要贡献》，《史学月刊》1988年第4期。

何本方：《清代户部诸关初探》，《南开学报》1984 年第 3 期。

何汉威，Richard John Lufrano, *Honorable Merchants: Commerce and Self-Cultivation in Late Imperial China*（书评）：《汉学研究》第十五卷第二期（总号第 30 号），1997 年 12 月。第 301—309 页。

洪庆明：《从社会史到文化史：十八世纪法国书籍与社会研究》，《历史研究》2011 年第 1 期。

侯杰：《明清时期的商人与儒家思想观念》，《南开学报》2000 年第 5 期。

黄彩霞：《徽商的商业经营安全观述论——以徽商商业书为中心的考察》，《甘肃社会科学》2010 年第 6 期。

霍艳芳：《余象斗刻书考略》，《图书馆学刊》2007 年第 6 期。

姜守鹏、刘慧文：《明清时期的国内市场》，《史学集刊》1995 年第 2 期。

姜晓平：《〈士商类要〉与明代商业社会》，《西南师范大学学报（哲学社会科学版）》1996 年第 1 期。

酒井忠夫：《明代的日用类书和庶民教育》，林春友编《近世中国教育史研究》，东京，国土社，1958 年。

鞠清远：《清开关前后的三部商人著作》，《中国近代史论丛》第二辑，第二册。

李伯重：《简论"江南地区的界定"》，《中国社会经济史研究》1991 年第 1 期。

李伯重：《中国全国市场的形成，1500—1840 年》，《清华大学学报（哲学社会科学版）》1999 年第 4 期。

李伯重：《明清江南的出版印刷业》，《中国经济史研究》2001 年第 3 期。

李伯重：《八股之外：明清江南的教育及其对经济的影响》，《清史研究》2004 年第 1 期。

李伯重：《中国经济史学中的"资本主义萌芽情结"》，《读书》1996 年第 8 期。

李伯重：《十九世纪初期中国全国市场：规模与空间结构》，《浙江学刊》2010 年第 4 期。

李伯重：《挑战与应对：明代出版业的发展》，《中国出版史研究》2018 年第 1 期，中华书局出版。

李华：《明清时代广东农村经济作物的发展》，《清史研究》第三辑。

李和承：《明清传统商人区域化现象研究》，第 253 页，台湾师范大学历史研究所博士论文，1997 年。

李开升：《明代书籍文化对世界的影响》，《文汇报》2017 年 9 月 1 日。

李琳琦、王世华：《明清徽商与儒学教育》，《华东师范大学学报（教育科学版）》1997 年第 3 期。

李琳琦：《从谱牒和商业书看明清徽州的商业教育》，《中国文化研究》1998 年第 3 期。

李琳琦：《徽州书院略论》，《华东师范大学学报（教育科学版）》1999 年第 2 期。

李琳琦：《明清徽州的蒙养教育述论》，《安徽师范大学学报（人文社会科学版）》2000 年第 3 期。

李琳琦：《明清徽州书院的官学化与科举化》，《历史研究》2001 年第 6 期。

李龙潜：《试评丘濬经济思想中的几个问题》，《明清经济探微初编》，稻香出版社,2002年,第577页。

梁其姿:《"三字经"里历史时间的问题》,收于黄应贵主编:《时间、历史与记忆》,"中央研究院"民族学研究所,1999年。

林桂如:《书业与狱讼——从晚明出版文化论余象斗公案小说的编纂过程与创作意图》,"中央研究院"中国文哲研究所《中国文哲研究集刊》第三十九期,2011年。

林丽月:《东林运动与晚明经济》,淡江大学中文系主编《晚明思潮与社会变动》,弘文化事业股份有限公司,1987年。

林丽月:《商税与晚明的商业发展》,《台湾师大历史学报》第16期,1988年。

林丽月:《试论明清之际商业思想的几个问题》,《近代中国初期历史研讨会论文集》,"中央研究院"近代史研究所,1989年。

林丽月:《陆楫(1515—1552)崇奢思想再探——兼论近年明清经济思想史研究的几个问题》,《新史学》(台北)第5卷第1期,1994年3月。

林丽月:《明代禁奢令初探》,《台湾师大历史学报》第22期,1994年6月。

林丽月:《〈蒹葭堂稿〉与陆楫"反禁奢"思想之传衍》,张珣主编《明人文集与明代研究》,台北,明代研究学会,2002年。

林丽月:《禁奢与崇奢:明清消费观念的思想文化史考察》,林丽月主编,李国祁教授八秩寿庆论文集编辑小组编辑《近代国家的应变与图新》,唐山出版社,2006年。

刘凤云:《康熙朝的捐纳制度及其对铨制的影响》,《明清论丛》第四辑,紫禁城出版社,2003年。

刘海峰：《简评〈明代科举文献研究〉》，《光明日报》2009 年 12 月 12 日。

刘秀生：《清代中期的三级市场结构》，《中国社会经济史研究》1991
　　年第 1 期。

刘秀生：《清代内河商业交通考略》，《清史研究》1992 年第四期。

刘永华：《清代民众识字问题的再认识》，《中国社会科学评价》2017
　　年第 2 期。

刘毓庆：《中国历史上的三次商业革命浪潮及其启示》，《山西大学学
　　报（哲学社会科学版）》第 40 卷第 3 期，2017 年 5 月。

陆林：《周亮工参与刊刻金圣叹批评〈水浒〉、古文考论》，《社会科学
　　战线》2003 年第 4 期。

罗丽馨：《十六、十七世纪的商业书》，《中兴大学历史学报》第 7
　　期 1997 年 6 月。

罗仑、范金民：《清抄本〈生意世事初阶〉述略》，《文献》1990 年第 2 期。

马非伯：《论〈管子·轻重上〉——关于〈管子·轻重〉的著作年代》，
　　《管子轻重篇新诠》，中华书局，1979 年。

梅尔清（Tobie Meyer-fong）：《印刷的世界：书籍、出版文化和中华帝
　　国晚期的社会》，《史林》2008 年第 4 期。

缪咏禾：《明代的出版事业》，《出版科学》1999 第 2 期。

暴鸿昌：《论晚明社会的奢靡之风》，《明史研究》第三辑，黄山书
　　社，1993 年。

彭涓涓：《试探中国商业文化研究的方法与前景——从几部西方汉
　　学家关于明代商业文化研究的著作说起》，陈锋、张建民主编，《中
　　国财政经济史论稿——彭雨新教授百年诞辰纪念文集》，长江出版
　　传媒、湖北人民出版社，2012。

乔洪武：《重商主义的经济伦理研究》，《经济评论》1998 年第 2 期。

邱澎生：《由市廛律例演变看明清政府对市场的法律规范》，收入台湾大学历史系编《史学：传承与变迁学术研讨会论文集》，1998 年。

邱澎生：《由放料到工厂：清代前期苏州棉布字号的经济与法律分析》，《历史研究》2002 年第 1 期。

邱澎生：《审视明清中国市场与政府关系的演变》，《台湾大学历史学报》第二十六期。

邱澎生：《由日用类书到商业手册：明清中国商业知识的建构》，"中央研究院"近代史研究所《近代中国的财经变迁与企业文化研讨会》论文，2004 年 12 月。

邱澎生：《商业训练与职业教育：十八世纪中国的经济与道德论述》，台湾大学东亚文明中心主办《中国近世以降教育与地方发展研讨会》论文，2005 年 8 月。

邱澎生：《十八世纪中国商业法律中的债负与过失论述》，《复旦史学》第一辑，2005 年。

邱澎生：《"中质者，学工商"：十八世纪中国商业伦理的创建》，刊于其个人网页 http://www.sinica.edu.tw/～pengshan/。

邱澎生：《由〈商贾便览〉看十八世纪中国的商业伦理》，《汉学研究》第 33 卷第 3 期（总号第 82 号），2015 年。

桑良至：《安徽省图书馆藏抄本〈客商规略〉考评》，《文献》1994 年第 3 期。

山根幸夫：《关于明代的路程书》，日本《明代史研究》第 22 号（1994 年 4 月）。

山根幸夫：《明代〈路程〉书考》，《明史论文集》，黄山书社，1994 年。

石海霞：《胡文焕〈群音类选〉研究》，南京师范大学硕士学位论文，2009年。

水野正明：《关于〈新安原版士商类要〉》，载《东方学》第60辑，1980年。

森田明：《〈商贾便览〉について——清代の商品流通に关する觉书》，《福冈大学研究所报》第16号，1972年。

斯波義信：《〈新刻客商一览醒迷天下水陆路程〉略论》，《李埏教授九十华诞纪念文集》，云南大学出版社，2003年。

寺田隆信：《关于明清时代的商业书》，《东洋学》20号，1968年。

孙文学：《从商业教科书看明清晋商教育思想》，《纪念〈教育史研究〉创刊二十周年论文集（4）：中国学科教学与课程教材史研究》，2009年。

孙文杰：《明代畅销书述略》，《编辑之友》2016年第9期。

唐任伍：《唐代"抑工商"国策与"重商"社会观念的对立》，《河北师大学报》1995年第3期。

唐森、李龙潜：《明清广东经济作物的种植及其意义》，《明清广东社会经济形态研究》，广东人民出版社，1985年。

唐文基：《16至18世纪中国商业革命和资本主义萌芽》，《中国史研究》2005年第3期。

藤井宏：《新安商人研究》，《江淮论坛》编辑部编《徽商研究论文集》，安徽人民出版社，1985年。

涂丰恩：《明清书籍史的研究回顾》，（台湾）《新史学》二十卷一期，2009年3月。

万明：《晚明史研究七十年之回眸与再认识》，《学术月刊》2006

年 10 期。

王爱平：《名利并重与厚利薄名——明清徽商与晋商价值观之我见》，《内蒙古大学学报》，2000 年第 1 期。

王尔敏：《〈营谋小集〉与商贩经理知识》，《近代中国史研究通讯》第 30 期，2000 年 9 月。

王尔敏：《清代小商贩稀珍史料五种》，《近代中国史研究通讯》第 31 期，2001 年 3 月。

王日根、曹斌：《明清商书文献中的运河航路秩序》，《中原文化研究》2014 年第 6 期。

王日根、徐萍：《晚清杭州徽商所建新安惟善堂研究》，《安徽大学学报（哲学社会科学版）》，2013 年第 6 期。

王世华：《徽商研究：回眸与前瞻》，《安徽师范大学学报（人文社会科学版）》2004 年第 6 期。

王帅：《从士商互动到儒商形成——中国传统社会商人地位嬗变的文化解读帅》，《理论探索》2015 年第 3 期（总第 213 期）。

王文楚：《江南运河的形成及其演变过程》，《古代交通地理丛考》，中华书局，1996 年。

王新田、汪立祥：《明清商人与教育》，《教育评论》1993 年第 4 期。

王兴亚：《明代抑商政策对中国经济发展的影响》，《郑州大学学报》2002 年第 1 期。

王一樵：《近二十年明清书籍、印刷与出版文化相关研究成果评述》，《明代研究》第 26 期，2016 年 6 月。

王振忠：《斜阳残照徽州梦》，《读书》1994 年第 9 期。

王振忠：《〈唐土门簿〉与〈海洋来往活套〉——佚存日本的苏州徽商

资料及相关问题研究》,《江淮论坛》1999 年第 2 期、第 3 期、第 4 期。

王振忠:《同善堂规则章程——介绍徽商与芜湖的一份史料》,《安徽大学学报》1999 年第 4 期。

王振忠:《抄本〈便蒙习论〉——徽州民间商业书的一份新史料》,《浙江社会科学》2000 年第 2 期。

王振忠:《新近发现的徽商"路程"原件五种笺证》,《历史地理》第十六辑,上海人民出版社,2000 年。

王振忠:《稀见清代徽州商业文书抄本十种》,《华南研究资料中心通讯》,香港科技大学华南研究会,2000 年 7 月。

王振忠:《清代徽州与广东的商路及商业——歙县茶商抄本〈万里云程〉研究》,《历史地理》第十七辑,上海人民出版社,2001 年。

王振忠:《一册珍贵的徽州盐商日记——跋徽州文书抄本〈日记簿〉》,《历史文献》第五辑,上海科学技术文献出版社,2001 年。

王振忠:《启蒙读物与商业类书》,《徽州社会文化史探微:新发现的 16—20 世纪民间档案文书研究》,上海社会科学出版社,2002 年。

王振忠:《徽州人编纂的一部商业启蒙书——〈日平常〉抄本》,《史学月刊》2002 年第 2 期。

王振忠:《抄本〈信书〉所见金陵典铺伙计的生活》,《古籍研究》2004 年卷下,安徽大学出版社,2004 年。

王振忠:《新安江的路程歌及其相关歌谣》,《史林》2005 年第四期。

王振忠:《晚清婺源墨商与墨业研究》,《古代中国:传统与变革》,复旦大学出版社,2005 年。

王振忠:《清代前期徽州民间的日常生活》,陈锋主编《明清以来长江流域社会发展史论》，武汉大学出版社，2006年。

王振忠：《瓷商之路：跋徽州商编路程〈水陆平安〉抄本》，唐力行主编《江南社会历史评论》第四期，商务印书馆，2012年。

王振忠：《清代江南徽州典当商的经营文化：哈佛燕京图书馆所藏典当秘籍四种研究》，《中国学术》第25期，商务印书馆，2009年。

王振忠：《清代〈布经〉抄本五种之综合性研究——兼论徽商西贾与明清时代商书的编纂》，唐力行主编《江南社会历史评论》第11期，商务印书馆，2017年。

魏金玉：《介绍一商业书抄本》，《安徽师范大学学报》1991年第1期。

吴才茂：《晚明商人的防骗意识——以〈杜骗新书〉为中心考察》，《凯里学院学报》第28卷第5期，2010年10月。

吴蕙芳：《民间日用类书的内容与运用——以明代〈三台万用正宗〉为例》，《明代研究通讯》第三期，2000年10月。

吴建雍：《清前期的商品粮政策》，《历史档案》1986年第3期。

吴晓萍、李琳琦：《徽商的征途观念》，《历史档案》1997年第2期。

武占江、丁月华：《传统诚信观与晋商的经营管理》，《经济与管理》2004年第4期。

谢景芳：《明人士、商互识论》，《史学月刊》1993年第6期。

萧东发：《建阳余氏刻书考略》（上、中、下），《文献》1984年第3、4期，1985年第1期。

萧国亮：《清代封建国家干预商业经济的历史特点及后果》，《中国社会科学院研究生院学报》1989年第1期。

谢彦卯：《明代图书市场初探》，《图书馆理论与实践》2006年03期。

许大龄：《清代捐纳制度》，《明清史论集》，北京大学出版社，2000年。

徐国利：《明清徽州新儒贾观内涵与核心价值取向的再探讨》，陆勒毅主编《安徽文化论坛.2013 徽商与徽州文化学术研讨会论文集》，安徽大学出版社，2014 年。

许强：《明清时期徽商与江南地区的善会善堂建设研究》，西南大学硕士学位论文，2016 年。

许檀：《明清时期城乡市场网络体系的形成及意义》，《中国社会科学》2000 年第 3 期。

许檀、经君健：《清代前期商税问题新探》，《中国经济史研究》1990 年第 2 期。

许振东、宋占茹：《明代金陵周氏家族刻书成员与书坊考述》，《河北大学学报（哲学社会科学版）》2011 年第 2 期。

严雄飞：《清代民间教育的特点及其社会地位》，《北京理工大学学报（社会科学版）》2002 年第 4 期。

杨国勇：《元代教育的几个特点》，《山西大学学报（哲学社会科学版）》1985 年第 1 期。

杨军：《明代江南民间书坊兴盛的社会背景透析》，《图书与情报》2006 年第 5 期。

杨正泰：《现存最早的商旅交通指南》，《历史地理》第二辑，上海人民出版社，1982 年。

杨正泰：《略论明清时期商编路程图记》，《历史地理》第五辑，上海人民出版社，1987 年。

杨正泰：《明代国内交通路线初探》，《历史地理》第七辑，上海人民出版社，1990 年。

杨正泰：《明清商人地域编著的学术价值及其特点》，《文博》1994 年第 2 期。

杨正泰:《明代商书和其他文献图籍的关系》,"明人文集与明代研究
　　学术研讨会",汉学研究中心、中国明代研究学会主办,台北,
　　2000 年。

叶茂:《略论重农抑商的历史根源》,《中国经济史研究》1989 年
　　第 4 期。

叶树声:《明代南直隶江南地区私人刻书概述》,《文献》1987 年第 2 期。

殷俊玲:《晋商商业文化的新解读——新发现的〈生意论〉介绍及研
　　究》,《历史档案》2005 年第 4 期。

余同元:《明清江南织布技术的理论化——以清代三部〈布经〉为
　　例》,余同元《明清社会与经济近代转型研究》,苏州大学出版
　　社,2015 年。

余英时:《明清变迁时期社会与文化的转变》《士商互动与儒学转
　　向——明清社会史与思想史之一面相》,《余英时文集》第三卷《儒
　　家伦理与商人精神》,广西师范大学出版社,2004 年。

张崇旺:《试论明清商人的经营文化习俗》,《中国社会经济史研
　　究》1993 年第 3 期。

张海英:《明清时期江南地区商品市场功能与社会效果分析》,《学术
　　界》1990 年第 3 期。

张海英:《明清江南地区棉布市场分析》,《华东师范大学学报(哲学
　　社会科学版)》1991 年第 1 期。

张海英:《明清江南地区棉花市场分析》,《上海社会科学院学术季
　　刊》1992 年第 3 期。

张海英:《清代江南地区的粮食市场及其商品粮流向》,《历史教学问

题》1999 年第 6 期。

张海英：《明清江南地区与其他区域的经济交流及影响》，《社会科学》2003 年第 10 期。

张海英：《明清商书中的商业思想》，《历史文献研究》总第 24 辑，华中师范大学出版社，2005 年。

张海英：《明清社会变迁与商人意识形态——以明清商书为中心》，《古代中国——传统与变革》，复旦大学出版社，2005 年。

张海英：《日用类书中的"商书"——析〈新刻天下四民便览三台万用正宗·商旅门〉》，《明史研究》第 9 辑，黄山书社，2005 年。

张海英：《明清江南商路的经济内涵》，《浙江学刊》2005 年第 1 期。

张海英：《明中叶以后"士商渗透"的制度环境——以政府的政策变化为视角》，《中国经济史研究》2005 年第 4 期。

张海英：《明清商书的刊印与传承——以〈生意世事初阶〉〈贸易须知〉〈生意经络〉的刊印变化为个案》，载《国际清史暨故宫博物院八十周年纪念学术研讨会论文集》，紫禁城出版社，2006。

张海英：《从商书看清代"坐贾"的经营理念》，《浙江学刊》2006 年第 2 期。

张海英：《从明清商书看商业知识的传授》，《浙江学刊》2007 年第 2 期。

张海英：《明清商书文献考略》，《历史文献研究》总第 26 辑，华中师范大学出版社，2007 年。

张海英：《明清商业思想发展及其转型困境》，《社会科学》2010 年第 2 期。

张海英：《从明清商书的内容比较看明清时期的商品流通》，唐力行主编《江南社会历史评论》第 2 期,商务印书馆,2010 年。

张海英:《明清水陆行程书的影响与传承——以〈一统路程图记〉、〈士商类要·路程图引〉、〈示我周行〉为中心》,唐力行主编《江南社会历史评论》第 5 期,商务印书馆,2013 年。

张海英:《从清水江文书看明清时期的天柱社会》,张新民、朱荫贵主编《民间契约文书与乡土中国社会——以清水江流域天柱文书为中心的研究》,江苏人民出版社,2014 年。

张海英:《明清商业书的刊印与流布——以书籍史/阅读史为视角》,唐力行主编《江南社会历史评论》第 8 期,商务印书馆,2016 年。

张海英:《明清"商书现象":经济文化视野下的观察》,《南国学术》2018 年第 2 期。

章宏伟:《论明代杭州私人出版的地位》,氏著《十六——十九世纪中国出版研究》,上海人民出版社,2011 年。

章宏伟:《明代杭州私人刻书机构的新考察》,《浙江学刊》2012 年第 1 期。

张家炎:《试论"重本抑末"的双重悖反特性》,《农业考古》1993 年第 1 期。

张璉:《明代专制文化政策下的图书出版情形》,《汉学研究》1992 年第 2 期。

张明富:《明清商人投资文化教育述论》,《西南师范大学学报(人文社会科学版)》1997 年第 4 期。

张明富:《论明清商人商业观的二重性》,《史学集刊》1999 年第 3 期。

张显清:《晚明:中国早期近代化的开端》,《河北学刊》2008 年第 1 期。

张献忠：《明代杭州民营出版业述略》，《明代杭州研究》，杭州出版社，2009年。

张献忠：《明代南京商业出版述略》，《明史研究论丛》第十辑，故宫出版社，2012年。

张献忠：《明中后期商业出版的大众传播属性与文化的下移》，《求是学刊》2013年第2期。

张献忠：《明代杭州商业出版述略》，《北京联合大学学报（人文社会科学版）》，2013年第4期。

张献忠：《明代商业出版的历史定位及启示》，《贵州社会科学》2014年第2期。

张秀民：《明代印书最多的建宁书坊》，《文物》1979年第6期。

张秀民：《明代南京的印书》，《文物》1980年第11期。

张仲民：《从书籍史到阅读史——关于晚清书籍史/阅读史研究的若干思考》，《史林》2007年第5期。

赵长贵：《明清行商所临风险及其规避》，《云南社会科学》2010年第6期。

周海燕：《论明清商书的旅游学价值》，《重庆科技学院学报（社会科学版）》2012年第22期。

周生春、孔祥来：《宋元图书的刻印、销售价与市场》，《浙江大学学报（人文社会科学版）》2010年第1期。

邹进文：《明清商业书中的治生之学》，《北京商学院学报》2000年第1期。

足立启二：《明末的流通结构——〈杜骗新书〉的世界》，熊本大学文学会《文学部论丛》第41号《史学篇》，1993年2月。

七、英文文献

Gerard Malynes, *Consuetudo*, *Vel*, *Lex Mercatoria: Or*, *The Ancient Law-Merchant*, London, 1622.

John Browne, *The Merchant's Avizo*, London, 1616. First published in 1589.

Lewes Roberts, *The Merchants Mappe of Commerce*, London, 1638.

N.A., *The Exact Dealer's Daily Companion*, London, 1721.

S. Thomas, *The British Negociator*, London, 1765.

Thomas Watts, *An Essay on the Proper Method for Forming the Man of Business*, London, 1716.

Wyndham Beawes, *Lex Mercatoria Rediviva: Or*, *a Complete Code of Commercial Law*, London, 1752.

C. R. Boxer, *The Dutch Seaborne Empire 1600 - 1800*, Penguin, 1965.

Richard John Lufrano(陆冬远), *Honorable Merchants: Commerce and Self-Cultivation in Late Imperial China*, University of Hawaii Press, 1997.

Angela Leung(梁其姿), *Elementary Education in the Lower Yangtze Region in the Seventeenth and Eighteenth Centuries*, Papers in Social Sciences, Taipei, No. 94 - 95.

Alison G. Olson, *The Virginia Merchants of London: A Study in Eighteenth-Century Interest-Group Politics*, in The William and Mary Quarterly, Vol. 40, No. 3 (Jul., 1983), pp. 363 - 388.

Alison Hanham, *A Medieval Scots Merchant's Handbook*, in The

Scottish Historical Review, Vol. 50, No. 2 (Oct., 1971), pp. 107 - 120.

Daniel A. Rabuzzi, *Eighteenth-Century Commercial Mentalities as Reflected and Projected in Business Handbooks*, in Eighteenth-Century Studies, Vol. 29, No. 2 (Winter, 1995/1996), pp.169 - 189.

Donald J. Harreld, *An Education in Commerce: Transmitting Business Information in Early Modern Europe*, *Information Flows: New Approaches in the Historical Study of Business Information*, Edited by Leos Muller and Jari Ojala, SKS/Finnish Literature Society Helsinki, 2007. pp.63 - 83.

Donald J. Harreld, *Trading Places: The Public and Private Spaces of Merchants in Sixteenth-Century Antwerp*, in Journal of Urban History, Vol. 29, No.6 (2003), pp.657 - 669.

Evelyn S. Rawski(罗友枝), Education and Popular Literacy in Ch'ing China, University of Michigan Press, 1979.

Gilbert Rozman, *Honorable Merchants: Commerce and Self-Cultivation in Late - Imperial China*, The China Quarterly, No. 154(1998), pp.433 - 434.

James Smith Allen, *History and the Novel: Mentalité in Modern Popular Fiction*, in History and Theory, Vol. 22, No. 3 (Oct., 1983), pp.233 - 252.

Richard von Glahn, *Chinese Coin and Changes in Monetary Preferences in Maritime East Asia in the Fifteenth - Seventeenth Centuries*, In Journal of the Economic and Social History of the Orient, Vol.57, No.5 (2014), pp.629 - 668.

Susan Mann: *Honorable Merchants: Commerce and Self-Cultivation in Late - Imperial China*, in The American Historical Review, Vol. 103, No. 4 (Oct., 1998), pp.1295 - 1296.

后　记

对于明清商业书的关注，断断续续已有十多年了。2001年至2003年，我在上海财经大学经济学院博士后流动站学习，以明清经济思想史作为研究方向，开始关注明清商书，这本小书便是这十余年研究心得的一个总结。

明清时期的这些商书，其受众对象主要是商人，而且大多数情况下，是面对底层的初学者。商书中谆谆教诲的诸多训诫，代表着这个阶层共同认可的经营理念。因此，商书的出现，对明清商人而言意义重大，它标志着中国商业在经历了数千年的发展之后，商人们已形成了属于自己的行业准则和指导原则，并开始主动提升自身素质，构建其自身的商业文化。

在欧洲迈向近代化的过程中，西方商人曾起到居功至伟的作用。因此，以往我们研究中国明清时期的商人，也曾期望他们的思想或行为能引领经济发展的时代潮流。我如今越来越觉得，两者很难置于同一标准下考察。经营逐利，是东西方商人的共同本质，而"普天之下，莫非王土"的祖制，则是中国商人难以逾越的穹隆顶。不仅东西方经济发展的路径不同，东西方商人所处的生存环境不同，双方培养子弟生徒的要求也有很大的差异。这从中国与欧洲同时期商书（商业手册）的比较中即可窥其端倪。

中国的商人有其独特之处。在中国古代没有完整保障商人利益的法律，甚至是官方实行"重农抑商"政策的大背景下，商人们仍然呈现出顽强的生命力，并带动了明清时期商业经济的繁荣发展。在全球财富市场竞逐中，华商也以其智慧、勤奋、容易与异族文化相处的特有气质，融入当地社会并与西方商人并驾齐驱。这份坚韧，这种锲而不舍，均可从商书中探知动因。

小书得以顺利付梓，得蒙众多学界前辈、师友的关爱与支持。陈学文、范金民、王振忠、邱澎生、伍跃、陈捷、卞利、刘秋根、冯贤亮、黄敬斌、徐冲、冯玉荣为本书的写作提供了很多珍贵的商书资料。我在日本关西大学、台湾"中央研究院"和香港科技大学访学时，得到沈国威、松浦璋、华立、井上澈、徐泓、林丽月、黄克武、邱仲麟、王鸿泰、巫仁恕、吕妙芬、陈熙远、衣若兰、李伯重、李中清、苏基朗、张瑞威等学者在工作、学习方面的热心帮助，李伯重教授对本书的具体章节提出了诸多有益灼见。复旦大学历史系张巍教授协助翻译了本书外文资料中涉及的法语、德语、拉丁语书名与俚语。复旦大学历史系的闫鸣、李敏、黄权生、金知恕、高笑红、杨晨宇、林炫羽、李士祥，香港科技大学的胡箫白，英国伦敦国王大学刘畅博士等也都曾帮助搜集商书资料，在此一并致谢。

感谢彭心潮基金会和潘大明先生，没有潘先生的鞭策，这本小书估计还要耽搁一段时日。中华书局的贾雪飞女士，为本书的编辑校对付出了辛勤的劳动。

感谢我的博士导师樊树志先生，感谢他多年来对我的耐心教诲以及他为本书所做的一切。

一路走来，甘苦自知。在我困难之时，唐力行、朱荫贵、邹振环、黄洋、刘金华、巴兆祥、高晞、余蔚、陈雁、司佳、孙青、温海清、孙云龙、郭旸、王昉、徐茂明、陈可畏、李月琴、韩晓燕、金娣、仲伟民、宋月华、李静、王建娥等前辈和同仁以及同济蓝山村的朋友们在精神上给予了我莫大的鼓舞。

最后,我要特别感谢我的丈夫和儿子,是亲人的爱,鼓励着我继续我的学术之路。

张海英
二〇一八年春于沪蓝山小城